Die Autor:innen

Teresa Bühr, Anna Dallinger, Milena Gerst, Kristina Gessel, Brusk Hasan, Silas Kalmbach, Dani Khouri, Yuliia Korobka, Janek Lüdemann, Katrin Maier, Annika Mayer, Natalie Milkereit, Millane Moll, Kurt Möller, Jana Müller, Paulina Rietzke, Angelina Roth, Amelie Seidel, Aleksandra Simic, Julia Sonnenwald, Lara Wendel, Marie Zügel

Originalausgabe

© 2025 Hirnkost KG, Lahnstraße 25, 12055 Berlin; prverlag@hirnkost.de; https://www.hirnkost.de/ Alle Rechte vorbehalten 1. Auflage 2025

Vertrieb für den Buchhandel:

Runge Verlagsauslieferung; msr@rungeva.de
Privatkunden und Mailorder:
https://shop.hirnkost.de/

Umschlaggestaltung und Zeichnungen: Millane Moll
Layout und Satz: Conny Agel

ISBN:
PRINT: 978-3-98857-123-6
PDF: 978-3-98857-125-0
EPUB: 978-3-98857-124-3

Dieses Buch gibt es auch als E-Book – bei allen Anbietern und für alle Formate.
Unsere Bücher kann man auch abonnieren: https://shop.hirnkost.de/

Hirnkost versteht sich als engagierter Verlag für engagierte Literatur.
Mehr Infos: https://www.hirnkost.de/der-engagierte-verlag/

HOLY SHIT!?

Gespräche über Gott und die Welt

Inhalt

Vorwort

Holy Shit!? Kann das denn wahr sein? Hier hat doch wirklich eine Autor:innengruppe ein Buch mit Gesprächen über Gott und die Welt mit *Holy Shit!?* betitelt! Ist denen denn gar nichts mehr heilig? Wollen die etwa behaupten, dass „shit" – also Quatsch oder etwas Dummes – „holy" – heilig – sein soll? Oder gar, dass das, was manche als heilig erachten, „shit" ist? Und überhaupt: SHIT? Darf man das schreiben?

Keine Sorge, liebe:r Leser:in! Wir haben, und ja, wir dürfen. Achtung, Wortspiel: Gott sei Dank! Denn wir haben ein Privileg, und davon machen wir in diesem Buch radikal Gebrauch: Religionsfreiheit. Wir dürfen die Wörter „holy" und „shit" nebeneinanderstellen, sie aussprechen, auf ein Buchcover drucken und jedem und jeder einzelnen Leser:in zutrauen, das, was im Folgenden kommt, statt zu verurteilen, mit einer offenen, wohlwollenden Haltung zu den eigenen Überzeugungen und Fragen ins Verhältnis zu setzen.

Denn das, was das Folgende mit sich bringt … eieiei. Das ist ganz schön heikel. Lange Zeit hat sich kaum eine:r getraut, dazu öffentlich Stellung zu beziehen, lange Zeit haben die Menschen diese Frage gescheut wie der Teufel das Weihwasser. Da haben sie lieber über Sex oder zur Not über Geld gesprochen als darüber: ihren individuellen Glauben.

„Nun sag', wie hast du's mit der Religion?" – so lautet bekanntlich die Gretchenfrage in Goethes *Faust*. Wir wagen Dich zu fragen: Was sind *Deine* intimsten Gedanken und Antworten zu den alles entscheidenden Fragen:

Was ist der Grund Deines Daseins?

Wie kannst Du Deine Zeit auf Erden mit Sinn füllen?

Ist alles Schicksal – oder Zufall?

Was schenkt Dir Halt, was tröstet Dich in schweren Zeiten und mit Blick auf Deinen irgendwann unausweichlichen Tod?

Ja, es fällt nicht leicht, Antworten auf diese Fragen zu finden und diese dann auch noch mit anderen zu teilen.

Und doch: Wir haben registriert, dass um uns herum vor allem junge Leute immer häufiger „in- and outside the big boxes" – in- und außerhalb der großen Weltreligionen – über diese Fragen nachdenken und ihre eigenen Schlüsse ziehen. Also haben wir sie gefragt und mit ihnen über ihre individuellen religiösen Haltungen – ihre Gedanken, Empfindungen, Orientierungen und Aktivitäten, denen sie für sich allein oder auch in Gemeinschaft nachgehen – gesprochen. Einige finden Antworten in Religionen, andere in der Spiritualität, manche in Naturwissenschaften, wiederum andere in ethischen oder philosophischen Gefilden. Eine wachsende Anzahl bedient sich verschiedener Elemente, bringt unterschiedliche Weisheiten oder Praktiken in Einklang, ist gewissermaßen transreligiös. Andere glauben an nichts, glauben – wenn überhaupt – daran, dass sich die Menschheit Fragen nach dem Woher und Wohin selbst beantworten und das Dazwischen mit Sinn füllen kann. Wohl nicht nur sie meinen, dass jede:r für sich selbst herausfinden kann, darf und muss, worin dieser Sinn liegt.

Was immer wir auch selbst glauben – wir sollten uns immer wieder ins Gedächtnis rufen, dass ein jeder Mensch die Welt aus seinen eigenen Augen mit einer spezifischen Prägung zu einem bestimmten Zeitpunkt in seiner Lebensgeschichte sieht. Und um einmal jemanden zu zitieren, der viele schlaue Dinge gesagt hat, nämlich Viktor Emil Frankl: „Solange uns eine absolute Wahrheit nicht zugänglich ist, müssen wir uns damit begnügen, dass die relativen Wahrheiten einander korrigieren und auch den Mut zur Einseitigkeit aufbringen, nämlich zu einer Einseitigkeit, die sich ihrer selbst bewusst ist."

Die „absolute Wahrheit" wird sich nie offenbaren. Pech gehabt! Oder Glück? Denn so können wir uns getrost zurücklehnen und einmal alle Absolutismen über Bord werfen: Alle haben recht. Keine:r hat recht. Und so lange das so ist, heißt glauben nicht wissen, und „nicht wissen" ist kein Zeichen von Dummheit, sondern vielmehr ein Zeichen für Neugier und die Fähigkeit, Ambiguitäten auszuhalten.

Und da Du, liebe:r Leser:in, dieses Buch trotz oder gerade wegen des Titels zur Hand genommen hast, gehen wir davon aus, dass Du ziemlich tolerant und neugierig bist. Du scheinst keine Angst vor großen Fragen zu haben und Dich nicht davor zu scheuen, Dir mit deeper questions die „Gedanken schmutzig zu machen". Das finden wir ganz schön gut. Genau genommen ist eine solche Haltung die Eintrittskarte für dieses Buch! Es kann also fast schon losgehen mit der Lektüre.

Zuvor wollen wir aber noch ein großes Dankeschön an all diejenigen richten, die bereit waren, ihre Gedanken mit uns, der Projektgruppe „Glaubenssache", freimütig zu teilen. Nur durch eure Ehrlichkeit und Offenheit ist es möglich geworden, dieses Buch zu verwirklichen. Wir hoffen, dadurch anderen Menschen neue Perspektiven und Gedankenansätze vermitteln und sie ermutigen zu können, sich mit den eigenen religiösen Überzeugungen auseinanderzusetzen – und sich darüber auszutauschen.

Die zusammengetragenen Interviews und Recherchebeiträge zeigen selbstverständlich nur einen Ausschnitt der Vielfalt des Glaubens, der uns umgibt; und es ist definitiv nicht Ziel dieses Buches, zu einer abschließenden Wahrheit über Gott- und Weltverhältnisse zu gelangen. Denn eines haben wir bei unseren Gesprächen klar, faszinierend und inspirierend feststellen können: Kein Glaube ist wie der andere! Weder innerhalb noch außerhalb noch zwischen Religionen aller Art. Und genau das macht die ganze Sache so spannend: Der individuelle Glaube ist mindestens so einzigartig wie der eigene Fingerabdruck!

Wir wünschen Dir nun eine anregende Lektüre. Und lass Dich dabei gern von der Frage leiten: Wie hab' ich's selbst eigentlich mit der Religion?

Esslingen 2024 – Projektgruppe Glaubenssache

Gott ist das Unendliche im Endlichen, die Transzendenz in der Immanenz und das Absolute im Relativen.

Hans Küng (Theologe und Priester)

Demokratie braucht Religion.

Harmut Rosa (deutscher Soziologe)

Wer glaubt, ein Christ zu sein, weil er die Kirche besucht, irrt sich. Man wird ja auch kein Auto, wenn man in eine Garage geht.

Albert Schweitzer (Arzt, Philosoph und Theologe)

Wie religiös bin ich?

Im Folgenden findest du 13 Aussagen. Ihnen kannst du bei diesem Selbsttest völlig oder eher zustimmen oder sie ablehnen. Je nach Antwort erhältst du eine bestimmte Punktzahl. Am Ende rechnest du die Punkte zusammen. Auf Seite 276 kannst du dann nachschauen, wie religiös du tatsächlich bist. Leg los! Und viel Spaß dabei!

In der Not rufe ich Gott an.

☐ trifft völlig zu	☐ trifft eher zu	☐ trifft eher nicht zu	☐ trifft überhaupt nicht zu
4 PUNKTE	3 PUNKTE	2 PUNKTE	1 PUNKT

Ich sage lieber „Guten Tag" als „Grüß Gott".

☐ trifft völlig zu	☐ trifft eher zu	☐ trifft eher nicht zu	☐ trifft überhaupt nicht zu
1 PUNKT	2 PUNKTE	3 PUNKTE	4 PUNKTE

Homo- oder bisexuell zu leben ist keine Sünde.

☐ trifft völlig zu	☐ trifft eher zu	☐ trifft eher nicht zu	☐ trifft überhaupt nicht zu
1 PUNKT	2 PUNKTE	3 PUNKTE	4 PUNKTE

Ungläubige kommen in die Hölle.

☐ trifft völlig zu	☐ trifft eher zu	☐ trifft eher nicht zu	☐ trifft überhaupt nicht zu
4 PUNKTE	3 PUNKTE	2 PUNKTE	1 PUNKT

Sex vor der Ehe sieht Gott nicht gern.

☐ trifft völlig zu	☐ trifft eher zu	☐ trifft eher nicht zu	☐ trifft überhaupt nicht zu
4 PUNKTE	3 PUNKTE	2 PUNKTE	1 PUNKT

Gott ist nur ein Hirngespinst.

☐ trifft völlig zu
1 PUNKT

☐ trifft eher zu
2 PUNKTE

☐ trifft eher nicht zu
3 PUNKTE

☐ trifft überhaupt nicht zu
4 PUNKTE

Gott verzeiht allen – sogar Hitler.

☐ trifft völlig zu
4 PUNKTE

☐ trifft eher zu
3 PUNKTE

☐ trifft eher nicht zu
2 PUNKTE

☐ trifft überhaupt nicht zu
1 PUNKT

Meine Religion ist die einzig selig machende.

☐ trifft völlig zu
4 PUNKTE

☐ trifft eher zu
3 PUNKTE

☐ trifft eher nicht zu
2 PUNKTE

☐ trifft überhaupt nicht zu
1 PUNKT

Alles hat ein Ende, nur die Wurst hat zwei.

☐ trifft völlig zu
1 PUNKT

☐ trifft eher zu
2 PUNKTE

☐ trifft eher nicht zu
3 PUNKTE

☐ trifft überhaupt nicht zu
4 PUNKTE

Päpste und Heilige bekommen im Paradies Plätze in einer Erste-Klasse-Lounge.

☐ trifft völlig zu
4 PUNKTE

☐ trifft eher zu
3 PUNKTE

☐ trifft eher nicht zu
2 PUNKTE

☐ trifft überhaupt nicht zu
1 PUNKT

Je öfter jemand in Heiligen Schriften liest, umso frommer ist er/sie.

☐ trifft völlig zu
4 PUNKTE

☐ trifft eher zu
3 PUNKTE

☐ trifft eher nicht zu
2 PUNKTE

☐ trifft überhaupt nicht zu
1 PUNKT

Gott hat die Welt nicht in sieben Tagen erschaffen.

☐ trifft völlig zu
1 PUNKT

☐ trifft eher zu
2 PUNKTE

☐ trifft eher nicht zu
3 PUNKTE

☐ trifft überhaupt nicht zu
4 PUNKTE

Irgendwann stirbt der Körper. Dann bleibt keine Seele übrig.

☐ trifft völlig zu
1 PUNKT

☐ trifft eher zu
2 PUNKTE

☐ trifft eher nicht zu
3 PUNKTE

☐ trifft überhaupt nicht zu
4 PUNKTE

EINFÜHRUNG

KURT MÖLLER UND KATRIN MAIER

Himmel, Hölle, das Nichts oder was? – (trans)religiöse Überzeugungen junger Menschen

„Gott ist tot! Gott bleibt tot! Und wir haben ihn getötet!" Was Friedrich Nietzsche schon 1887 seinen „tollen Menschen" verkünden ließ – ist es nicht spätestens 135 Jahre später Realität? Leben wir nicht schon längst in einer komplett säkularisierten Welt, in der für Gottesglaube und Religiosität eigentlich kein Platz mehr ist?

Nur: Warum ist rund die Hälfte der Deutschen dann immer noch konfessionell gebunden? Und warum sind es viele von ihnen eher trotz als wegen der Kirche? Und wieso scheint Glauben unter Muslim:innen an Bedeutung nicht verloren zu haben, ja vielleicht in ihrer Diaspora im „christlichen Abendland" sogar wichtiger geworden zu sein – auch gerade bei jungen Islamgläubigen? Und was ist mit dem offensichtlichen Aufschwung von spirituellen Praktiken wie etwa Yoga (vgl. Leonie in diesem Band), Astrologie (vgl. Luna und Lina in diesem Band), Manifestation (vgl. Alisa in diesem Band), Engelseminaren, modernem Hexentum und Satanismus (vgl. Bene in diesem Band), Apps und digitalen Gadgets zur Optimierung des

Energiehaushalts und überhaupt Esoterik unterschiedlicher Couleur – hier und da auch mal gemixt zu einem bunten Reli-Cocktail, nicht zuletzt zu unverhohlenen Selbstoptimierungszwecken (vgl. die Reportage zu Scientology in diesem Band)? Alles nur Zufallsentwicklungen? Wohl kaum.

Ist vielleicht der Gaube an übernatürliche, außerweltliche Instanzen, die Einfluss auf den Gang der Welt nehmen, unsterblich? Oder liegt nicht wenigstens der Kern von Religiosität – wie Albert Einstein meinte – im „Wissen um die Existenz des für uns Undurchdringlichen, der Manifestationen tiefster Vernunft und leuchtender Schönheit"? Gibt es also so etwas wie eine Religion ohne Gott, einen religiösen Atheismus oder einen Glauben, der Religiosität überschreitet? Und sind derartige Vorstellungen vielleicht gerade in der szientistisch geprägten und durch technische Machbarkeitsannahmen gesteuerten westlichen Welt im Anwachsen begriffen, weil in ihr kollektiv weit geteilte Gottesbilder, konventionelle Dogmatiken und kirchliche Traditionen in Erosion begriffen sind?

Suchen wir Antworten auf Fragen wie diese, so empfiehlt es sich, zunächst zu klären, was überhaupt unter Religion und Religiosität sowie verwandten Begrifflichkeiten zu verstehen ist. Sodann haben wir uns der realen Verbreitung, der Ausmaße und der Konturen des Religiösen zu vergewissern und dazu die wichtigsten empirischen Befunde zu sichten. Auf dieser Wissensbasis können wir die individuellen Funktionalitäten religiöser Haltungen näher betrachten, um uns danach zu fragen, inwieweit Religiosität tatsächlich nur Privatsache ist oder ob religiös getönte Trends nicht bestimmte gesellschaftliche Ursachen besitzen und zugleich Phänomene darstellen, die Gesellschaften in spezifischer Weise prägen. Bleibt zum Schluss die Frage zu klären, ob dem Religiösen auf Dauer eine Zukunft zu prophezeien ist oder ob die Zukunft ihrerseits nicht auch gut ohne Religion auskommen kann.

RELIGION, RELIGIONSKULTUR, RELIGIOSITÄT, SPIRITUALITÄT, ESOTERIK … – DEFINITORISCHE ANNÄHERUNGEN

Eigentlich scheint es doch klar zu sein: Religion, das ist der Glaube an Gott oder der Glaube an mehrere Götter. Nun denn: Wer an die großen monotheistischen Religionen wie das Christentum, das Judentum oder den Islam denkt, scheint mit einer solchen Auffassung recht zu haben – einerlei ob die jeweilige Gottesfigur aus der Dreifaltigkeit von Gottvater, seinem Sohn und dem Heiligen Geist des Christentums besteht, im Judentum Jahwe genannt oder von Muslim:innen als Allah angebetet wird. Und auch polytheistische Religionen, wie sie vor allem in inzwischen kaum noch praktizierten sogenannten Naturreligionen vorlagen, aber auch gegenwärtig mit z. B. dem Hinduismus weiterbestehen, gehen von einer Existenz des Göttlichen aus.

Auch andere theistische Positionierungen tun dies: der Pantheismus, der zwar keinen personifizierten Gott annimmt, aber den Kosmos mit Gott gleichsetzt und die Allheit des Seins als das Göttliche begreift, ebenso wie der Panentheismus, nach dem die Welt von einer göttlichen Kraft durchwirkt wird, die zugleich aber die Welt umfasst und transzendiert.

Schon ein Blick auf den Buddhismus allerdings lässt die begriffliche Bestimmung von Religion sowohl als Gottes- bzw. Götterglaube als auch als Göttlichkeits-Hypothese ins Wanken geraten. Buddha, der Gründer und Namensgeber dieser Religion, war der im 6. Jahrhundert v.u.Z. geborene Weisheitslehrer Siddhartha Gautama, ein durchaus menschliches Vorbild für Personen, die – wie er es laut Überlieferung erfolgreich getan hat (Buddha = der „Erwachte" bzw. der „Erleuchtete") – nach „Erleuchtung" streben. Hier haben wir es also mit einer vor allem in Asien verbreiteten und anerkannten Religion zu tun, die zwar von einem Kreislauf der Wiedergeburt ausgeht, aber nicht ein jenseitiges Leben in Himmel und Hölle verspricht bzw. androht, sondern sich als Weg der Selbsterkenntnis mit dem Ziel der Erlösung aus dem Teufelskreis der Reinkarnation in der absoluten Transzendenz des Nirwana versteht, einem Zustand des

Erlöschens sämtlicher menschlicher Begierden und Leiden sowie Existenzbedingungen wie Raum, Zeit, Körperlichkeit und geistiger Tätigkeit.

Was den Buddhismus als Religion verstehen lässt, ist also nicht der Glaube an einen Gott (oder mehrere Götter) – auch wenn deren Existenz nicht explizit abgestritten wird –, sondern die Annahme der Möglichkeit zur Transzendenz der menschlichen Natur durch die Gewinnung einer Buddha-Natur mittels spezifischer Regeln und Erfahrungsmomente. Eine Religion ohne Gott ist also nicht nur denkbar, sondern seit mindestens 2.500 Jahren existent und weit verbreitet – gegenwärtig vornehmlich als Buddhismus unter rund 400 Mio. Menschen.

Wird der Buddhismus aufgrund seiner Grundauffassung, dass letztlich menschliches Begehren Ursache allen Leidens ist und daher eingedämmt bzw. durch „Erleuchtung" ausgelöscht werden muss, um völligen inneren Frieden zu finden, als „Naturgesetz-Religion" angesehen – wie dies etwa der israelische Historiker Yuval Noah Harari (2013) tut –, dann erhebt sich, diesem Autor folgend (vgl. ebd.: 277 ff.), die Frage, ob nicht auch andere Denkschulen bzw. Ideologien, die ebenfalls von einer übermenschlichen Ordnung ausgehen, obwohl sie sich teilweise atheistisch geben, als religionsartige Glaubensgemeinschaften zu betrachten sind: zumindest der Kommunismus sowie liberale und sozialistische Spielarten des Humanismus. Bei ihnen ist zwar nicht Gott, dafür aber der Mensch unantastbarer zentraler Bezugspunkt der Wert- und Normorientierung, und es gilt das Wohl des Menschen als höchstes Gut – mal das des Menschen als Einzelwesen, mal das des menschlichen Kollektivs.

Es wird auch hier von „übermenschlichen" – dem menschlichen Willen enthobenen – Gesetzlichkeiten ausgegangen, die menschliches Leben und gesellschaftliche Verhältnisse im Kern bestimmen und den Glauben an die Legitimität bestimmter Regeln für das humane Handeln fundieren: Freiheit, Gleichheit, Wohlstand für möglichst viele etc.

Gottlose Religiosität ist aber auch noch anders begreifbar, nämlich dadurch, dass nicht von der Religion als Glaubensgemeinschaft ausgegangen, sondern Religiöses aus der Perspektive des Individuums gedacht wird. Der New Yorker Philosoph und Rechtswissenschaftler Ronald Dworkin (1931–2013) etwa versteht unter einer persönlichen „religiösen Haltung" eine Auffassung, die durch zwei Faktoren gekennzeichnet ist: erstens den Glauben, dass das Leben einen „objektiven Sinn" hat, wodurch sich für das Individuum eine „unausweichliche Verantwortung" ergibt, „ein gutes Leben zu führen", und zweitens, dass „das Universum" als „erhaben: intrinsisch wertvoll und ein Wunder" zu betrachten ist, weil es „nicht rational oder logisch ableitbar" zu der tiefen emotionalen Empfindung führt, mit etwas konfrontiert zu sein, das heilig ist (alle Zitate Dworkin 2014: 19 f.; bei der letzten Aussage auf William James 1997: 80 verweisend). Eine religiöse Haltung in diesem Sinne ist weder an die Annahme personaler oder irgendwie wesenhafter Gottheit(en) noch an einen kollektiv geteilten Katalog an Lehrsätzen und Ritualen gebunden. Vielmehr ist Gegenstand religiöser Überlegungen, das „individuelle Menschenleben mit einem transzendenten Wert in Beziehung [zu] setzen", um auf diese Weise „existentielle Frage(n) zu beantworten" (Dworkin 1996: 101). Konkret geht es dabei darum, „einen eigenen Begriff zu entwickeln, was unter Dasein, Sinn, Universum und dem Geheimnis des menschlichen Lebens zu verstehen ist" (Planned Parenthood of Southeastern Pennsylvania v. Casey, 505 U.S. 833, 1992 zit. n. Dworkin 2014: 109).

Dass Menschen überhaupt eine religiöse Haltung entwickeln, lässt sich unter Bezugnahme auf die sozialisationstheoretischen und religionssoziologischen Überlegungen Ulrich Oevermanns (1995) erklären. Demnach ergibt sich aus der Fähigkeit des Menschen, Handlungsoptionen vorausschauend-planerisch abzuwägen für ihn strukturell und „logisch zwingend" (ebd.: 34) auch, die zeitliche Begrenztheit des eigenen irdischen Daseins zu bedenken. Um das Wissen um die persönliche Sterblichkeit aushalten zu können und sich innerhalb der Lebensspanne angesichts einer unsicheren offenen Zukunft möglichst zu bewähren, sucht das Subjekt die „basale dreifaltige Frage [...]: woher komme ich, wohin gehe ich und – auf dieser Folie –: wer bin ich?" (Oevermann 2001: 30) plausibel zu beantworten, um auf dieser Basis Kriterien an die Hand zu bekommen, anhand derer das Leben sinnstiftend ausgerichtet werden kann. Inhaltlich muss die Suche nicht in Gottesannahmen münden.

Weder Deismus, also der Glaube an einen Schöpfergott, der – wie etwa der oft als letzter Universalgelehrte bezeichnete Gottfried Wilhelm Leibniz (1646–1716) meinte – wie ein Uhrmacher die Welt in Gang gesetzt hat, dann aber alles von selbst weiterlaufen lässt, ist zwangsläufig; noch ist es der Theismus, also der Glaube, dass dieser Schöpfergott auch in das Leben eingreift. Sinnsuche kann auch Atheismus zur Folge haben. Zu verfassten

Religionen werden die Befriedigungsversuche dieses Bedürfnisses nach Daseinsorientierung demzufolge aber deshalb, weil ein daraus entspringender Glaube prinzipiell nicht argumentativ-rational zu begründen ist und seine subjektive „Evidenz durch ein kollektives Verbürgt-Sein, durch eine *vergemeinschaftete Gefolgschaft*" (Oevermann 1995: 65; Hervorh. i. O.) innerhalb eines Gruppierungszusammenhangs und der darin verbindlich gelebten (Glaubens-)Praxis abgesichert werden muss.

Der verspürte Druck zu solchen Absicherungsversuchen scheint indes in der durch Singularisierung geprägten individualisierten Gesellschaft, in der wir leben, deutlich abzunehmen. Zum einen bestimmen schon seit einigen Jahrzehnten immer seltener herkömmliche Milieuvorgaben und Traditionen Lebensentscheidungen, sondern ist das Individuum zum Architekten des eigenen Lebenslaufs geworden (vgl. Beck 1986). Dadurch verlieren kollektive Überzeugungs- bzw. Glaubensformationen und ihre Ausdrucksweisen, seien sie religionsbezogen oder „nur" weltanschaulich getönt, an Orientierungskraft und sinken allenfalls auf das Niveau von äußerlich bleibenden Feier- und Verortungssymboliken und religionskulturellen Reminiszenzen ohne inhaltliche Füllung herab. Zum anderen wird vor diesem gesellschaftlichen Entwicklungshintergrund zudem offensichtlich für den:die Einzelne:n Verbesonderung und unverwechselbare identitäre Authentizitätsgewinnung immer wichtiger; dies nicht nur für die Präsentation der Person nach außen, sondern auch für die je eigene Sinnfindung.

Dieser Umstand kann erklären, dass religiöse „Gefolgschaft" (s. o. Oevermann 1995) in Gestalt strikter Orientierung an überlieferten Glaubenssätzen, Codices von Ge- und Verboten, sinnvermittelnden traditionellen Bräuchen und Riten sowie unhinterfragten Mitgliedschaften in Religionsgemeinschaften mit wachsender Rasanz in Auflösung begriffen ist (vgl. die empirischen Daten dazu weiter unten) und sich stattdessen individuelle Suchbewegungen herausbilden, die einer Pluralität von spirituellen Angeboten und esoterischen Verlockungen Zulauf bescheren. Auch agnostische Auffassungen, also das Sicht-nicht-festlegen-Wollen auf die Annahme oder das Negieren außerweltlicher Instanzen wie Gottheiten, können hier Antworten auf die bei ihnen offene Frage nach Transzendenz austarieren (vgl. Wohlrab-Sahr/Karstein/Schaumburg 2005). Angezielt wird durch spirituelle Hinwendungen – herkömmlicher religiöser Praxis im eigentlichen Sinne ähnlich – das subjektive Erleben einer rational nicht erklärbaren, die materielle Welt übersteigenden, transzendenten Wirklichkeit, gegenwärtig teils durch Rückgriffe auf und Mischungen von einzelne/n spirituelle/n Aspekte/n bekannter Religionen, meist aber ohne sich dabei an eine bestimmte Religion gebunden zu fühlen. In einem solchen Kontext des Transreligiösen, also der Vermengung unterschiedlicher religiöser und religionsähnlicher Versatzstücke zu einer ganz persönlichen Glaubenswelt, sind oftmals die Grenzen zu esoterischen Annahmen und Praktiken wie okkultistischen, magischen oder sonst wie geheimnisumwitterten, bislang verborgenen (vermeintlichen) Wissensaneignungen und bewusstseinserweiternden Erfahrungsmomenten fließend, sodass die Suche nach Steigerungen von Selbst- und Welterkenntnis auch in Strömungen münden kann, innerhalb derer realitätsverzerrende, diskursabgewandte, den gesellschaftlichen Zusammenhalt damit gefährdende und unter Umständen auch demokratische Errungenschaften zersetzende Sichtweisen und Prozesse nicht ausgeschlossen werden können.

Wenn also religiöse Bezugnahmen und Suchen nach Sinnelementen, die Materielles übersteigen, auch in unserer augenscheinlich immer stärker säkularisierten Gesellschaft durchaus weiter vorhanden sind und die Entwicklung religiöser Vorstellungen sogar als strukturelle Notwendigkeit menschlicher Existenzweise interpretiert werden kann, stellt sich die Frage, wie sich aktuell die Lage genauer darstellt und empirisch einzufangen ist.

RELIGION UND RELIGIOSITÄT – EMPIRISCHES

Als naheliegendstes Maß zur Bestimmung von Religiosität gilt vielen die *konfessionelle Bindung* an eine Glaubensgemeinschaft. Im deutschen Sprachraum zeigen sich diesbezüglich deutliche Trends: Der Anteil konfessionell gebundener Personen an der Gesamtbevölkerung ist rückläufig, der Anteil konfessionsloser wächst (vgl. Bundesamt für Statistik Schweiz 2023; fowid 2022; Statistik Austria 2022). Die größte Gruppe bilden jeweils (noch) Christ:innen (50–60 %), aber das Kirchenvolk wird älter. Jüngere Personen sind seltener konfessionell gebunden (vgl. z. B. Bertelsmann

Stiftung 2023; Zulehner 2020). Die kontinuierlich sinkende Religionsbezogenheit wird insbesondere dem sogenannten Kohorteneffekt zugeschrieben, wonach heute lebende jüngere Menschen weniger eng durch ihre Herkunftsfamilien in Religionsgemeinschaften eingebunden werden und religiös sozialisiert wurden als ihre Vorgängergenerationen (vgl. Bertelsmann Stiftung 2023; Stolz/Senn 2022). Dieser Trend verstärkt sich dann absehbar über Generationen hinweg, indem die jeweils weniger religiös Sozialisierten auch ihren Nachkommen keine konfessionelle Bindung nahelegen. Eine Trendumkehr erscheint also extrem unwahrscheinlich.

Entsprechend ist es nicht verwunderlich, wenn Konfessionslose inzwischen schon rund 25 Prozent der österreichischen und 45 Prozent der deutschen Bevölkerung ausmachen. Muslim:innen sind – je nach Erfassungsweise etwas unterschiedlich – zu vier bis zehn Prozent vertreten. Anderen Religionen – u. a. Buddhismus, Hinduismus, Judentum – hängen rund fünf Prozent der Bevölkerung an. Die offiziellen Zahlen weichen mitunter von der *empfundenen Zugehörigkeit* ab – diese ist meist etwas höher; deutlicher noch von der *empfundenen Religiosität* und *Spiritualität*. Rund 16 Prozent der Befragten schätzen sich selbst als „ziemlich" oder „sehr religiös" ein, etwas weniger als „ziemlich" oder „sehr spirituell" (13 %; vgl. Bertelsmann Stiftung 2023: 24 f.). Jüngere Personen halten sich für weniger religiös, dafür aber tendenziell für etwas stärker spirituell ausgerichtet. Der Trend bleibt derselbe: Die einzige bedeutsam wachsende Gruppe ist die der Konfessionslosen (vgl. z. B. Bertelsmann Stiftung 2023; Zulehner 2020). Zwar

wächst auch der muslimische Teil der Bevölkerung, bei Weitem jedoch nicht im selben Ausmaß.

Die konfessionelle Bindung bzw. die empfundene Zugehörigkeit zu einer Religionsgemeinschaft sowie die empfundene Religiosität und Spiritualität sind für die Betrachtung *individueller religiöser Haltungen* – Orientierungen, Aktivitäten, Sozialkontakte – allerdings nur bedingt aussagefähig. Erstens lässt sich die konfessionelle Bindung nicht eindeutig erfassen – man denke bspw. an Muslim:innen, deren Zahl nicht zentral registriert wird und die, ähnlich wie Jüdinnen und Juden, keinen offiziellen Austritt vollziehen können, wenn sie sich von ihrer Religion abwenden. Insbesondere werden auch Menschen, die nicht im eigentlichen, sondern im weitesten Sinne religiös sind, insofern sie bspw. an das Wunder und den unantastbaren Wert des Lebens sowie an die Erhabenheit des Universums glauben, nicht als religiös erfasst.

Zweitens, das zeigen u. a. der Religionsmonitor (Bertelsmann Stiftung 2023) und eine österreichische Langzeitstudie (Zulehner 2020), ist weder konfessionelle Bindung gleichbedeutend mit persönlicher Religiosität noch konfessionelle Bindungslosigkeit mit Areligiosität. Unter den Befragten finden sich bspw. beachtlich viele konfessionell gebundene Christ:innen, die weder an einen Gott noch an transzendente Werte glauben, die die Fragen nach dem Woher und Wohin ohne Rückgriff auf parawissenschaftliche Erklärungsversuche (nicht mehr und nicht weniger sind Inhalte aller religiöser und spiritueller Strömungen; vgl. u. a. Dawkins 2020) für sich beantworten können und die auch keine spirituellen Erfahrungen machen (vgl. Zulehner 2020). Gleichermaßen gibt es Menschen, die offiziell aus der Kirche ausgetreten sind – z. B. aus Kostengründen oder aufgrund von persönlichen Verwerfungen –, die aber weiterhin christgläubig sind und ihren Glauben praktizieren (vgl. ebd.).

Drittens stellt sich die Frage, wie Religiosität und Spiritualität erfragt werden und wie die Befragten diese Begriffe deuten. Der Verdacht liegt nahe, dass Religiosität von den Befragten nicht im Sinne einer Lebens- oder Werte-Religiosität verstanden wird, sondern stark an die Vorstellung der Zugehörigkeit zu den etablierten Religionen geknüpft ist. Ähnliches gilt für den Begriff der Spiritualität. Zulehner (2020) erhebt Spiritualität daher über die Abfrage des Erlebens außeralltäglicher Situationen, in denen die subjektive Empfindung „einer nicht alltäglichen Wahrnehmung, einer Entscheidung oder einer Macht" (ebd.: 49) zentral ist. Er kann dadurch deutlich höhere Werte feststellen als sie sich durch die direkte Frage nach der individuellen Spiritualität ergeben. Seinen Ergebnissen zufolge hat ein Großteil der Befragten (42 %) bereits erlebt, dass sich eine Vorahnung erfüllt hat, jede:r Dritte kennt „das Empfinden einer heiligen Macht in der Natur" und rund jede:r Zehnte hat bereits das „Gefühl [erlebt], dass es eine böse Macht gibt" (ebd.), wie es z. B. auch Alisa in diesem Band berichtet.

Nehmen wir die individuelle Glaubenspraxis in den Blick, durch die sich Religiosität (re-)produziert, so zeigt sich, dass die Häufigkeit von *Praktiken, die in Zusammenhang mit Religionen im eigentlichen Sinne stehen,* teilweise rückläufig ist. Immer weniger Menschen besuchen einen Gottesdienst in Kirche, Moschee, Synagoge, Tempel u. Ä., ebenso sinkt die Häufigkeit des Gebets konfessions- und altersübergreifend (vgl. Bertelsmann Stiftung 2023; Stolz/Senn 2022; Zulehner 2020) – mit zwei Ausnahmen: Jugendliche, die sich als muslimisch oder einer Freikirche zugehörig beschreiben, beten zu einem Großteil mindestens einmal pro Woche (60 % und 76 %; zum Vergleich: 18 % der katholischen, 13 % der evangelischen); unter muslimischen Jugendlichen wird zudem ein Zuwachs der Anzahl der wöchentlich Betenden seit den frühen 2000er-Jahren verzeichnet (vgl. Albert/Hurrelmann/Quenzel 2019; Dietzsch 2019; katholisch.de 2019). Immer seltener nehmen sich Menschen Zeit für die Lektüre religiöser Schriften oder können sie – im Falle des Korans – nicht mehr auf Arabisch lesen (vgl. Zulehner 2020). Ausnahmen werden für Befragte festgestellt, die wie z. B. Ana-Lena in diesem Band früher einmal einer Freikirche oder orthodoxen Strömung angehörten oder noch angehören. Unter ihnen sind bspw. besonders viele Kirchgänger:innen (vgl. Bertelsmann Stiftung 2023; Zulehner 2020).

Praktiken, die in den letzten Jahren häufiger ausgeübt werden, sind u. a. Meditation, Yoga und Fasten. Sie werden „mal spirituell oder religiös [motiviert], mal gänzlich säkularisiert ohne jeglichen Glauben an eine kosmische Kraft" (Vugrin 2021) praktiziert – als Techniken zur Konzentrationsübung, zum Stressmanagement, zur Steigerung der Fitness und des Wohlbefindens. Als solche wird von ihnen offensichtlich, aber nicht ohne den Glauben an die „unausweichliche Verantwortung, […] ein gutes Leben zu führen" (Dworkin 2014: 19), Gebrauch gemacht. Oft geht es um humanistisch anmutende Selbstoptimierung auf körperlicher und geistiger Ebene mit dem Credo: Du bist für dein Schicksal verantwortlich (vgl. Vugrin 2021). So meditieren z. B. neben konfessionell Gebundenen auch knapp 30 Prozent der Konfessionslosen (Bertelsmann Stiftung 2023). Der Anteil derer, die häufig oder zumindest ab und zu Yoga praktizieren, ist in Deutschland auf elf Prozent angestiegen (vgl. Statista 2023). Auch die Anzahl der Menschen, die in der christlichen Fastenzeit fastet, ist größer geworden; unter jüngeren Personen mehr als unter älteren (vgl. fowid 2020). Gefastet wird dabei häufig nicht im eigentlichen Sinne religiös motiviert, sondern um dem Körper (72 %) sowie der Umwelt (30 %) etwas Gutes zu tun oder um dadurch langfristig den eigenen Lebensstil zu verändern (34 %; vgl. ebd.).

Die Verbreitung *esoterischer Praxen* ist relativ hoch. So lesen bspw. rund 15 Prozent der in Österreich Befragten regelmäßig Horoskope, Tendenz steigend (vgl. fowid 2005). Jede:r Vierte hat schon auf Mondphasen geachtet, jede:r Achte ließ sich schon mal Träume deuten und rund drei bis fünf Prozent haben Schamanismus betrieben, eine:n Wahrsager:in aufgesucht, Karten legen oder Runen deuten lassen (vgl. Zulehner 2020). Für die Schweiz wurde festgestellt, dass einige dieser Praxen im Zehnjahresvergleich relativ konstant ausgeübt wurden (vgl. Stolz/Senn 2022). Die These, es finde geradezu eine grundlegende „spirituelle Wende" statt, bestätigt die aktuelle Datenlage allerdings nicht (vgl. Bertelsmann Stiftung 2023; Stolz/Senn 2022; Zulehner 2020).

Darüber, woran Menschen konkret glauben, können Umfragen zu *religiösen und spirituellen Überzeugungen* Auskunft geben. Im Zentrum der meisten Religionen steht zweifellos der *Glaube an Gott*. Dieser hat sich in den letzten Jahrzehnten drastisch verändert. Er ist zurückgegangen – wenngleich noch immer große Teile der Bevölkerung an einen Gott bzw. an eine Art von Gott glauben. Die Ergebnisse variieren je nach Studie und Fragestellung. Dessen unbeschadet lässt sich näherungsweise konstatieren, dass rund zwei Drittel bis drei Viertel der Bevölkerung gottgläubig sind (vgl. Bertelsmann Stiftung 2022; fowid 2018; Statista 2023 Zulehner 2020). Bei Jugendlichen zeigt sich, dass der Gottesglaube für junge evangelische (24 %) und katholische (39 %) Kirchenmitglieder deutlich weniger Bedeutung hat als für junge Muslim:innen (73 %; vgl. Albert/Hurrelmann/Quenzel 2019). Der Trend geht dahin, dass die Bedeutung des Gottesglaubens unter jungen Christ:innen schwindet, während sie bei muslimischen Jugendlichen an Relevanz gewinnt.

Darüber hinaus hat sich der Gottesglaube inhaltlich gewandelt. In Zulehners (2020: 80) Erhebung kristallisieren sich vier Kategorien heraus: Christgläubige, Gottesgläubige, Gottbezweifelnde und Gottleugnende. Christgläubige (29 %) glauben an einen personalen Gott und stehen den christlichen Kirchen nahe. Gottesgläubige (33 %) glauben an eine abstraktere Gottesversion – an „irgendein höheres Wesen oder eine geistige Macht" (ebd.: 58). Gottbezweifelnde (23 %) wissen nach Zulehner nicht, woran sie glauben sollen und Gottleugnende (15 %) sind zumeist atheistisch, das heißt, sie glauben an keinen Gott.

Quer durch alle diese Gruppen zieht sich eine gewisse „Gottesverunsicherung" (ebd.: 59) oder – anders gedeutet – eine Offenheit für möglichen Irrtum. Ob christ- oder gottgläubig, -zweifelnd oder

-leugnend: Jeweils mehr als ein Viertel der Befragten stimmt der Aussage zu: „Es ist möglich, dass es Gott gibt, aber man kann nichts Genaues darüber wissen" (ebd.: 59). Folglich gibt es „den" Atheismus nicht. Die atheistische Position ist nachweislich ausdifferenziert, da viele der ihr Zugehörenden unterschiedlichen Nuancen eines Gottesglaubens noch etwas abgewinnen können oder sich nicht gänzlich gegen die Möglichkeit sperren, es könnte doch „etwas" geben (vgl. ebd.: 62).

Diesen vier Kategorien nach Zulehner könnte eine weitere Kategorie nach Christoph Theobald hinzugefügt werden, die Gläubige im Sinne einer Lebens- oder Wertereligiosität erfasst: die Lebensgläubigen (vgl. Bundschuh-Schramm 2021). Inhalt dieser Form des Glaubens ist der „Lebensglaube, den jeder Mensch hat, mit dem jeder Mensch geboren wird und mit dem jeder Mensch täglich neu aufsteht: ‚Leben und Glauben, dass es gut ist zu leben, ist ein und dasselbe.'" (Bundschuh-Schramm 2021: 5; auf Christoph Theobald verweisend).

Auch empirisch ergeben sich entsprechende Hinweise: Mehr als drei Viertel der Befragten stimmen bei Zulehner (2020: 140) der Aussage zu: „Für mich trägt das Leben seinen Sinn in sich selbst." Knapp zwei Drittel bejahen, dass „[m]an [...] sich das Leben so angenehm wie nur möglich machen [muss]" (ebd.), und der Anteil derjenigen, die der Aussage zustimmen: „Wichtig ist, dass der Mensch glücklich wird. Wie, das ist seine Sache" (ebd.: 255), ist im Zeitraum zwischen 1970 und 2020 von 57 auf 79 Prozent gestiegen.

In verschiedenen Studien zeigt sich, dass nicht nur die Kirchenbindung, sondern auch die *Zustimmung zu christlichen Glaubensinhalten* rückläufig

ist (vgl. fowid 2018; Zulehner 2020). Dabei gilt: Je jünger die Befragten, desto seltener glauben sie – wie u. a. Azade, Christian, Ana-Lena und Pascal in diesem Band – bspw. daran, „dass Gott Schöpfer des Himmels und der Erde ist" oder „dass Jesus Christus in den Himmel aufgefahren ist" (fowid 2018). Bemerkenswert ist der Befund, dass nahezu drei Viertel der Befragten an das buddhistische Konzept glauben, „[d]ass gute Handlungen ein positives Karma erzeugen" (ebd.), aber nur rund ein Viertel an die Vergebung der Sünden.

Die *Zustimmung zu esoterischen Überzeugungen* ist hoch. Einer Umfrage zufolge glauben mehr als 40 Prozent der Befragten an Erdstrahlen, die mit Wünschelruten aufgespürt werden können (bspw. fowid 2021). Der Anteil der Zustimmenden sinkt dann kontinuierlich bis auf sechs Prozent jener, die an Außerirdische bzw. Ufos glauben.

Zwischen diesen Extremwerten der Zustimmungshäufigkeiten liegen die Themen Alternativmedizin, Homöopathie, Hellseherei, Geistheilung, Astrologie, Psychokinese (Gegenstände können mit Gedankenkraft bewegt werden), Spuk bzw. Geister. Gerade einmal acht Prozent der Befragten geben an, an nichts von alledem zu glauben. In einer anderen Studie stimmen 22 Prozent der Befragten der Aussage zu, „[d]ass es Schamanen gibt, die mit Geistern und Toten sprechen können" (fowid 2018). Es scheint, als nähmen immer mehr Menschen „eine Grenze zwischen dem Alltäglichen und Außeralltäglichen [wahr] und [deuteten] einen Teil der diese Grenze überschreitenden Erfahrungen ‚religiös'" (Zulehner 2020: 209). Nachweislich legen sie sich dabei nicht (mehr) darauf fest, diese Erfahrungen (ausschließlich) im

Rahmen von Religionen zu deuten oder sich auf eine Religion zu beschränken, wie es insbesondere die sogenannten Omnist:innen (vgl. Mangina 2017) tun, die Wahrheit(en) in allen Religionen finden. Vielmehr lässt offenbar „eine hohe religiöse Pluralität [...] viel Raum für individuelle Kombinationen aus Praktiken und Zugehörigkeiten" (Bertelsmann Stiftung 2023: 22). Zulehner (2020: 29) spricht von einer „Verbuntung statt Säkularisierung".

Ein gegenwärtiger Boom – oder zumindest Trend – esoterischer Praxen und Überzeugungen spiegelt sich auch im Alltag vieler Menschen (vgl. Vugrin 2021). Er lässt sich durch einen Blick in einen der „Gesellschaftsspiegel" insbesondere der jüngeren Bevölkerung – *Instagram* – verdeutlichen. Mit sogenannten Hashtags markieren die User:innen dort ihre Beiträge, sodass die entsprechenden Inhalte leichter aufgefunden werden können. Zum Hashtag #god werden gegenwärtig rund 66 Millionen Einträge angezeigt, zu dem Hashtag #yoga beinahe 120 Mio., zu #meditation rund 56 Mio. Der Hashtag #tarot bringt es noch auf rund 23 Mio., #witch auf rund 20 Mio. und #astrology auf rund 14 Mio.

RELIGION UND RELIGIOSITÄT – FLUCH ODER SEGEN FÜR DIE GESELLSCHAFT?

Von gläubigen sowie genereller von spirituell orientierten Menschen wird ihre eigene Religionszugehörigkeit bzw. religiöse individuelle Haltung und/oder Praxis offenbar als etwas Positives gesehen. Anderenfalls würden sie sie vermutlich aufgeben – zumindest dort, wo kein strikter religiöser Zwang vorliegt. Es erhebt sich jedoch die Frage, ob die Existenz und das Wirken von Religionsgemeinschaften und auch von darüber hinaus bestehenden spirituell-religiösen Aktivitäten, Orientierungen und Verbünden gesellschaftlich von Nutzen sind.

Im öffentlichen Diskurs bewegen sich die Antworten zu dieser Frage offensichtlich in einem Spektrum, das zwischen ihrer eindeutigen Verneinung einerseits und ihrer nicht minder vehementen Befürwortung andererseits angesiedelt ist.

Die einen führen dann oftmals ins Feld, dass eine staatliche Förderung von Religionsgemeinschaften mittels Steuererleichterungen und Kirchensteuereinzug diesen ungerechtfertigte Vorteile gegenüber anderen weltanschaulich ausgerichteten Organisationen gäbe. Sie monieren ferner die Finanzierung kirchlicher Einrichtungen wie etwa Kindergärten und Schulen durch den Fiskus. Manche sehen darin nicht nur eine durch nichts zu begründende materielle Besserstellung kirchlicher Träger, sondern auch eine andere benachteiligende, einseitige Unterstützung bei der Verbreitung, Vertiefung und Tradierung der von ihnen vertretenen Orientierungen. Viele von ihnen kritisieren dabei auch eine subtil-suggestive Überformung von Welt- und Menschenbildern, insbesondere bei Kindern und Heranwachsenden, wenn nicht sogar eine manipulativ wirkende Einflussnahme auf sie. Diese Position argumentiert: Die Säkularisierung gesellschaftlicher Verhältnisse sei ein historischer Gewinn, Religion und Religiosität müssten daher strikt Privatsache bleiben. Teilweise wird damit auch eine grundsätzliche Skepsis gegenüber religiösen Haltungen generell und insbesondere den ihnen zugrundeliegenden Narrativen, ja gelegentlich auch deren glatte Ablehnung verbunden.

Im Hinblick auf das Christentum argumentiert der Evolutionsbiologe und bekennende Atheist Richard Dawkins z. B., die „zentrale Botschaft des Neuen Testaments" sei eine der „entsetzlichsten" „Horrorgeschichten" (Dawkins 2020: 107) und eine „wahrhaft schreckliche Idee" (ebd.: 105). So behaupte sie doch, die angebliche „Sünde", die ein Paar begangen habe, das nie gelebt habe, nämlich Adam und Eva, werde auf alle nachfolgenden Generationen vererbt und es hätte der vorgeblich allmächtige Gott der Christenheit, um die Menschen von dieser „Erbsünde" zu erlösen, keinen anderen Weg gefunden, als seinen eigenen Sohn auf die Erde zu schicken und das – aufgrund der ihm unterstellten Allwissenheit – wohlwissend, dass dieser grausam gefoltert und getötet werden würde. Der Autor fragt: „Wenn Gott uns vergeben wollte, warum vergab er uns dann nicht einfach?" (ebd.: 104).

Einer derartigen Position gelten Religionen per se als Wissenschaftserkenntnisse negierende Irrwege der Selbst- und Weltdeutung. In der Konsequenz sei es nicht verwunderlich, wenn Religionen soziale Probleme mit sich bringen, wie etwa veraltete sexualmoralische Vorstellungen, geschlechterhierarchische Strukturen, Fundamentalismus, Ausgrenzung Andersgläubiger oder Sektenwesen, und weitere Hemmnisse für eine moderne gesellschaftliche Entwicklung aufbauen, die das demokratische Selbstbestimmungsrecht der Subjekte zentral stellt.

Nicht selten wird zusätzlich dann auf historische Verfehlungen wie Anti-Judaismus, Inquisition und Kreuzzüge oder auch auf religiös gerahmte kriegerische Auseinandersetzungen in der Gegenwart verwiesen, zurzeit insbesondere auf islamistisch getönte, teils terroristische Militanz bzw. theokratisch-diktatorische Systeme wie im Iran und in Afghanistan oder auch die Konflikte rund um und innerhalb von Israel als jüdischem Staat.

Scheint in vielen solcher Phänomene Religion schon als für Macht- und Herrschaftsansprüche funktionalisierbare Ressource auf, so spielt sie anscheinend auch eine ähnliche Rolle, wenn politische Akteure wie etwa der amerikanische Präsident Donald Trump mit der Bibel in der erhobenen Hand fragwürdigen ideologischen politischen Positionen zu Legitimität zu verhelfen trachtet.

Die anderen bringen das hohe caritative Engagement (hierzulande und in Westeuropa vorwiegend christlicher) kirchlicher Organisationen und religiös motivierter Menschen für ihre positive Bewertung in Anrechnung: neben dem schon genannten Engagement im Sozial- und Bildungsbereich die ehrenamtliche Tätigkeit in der Begleitung von Strafgefangenen, die Hilfe für Geflüchtete, die gelebte Gemeinschaft von Menschen mit und ohne Behinderung, Tätigkeiten bei der Telefonseelsorge oder bei den Tafeln (vgl. z. B. Lutterbach 2018). Einige, vor allem aus deren Anhängerschaft, verbuchen auch das jahrzehntelange politische Agieren der C-Parteien, also von CDU und CSU, und deren Regierungshandeln als Gewinn für den inneren Frieden in Deutschland und die Sicherung der Demokratie. Manch eine:r, so der katholische Theologe und Psychotherapeut Lütz (2016), führt sogar religionshistorisch die Barmherzigkeit, das Verzeihen und das Mitleid als christliche Erfindungen auf, behauptet, Sozialismus sei schließlich nichts anderes als säkularisiertes Christentum, und beurteilt den Monotheismus des Christentums und seine Verbreitung als Fundament des Denkens und Handelns in gemeinsamen internationalen Bezügen. Lütz verweist zusätzlich darauf, dass auch der Atheist und Linken-Politiker Gregor Gysi Furcht vor einer „gottlosen Gesellschaft" habe (vgl. dazu auch das Vorwort von Gysi zu Rosa 2023, in dem dieser schreibt, es seien „zur Zeit nur die Religionen wirklich in der Lage, grundlegende Moral- und Wertvorstellungen allgemeinverbindlich in der Gesellschaft prägen zu können"; ebd.: 14).

Der Soziologe Hartmut Rosa (2023) wiederum ist der Ansicht, „Demokratie braucht Religion" – so der programmatische Titel seines Buches – und sogar Kirche (vgl. ebd.: 53). Er argumentiert, dass Religion auf einer „Resonanzbeziehung" basiere: der Bereitschaft, sich anrufen zu lassen und aufzuhorchen, auf diese Anrufung zu antworten, dadurch zu beginnen, die Welt neu zu sehen und ergebnisoffen neue Handlungen zu kreieren. Genau das sei auch ein zentrales Erfordernis demokratischen Agierens, sodass nicht nur Religion(en) in der verfassten Gestalt von Religionsgemeinschaften, sondern auch religiöses Empfinden und religiöse Praxis ihr zuträglich seien.

Wie auch immer man sich persönlich zwischen den markierten Polen der Diskussion um die gesellschaftliche Bedeutung von Religion(en) verorten mag – eines steht zu vermuten: Wenn sich die Pluralisierung religiöser Glaubenswelten fortsetzt und sich der Bedeutungszuwachs von spirituellen

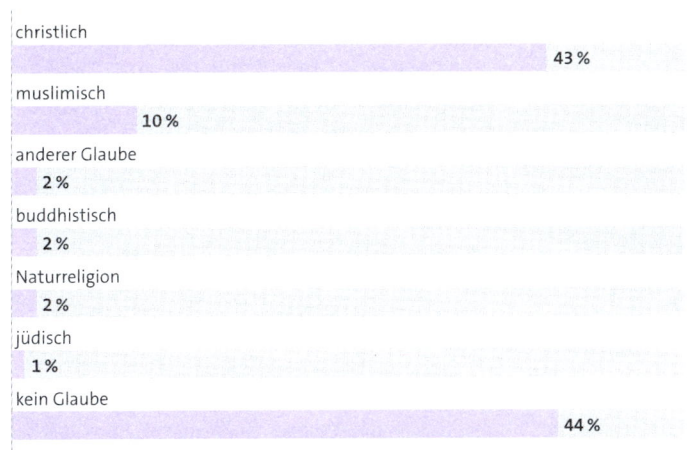

Deutschland: Glaubenszugehörigkeit 14–29-Jährige; 2022
Frage: „Welchem Glauben fühlst Du Dich zugehörig?"

christlich	43 %
muslimisch	10 %
anderer Glaube	2 %
buddhistisch	2 %
Naturreligion	2 %
jüdisch	1 %
kein Glaube	44 %

Quelle: Schnetzer, S./Hurrelmann, K.: Trendstudie „Jugend in Deutschland – Sommer 2022", N = 1.021, repräsentativ für 14- bis 29-Jährige in Deutschland

und esoterischen Praktiken zum anhaltenden Trend verstärkt, werden sich zunehmend drei Fragen aufdrängen. Zum Ersten: Droht sich die Verbindlichkeit basaler Moral- und Wertebezüge aufzulösen, die bislang Zusammenhalt fördernd und durch die von Generation zu Generation tradierte Zugehörigkeit zu Religionsgemeinschaften verbürgt zu sein scheint, und was kann und soll dann an deren Stelle treten? Zum Zweiten: Bricht eine anwachsende transreligiöse Selbstbedienungsmentalität im Supermarkt der Lebenssinnofferten, Optimierungsstrategien, Erlebniswelten und Weltdeutungen vielleicht einer umfänglichen Ökonomisierung des Religiösen Bahn und verkommen im Zuge dessen religiös getönte Lehr- und

Glaubenssätze zu austauschbaren Beständen von oberflächlicher Ratgeberliteratur sowie schon seit Längerem religiöse Bauten immer mehr von Gebetsstätten zu eintrittspflichtigen bloßen Sehenswürdigkeiten? Zum Dritten und trotz allem: Ist der Hunger nach Sinnerfahrung und -zuschreibung grundsätzlich und auf Dauer ohne die Suche nach Transzendenz nicht zu stillen?

Der Vorhang zu und alle Fragen offen? Wenn nicht alle, dann doch viele. Ob die folgenden Interviews Antworten geben oder weitere Fragen aufwerfen? Schauen wir mal!

LITERATUR

Albert, Mathias/Hurrelmann, Klaus/Quenzel, Gudrun (2019): Jugend 2019 – 18. Shell Jugendstudie: Eine Generation meldet sich zu Wort. Weinheim: Beltz.

Beck, Ulrich (1986): Risikogesellschaft. Auf dem Weg in eine andere Moderne. Berlin: Suhrkamp.

Bertelsmann Stiftung (Hrsg.) (2022): Die Zukunft der Kirchen – zwischen Bedeutungsverlust und Neuverortung in einer vielfältigen Gesellschaft. Ergebnisse des Religionsmonitors 2023 – eine Vorschau. Gütersloh: Bertelsmann Stiftung. Online unter: https://www.bertelsmann-stiftung.de/de/publikationen/publikation/did/religionsmonitor-kompakt-dezember-2022 [25.11.2024].

Bertelsmann Stiftung (Hrsg.) (2023): Zusammenleben in religiöser Vielfalt. Warum Pluralität gestaltet werden muss. Gütersloh: Bertelsmann Stiftung. Online unter: https://www.bertelsmann-stiftung.de/de/publikationen/publikation/did/zusammenleben-in-religioeser-vielfalt [25.11.2024].

Bundesamt für Statistik Schweiz (2023): Religionen. Bundesamt für Statistik Sektion Demografie und Migration: Neuchâtel. Online unter: https://www.bfs.admin.ch/bfs/de/home/statistiken/bevoelkerung/sprachen-religionen/religionen.html [25.11.2024].

Bundschuh-Schramm, Christiane (2021): Kommunikation mit Christ-, Gott- und Lebensgläubigen. Kirchenentwicklung bedarf einer differenzierten Kommunikation. Rottenburg: Bischöfliches Ordinariat der Diözese Rottenburg-Stuttgart. Online unter: https://www.an-vielen-orten.de/files/an-vielen-orten/6a%20Katechese/2021_Differenzierte_Kommunikation.pdf [25.11.2024].

Dawkins, Richard (2020): Atheismus für Anfänger. 2. Aufl. Berlin: Ullstein.

Dietzsch, Andrea (2019): „Gebet". In: Rothgangel, Martin/Simojoki, Henrik/Körtner, Ulrich H. J. (Hrsg.): Theologische Schlüsselbegriffe. Subjektorientiert – biblisch – systematisch – didaktisch. Göttingen: Vandenhoeck & Ruprecht: 106–118.

Dworkin, Ronald (1996): Freedom's Law. The Moral Reading of the American Constitution. New York: Oxford University Press.

Dworkin, Ronald (2014): Religion ohne Gott. Berlin: Suhrkamp Verlag.

fowid – Forschungsgruppe Weltanschauungen in Deutschland (2005): Horoskope – Häufigkeit des Lesens, 2001. Online unter: https://fowid.de/meldung/horoskope-haeufigkeit-des-lesens-2001 [25.11.2024].

fowid – Forschungsgruppe Weltanschauungen in Deutschland (2018): Österreich: Mehrheit glaubt stärker an ein Karma als an Gott. Online unter: https://fowid.de/meldung/oesterreich-mehrheit-glaubt-staerker-karma-gott [25.11.2024].

fowid – Forschungsgruppe Weltanschauungen in Deutschland (2020): Fasten aus religiösen oder gesundheitlichen Gründen. Online unter: https://fowid.de/meldung/fasten-religioesen-oder-gesundheitlichen-gruenden [25.11.2024].

fowid – Forschungsgruppe Weltanschauungen in Deutschland (2021): Paranormale Phänomene. Online unter: https://fowid.de/meldung/paranormale-phaenomene-2021 [25.11.2024].

fowid – Forschungsgruppe Weltanschauungen in Deutschland (2022): Religionszugehörigkeiten 2021. Online unter: https://fowid.de/meldung/religionszugehoerigkeiten-2021 [25.11.2024].

Harari, Yuval Noah (2013): Eine kurze Geschichte der Menschheit. München: Pantheon Verlag.

katholisch.de (stz) (2019): Neue Shell-Jugendstudie vorgestellt. Christliche Jugendliche in Deutschland glauben immer weniger an Gott. Online unter: https://www.katholisch.de/artikel/23265-christliche-jugendliche-in-deutschland-glauben-immer-weniger-an-gott [25.11.2024].

Lütz, Manfred (2016): „Die Kirche ist keine Moralanstalt". In: *Herder Korrespondenz* 3/2016. Online unter: https://www.herder.de/hk/hefte/archiv/2016/3-2016/die-kirche-ist-keine-moralanstalt-der-theologe-und-psychiater-manfred-luetz-im-gespraech/ [25.11.2024].

Lutterbach, Hubertus (2018): So prägt Religion unsere Mitmenschlichkeit. Aktuelle Initiativen gesellschaftlichen Engagements. Kevelaer: Butzon & Bercker.

Mangina, Joseph (2017): „Omnism". In: Power, Thomas P. (Hrsg.): Confronting the Idols of Our Age. Oregon: Wipf and stock publishers: 30–34.

Oevermann, Ulrich (1995): „Ein Modell der Struktur von Religiosität. Zugleich ein Strukturmodell von Lebenspraxis und von sozialer Zeit". In: Wohlrab-Sahr, Monika (Hrsg.): Biographie und Religion. Zwischen Ritual und Selbstsuche. Frankfurt am Main: Campus Verlag: 27–102.

Oevermann, Ulrich (2001): „Die Krise der Arbeitsgesellschaft und das Bewährungsproblem des modernen Subjekts". In: Becker, Roland (Hrsg.): Eigeninteresse und Gemeinwohlbindung. Kulturspezifische Ausformungen in den USA und Deutschland. Konstanz: UVK: 19–38.

Rosa, Hartmut (2023): Demokratie braucht Religion. Über ein eigentümliches Resonanzverhältnis. München: Kösel.

Statista (2023): Anzahl der Personen in Deutschland, die in der Freizeit Yoga machen, nach Häufigkeit in den Jahren 2019 bis 2023. Online unter: https://de.statista.com/statistik/daten/studie/586385/umfrage/umfrage-in-deutschland-zur-haeufigkeit-von-yoga-in-der-freizeit/ [25.11.2024].

Statistik Austria (2022): Religionszugehörigkeit 2021: drei Viertel bekennen sich zu einer Religion. Wien: Bundesanstalt Statistik Österreich. Online unter: https://www.statistik.at/fileadmin/announcement/ 2022/05/20220525Religions zugehoerigkeit2021.pdf [25.11.2024].

Stolz, Jörg/Senn, Jeremy (2022): „Generationen abnehmenden Glaubens. Säkularisierung in der Schweiz 1930–2020". In: Stolz, Jörg/Bünker, Arnd/Liedhegener, Antonius/Baumann-Neuhaus, Eva/Becci, Irene/ Robert, Zhargalma Dandarova/Senn, Jeremy/Tanner, Pascal/Wäckerlig, Oliver/Winter-Pfändler, Urs (Hrsg.): Religionstrends in der Schweiz. Religion, Spiritualität und Säkularität im gesellschaftlichen Wandel. Wiesbaden: Springer VS. Online unter: https://doi.org/10.1007/978-3-658-36568-4_2 [25.11.2024].

Wohlrab-Sahr, Monika/Karstein, Uta/Schaumburg, Christine (2005): „,Ich würd' mir das offenlassen'. Agnostische Spiritualität als Annäherung an die ,große Transzendenz' eines Lebens nach dem Tode". In: *Zeitschrift für Religionswissenschaft* 13: 153-173.

Vugrin, Fabian (2021): „Mindful durch die Krise". In: *Jacobin Magazin*. Online unter: https://jacobin.de/artikel/mindfulness-achtsamkeit-meditation-apps-headspace-netflix [25.11.2024].

Zulehner, Paul M. (2020): Religionen und Kirchen inmitten kultureller Transformation. Ergebnisse der Langzeitstudie Religion im Leben der Österreicher*innen 1970–2020. Ostfildern: Grünewald Verlag.

Wissenschaft ohne Religion ist lahm, Religion ohne Wissenschaft blind.

Albert Einstein (Physiker)

Für den gläubigen Menschen steht Gott am Anfang, für den Wissenschaftler am Ende aller seiner Überlegungen.

Max Planck (Physiker)

ALLES NUR TRADITION!?

Facetten gelebten Glaubens
in Weltreligionen

„Gott ist da. Wenn das mehr Menschen erkennen würden, würde das die Welt verändern"

ANA-LENA (24), Studentin, christlich religiös und kirchlich aktiv

....

Viele Leute übernehmen ja den Glauben, mit dem sie aufgewachsen sind. Wie war das bei dir?
Meine Eltern sind Christen. Es war ein Stück weit normal für mich, damit aufzuwachsen. Aber ich kann mich daran erinnern, dass ich mir schon sehr früh die Frage gestellt habe: Warum sollte der Gott meiner Eltern der einzig wahre Gott sein? Alle anderen Menschen glauben doch auch, dass ihr Gott der Richtige ist. Ich brauchte ein bisschen mehr, als dass meine Eltern mir vorleben, was sie glauben. Und dann habe ich mich auf die Suche gemacht. Für mich war dabei immer klar, dass es Gott gibt und er sich mir zeigen wird.

....

Gab es ein bestimmtes Erlebnis, wo du gesagt hast: Jetzt glaube ich an den Gott der Christen, jetzt ist es für mich klar?

Das Ausschlaggebende war eigentlich Jesus. Wenn man sich mit Menschen anderer Religionen unterhält, kann man viele Gemeinsamkeiten bezüglich Gott finden. Aber der Streitpunkt ist eigentlich immer Jesus: Ein Mensch behauptet Gott zu sein. Nicht wir Menschen versuchen Gott zu erreichen, sondern Gott sucht den Weg, wie er uns Menschen erreichen kann. Gott sucht eine Beziehung zu den Menschen und nicht andersrum. Das war für mich das ausschlaggebende Argument. Das ist einfach einzigartig, in sonst keiner Religion gibt es das so. Ich wäre tatsächlich auch so offen, zu sagen, dass der Gott, an den z. B. Muslime oder Juden glauben, vielleicht einfach nur eine andere Seite von dem Gott ist, an den ich glaube. Ich denke sogar, dass es eigentlich der gleiche Gott ist. Trotzdem sehen diese Religionen nicht den Teil von Gott, der Jesus ist.

....

Wie würdest du denn den Kerninhalt deines Glaubens weiter beschreiben?
Ich glaube, dass Gott uns Menschen geschaffen

Ich brauchte ein bisschen mehr, als dass meine Eltern mir vorleben, was sie glauben.

Gott sucht eine Beziehung zu den Menschen und nicht andersrum.

31

hat, um in Interaktion mit ihm zu treten und eine Beziehung mit ihm zu haben. Wir Menschen lehnen das oft ab und rebellieren damit gegen Gott. Gott hat Jesus gesandt oder ist in Gestalt von Jesus Mensch geworden, um diese Trennung zwischen den Menschen und Gott abzubauen. Dadurch hat jeder Mensch wieder die Möglichkeit, zu Gott zu kommen. Gott ist das Leben, das uns erfüllen möchte. Er möchte durch uns und in der Welt sichtbar werden.

Inwiefern kommunizierst du mit Gott?

Das ist bei mir in letzter Zeit tatsächlich ein Wachstumsprozess gewesen. Früher habe ich viel gebetet, auch das Vaterunser. Dann kam das Bibellesen dazu. Da kommt Gott sehr oft zu Wort und manchmal spricht ein Vers direkt in meine Situation rein. In letzter Zeit mache ich auch etwas in Richtung Meditation. Also mehr dieses Hinhören, sich bewusst machen: Gott ist da, möchte mit mir reden und ich lasse das zu. Ich schaffe dafür einen Raum, wo ich es hören kann.

Einige meinen ja, dass Gott auch irgendwie in jedem von uns Menschen ist. Was hältst du von dieser Aussage?

Das Leben ist ja in jedem drin. Und weil Gott das Leben ist, glaube ich auch, dass er in jedem von uns ist. Ich glaube auch, dass Gott mit jedem Menschen eine Verbindung schaffen möchte, dass wir Gott in unserem Inneren treffen können. Manchmal habe ich das Gefühl, wir töten das göttliche Leben in uns ab. Das, was wir glauben, spiegelt sich in unserem Leben wider. Dass

Gott in jedem von uns Menschen ist, sollte keine Entschuldigung dafür sein, dass wir uns alles erlauben dürfen. Wenn ich mir manchmal Leute anschaue, die ungerechte Sachen machen, aber gleichzeitig behaupten, dass Gott in ihnen ist, denke ich: Vielleicht ist dein Bild von Gott noch nicht vollständig.

Wie lebst du deinen Glauben heute im Alltag aus?

Ich habe mit ein paar Freunden zusammen für diesen Monat die Challenge, jeden Morgen eine „Stille Zeit" zu machen. Das bedeutet, dass ich kurz nach dem Aufwachen die Zeit nutze, um zu beten und Bibel zu lesen. Einfach eine Zeit, wo ich mich auf Gott konzentriere. Und das möglichst bevor ich mit Alltagssorgen zu tun habe oder das Handy in die Hand nehme. Im Alltag ist meine Idee, Gott in alles so ein bisschen mit reinzunehmen. Ich möchte mir während des ganzen Tages bewusst machen: Gott ist da. Außerdem habe ich sehr viele Hobbys, die mit dem Glauben zu tun haben. Ich arbeite bei den Royal Rangers mit. Das sind Pfadfinder von meiner christlichen Gemeinde. Und in der SMD, der Studenten Mission Deutschland, arbeite ich auch mit. Dafür bereite ich manchmal Andachten oder anderes Programm vor.

Inwieweit wirkt sich dein Glaube denn auf deinen Studienalltag aus?

Für mich ist der Glaube sehr entlastend, weil ich nicht immer den Leistungsdruck auf mir habe. Ich weiß: Gott versorgt mich. Ich gebe mein Bestes und muss mir keinen Stress machen, wenn

> Manchmal habe ich das Gefühl, wir töten das göttliche Leben in uns ab.

> Ich möchte mir während des ganzen Tages bewusst machen: Gott ist da.

ich nur so und so viel Zeit zum Lernen hatte. Mir hat der Glaube schon viel Stress im Studium genommen.

Welchen Stellenwert nimmt denn die SMD im Hinblick auf deinen Glauben ein?

Sie hat mir auf jeden Fall geholfen, meine eigene Meinung zu bilden. Ich komme aus einer Freikirche. Für mich war es interessant, von den anderen mitzukriegen, wie es z. B. in der evangelischen Kirche läuft und was ich davon lernen kann. Die SMD war für mich eine Stelle, wo ich meinen persönlichen Glaubensweg gefunden habe – unabhängig von Konfessionen oder dem Glauben, in den ich halt reingeboren wurde. Und ohne meine Freunde in der SMD wäre es manchmal ein bisschen trockener und langweiliger, meinen Glauben zu leben. So können wir die Erfahrungen, die wir mit Gott machen, teilen.

Würdest du dir insgesamt mehr Zeit für die Auseinandersetzung mit deinem Glauben wünschen?

In meinem persönlichen Glauben habe ich jetzt angefangen, so viel Zeit wie möglich für Bibellesen und Still-vor-Gott-Sein zu nehmen. Ich habe früher abends meistens noch einen Film geschaut. Jetzt habe ich das auf einmal in der Woche reduziert. Die gewonnenen zwei Stunden verbringe ich einfach damit, still zu sitzen und vor Gott zu sein. Man hat eigentlich schon relativ viel Zeit, die man sich auch freiräumen kann *[lacht]*. In der Gemeinschaft mit anderen Menschen würde es mich reizen, noch mehr

Raum für Diskussionen und Austausch zu schaffen. Auch mit Leuten, die ganz anders glauben und anders denken, um sich auf einer respektvollen Basis zu unterhalten. Es ist voll wichtig, dass du deinen Glauben hinterfragst und ihn dadurch auf einer festen Basis baust.

Inwieweit sprichst du über deinen Glauben im Alltag mit Freunden und Kommilitonen?

Da bin ich immer ganz entspannt. Wenn sich's ergibt, lass ich ein paar Kommentare fallen oder frag ein bisschen tiefer nach. Aber wenn ich merke, es ist jetzt kein Interesse da, zwänge ich meine Ansichten niemandem auf. Ich zeige den Menschen in meiner Umgebung relativ früh, dass ich an Gott glaube. Und dann ergeben sich manchmal zu einem Thema Fragen: „Du glaubst doch an Gott, wie siehst du das dann eigentlich?" Gerade mit Freunden aus dem Studium komm ich am leichtesten über die Schöpfung ins Gespräch. Da reichen schon kleine Aussagen wie: „Wow, der Stoffwechsel einer Zelle ist so perfekt, da steckt doch bestimmt ein Schöpfer dahinter!" Auch über Alltagsthemen wie Beziehung, Sorgen oder Geld kommt man schnell zum Thema Glauben. Was auch immer spannend ist, ist das Thema Schöpfung bewahren. Also Nachhaltigkeit und Klimawandel. Oder: Sollten Christen sich vegan ernähren?

Wie wird dein Glaube generell von Menschen in deinem Umfeld aufgenommen?

Meistens wird es einfach hingenommen, auch gar nicht so arg kritisiert. Teilweise ein bisschen belächelt.

Es ist voll wichtig, dass du deinen Glauben hinterfragst und ihn dadurch auf einer festen Basis baust.

Wow, der Stoffwechsel einer Zelle ist so perfekt, da steckt doch bestimmt ein Schöpfer dahinter!

Inwiefern wird es auch mal negativ aufgenommen?

Gefährlich oder kritisch ist es immer dann, wenn die Leute das Gefühl haben, man will sie überzeugen. Dann habe ich schon ein bisschen Ablehnungen bemerkt. Häufig kann man sich voll gut über den Glauben unterhalten, aber wenn Jesus ins Spiel kommt, wird es schon kritischer. Dann versuche ich, es nicht persönlich zu nehmen. Aber damit habe ich bis jetzt weniger Erfahrungen gemacht. Häufiger begegnet mir eine gewisse Gleichgültigkeit. Viele denken nicht daran, dass es ja auch Gott oder einen Glauben geben könnte. Der Glaube wird dann meistens einfach so hingenommen, aber gar nicht so sehr angefeindet.

....

Inwieweit sprichst du mit deiner Familie über deinen Glauben?

Bei uns zu Hause kann ich sehr offen drüber reden. Wenn ich irgendwelche schwierigen Fragen gestellt bekommen habe, dann frage ich meinen Papa nach einer Antwort. Da haben wir einen sehr offenen Austausch. Ich mag es sonntags auch ganz gerne, nach dem Gottesdienst mich mit meiner Familie über die Predigt zu unterhalten. Da frage ich dann z. B.: „Was haltet ihr jetzt davon? Was habt ihr da mitgenommen?" Es geht im Glauben auch gar nicht immer unbedingt nur um das, worüber man spricht, sondern darum, wie man sich verhält.

....

Inwiefern gibt es altersbedingte Unterschiede in den Glaubensansichten deiner Familie?

Für mich ist es interessant, wie viel mein Glaube von der Zeit und der Kultur, in der wir leben, geprägt wird. Daher finde ich es sehr spannend, mit meinem Opa zu reden. Er hat einfach schon ganz andere Erfahrungen gemacht. Wir lernen voneinander und werden uns bewusst: Vieles, was ich vielleicht glaube, was richtig ist, ist einfach auch voll von der Zeit geprägt. Und auch wenn ich jetzt älter werde, wird sich das alles noch entwickeln. Auch ein Glauben wächst und verändert sich über die Jahre.

....

Inwiefern ist deiner Ansicht nach Religiosität für junge Menschen heute etwas, was die gut brauchen könnten?

Gott möchte zu jedem persönlich sprechen und Gemeinschaft mit den Menschen haben. Gott ist da. Wenn das mehr Menschen erkennen würden, würde das die Welt verändern. Mutter Teresa fasziniert mich diesbezüglich. Sie hat ihren ganzen Dienst darauf ausgerichtet, dass sie Gott in den anderen Menschen gesehen hat. Das Gebot „Du sollst Gott lieben und deinen Nächsten wie dich selbst" beschreibt das auch ganz gut. Das würde die Welt auf jeden Fall besser machen. Der christliche Glaube ist mit keinem Leistungsdruck verbunden, sondern etwas, das man entstehen lassen muss. Man ist doch oft sehr gestresst und muss Leistung bringen. Ich glaube, dass der Glaube da eine Erleichterung sein könnte. Es geht gar nicht unbedingt um das, was wir tun, sondern um das, was wir sind. Unser Wert hängt nicht von unseren Leistungen ab, sondern wer wir in Gottes Augen sind.

> Es geht im Glauben auch gar nicht immer unbedingt nur um das, worüber man spricht, sondern darum, wie man sich verhält.

> Es geht gar nicht unbedingt um das, was wir tun, sondern um das, was wir sind.

„Hätte ich meine Religion nicht, wäre ich wahrscheinlich im Knast oder hätte jemanden umgebracht"

EMBO (26), Monteur, stark muslimisch gläubig

Embo, du bezeichnest dich als streng gläubig. Wie hat sich denn dein Glaube überhaupt entwickelt?

Ich bin als Moslem geboren. Meine Familie ist muslimisch und ich wurde so erzogen. Ich habe in das Christentum und Judentum reingeschnuppert, aber im Islam logischere und plausiblere Antworten gefunden.

Was gibt es für Werte oder sonstige Elemente im Christentum oder Judentum, mit denen du dich identifizieren kannst?

Im Grunde sind der Islam und das Christentum gleich. Es ist immer der gleiche Gott. Wir im Islam glauben auch an Jesus, Moses und alle. Im Christentum ist es so, dass man Jesus als Gott darstellt. Bei uns ist er ein Prophet, weil Gott niemals hier auf die Erde kommen wird. Er schickt seine Gesandten, die dann für ihn sprechen. Jesus war auch so. Das Fundament ist eigentlich gleich, z. B. Nächstenliebe. Beispielsweise sagt der Prophet Mohammed: „Wenn dein Nachbar einen leeren Magen hat, also hungert, und du trotzdem mit einem vollen Magen schlafen kannst, dann bist du keiner von uns. Eher sollte dein Nachbar einen vollen Magen haben als du." Das ist Nächstenliebe.

Wie stellst du dir denn Gott konkret vor?

Allah sagt, dass er nichts und niemandem ähnlich sieht, auch keinem Wesen. Er hat seine eigene äußere Gestalt. Man kann es sich nicht vorstellen. Deswegen darf man Allah nicht als Mensch darstellen. Egal wie schön eine solche Darstellung wäre, sie kommt niemals da ran. Allah sagt: „Ich bin näher an euch als eure Schlagader." Wir dürfen auch nicht sagen, dass er oben im Himmel ist. Wir glauben daran, dass er keinen Ort hat. Er braucht keinen Raum oder Ort. Er ist einfach da, eine Macht.

Im Grunde sind der Islam und das Christentum gleich. Es ist immer der gleiche Gott.

Er ist einfach da, eine Macht.

Wie ist dein Alltag durch deinen Glauben geprägt?

Ich habe seit klein auf eine aggressive Ader. Das liegt an meinem Vater, er war früher auch sehr aggressiv. Hätte ich meine Religion nicht, wäre ich wahrscheinlich im Knast oder hätte jemanden umgebracht. Ich hätte auf jeden Fall sehr viel getrunken und Drogen genommen, aber meine Religion, meine Eltern und mein Onkel haben mich davon abgehalten. Geduld ist ein sehr großer Punkt im Islam. Schlechte Zeiten, gute Zeiten, immer Geduld. Ich habe gelernt, meine Gelüste mit Geduld zu steuern, aber es ist sehr schwer. Vor allem, wenn einem die Gelüste bewusst sind, sind sie noch stärker und noch aggressiver. Z. B. ist das Essen ein Gelüst und ein Grund, warum wir jedes Jahr 30 Tage fasten. Es ist eine Prüfung, seine Gelüste zu kontrollieren. Es ist ein Problem in der Gesellschaft, dass man seinen Gelüsten immer folgt. Tiere machen das so. Ein Löwe macht, was seine Gelüste wollen. Er will essen – er geht essen. Er will Geschlechtsverkehr – er macht Geschlechtsverkehr. Damit wir uns von den Tieren abheben und uns wertvoller machen, müssen wir uns zügeln, mit Hilfe unseres Verstands. Z. B. Sex vor der Ehe – das ist etwas, was man nicht darf. Ich bin noch Jungfrau und natürlich reizt es, das irgendwann zu ändern. Genau das benutze ich als Antrieb. Ich bete z. B. fünfmal am Tag und stecke meine Energie in andere Dinge wie meine Selbstständigkeit. Wenn du einen Glauben hast, dann hast du etwas in dir. Aber wenn du nicht glaubst, dann bist du leer. Wenn du glaubst, dann kommt der Teufel, der dich in Versuchung führt, denn du hast etwas Wertvolles in dir und das wird er dir klauen wollen.

Apropos Teufel. Welches Bild von Himmel und Hölle hast du?

Die Hölle ist in sieben Stockwerke aufgeteilt. Im untersten Stockwerk sind die, die gesagt haben: „Ich bin Gott, ich bin der Schöpfer." Das ist die größte Sünde, wenn man sich mit Gott gleichstellt. Die kriegen die größte Strafe und bleiben da für immer. Die Strafe wird immer niedriger, je höher man geht. Im ersten Stock der Hölle sind die Gläubigen. Die glauben zwar an Gott und an die Propheten, aber haben z. B. nicht gebetet oder Alkohol getrunken. Die werden ihre Strafe absitzen und kommen danach in den Himmel und werden dort ewig weilen. Hast du aber die Regeln befolgt und nicht Gottes Zorn erweckt, kommst du direkt in den Himmel und das für die Ewigkeit. Im Himmel ganz oben sind die Propheten, danach kommen die Märtyrer. Wenn Engel einen Befehl von Gott bekommen, müssen die das machen. Wir sehen Gott ja gar nicht, die schon. Wir sehen ihn nicht und trotzdem glauben wir an ihn. Das macht uns wertvoller als Engel.

Wie begegnest du denn Menschen, die den Islam nicht so deuten und nicht so intensiv ausleben wie du?

Im Grunde ist jeder für sich selbst verantwortlich. Was im Koran steht, ist kein Zwang. Du kannst in der Religion niemanden zwingen. Du kannst ihm nur die Worte ans Herz legen. Ob er es dann macht oder nicht, ist seine Entscheidung.

Geduld ist ein sehr großer Punkt im Islam. Schlechte Zeiten, gute Zeiten, immer Geduld.

Im Grunde ist jeder für sich selbst verantwortlich.

Wenn du später Kinder hast, wird z. B. die Mutter oder der Vater gefragt: „Warum ist dein Kind so schlecht geworden?" Wenn du dann nicht sagen kannst: „Ich habe ihm alles beigebracht, aber er ist so geworden", dann kriegst du eine Strafe. Z. B. meine Schwester, sie ist abgehauen und später hat sie das Kopftuch abgelegt. Meine Eltern waren sehr traurig darüber. Aber wie gesagt, es ist ihre Entscheidung. Und wenn später Allah meine Eltern fragt, ist es kein Problem, da meine Eltern ihr alles beigebracht haben. Sie ist kein kleines Kind mehr, sie kann selbst entscheiden. Deswegen muss man die Religion weitergeben und erziehen. Wenn du nicht erziehst, wird dein Kind natürlich ohne Religion aufwachsen. Es ist auch so, dass bis zur Pubertät Sünden nicht aufgeschrieben werden. Erst wenn du in der Pubertät bist, werden die Bücher sozusagen aufgemacht. Man sagt rechts und links von dir sind Engel. Der Rechte schreibt die guten und der Linke die schlechten Taten auf. Am jüngsten Tag vor dem Gericht wird geguckt, ob die guten Taten oder die schlechten mehr sind.

Daran entscheidet sich, ob du in den Himmel oder in die Hölle kommst?

Genau! Man sagt, dass es eine Waage geben wird. Vor diesem Gericht kannst du nicht lügen, denn es wird alles aufgenommen. Als ob eine Kamera immer hinter dir ist. Du wirst gar nicht reden, die Zunge, die Augen und die Hände werden reden. Deswegen ist es auch sehr wichtig, dass man die Religion zu jeder Zeit so gut wie möglich praktiziert. Es gibt viele, die zwar glauben, aber nicht praktizieren.

Wie ist es, wenn man eine Zeit lang vom Weg abkommt, indem man z. B. über eine gewisse Zeit kein Kopftuch trägt oder nicht fünfmal am Tag betet? Hat man dann wieder die Chance auf eine Wiedergutmachung?

Natürlich. Jede Sünde kann vergeben werden, wenn du sie mit dem Herzen bereust. Egal was du machst, dir wird eigentlich ständig vergeben. Allah liebt es zu vergeben. Es gibt keinen anderen, der barmherziger ist als Allah. Wir waschen uns rituell, bevor wir beten. Die kleinen Sünden werden dabei weggewaschen, die großen nicht.

Wenn jemand deinen Glauben für falsch hält, wie reagierst du darauf?

Das ist jedem seins. Ich versuche alles, dass er es versteht. Wenn er sich damit nicht identifizieren kann, ist das nicht mein Problem.

Man hört immer wieder, dass Religionen allgemein sehr veraltet und altmodisch sind und mit der modernen Welt nicht mehr Schritt halten. Wie siehst du das?

Nein. Im Koran steht, dass er bis zum Weltuntergang gültig ist. Er veraltet nicht. Man sagt, im Islam würden Frauen nicht wertgeschätzt. Aber so eine Aussage hat nichts mit dem Islam zu tun. Es sind einfach Menschen, die das so sagen. Es gibt vom Wert her keinen Unterschied zwischen Frau und Mann. Man sagt: „Unter den Füßen der Mutter liegt das Paradies." Wenn ich z. B. eine Frau habe, muss sie von der Religion her keinen Haushalt machen. Und es ist nicht ihre Pflicht, auf die Kinder aufzupassen. Sie kann einfach sagen: „Ich mache gar nichts." Sie darf das. Aber der Mann ist verpflichtet zu arbeiten, Geld ins Haus zu bringen, die Kinder zu versorgen. Das sagt der Islam. Wenn die Frau sagt: „Ich verpflichte mich dazu, den Haushalt zu machen und auf die Kinder aufzupassen", ist es allerdings in den Augen Allahs eine gute Tat. Kann sein, dass das die Frau vor der Hölle rettet.

Und was denkst du, woher kommen solche Annahmen?

Unwissenheit. Es sind viele, viele falsche Gelehrte gekommen, die immer das Falsche gelehrt haben. Leute glauben alles. Etwa wenn ein angeblicher Gelehrter sagt: „Alkohol zu trinken ist erlaubt." Es gibt Menschen, die denken: „Da ist ein Gelehrter, der weiß mehr als wir. Wenn ich jetzt Alkohol trinke, dann geht die Sünde auf ihn, weil er es gesagt hat." Du musst stattdessen muslimische Bücher kaufen und lesen. Aber manche machen das halt nicht.

Siehst du da auch eine Verbindung zu islamistischen Terrorgruppen? Sie berufen sich ja auch auf ihren Glauben, also vermeintlich auf den Islam.

Das ist aber falsch. Wenn du wirklich die Gesetze der Scharia befolgst, ist es perfekt für die Menschen. Aber du darfst halt nichts Eigenes in die Gesetze reininterpretieren. Denn wenn du selbst was reintust, dann ist es verdorben. Man versucht, den Islam in den Dreck zu ziehen. Mit ISIS kann ich mich gar nicht identifizieren. Da gibt es Verse, die man aus dem Kontext reißt, z. B.: „Tötet die Ungläubigen!" Sie fragen dich: „Betest du fünfmal am Tag?" Wenn du sagst: „Nein, ich bete nur viermal am Tag", dann bist du für sie ungläubig. Wenn du als Ungläubiger abgestempelt bist, wirst du umgebracht. Aber was danach kommt, schreiben die nicht auf. Es steht: „Tötet die Ungläubigen, wenn sie euch töten." Das hat nichts mit dem Islam zu tun. Die stempeln jeden als ungläubig ab, sobald die eine bestimmte Sache nicht machen, von der sie glauben, dass sie im Islam verbindlich ist. Das darfst du nicht. Du kannst nicht wissen, was jemand in seinem Herz hat.

Nicht nur wegen dem Anschlag auf das World Trade Center 2001, wegen ISIS und den Taliban, wird ja von vielen der Islam ziemlich kritisch gesehen. Hast du manchmal das Gefühl, dass Menschen dich stigmatisieren oder ausgrenzen?

Früher war es so, inzwischen nicht mehr. Mittlerweile haben die Menschen ihre Augen geöffnet. Als ich früher noch in der Schule war, fing mein Lehrer plötzlich an: „Die Muslime bringen Leute um." Dann habe ich gesagt: „Das hat gar nichts mit dem Islam zu tun." Da hat man sich schon schlecht gefühlt. Ich weiß, was der Islamismus ist und was die machen. Man kann das gar nicht vergleichen mit dem Islam.

Durch was hast du gemerkt, dass der Islam der Glaube ist, den du leben möchtest?

Dadurch, dass ich sehr viele Antworten im Islam finde. Dort ist alles logisch. Im Christentum kann ich mich z. B. nicht mit dieser Trinität *[Annahme der Dreifaltigkeit Gottes aus Gottvater, Jesus und Heiligem Geist]* identifizieren.

Man versucht, den Islam in den Dreck zu ziehen. Mit ISIS kann ich mich gar nicht identifizieren.

Und wenn ich den Koran lese, dann kommen mir die Tränen.

Egal wen ich etwas darüber gefragt habe, ich habe das nie richtig logisch beantwortet bekommen. Wir sagen z. B.: „Im Judentum wird Jesus Christus untertrieben, im Christentum übertrieben und im Islam neutral behandelt." Weil die Juden sagen: „Wir glauben gar nicht an Jesus", kann ich mich mit dem Judentum nicht identifizieren. Also fühle ich mich entfernt von ihnen. Die Christen halten ihn für Gott. Damit kann ich mich auch nicht identifizieren. Und im Islam kann ich halt sagen: „Er ist ein Prophet, genauso wie andere Propheten." Und wenn ich den Koran lese, dann kommen mir die Tränen. Da steht viel über das Paradies, Barmherzigkeit, aber auch über die Hölle. Und das ist krass. Das stärkt wirklich meinen Glauben.

....

Gibt es abschließend noch etwas, was du zu deiner religiösen Überzeugung sagen möchtest?
Also Homosexualität ... Diese Homosexualität ist nicht natürlich. Es ist wie eine Krankheit, also ein Gelüst. Und ich sehe das als eine Prüfung. Manche Menschen erhalten dieses Gelüst. Dabei wird deine Geduld geprüft und wie stark du an dem Glauben festhältst. Erst wenn du die schlechten Dinge bekommst, fängt der Glaube an. Wenn du sagst: „Ich glaube an Gott, er hat mir das als Prüfung gegeben. Ich werde es so annehmen", hast du gewonnen. Aber wenn du es ablehnst, hast du

verloren. Das hat auch etwas mit Homosexualität zu tun. Geschlechtsverkehr ist dafür da, dass man Kinder zeugt und sich fortpflanzt. Ein Mann und ein Mann können sich nicht fortpflanzen. Es wird im Islam verabscheut. Deswegen ist es verboten. Wenn du dieses Gelüst hast, musst du dich behandeln lassen und gucken, dass du von dieser Sache wegkommst. Es ist alles Kopfsache. Du bist gar nicht frei, wenn du deinen Gelüsten folgst, weil sie dich kontrollieren. Dann ist man auf einer noch tieferen Stufe als ein Tier. Wenn du dein Gelüst kontrollierst, dann bist du erst frei. Mir hat man Verstand gegeben, um meine Gelüste zu kontrollieren. Auch um mich abzuheben, z. B. von Tierwesen. Das ist der Grund, wieso ich homophob bin. Wenn andere meinen, dass sie den Islam mit Homosexualität vereinbaren können, finde ich es zwar nicht gut, aber es ist immer noch ihre Sünde. Nur finde ich, dass man es nicht propagieren sollte. Diejenigen sollen es für sich behalten.

....

Wie wäre das, wenn diese Menschen in deinem direkten Umfeld oder im Verwandtenkreis wären?
Wenn es dieser Person bewusst ist, dass es etwas Verbotenes ist, und er versucht, davon wegzukommen, würde ich ihm sogar helfen. Wenn nicht, kein Kontakt.

„mach das, womit du dich wohlfühlst"

MIROSLAV (25), liberaler Muslim und Lehramtsstudent

Wieso bist du muslimisch gläubig?

Ich bin zwar in Deutschland geboren, habe aber Wurzeln in Bosnien. Und hier gibt es einen bosnischen Kulturverein, wo eine Moschee drin ist. Als ich ein Kind war, gab es einen Tag in der Woche, an dem die ganzen Jugendlichen in der Moschee waren. Das waren die ersten richtigen Berührungspunkte. Aber ich bin nicht sehr streng aufgewachsen. Meine Eltern sind Muslime und fasten, aber beten beide nicht fünfmal am Tag, und aus meiner Verwandtschaft trägt keine ein Kopftuch. Ich hab allerdings später von einem Typ auf *Instagram* angeboten bekommen, mir den Koran beizubringen. Er hat coole Ansätze, wodurch ich dann mehr in die Religion hineingefunden habe.

Wie wirkt sich dein Glaube auf dein Leben aus?

Im Alltag und speziell während Ramadan geht es viel um Achtsamkeit und darum, sich der Existenz von Gott bewusst zu sein. Wenn du den Kühlschrank aufmachst, bist du achtsam. Es fällt dir dann auf: Ich faste und jedes Essen habe ich von Gott bekommen. Ich muss dankbar sein. Er liebt mich. Diese Achtsamkeit trainierst du durch das Ramadan-Fasten. Auch wenn was Schlimmes passiert oder ich irgendein Problem hab, denke ich öfter an Gott. Ich finde es aber besonders gut, dass man sich während Ramadan an ihn erinnert, obwohl es einem gut geht.

Hinterfragst du auch manche Aspekte deiner Religion?

Ich bin generell ein Mensch, der viel hinterfragt. Ich würde sagen, hier in Deutschland ist das Bild vom Islam auf „Darf er das? Ist das verboten?" begrenzt. Das ist mir zu wenig, weil die Religion eigentlich etwas viel Größeres ist. Z. B. fünfmal am Tag zu beten, macht viel Sinn. Du wäschst dich fünfmal am Tag und fünfmal am

Ich würde sagen, hier in Deutschland ist das Bild vom Islam auf „Darf er das? Ist das verboten?" begrenzt.

41

links: Moschee in Pfalzgrafenweiler
rechts: Pilgerfahrt mit der Gemeinde aus Pfalzgrafenweiler

Tag bewegst du wirklich jedes Gelenk, denn es gibt verschiedene Positionen, die du dabei einnimmst. Das Gebet ist auch eine Art von Meditation, also du bist die ganze Zeit geerdet.

....

Inwiefern unterscheidet sich dein persönlicher Glaube vom traditionellen Islam?

Es gibt den typischen Islam eigentlich nicht. Du sagst im Englischen „the Islamic way of life", weil es sich ja auch wandelt. Da ist immer Kultur mit eingemischt. Als Beispiel: Viele Muslime in Deutschland essen kein Schwein, aber trinken Alkohol. Religion ist meiner Meinung nach eher eine Sache zwischen einem selber und Gott. Man macht es für sich selber und nicht für andere. Nur das Kulturelle sehen, produziert gefährliches Halbwissen. Leider hat nicht jeder Zugang zum Koran und versteht, was gemeint ist. Eine typische Unklarheit ist z. B. Halal-Fleisch. Halal heißt „erlaubt". In Bezug auf Fleisch denken viele nur, du sollst das Tier schächten und du musst währenddessen ein Gebet sprechen. Es gibt aber viel mehr Punkte zu beachten: Das Tier muss ausgewachsen sein, es muss einen gewissen Platz an Lebensraum haben, es darf nicht eingesperrt gelebt haben und vieles mehr. Heutzutage funktioniert das selten, weil du Fleisch fast nur aus der Massentierhaltung kriegst. Dann hol ich mir das Halal-Fleisch lieber von dem Biobauern, wo das Tier wirklich draußen in der frischen Luft lebt, als aus dem türkischen Laden, wo „halal" draufsteht und nur im Namen Gottes geschlachtet wurde. Nur weil eine Sache als halal ausgewiesen ist, muss man das nicht praktizieren.

Wie praktizierst du deinen Glauben, wenn du sagst, dass du ihn nicht nur als eine kulturelle Angelegenheit verstehst?

Zu wenig. Ich finde, eine Religion hat fast nur gute Aspekte. Es gibt die fünf Säulen im Islam: das Spenden, die Pilgerfahrt, das Fasten, fünfmal am Tag zu beten und das Glaubensbekenntnis. Letztere sind drei Säulen, die jeder machen sollte, und die anderen zwei Sachen nur, wenn du es kannst. Z. B. ist das Spenden eine gute Tat. Spenden tue ich aber vielleicht nicht aus religiöser Sicht. Seit drei Jahren faste ich während Ramadan und gehe dann öfters zum Abendgebet. Was ich sonst noch praktiziere, ist das Opfer- und das Zuckerfest. Damit bin ich groß geworden. Morgens geht es immer in die Moschee und danach sind die ganzen Verwandten von mir da. Viele Familien aus dem Balkan besuchen sich gegenseitig. Du trinkst Kaffee, isst ein Stück Kuchen. Ich würde aber nicht sagen, dass ich alle diese religiösen Sachen auslebe. Z. B. fünfmal am Tag beten tue ich nicht. Wäre aber gar nicht so schlecht.

....

Inwieweit hältst du dich denn insgesamt an Ge- und Verbote des Islams?

Ich trinke Alkohol und Sex vor der Ehe hatte ich auch schon. Ich weiß, dass beides nicht gut für einen ist. Ich hab es trotzdem gemacht. Es ist letztlich eine Sache zwischen mir und Gott. Ich urteile nicht über andere Menschen und ich möchte auch nicht, dass man über mich urteilt, weil am Ende muss ich dafür geradestehen, was ich mache. Vielleicht werde ich noch auf den

„The Islamic way of life" [...] Da ist immer Kultur mit eingemischt.

Ich trinke Alkohol und Sex vor der Ehe hatte ich auch schon. Ich weiß, dass beides nicht gut für einen ist. Ich hab es trotzdem gemacht. Es ist letztlich eine Sache zwischen mir und Gott.

Weg kommen und mit Alkoholtrinken aufhören, aber ich sehe mich da jetzt noch nicht.

....

Manche Muslims sagen ja, dass es wesentlich ist, sich an die Ge- und Verbote zu halten. Im schlimmsten Fall würde einem nach dem Leben die Hölle drohen.

Gibt es überhaupt Himmel und Hölle?

Gibt es überhaupt Himmel und Hölle? Ich habe etwas darüber gehört, aber habe mich nicht weiter damit befasst, weil es mich jetzt nicht interessiert. Ich hoffe, das dauert noch eine Weile, bis ich sterbe. Du fängst außerdem jedes Gebet an mit: „basmala ar-rahmaan ar-rahiim." Die Originalübersetzung lautet: „der dich über alles Liebende, der alles Verzeihende". Vor diesem Hintergrund sollst du zwar ehrfürchtig vor Gott sein, aber nicht Angst vor Gott haben, weil er dich strafen könnte. Dieser Typ auf *Instagram*, von dem ich schon gesprochen habe, hat das so erklärt: „Du hast eine Frau und gehst ihr nicht fremd. Aus welchem Grund? Weil du Angst vor Strafe hast oder weil du sie liebst?" Weil Gott dich liebt, solltest du aus Liebe zu ihm keine Sünden begehen und nicht aus Angst vor der Hölle.

....

Ist es nicht ein Paradoxon, dass man, obwohl Gott barmherzig ist und uns allen unsere Sünden verzeiht, doch in der Hölle landen kann?

Dass ich in den Himmel komme, wird an so banalen Sachen wie Alkoholtrinken nicht scheitern, vor allem nicht, wenn du hundert andere gute Sachen getan hast. Die fünf Säulen sind zehntausendmal wichtiger. Es kommt auch drauf an, wie du anderen Leuten entgegentrittst. Unser Hodscha *[Titel und die Anrede für einen Lehrer, besonders für einen islamischen Religionsgelehrten]* hat einmal gesagt, wenn jemand einmal in der Moschee ist, sag ihm: „Hey Maschallah, schön, dass du in der Moschee bist", anstelle von: „Heute Abend gehst du wieder saufen, was machst du hier überhaupt?" Dann kommt er vielleicht wieder und findet den richtigen Weg. Ich will diese positiven Sachen aufgreifen und in Zukunft für mich selber mitnehmen.

....

Ich habe den Eindruck, dass du deinen Glauben ziemlich liberal auslebst, oder?

Man hat dieses strenggläubige Bild vom Islam, aber was ist schon der Standardislam in Deutschland? Wir haben hier so viele Muslime, davon kenne ich vielleicht zwei, die fünfmal am Tag beten. Der typische Islam ist in Deutschland zum Teil zurückgegangen.

....

Was ist deiner Meinung nach die Ursache?

Ich komme aus dem Sandžak in Serbien, wo mehr als 90 Prozent Muslime sind. Da hörst du fünfmal am Tag den ezan *[Gebetsruf]*. Da gehen die Leute eher fünfmal am Tag beten als in Deutschland, weil es hier bei vielen schwierig mit der Arbeit ist. Es ist tatsächlich auch ein kulturelles Ding und abhängig von dem Land, wo du lebst. Hier in Deutschland ist der Islam anders. Aber wie die Leute ihn in der Türkei leben und wie sie ihn in Bosnien leben, ist ja auch unterschiedlich, denn es sind ja unterschiedliche Länder. Durch die jeweilige Kultur gibt es verschiedene Auslegungen vom Islam. Außerdem: Schiiten, Aleviten, Sunniten – ich bin Sunnit – das sind innerhalb der Religion große Unterschiede. Du kannst das vergleichen mit evangelisch, katholisch und neuapostolisch.

....

Denkst du, es gibt auch andere Gründe, warum der Islam so unterschiedlich ausgelebt wird?

Ja, einige. Im Koran kannst du ja immer das rauslesen, auf was du Bock hast. Wenn du Negatives hineininterpretieren willst, dann findest du immer was, um dich beispielsweise zu radikalisieren. Das andere ist: Mit jeder Übersetzung hast du quasi eine andere Interpretation, denn die Wortvielfalt im Arabischen ist anders als beispielsweise im Deutschen. Wenn du nicht perfekt Altarabisch sprechen kannst, ist es nie original. Deshalb wird der Islam in manchen Kleinigkeiten unterschiedlich ausgelebt.

....

Wo siehst du das Konfliktpotenzial in diesen verschiedenen Auslegungen vom Islam?

Gerade in Bezug auf Frauen und Taliban: Durch die muslimischen Errungenschaften der Taliban sind dort Frauenrechte nicht vorhanden. Der Koran soll aber für Frau und Mann gleich bedeutend sein, und vor Gott sind Mann und Frau gleich. Das erste Wort im Koran ist „iqra", das bedeutet so was wie „lese, lerne, trage vor" und es zählt für Frau und Mann. Die Taliban treten dieses Recht mit Füßen, indem sie Frauen den Zugang zu Bildung verbieten. Die legen sich halt bestimmte Passagen vom Koran aus, wie es für die passt. Viele Menschen reduzieren den Islam auf diese Spinner. Das gängige Bild von Frauen im Islam, dass die Frauen nicht gleichberechtigt sind, stimmt nicht. Wenn ein Mann sich als Pascha aufführt, dann hat es nichts mit Religion zu tun, sondern es ist das Kulturelle. Laut Religion *muss* der Mann für die Familie sorgen, er *muss* das Geld heimbringen und er *muss* es auf die ganze Familie aufteilen. Wenn die Frau arbeitet, darf sie alles für sich behalten. Es ist so, dass man die Frau bessergestellt hat. Man muss das Ganze auch zeitlich betrachten. Wenn du damals diese Feminismusdebatte von heute geführt hättest, hätte es nicht funktioniert. Das wären damals zu große gesellschaftliche Unterschiede gewesen. Diese Strukturen sollten dazu dienen, die Frau zu stärken, damit in Zukunft Mann und Frau gleichbehandelt werden. Der Koran hat versucht, zur gesellschaftlichen Gleichberechtigung hinzuführen.

....

Aber viele Menschen verbinden die Pflicht zum Kopftuchtragen mit Unterdrückung.

Damals, als der Koran geschrieben wurde, war vom „Hijab" die Rede, und das hieß so was wie „Barriere", aber im geistigen Sinne. Die galt für Mann und Frau gleich. Die Barriere schließt vieles Weiteres ein, z. B. Verhalten. Auf Klamotten reduziert, gab es eine Kleiderordnung für Männer, indem sie Sachen trugen, die über die Knie hinweggingen, und Frauen hatten damals ein Kopftuch an. Im Endeffekt ist das wieder ein kultureller Aspekt. Im Koran steht nicht eins zu eins drin, dass die Frau ein Kopftuch tragen muss. Ob man ein Kopftuch trägt, muss jede selber entscheiden. Jemanden zu irgendwas zu zwingen, ist falsch. Neulich hatte ich mit einem Kumpel eine Meinungsverschiedenheit über Religion. Als er mich fragte, was für Quellen ich habe, meinte ich: „Das ist aus einer Doktorarbeit von einer

Durch die muslimischen Errungenschaften der Taliban sind dort Frauenrechte nicht vorhanden.

Viele Menschen reduzieren den Islam auf diese Spinner.

45

Frau, die Islamwissenschaften studiert hat."
Dann habe ich zusammen mit ihm gegoogelt,
wie die aussieht, und er meinte: „Die trägt kein
Kopftuch, die kann nicht recht haben." Das ist
Unterdrückung und hat mit Religion nichts zu
tun, denn eine Frau ohne Kopftuch kann gebilde-
ter und religiöser sein als eine Frau mit Kopftuch.

**Würdest du zustimmen, dass religiöse Men-
schen generell nicht mit der modernen Welt
Schritt halten können?**
Ich find's neumodisch. Ein Beispiel ist Homosexualität: Es war Gott immer bewusst, dass es
schwule Menschen gibt, aber er bestraft keinen
dafür. Was verboten ist, ist Analsex. Nur die
Ausübung ist verboten. Wenn mich jemand fragen würde: „Ist Schweinefleisch essen falsch?",
würde ich sagen: „Ja, es ist verboten." Genauso
finde ich Homosexualität *im religiösen Sinne*
falsch. Ich will darüber aber nicht urteilen. Was
die Menschen unter sich machen, ist ja für jeden
frei. Sie müssen sich im Endeffekt vor Gott rechtfertigen. Ich habe einen Kumpel, der schwul ist,
und ich sag ihm: „Ich mache selber Fehler und
will nicht über dich urteilen, mach das, womit
du dich wohlfühlst."

Zwischen anderen Versöhnung und Frieden herbeizuführen, ist wertvoller als
alles Beten und Fasten des Menschen.

Mohammed (Prophet und
Gesandter Gottes, Islam)

„Ich bekomme sehr viel Hetze und Hassnachrichten"

TANYA RAAB (23), jüdische Influencerin

Bist du von Geburt an Jüdin?

Ja, meine Eltern sind von der Herkunft her jüdisch, aber ich weiß gar nicht, ob sie sich überhaupt als religiös definieren würden. Sie sind eher nicht gläubig. Meiner Mutter war es allerdings wichtig, dass ich einige jüdische Traditionen mitbekomme. Wir waren auch lange Zeit Mitglieder einer jüdischen Gemeinde. Ich habe also ein bisschen religiöses Leben mitbekommen, aber sehr wenig. Den Glauben habe ich mir eigentlich selbst angeeignet.

Was ist dir bei deinem Glauben besonders wichtig? Warum genau bist du Jüdin?

Ich bin Jüdin, weil ich als Jüdin geboren bin. Jüdisch zu sein bedeutet für mich, gegen jeden Widerstand anzukämpfen und meinen Glauben trotz aller Schwierigkeiten zu leben und dabei stark zu bleiben.

Was genau hat dich dazu bewegt, über *Instagram*

(@oy_jewish_mamma) den Alltag eines Juden/ einer Jüdin Menschen näherzubringen?

Mich hat vor allem bewegt, mitbekommen zu haben, wie fremd für viele jüdisches Leben ist. Viele haben noch nie einen jüdischen Menschen getroffen und vielleicht sogar Berührungsängste. Ich wollte diese Barrieren aufbrechen und jüdischen Alltag zeigen, um das Ganze greifbarer zu machen.

....

Wie sieht das Leben von dir als Jüdin in Deutschland aus? Gibt es große Unterschiede zu Nicht-Jüdinnen?

Ich bin liberale Jüdin. Es gibt andere Strömungen, die ihr Leben mehr nach den religiösen Gesetzen ausrichten und die sehr klare Rituale haben. Ich lebe das ein bisschen freier aus. Ich hatte bisher immer nichtreligiöse Partner, für die sogar das bisschen, was ich mache, schon sehr ungewöhnlich ist. Dass man sich an die jüdischen Feste anpasst, ist oft nicht einfach, weil die Feste nicht zeitgleich mit christlichen Festen liegen. Auch Ritualgegenstände oder Grußkarten zu diesen Festen zu kaufen ist in Deutschland nicht so einfach. Wenn man koscher essen möchte, ist das auch eher schwierig. Wenn man sich streng an die Kaschrut-Regeln [jüdische Speisevorschriften] hält, kann man nicht in jedem Restaurant essen gehen oder nicht in jedem Supermarkt einkaufen.

....

Wurdest du aufgrund deines Glaubens schon mal diskriminiert?

Ja, auf zwei unterschiedlichen Ebenen. Ich erlebe sehr viel Diskriminierung und Kritik aus der jüdischen Community daran, wie ich meinen Glauben auslebe. Dass ich keine vorbildliche Jüdin sei und Sachen mache, die sich für Frauen nicht gehören, heißt es dann. Ich bin bisexuell und lebe das relativ offen aus. Und ich lebe mit einem nicht-jüdischen Freund zusammen. Das sind für viele konservative Menschen sehr große Red Flags. Von der anderen Seite gibt es einen klaren Antisemitismus. Ich habe mich beispielsweise in der lokalen Zeitung interviewen lassen, und der Artikel ist am Tag der Veröffentlichung auf Attila Hildmanns Kanal gelandet, mit einem Hetzaufruf gegen mich. Da wurde mein ganzer Name, mein Wohnort und ein Foto von mir veröffentlicht – wie ein Fahndungsplakat. Daher hatte ich richtig Angst. Denn seine Telegramgruppen bestehen aus sehr gewaltbereiten Leuten. Ich habe versucht, das anzuzeigen, was aber nicht funktioniert hat. Ich wurde überhaupt nicht ernst genommen. Ich bekomme sehr viel Hetze und Hassnachrichten. Auch Morddrohungen, Gewaltandrohungen, Vergewaltigungsdrohungen, die sich gegen mich, meinen Mann und meine Tochter richten. Auf der Straße habe ich so was sehr wenig erlebt. Wenn man sich als jüdische Person in die Öffentlichkeit stellt, dann passiert so was sehr leicht, und das ist besorgniserregend.

....

Gibt dir dein Glaube in solchen Situationen die Stärke, trotzdem weiterzumachen?

Ja, jüdische Menschen wurden seit Jahrtausenden diskriminiert und es gab immer wieder Versuche, sie zu unterdrücken und ihren Glauben auszumerzen. Aber sie sind immer noch da. Das gibt mir sehr viel Kraft. Es gibt viele Menschen, die das, was ich mache, unterstützen. Daher

> Ich erlebe sehr viel Diskriminierung und Kritik aus der jüdischen Community daran, wie ich meinen Glauben auslebe.

> Von der anderen Seite gibt es einen klaren Antisemitismus.

muss ich mich nicht von ein paar Idioten abschrecken lassen.

....

Abraham, als dessen Nachkommen sich die Juden sehen, hatte mit Gott einen Pakt geschlossen, der beinhaltet, dass Abraham und seine Nachkommen Gott treu sein sollen. Dafür würde Gott ihn und seine Nachkommen schützen. Wie kann Gott es dann trotzdem zulassen, dass Juden zur Nazizeit brutal verfolgt und hingerichtet wurden?

Tatsächlich gibt es sehr viele, die sagen, dass der Holocaust eine Strafe Gottes war, weil die jüdischen Menschen ihren Glauben nicht streng genug ausgelebt haben. Ich denke, selbst wenn man an einen allmächtigen Gott glaubt, gibt es trotzdem Dinge, die sich nicht verhindern lassen. Es ist sehr schwierig, aus dem Holocaust was Positives zu ziehen. Ich frage mich, ob das nicht vielleicht in gewisser Weise ein sehr großes Warnsignal war und jetzt die Chance birgt, dass so etwas nicht noch mal passiert.

....

In der Tanach [hebräische Bibel] gibt es die Schöpfungsgeschichte, die von Wissenschaftlern als unrealistisch betrachtet wird. Was denkst du?

Ich finde, dass die Tora [erster Teil des Tanach] und die Schöpfungsgeschichte sehr metaphorisch sind. Ich glaube nicht, dass die Erde an sieben Tagen entstanden ist. Das hat 30 Millionen Jahre gedauert. Das allerdings können wir uns einfach im Kopf nicht vorstellen. Weil die Tora für alle Menschen auch ohne höhere Bildung und für Kinder verständlich sein sollte, hat man

versucht, es herunterzubrechen auf ein Niveau, das jeder nachvollziehen kann.

....

Die Tora enthält 613 Gebote und Verbote. Zusätzlich gibt es noch die Zehn Gebote, welche die Grundlage der jüdischen Religionsgesetze bilden. Wie wichtig sind dir diese Ge- und Verbote?

Ich sehe sie eher als Richtlinien für mein Leben. Ich glaube, dass vieles davon nicht mehr zeitgemäß ist. Es gibt z. B. das Verbot, dass Männer Frauenkleidung tragen und Frauen Männerkleidung. Selbst wenn du jetzt nicht sehr liberal bist, musst du dich an einem bestimmten Punkt fragen: Ist eine Hose mittlerweile überhaupt noch Männerkleidung?

....

Was wäre, wenn man ein Gebot oder Verbot nicht einhält? Gibt es so was wie Sünde?

Nein. Die Sünde ist ein rein christliches Ding. Du kannst auch aus dem Judentum nicht ausgeschlossen werden. Du bleibst für immer Jude und am Ende ist es Gott egal, ob du dich an die Gebote gehalten hast oder nicht. Du hast als Jude gelebt und stirbst als Jude und du bist immer jüdisch. Ich glaube, viele verstehen es eher als Richtlinien für ein gutes Leben. In Israel, wo der jüdische Glaube sehr fest verankert ist, ist die Gesetzgebung nach der Tora ausgerichtet und auf ihre Gebote und Verbote. Wenn ich hier Männerkleidung anziehe, glaube ich nicht, dass mir was passiert.

....

Jüdische Jungen werden kurz nach der Geburt beschnitten. Wie ist das, wenn ein Mann später

Am Ende ist es Gott egal, ob du dich an die Gebote gehalten hast oder nicht.

Ich glaube nicht, dass die Erde an sieben Tagen entstanden ist.

ins Judentum konvertieren will? Kann man auch ohne Beschneidung jüdisch sein?

Ich würde sagen, dass sich niemand beschneiden lassen muss. Aber in vielen jüdischen Gemeinden gehört das Beschneiden definitiv dazu. Es ist ein super sensibles Thema. Vor allem die Beschneidung bei Säuglingen sehen viele Menschen berechtigterweise sehr kritisch. Ich bin aber absolut gegen ein Beschneidungsverbot, auch wenn ich selbst mein Kind nicht beschneiden lassen würde. Ich finde es sehr übergriffig, diese Entscheidung für ein Kind zu übernehmen. Aber in konservativen Kreisen ist das sehr üblich. Würde man es verbieten, würde das alles in einen Untergrund rutschen und würde dann nicht mehr von einer Person mit medizinischer Ausbildung gemacht werden.

Was, denkst du, passiert mit den Menschen nach dem Tod?

Ich bin da für jüdische Verhältnisse speziell. Viele jüdische Menschen möchten auf einem jüdischen Friedhof bestattet werden, schließen Organspenden aus oder lassen sich nicht einäschern. Ich sehe das alles sehr metaphorisch. Ich habe einen sehr ausführlichen Organspendeausweis, der besagt: „Nehmt alles, was ihr wollt, ich brauch es nicht mehr!" Ich möchte auch definitiv eingeäschert werden. Was nach dem Tod passiert, kann ich nicht genau sagen.

Das heißt, du siehst auch keinen Unterschied diesbezüglich zwischen nicht-jüdischen und jüdischen Menschen?

Nein. Alle Menschen, die ich sehr lieb habe, sind nicht jüdisch. Ich würde es schade finden, wenn nur ich am Ende im Paradies allein lebe. Ich wäre definitiv dafür, dass alle mitkommen können. Das sieht der jüdische Glaube ein bisschen anders, aber ich möchte nicht dran glauben, dass am Ende nur die jüdischen Menschen gerettet werden und ein ewiges Leben nach dem Tod haben werden.

Juden verzichten auf das Missionieren. Wie gehst du mit der Situation um, wenn Andersgläubige versuchen, dich für ihren Glauben zu überzeugen?

Solche Situationen hatte ich schon ein paar Mal. Normalerweise lassen die Leute auch relativ schnell davon ab, wenn ich sage, ich bin jüdisch und ich fühle mich der Religion zugehörig. Im Judentum wird der Glaube nicht nur erworben, sondern vererbt. Ich finde es sehr schön, dass es im Judentum keine Missionierung gibt, weil ich das oft sehr nervig finde. Wenn sich eine Person für einen Glauben interessiert, wird sie selbst zum Glauben kommen und muss nicht überzeugt werden. Das ist in anderen Religionen ganz anders.

Was denkst du im Allgemeinen über andere Religionen?

Ich habe nichts dagegen und finde andere Religionen total spannend. Es ist sehr schade, dass man hier in Deutschland fast nur Sachen übers Christentum weiß. Ich finde es sehr wichtig, dass man was über andere Religionen lernt. Ich möchte betonen, dass Religionen zwar sehr unterschiedlich sind, es aber trotzdem ein

Gespräch geben soll, und dass wir in vielerlei Hinsicht gar nicht so verschieden sind. Ich verbringe sehr gern Zeit mit Leuten, die einen anderen Glauben haben, weil ich das total interessant finde. Ich mache oft viel positivere Erfahrungen mit Menschen, die einen anderen Glauben haben als mit Menschen, die gar nicht gläubig sind. Viele lehnen Religion komplett ab, und das finde ich sehr schwierig.

....

Es gibt allerdings immer wieder Leute, die ihren Glauben infrage stellen. Wie ist das bei dir?

So richtig infrage gestellt habe ich ihn noch nicht. Aber ich habe z. B. eine Wohnung besichtigt und fand sie toll. Ich habe gebetet, dass ich diese Wohnung haben möchte. Dann ist es nicht passiert. Da habe ich zwar nicht meinen Glauben hinterfragt, aber mich gefragt, warum Gott mir das nicht gewährt hat. Im Endeffekt habe ich allerdings eine viel bessere und günstigere Wohnung bekommen. Deswegen glaube ich:

Wenn irgendwas nicht klappt, dann eigentlich nur, weil was Besseres auf einen wartet.

....

Das bedeutet, du betest regelmäßig?

Ja, ich versuche es. Aber ich habe keine festen Gebetszeiten. Ich bete regelmäßig am Sabbat, also am Freitagabend und an Festen. Alles andere versuche ich zu integrieren.

....

Hast du schon mal eine Situation erlebt, wo du dich von Gott verstanden gefühlt hast oder er dir geantwortet hat?

Ja. Ich hab vor der Schwangerschaft mit meiner Tochter mehrere Fehlgeburten gehabt. Das waren Momente, wo ich sehr am Glauben gezweifelt habe. Da habe ich resigniert und wollte dieses Thema aufgeben. Ich habe dann geheiratet und im selben Monat noch mal dafür gebetet, ein Kind zu bekommen. Es wurde erhört. Ich hab ein tolles Kind und ich habe mich sehr verstanden gefühlt.

> Deswegen glaube ich: Wenn irgendwas nicht klappt, dann eigentlich nur, weil was Besseres auf einen wartet.

> Jeder Einzelne soll sich sagen: Für mich ist die Welt erschaffen worden, daher bin ich mit verantwortlich.
>
> Talmud (Schriftwerk des Judentums)

„Ich bete jeden einzelnen Gott an"

AASHISH ADHIKARI (26), Hindu, Student*

* Das Interview wurde aus dem Englischen übersetzt

Wie bist du zuerst in Kontakt mit deiner Religion gekommen?

Es wurde von meiner Familie an mich weitergegeben. Sie folgen auch dem Hinduismus. Mein Großvater, mein Urgroßvater, sie alle gehören der hinduistischen Religion an. Jetzt ich und wahrscheinlich meine Kinder auch.

Denkst du, dass deine Kultur auch deine Überzeugungen beeinflusst hat?

Irgendwie schon, aber die Kultur unterscheidet sich in verschiedenen geografischen Regionen und zwischen den Menschen, die darin leben. So gibt es z. B. in Indien viele Hindus. Und wenn wir die Kultur zwischen Indien und Nepal vergleichen, ist sie irgendwie ähnlich. Aber es gibt Unterschiede in einigen Aspekten, wie z. B. in der Art, ein Fest zu feiern. Alles ist gewissermaßen anders, aber die Idee dahinter ist die gleiche.

Hindus glauben an viele Götter. Kannst du uns mehr darüber erzählen?

Das ist kompliziert. In vielen Lehrbüchern steht, dass es drei Arten von Göttern gibt, in denen es wiederum Millionen von Göttern gibt. Einige Lehrbücher sagen, dass alles um dich herum, die gesamte Natur, Teil eines Gottes ist. Einige Menschen beten sich sogar selbst an, weil sie sagen, dass Gott in dir ist. Es ist verwirrend in meiner Religion.

Also ist die Anzahl der Götter nicht wichtig?

Ja. Du solltest allen folgen oder keinem. Ich denke, dass kein Gott auf dieser Welt etwas Schlechtes lehren wird. Sie lehren immer das Richtige. Wie du es von ihnen annimmst, ist das, was zählt.

> Einige Menschen beten sich sogar selbst an, weil sie sagen, dass Gott in dir ist.

Kathmandu | Swayambhunath Tempel: buddhistischer Stupa, der von hinduistischen Türmen flankiert wird

Hast du einen Gott, der für dich am wichtigsten ist?

Ich habe viele Leute gesehen, die ihren persönlichen Favoriten haben. Aber im Hinduismus beten wir über das ganze Jahr jeden Gott an. Ich bete zu jedem einzelnen Gott, wenn es möglich ist. Ich folge nicht nur einem. Religion bedeutet auch eine Art zu leben und nicht nur blind zu folgen.

....

Du bist jetzt nicht bei deiner Familie in Nepal, sondern hier in Deutschland. Praktizierst du deine Rituale allein oder praktizierst du sie gar nicht?

In meinem Fall mache ich nicht alles, was ich tun soll oder tun muss. Weil es hier nicht möglich ist, weil ich dazu in einen Tempel gehen müsste. Ich sehe keinen Tempel hier. Deshalb kann ich einige der Rituale nicht ausführen. Aber manchmal mache ich während eines Festes einige meiner eigenen Rituale in meinem Zimmer. Morgen ist der Tag, an dem wir Lord Shiva *[wichtige hinduistische Gottheit]* anbeten werden. Vielleicht gibt es etwas weiter entfernt einen Tempel, aber es ist kein Tempel, der Lord Shiva gewidmet ist. Also ist es nicht der richtige Tag, um dorthin zu gehen.

....

Also gibt es Tempel, die bestimmten Göttern gewidmet sind?

Ja, deshalb wird Kathmandu als Stadt der Tempel bezeichnet. Innerhalb eines Radius von beispielsweise 300 bis 500 Metern findest du mindestens zwei Tempel. Und jeder einzelne Tempel ist einem bestimmten Gott gewidmet. Deshalb

besuchen wir an verschiedenen Festtagen und zu verschiedenen Zeiten verschiedene Tempel. Kathmandu gilt auch als der Ort, an dem du die Verschmelzung von zwei Religionen sehen kannst. Es gibt dort eine Verschmelzung von Hinduismus und Buddhismus.

....

Hast du also auch buddhistische Überzeugungen?

Ja, es ist beides verbunden. Ich bin in jungen Jahren im Kathmandu-Tal aufgewachsen. Deshalb sage ich mir selbst, dass ich Hindu bin. Ich folge dem Hinduismus. Aber ich folge auch dem Buddhismus. Denn im Kathmandu-Tal sind sie miteinander verbunden. Wenn du einen Tempel besuchst, wirst du einen buddhistischen Stupa *[buddhistisches Bauwerk; auch Grab- oder Verehrungshügel, in dem Reliquien aufbewahrt werden]* in der Nähe sehen. Ich glaube, es ist der einzige Ort, an dem es keine Auseinandersetzungen zwischen beiden Religionen gibt. Denn wenn du dir andere Teile der Welt ansiehst, streiten die Menschen darüber, welche Religion die größte ist, welche Religion richtig ist. Aber diese beiden Religionen existieren friedlich und feiern gemeinsam.

....

Würdest du sagen, dass die grundlegenden Glaubenssätze des Buddhismus und Hinduismus gleich sind?

Sie sind in mancherlei Hinsicht gleich. Ich würde nicht sagen, dass der grundlegende Glaube derselbe ist, sondern dass die Lehre gleich ist. Was sie den Menschen lehren, ist dasselbe. Nicht nur im Buddhismus und Hinduismus, sondern

Es gibt dort eine Verschmelzung von Hinduismus und Buddhismus.

vielleicht in allen Religionen. Sie lehren den Menschen dieselben Dinge. Die Art und Weise, wie du denkst, deine Perspektive – jede Person hat ihre eigene Meinung und ihre eigene Art zu denken. Der Glaube kann unterschiedlich sein, aber die Religionen lehren dasselbe.

Sind alle Menschen vor Gott gleich, unabhängig von der Religion, der sie folgen?

Die Menschen und die Art, wie sie diese Bildung, diese Weisheit empfangen, sind unterschiedlich. Jede Religion hat verschiedene Götter. Sie folgen einem anderen Weg, um Bildung und Weisheit zu erlangen und ihren Gott zu verehren, auch ihre Lebensweise ist unterschiedlich. Aber am Ende zählt, dass sie das Gleiche lehren. Du wirst geboren und du wirst am Ende sterben. Also kommt es darauf an, wie du dein Leben zwischen Geburt und Tod führst, das ist das, was zählt. Ich glaube, dass Gott uns nicht unterschiedlich behandelt, weil wir alle gleich vor ihm sind. In unserer Religion gibt es einen Kreislauf von Geburt und Tod. Wenn du Gutes tust, wirst du den Kreislauf von Geburt und Tod durchbrechen und Moksha erreichen. Das Erreichen von Moksha bedeutet in etwa, dass du im Himmel bist, man kann es mit dem „Nirvana" vergleichen. Wenn du das nicht innerhalb des Kreislaufs von Geburt und Tod erreicht hast und nichts Gutes getan hast, wirst du weder in den Himmel noch in die Hölle kommen. Du wirst wiedergeboren und bekommst die Chance, etwas Gutes zu tun. Aber es ist nicht sicher, dass du wieder Mensch sein wirst. Du wirst ein lebendes Wesen sein, vielleicht eine Pflanze

oder ein Tier oder vielleicht wieder ein Mensch. Das wird immer durch dieses Leben bestimmt. Ich glaube, wenn du etwas Gutes tust, wirst du in deinem nächsten Leben etwas Gutes bekommen. Sie ermutigen dich nicht, etwas Schlechtes zu tun. Sie sagen immer, tu etwas Gutes, weil du in deinem nächsten Leben etwas Gutes bekommen wirst. Sie haben die Schlupflöcher versteckt, denn wenn du das Schlupfloch findest, wirst du immer ein Sünder sein und niemals eine gute Person werden.

Viele Leute sagen, dass die Natur des Menschen schlecht ist. Stimmt das deiner Meinung nach?

Es gibt immer zwei Seiten einer Medaille. Die Menschen sind in gewisser Weise gut und in gewisser Weise schlecht. Es kommt auf die Entscheidungen an, die man trifft.

Ist Gott allmächtig und hat unser Schicksal vorherbestimmt?

An das Schicksal zu glauben, ist eine der Hauptkomponenten unserer Religion. Wenn uns etwas Gutes widerfährt, sagen wir, dass Gott den Weg verfolgt. Es ist Schicksal, es ist vorbestimmt. Und um dieses Schicksal zu erreichen, musst du viel arbeiten.

Kann ich mein Schicksal beeinflussen, indem ich die richtigen Entscheidungen treffe?

Ja, aber du wirst nie wissen, ob die Entscheidungen richtig oder falsch sind. Wir denken, wenn du etwas Gutes tust, wirst du auch immer etwas Gutes erreichen. Ich glaube nicht, dass jemand, der Gutes tut, Schlechtes erreicht.

Du wirst geboren und du wirst am Ende sterben. Also kommt es darauf an, wie du dein Leben zwischen Geburt und Tod führst.

Was denkst du, wie kann es zu so viel Grausamkeit in der Welt kommen?

In unserer Religion sagen wir, dass es vier Zeitalter gibt. Das erste ist das Zeitalter der Götter. Das zweite Zeitalter ist immer noch mit den Göttern verbunden. Das dritte Zeitalter liegt zwischen Gott und den Menschen. Und wir sind jetzt im vierten Zeitalter. Dieses Zeitalter hat zwei separate Teile. Den Anfang und das Ende. Der Anfang war, wo sich die Menschen entwickelt haben. Im zweiten Teil ist das Ende dieses Zeitalters, und es ist bereits vorherbestimmt, dass es viel Grausamkeit, viele Tötungen und keine Natur geben wird. Am Ende sagen sie, dass die Menschen ausgeschlachtet werden könnten. Jeder beutet gerade natürliche Ressourcen aus. Das Essen wächst nicht richtig, nicht mehr so, wie es vor zehn Jahren gewachsen ist. Der Klimawandel, alles geht in diese Richtung. Deshalb glaube ich an diese Sache, weil es dorthin geht. Wenn die Menschen viele natürliche Ressourcen ausbeuten, werden diese erschöpft sein, sie werden vollständig zerstört sein. Dann gibt es keine natürlichen Ressourcen, kein Essen mehr. Und am Ende gibt es nur noch Menschen. Und was brauchen sie zum Essen? Sie werden versuchen, sich gegenseitig zu essen. Aber wir werden nicht hier sein, um solche Dinge zu sehen, denn diese Zeitalter sind Millionen und Milliarden von Jahren entfernt. Du wirst es in deinem Leben nicht erleben. Diese Jahre sind keine menschlichen Jahre, es sind Götterjahre. Also, es dauert noch eine sehr lange Zeit. Du musst dir keine Sorgen machen. Und es gibt noch eine Sache. Wir haben zehn Avatare von Lord Vishnu. Der zehnte kommt am Ende dieses Zeitalters, um die Menschen vor allem zu retten. Und wenn er kommt, heißt es, dass er etwas tun wird, das dieses Zeitalter beendet und den Beginn des ersten Zeitalters der Götter wieder herbeiführt.

....

Glaubst du, dass alle Menschen sterben werden?

Ich glaube nicht, dass alle Menschen sterben werden, weil es keine klaren Beweise dafür in irgendeinem Lehrbuch gibt. Es wird nur gesagt, dass dieses Zeitalter enden wird. Aber wie es enden wird, das ist nicht vollständig gesagt.

....

Hattest du jemals Zweifel an deiner Religion?

Ja, irgendwie schon. Es gab einige Zweifel, die mir bisher in den Sinn kamen. Aber bis jetzt waren die Zweifel nur vorübergehend. Denn wenn du dich in einer sehr schlechten Phase deines Lebens befindest, fragst du dich, was gerade passiert. Aber wenn du dich von solchen Dingen erholt hast oder wenn etwas Positives passiert, wirst du daran glauben. In unserer Religion ist Astrologie wichtig und sie bestimmt unser Leben, von der Geburt bis zum Tod. Es wird nicht exakt vorhergesagt, aber man kann sehen, dass du in diesem Lebensabschnitt eine Krankheit oder einen Erfolg haben wirst. Manchmal gibt es also lange schlechte Jahre und einige Menschen fangen an, an ihrer eigenen Religion zu zweifeln. Aber später, wenn dieser Zyklus endet und du gute Zeiten hast, erkennst du, dass du falsch lagst. Das ist mir auch passiert.

Es ist bereits vorherbestimmt, dass es viel Grausamkeit, viele Tötungen und keine Natur geben wird.

Der Klimawandel, alles geht in diese Richtung.

Haben dir deine Glaubensüberzeugungen in schwierigen Zeiten im Leben geholfen?

Ja, du musst auch an dein Schicksal glauben. So baust du einen Glauben auf. Es wird immer gute und schlechte Zeiten geben. Einige Menschen haben viele gute Zeiten. Einige Menschen haben vielleicht viele schlechte Zeiten in ihrem Leben. Aber jeder hat beides. Es gibt ein Sprichwort in unserer Religion, dass du, wenn du glücklich bist, nicht zu aufgeregt sein solltest. Und wenn du traurig bist, solltest du nicht zu frustriert oder zu ängstlich sein. Denn alles geschieht aus einem bestimmten Grund. Aber wenn du traurig bist und wenn du eine gute Motivation bekommst, kommst du vielleicht aus diesen schlechten Tagen heraus. Wenn jemand stirbt, gibt es eine Zeremonie, bei der ein Priester aus dem heiligen Buch liest. Das Buch hilft uns, über die Trauer hinwegzukommen. Er kommt zu uns nach Hause, denn wenn jemand stirbt, werden die Menschen traurig. Aber dann darfst du nicht für eine lange Zeit traurig und ängstlich sein. Es ist erlaubt, für eine bestimmte Zeit zu trauern, sagen wir etwa 14 Tage, vielleicht einen Monat, vielleicht zwei Monate. Aber es hat keinen Sinn, dein ganzes Leben lang traurig zu sein, wenn jemand stirbt. Denn der Tod ist keine Wahl, er passiert jedem. Wenn du leidest und dich jemand unterrichtet, wirst du die Lehre schnell annehmen. Wenn du schlechte Zeiten hast und die Einstellung hast: „Ich schaffe das", wirst du in dieser Zeit viel lernen. Du leidest unter diesem Misserfolg und möchtest diesen Misserfolg überwinden. Also brauchst du eine Lehre. So überwindest du es.

Gibt es noch andere Aspekte des Hinduismus, die wirklich großartig oder wichtig sind?

Es gibt noch einen weiteren wichtigen Aspekt des Hinduismus. Die Religion ist keine Magie. Wenn du keine harte Arbeit leistest, wirst du nichts erreichen. Und wenn du sehr hart arbeitest, aber nicht glücklich bist, wirst du auch nichts erreichen. Du musst für diese Sache leben. Harte Arbeit zahlt sich sehr aus. Wenn du all deine Anstrengungen in eine Arbeit steckst, wirst du etwas erreichen. Wenn das, was du tust, nicht dein Leben ist, dann tu es bitte nicht. Es sollte dein Interessensgebiet sein. Deshalb versuche ich immer, das zu tun, was ich tun möchte. Und das Wichtigste in unserer Religion ist der Respekt für die Lebensweise von allem, egal ob es sich um einen Menschen, die Natur, eine Pflanze oder ein Tier handelt. Es bedeutet auch, ihre Religion zu respektieren. Respektiere alles. So erlangt man gegenseitiges Verständnis und Frieden. Zurzeit respektiert niemand die Lebensweise des anderen. Die Menschen legen mehr Wert auf Geld als darauf, Frieden zu erreichen.

Glaubst du, wenn jeder dem Hinduismus folgen würde, wäre die Welt ein guter Ort?

Nein, nein. Es gibt viele Menschen, die sehr schlimme Dinge getan haben, obwohl sie Hindus sind. Hindus haben nie gesagt, dass man dem Hinduismus folgen muss. Sie konzentrieren sich nur darauf, dass man im Leben etwas Gutes tut und hart arbeitet. Ich würde nicht sagen, dass man dem Hinduismus folgen muss, um Weltfrieden zu erreichen. Ich würde sagen, dass man den guten Dingen folgen sollte, die von der

Alles geschieht aus einem bestimmten Grund.

Der Tod ist keine Wahl, er passiert jedem.

Respektiere alles. So erlangt man gegenseitiges Verständnis und Frieden.

eigenen Religion gelehrt werden. Wenn jeder gute Dinge in dieser Welt haben möchte, dann wird es ein besserer Ort sein. Denn heutzutage rennen die Menschen in der ganzen Welt dem Geld hinterher. Sie würden alles für Geld tun. Und um solche Dinge zu erreichen, zerstören die Menschen das Leben anderer, andere Dinge und die Natur. Und wo Geld ist, sind auch Krieg, Konflikte und überall ist Chaos. Auch wenn die Religion etwas anderes sagt, verhalten sich Menschen gegensätzlich. Also schlechte Praktiken sind vorhanden. Das ist die älteste Erkenntnis aller Religionen.

Führe uns vom Unwirklichen zur Wahrheit, von der Dunkelheit zum Licht, von der Sterblichkeit zum ewigen Leben.

Hinduismus (archaisches Gebet)

Deutschland: Innere Vielfalt – Zugehörigkeit zu verschiedenen Konfessionen und Glaubensrichtungen (in %); 2023

Quelle: Bertelsmann Stiftung (Hrsg.):
Religionsmonitor 2023; Basis:
Bevölkerung Deutschland ab 16 Jahren
(N=4.363), gültige Fälle, gewichtet

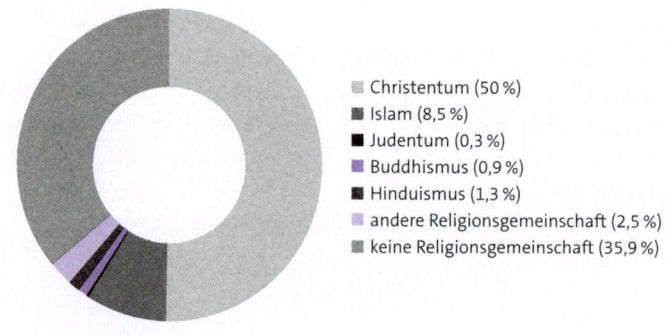

- Christentum (50 %)
- Islam (8,5 %)
- Judentum (0,3 %)
- Buddhismus (0,9 %)
- Hinduismus (1,3 %)
- andere Religionsgemeinschaft (2,5 %)
- keine Religionsgemeinschaft (35,9 %)

Christentum 50 %

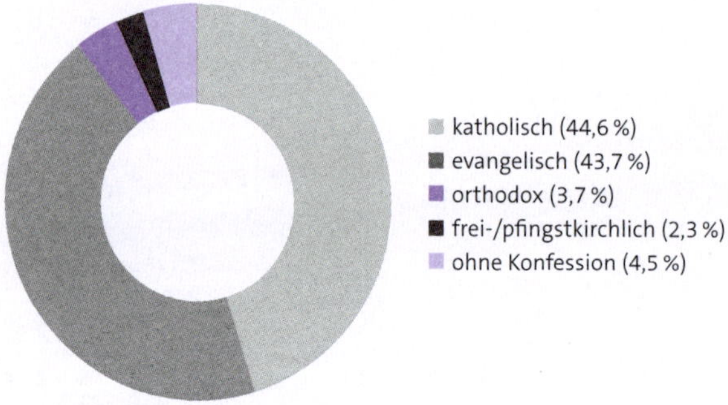

- katholisch (44,6 %)
- evangelisch (43,7 %)
- orthodox (3,7 %)
- frei-/pfingstkirchlich (2,3 %)
- ohne Konfession (4,5 %)

Islam 8,5 %

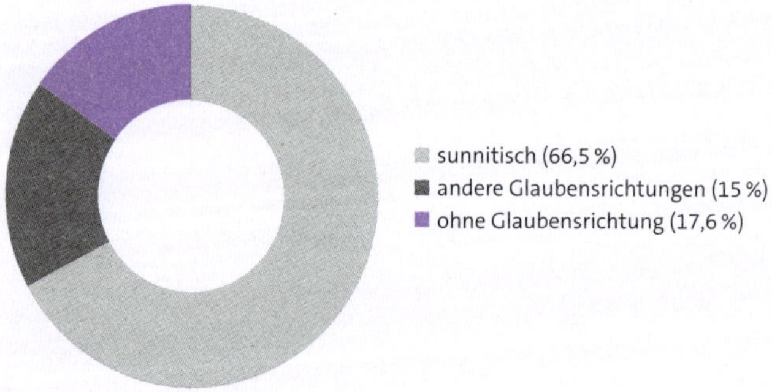

- sunnitisch (66,5 %)
- andere Glaubensrichtungen (15 %)
- ohne Glaubensrichtung (17,6 %)

Deutschland: Religiöse Praxis – nach Religionszugehörigkeit (in %); 2023

Quelle: Bertelsmann Stiftung (Hrsg.): Religionsmonitor 2023; Basis: Bevölkerung Deutschland ab 16 Jahren (N=4.363), gültige Fälle, gewichtet

- täglich
- wöchentlich
- seltener
- nie

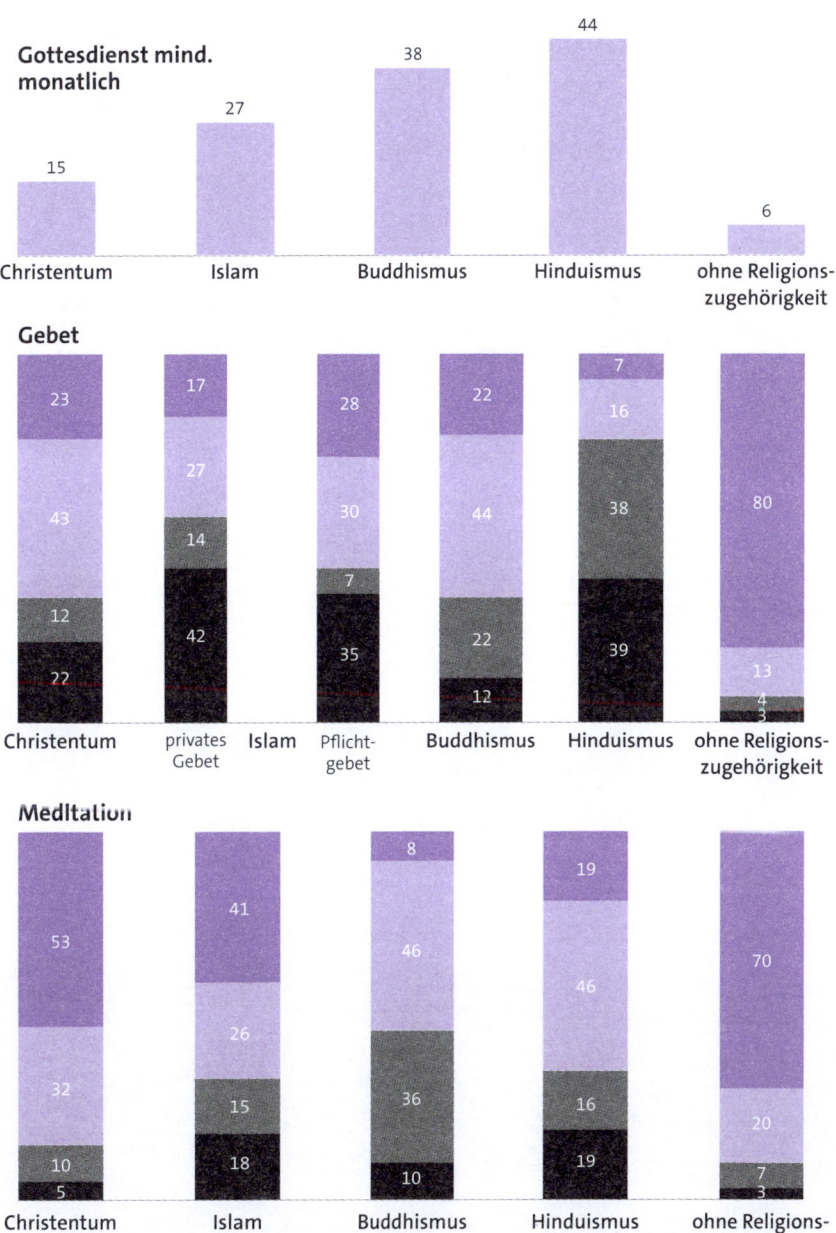

Gottesdienst mind. monatlich

Christentum	Islam	Buddhismus	Hinduismus	ohne Religionszugehörigkeit
15	27	38	44	6

Gebet

Christentum: 23, 43, 12, 22
privates Gebet / Islam: 17, 27, 14, 42
Pflichtgebet: 28, 30, 7, 35
Buddhismus: 22, 44, 22, 12
Hinduismus: 7, 16, 38, 39
ohne Religionszugehörigkeit: 80, 13, 4, 3

Meditation

Christentum: 53, 32, 10, 5
Islam: 41, 26, 15, 18
Buddhismus: 8, 46, 36, 10
Hinduismus: 19, 46, 16, 19
ohne Religionszugehörigkeit: 70, 20, 7, 3

61

FREESTYLE?

Glauben als Do-it-yourself-Praxis

„dem eigenen Gefühl und dem Körper vertrauen"

MARIA (31), römisch-katholisch und Zen-buddhistisch orientiert

ZEN

Zen (chinesisch für „Chan" = Meditation) ist eine buddhistische Strömung, die lehrt, durch Meditation im Einklang mit sich selbst und der Umwelt zu leben.

Bei der Zen-Meditation geht es darum, den Geist von Gedanken zu befreien, um ganz im gegenwärtigen Moment sein zu können. Angenommen wird: Wer es schafft, Stille in sich zu finden, kann in Harmonie mit der Umgebung leben.

Maria, wir interviewen dich, weil uns deine buddhistische Grundhaltung interessiert. Wie würdest du ihre wichtigsten Elemente beschreiben?

Dazu muss ich zunächst klarstellen, dass ich nicht Buddhistin bin. Meine Religion ist römisch-katholisch. Mein Zen-Weg stammt zwar aus der buddhistischen Tradition, ist aber keine Religion. Es ist ein Erfahrungswert. Es geht um die Frage: Wer bin ich wirklich, in meiner tiefsten Essenz? Jeder Mensch hat die Möglichkeit, den Weg zurück zum eigenen Ursprung zu gehen. Dabei geht es nicht darum, irgendwohin zu gelangen, sondern Schicht für Schicht von dem abzutragen, was wir an Vorstellungen, Mustern und Mauern um uns aufgebaut haben.

Gibt es da konkrete Rituale oder Praktiken, die dabei helfen können?

Es geht um Meditation in der Stille, aber auch um die Einheit von Körper, Geist und Energie. Erst mal aus dem Alltagsdenken rauszufinden und in diese Einheit zu gelangen, ist ein Übungsweg. Im Zen gibt es 108 verschiedene Meditationsübungen, die man in der Stille durchführen

Wer bin ich wirklich, in meiner tiefsten Essenz?

Der Körper ist die Form für den Geist, und der Körper braucht eine gewisse Stabilität, damit sich der Geist darin zur Ruhe setzen kann.

Seit diesem Tag gibt es keinen Tag, an dem ich nicht meditiert habe.

kann. Hintergrund davon ist die Annahme: Der Körper ist die Form für den Geist, und der Körper braucht eine gewisse Stabilität, damit sich der Geist darin zur Ruhe setzen kann. Wenn ich still bin, die Gedanken ruhig sind, brauche ich keine Übung mehr. Dann kann man loslassen und das Wesen kann sich zeigen. Wir denken immer, wir hätten die Kontrolle über unser Denken, aber eigentlich werden wir meist gedacht – die Frage ist, von wem.

Wie bist du auf den Zen-Buddhismus gestoßen?

Ich war auf der Suche nach Wahrhaftigkeit und nach Sinn im Leben. Mir war alles zu oberflächlich. Ich dachte: Da muss noch mehr sein! Auf Zen bin ich dann durch „Zufall" gestoßen. Ich bin in einem Fitnessstudio immer in Kurse gegangen. Und es gab dort einen Kurs zur Zen-Meditation. Ich dachte mir, das ist vielleicht so was Ähnliches wie Yoga. Als ich hingegangen bin, saßen alle nur. Ich dachte: „Super, hat noch nicht begonnen", dabei waren die schon mittendrin. Ich habe mich dazugesetzt und war anfangs schon etwas befremdet von der Form in Stille, keine Aktion, nur sitzen und atmen. Ich hatte das für mich eigentlich schon wieder verworfen, aber irgendwann hatte ich das Gefühl, da noch mal hinzuwollen. Daraufhin habe ich eine Einführung besucht, Dinge ausprobiert und ganz spannende Erfahrungen gemacht. Bestimmt auch einiges, was ich mir eingebildet hab. *[lacht]* Bei meinem ersten Einzeltraining sagte man mir: „Du solltest mal jeden Tag vor der Arbeit eine halbe Stunde meditativ sitzen. Nächste Woche kommst du wieder und wir schauen, was

passiert ist." Seit diesem Tag gibt es keinen Tag, an dem ich nicht meditiert habe. Ich habe in diesen Wochen bemerkt, dass sich mein ganzes Leben verändert. Ich hatte keine tiefen Erleuchtungserfahrungen, aber gemerkt: In dieser Stille ist ein Funke, der bringt mir Antworten auf die Fragen, die ich habe. Ich hatte eine große Sehnsucht, das tiefer zu ergründen. Deshalb habe ich die Trainerin gefragt, ob es einen Ort gibt, wo man mehr darüber lernen kann. Sie meinte, dafür gibt es ein Kloster, das gar nicht so weit weg liegt. Ich habe da angerufen und ein Seminar sowie danach einen weiteren Aufenthalt gebucht. Eigentlich wollte ich nur drei Monate bleiben. Ich dachte, danach kann ich das. Zen ist aber ein Weg, der niemals endet. Jetzt bin ich, nach mehreren Jahren in München, wieder hier im Kloster, um noch tiefer einzutauchen und um Zen auch immer authentischer weitergeben zu können.

Was inspiriert dich an dieser Erfahrung?

Eine große Sehnsucht, dass der Weg immer tiefer zu mir selbst führt. Allerdings: Uns selbst gibt es eigentlich gar nicht. *[lacht]* Aber genau das ist das Spannende daran. Antreiber auf diesem Weg ist am Anfang für die meisten Menschen ein Leiden. Das war bei mir auch so. Irgendwann hat sich das gewandelt in ein aus Freude und Neugierde heraus Immer-weiter-Gehen.

Wie drückt sich diese Haltung in deinem täglichen Leben aus?

Ich meditiere jeden Tag. Das Erste, was ich anfangs erfahren habe, waren mehr Leichtigkeit und Freude. Man darf nicht denken, dass das ein dauerhafter Zustand ist, in dem man nie wieder eine Traurigkeit erfährt oder wütend wird. Es ist eher so, dass man immer authentischer wird. Viele erfahren mehr Kraft im Sinne von physischer Kraft, aber auch eine innere Power. Also man ist da, man ist präsent. Der erste Meilenstein im Zen ist Hara *[jap. für Bauch]*. Man öffnet das eigene Kraftzentrum in der Körpermitte. Es steht für Fokus, Klarheit, Präsenz, für Auf-den-Punkt-da-Sein. Das kann man trainieren. Wenn man in dieser Kraft ist, öffnet sich irgendwann automatisch auch das Herz. Das Herz sagt uns ganz genau, wo der Weg langgeht. Und wenn Hara und Herz sich verbinden, sprich Kraft und Weisheit, findet man auch den Mut, dem Weg seines Herzens zu folgen.

....

Kannst du uns deine spirituelle Praxis noch mal näher erläutern?

Für die meisten Menschen sieht sie so aus, dass man morgens aufsteht und, bevor man in den Tag startet, meditiert. Es klappt mal besser, mal schlechter. Gerade am Anfang setzt man sich hin und manchmal wird es erst mal richtig laut da oben. Man denkt: Es ist ja noch viel mehr los als davor. Jede Meditation bringt aber etwas. Allein schon in diese Körperhaltung zu gehen und der Intention zu folgen, still zu werden. Für manche bedeutet es, am Morgen zehn Minuten zu meditieren. Für andere kann es jeden Tag eine Stunde oder drei Stunden Meditation bedeuten. Das Wichtige ist die Konstanz, das Dranbleiben. Wir empfehlen, es in der Früh zu machen. Erfahrungsgemäß merkt man sehr schnell, dass

es einem gut tut, automatisch dehnt sich die Dauer aus. Wenn man es schafft, sich in den Gedanken nicht mehr zu verlieren, ist der Tag am Ende nicht mehr anstrengend. Z. B. sind wir oft beim Mittagessen und planen eigentlich schon das nächste Meeting oder das Rasenmähen. Wir sind gar nicht präsent beim Essen. Man kann den ganzen Tag über üben, bei sich zu sein. Hier im Kloster praktizieren wir sehr viel Körper-Geist-Training. Wir machen bewusste Bewegungen und gehen aus einer maximalen Dynamik in die absolute Stille, um Körper und Geist zu einer Einheit zu schmieden. Der Unterschied von Körper und Geist ist eigentlich nur der Aggregatzustand.

....

Wie haben deine Familie oder dein Umfeld darauf reagiert, als du plötzlich gesagt hast, ich habe da einen Kurs Zen-Meditation gemacht und jetzt gehe ich ins Kloster?

Für meine Familie war das sehr spannend. Es war in Ordnung für sie, vor allem, als sie gesehen haben, dass es mir guttut und es mir gut dabei geht. Klar dachten sie sich am Anfang: Was macht sie denn jetzt? Aber das hat sie auch neugierig gemacht. Ich habe ihnen am Anfang die Bücher meines Lehrers geschenkt und berichtet, was wir machen. Meine Familie ist dadurch auch ein bisschen auf ihren spirituellen Weg gekommen, auch wenn der ganz anders aussieht als meiner. Ich habe das Gefühl, es hat uns enger zusammengebracht.

....

Wie kann man sich ein Leben im Kloster vorstellen?

Jede Meditation bringt etwas.

Der Unterschied von Körper und Geist ist eigentlich nur der Aggregatzustand.

67

Es gibt einen strukturierten Kloster-Alltag, der uns die Praxis und das Eintauchen in die Stille erleichtert. Wir haben früher morgens von fünf bis acht Uhr meditiert. Mittlerweile ist es ein bisschen lockerer geworden, weil die Tage hier sehr voll sind. Mittags meditieren wir eine halbe Stunde vor dem Essen und abends auch eine Stunde. Dazwischen machen wir Samu, das ist die Arbeit zur Aufrechterhaltung des Klosters in der Stille. Es leben 15 bis 17 Leute dauerhaft hier. Wobei das wechselt, manche bleiben drei Monate, manche ein halbes, manche ein ganzes Jahr oder länger. Wir sind schon eine kleine Kloster-Familie.

> Wir sind schon eine kleine Kloster-Familie.

> Ich liebe es, meinem inneren Flow zu folgen.

Welche Themen sind bei dir in der Stille im Kloster aufgetaucht?
Viele, *[lacht]* z. B. das Thema Emotionen. Ich konnte früher keine Wut spüren. Ich hatte gelernt, dass mir das nichts bringt. Das stimmt aber nicht. Wut ist wichtig, denn sie ist eine Kraft, die uns in eine Handlung führt und uns lehrt, Grenzen zu setzen. Ich habe gelernt, emotionale Vielfalt zu spüren. Bei der Traurigkeit war es so, dass es nur einen kleinen Anlass brauchte und sie kam wie ein Fass aus mir heraus. Das war die Traurigkeit, die ich nie gelebt hatte. Irgendwann habe ich gemerkt, dass meine Gefühle und Emotionen jetzt situationsangepasst sind und nicht mehr aus alten Geschichten herrühren.

In welchen Punkten unterscheiden sich das Leben im Kloster und das Leben außerhalb?
Bezüglich der Struktur, die hier herrscht. Es findet ein immer wiederkehrender Ablauf statt.

Trotzdem kann man jederzeit aus dem Kloster raus, in die Stadt, zum See oder in die Berge fahren. Es ist nicht so, dass man hinter Klostermauern lebt. Wir haben keine Tore, sondern sind mitten in der wunderschönsten Natur. Wo andere Urlaub machen, da leben wir. Es ist ein sehr weltliches Kloster mit weltoffenem Bewusstsein. Es gibt einen Meister, der sehr modern ist und sich mit den Themen beschäftigt, die gerade in der Welt wichtig und relevant sind. Für mich ist es schön, das Klosterleben und das Leben in der Welt miteinander zu kombinieren. Wenn ich außerhalb des Klosters bin, schätze ich, dass ich noch mehr in meinen eigenen Rhythmus gehen kann; ich liebe es, meinem inneren Flow zu folgen.

Was fehlt dir, wenn du außerhalb des Klosters bist?
Es ist schön, in einer Gemeinschaft zu praktizieren. Mit dem Kloster-Team zu meditieren, hat eine besondere Kraft. Da entsteht eine enorme Stille, die leichter zugänglich ist, als wenn man allein meditiert. Außerhalb des Klosters kann man sich leichter verzetteln, weil die Welt sehr laut, sehr hektisch, sehr ängstlich ist. Man ist hier mehr davor geschützt, weil alle Menschen, die hierherkommen, auf der Suche nach Stille sind.

Wie hat sich dein Leben durch diese Zen-Erfahrungen verändert?
Dadurch, dass ich mich selbst viel besser erkundet habe, habe ich mehr Verständnis für mich und für andere Menschen bekommen und mehr

Mitgefühl entwickelt. Ich kann andere gut fühlen und trotzdem bei mir bleiben. Vieles hat auch nicht mehr so eine schwerwiegende Relevanz. Ich sehe die Dinge aus der Draufsicht mit einer gewissen Leichtigkeit und Distanz und nicht aus einer inneren Verstrickung.

....

Buddha hat die Erleuchtung erfahren. Inwieweit strebst du Erleuchtung an?

Ich möchte mich selbst vollkommen befreien. Erleuchtung ist die Erfahrung, zu erkennen, wer wir wirklich sind. Mein Lehrer sagt: „Bewusstsein, das sich selbst erkennt". Ich gehe den Weg so weit, wie ich ihn in diesem Leben gehen kann. Vielleicht bis zur Vollendung, aber er wird nie aufhören. Man kann das Wesen immer noch tiefer ergründen.

....

Wie siehst du die Beziehung zwischen Körper und Geist?

Körper und Geist sind eins. Der Körper folgt immer dem Geist. Aber der Geist gibt die Intention: „Steh auf und hol dir was zu trinken!" Der Körper folgt. Gleichzeitig ist der Körper auch das Gefäß für den Geist. Hätte ich keinen Körper, könnte ich nicht mit dir sprechen. Der Körper ist das Fahrzeug für das Leben als Mensch. Ansonsten wäre ich kein Mensch. Nur ein Geist und könnte auf dieser Erde nicht wirken. Das heißt, Körper und Geist brauchen sich gegenseitig und sind gleichzeitig eins.

....

Welche Rolle spielt Sexualität in dieser Beziehung?

Für mich persönlich ist Sexualität eine schöne Möglichkeit, die Einheit von Körper, Geist und Energie zu erfahren. Für mich kann Sexualität ein spiritueller Weg sein, da wir dabei im besten Fall alles loslassen dürfen. Es gibt unterschiedliche Tantraformen, manche, soweit ich weiß, auch aus buddhistischen Linien. Allerdings bin ich mir bei den modernen Richtungen nicht sicher, ob es da nicht nur um gute Orgasmen geht. Aber ich kann mir vorstellen, dass in der Essenz auch Tantra ein Weg ist, das eigene Wesen zu erkennen. Vermutlich braucht es aber die Kombination mit einem Weg in die Stille, sonst stelle ich mir das schwer vor.

....

Inwieweit spielt das Konzept Karma in deinem Leben eine Rolle?

Karma ist das Gesetz von Ursache und Wirkung. Wir wissen nie, was wir für Karma in dieses Leben mitbringen oder was uns widerfährt. Für mich ist Vertrauen der Schlüssel, um mit Karma umzugehen. Ich glaube, dass in jedem Erlebnis, das mir widerfährt, ein Potenzial für noch tiefere Heilung steckt. Man sagt immer Erleuchtung, aber eigentlich geht es um Freiheit, sich als Mensch zu befreien von allem Leiden. Dafür brauchen wir Trigger, die uns zeigen: Da und dort kann ich mich noch mehr befreien! Ich glaube, dass wir ein gewisses Geburtskarma mitbringen, z. B. stecken uns allen die Weltkriege in den Knochen, weil unsere Vorfahren sie erlebt haben.

....

Wie stellst du dir Wiedergeburt vor?

Im Zen gibt es keine Wiedergeburt, weil das wahre Wesen nicht geboren wird und nicht

Ich möchte mich selbst vollkommen befreien.

Karma ist das Gesetz von Ursache und Wirkung.

Ich vermute, dass wir durch verschiedene Leben gehen.

stirbt. Unser Wesen ist ewig. Ich vermute, dass wir durch verschiedene Leben gehen, so lange, bis wir unser Wesen vollkommen befreit haben. Wenn kein Karma mehr da ist, brauchen wir als Mensch nicht mehr geboren werden. Dann bleiben wir in der Essenz.

....

Welchen Einfluss hat diese Zen-Haltung auf dein Leben bzw. deine Entscheidungen genommen?

Ich übe mich darin, Entscheidungen nicht aus meinem Verstand zu treffen, sondern aus dem angemessenen Handeln in der Gunst des Augenblicks. Ich habe gelernt, dass Lösungen nicht aus dem Denken kommen und dass Grübeln die Entscheidung und Lösung hinausschiebt. Wenn wir darauf vertrauen, dass sich eine Lösung zum rechten Zeitpunkt ergibt, dann kommt sie auch. Immer. Das Leben meint es gut mit uns, auch wenn manchmal Sachen passieren, die erst mal schwierig zu sein scheinen. Aus Konflikten öffnet sich immer eine neue Tür. Irgendwann kann man aufhören zu tun und einfach nur noch folgen. Weniger machen und mehr sein.

Weniger machen und mehr sein.

....

Hast du Momente gehabt, in denen du am Zen-Weg gezweifelt hast?

Natürlich. Wenn man in einer krassen Emotion drin ist, dann denkt man: So ein Scheiß! Aber auch die Zweifel sind wichtig, weil sie uns auch hinterfragen lassen und uns antreiben, weiterzugehen.

....

Du leitest mittlerweile Seminare. Wie kann ich mir so ein Seminar vorstellen?

Wir haben unterschiedliche Linien im Kloster und unterschiedliche Formate. Es geht einfach darum, über die richtige Meditationsübung wirklich in die Stille zu finden. Das wird unterstützt durch Einzeltrainings, Vier-Augen-Gespräche und die Energie, die in und aus der Gruppe entsteht. Und natürlich durch erfahrene Lehrer- und Trainer:innen, die den Weg schon gegangen sind und immer weiter gehen.

....

Was ist dir am wichtigsten an dem, was du den Teilnehmer:innen deiner Seminare vermitteln möchtest?

Dass wir im Kern alle heil und vollkommen sind. Dass es nichts gibt, das wir an uns berichtigen müssen. Dass wir gar nicht falsch sein können. Der Kern ist unberührt heil. Und es gibt für jeden Menschen die Möglichkeit, vollkommen glücklich und frei zu sein.

....

Auf der Internetseite des Klosters hast du beschrieben, dass dein Weg, den du teilen möchtest, darin besteht, von innen genährt, heil und erfüllt zu sein. Was bedeuten diese Worte für dich?

Genährt bedeutet für mich, aus der Fülle heraus, also nicht aus dem Mangel, zu handeln. Ich kann auch aus meinem Leiden heraus handeln, dann bin ich irgendwo im Mangel und in der Angst. Und aus dieser Angst vor Verlust muss ich irgendwas festhalten. Wir sind alle heil und vollkommen. Aber es gibt immer Themen, an denen wir arbeiten können. Ich kann aus einer Verletzung heraus handeln und jemanden krampfhaft festhalten wollen. Das wird mir aber nicht viel bringen. Mit Erfüllung meine ich z. B. das berufliche Handeln bzw. meinen Weg in der Welt: Was erfüllt mich in meinem Tun? Wo ist Geben und Nehmen im Gleichgewicht? Nach manchen Sitzungen und Behandlungen fühle ich mich beschenkt und genährt, obwohl ich eigentlich was gegeben habe. Also: Wo ist der Bereich, wo niemand mehr gibt und niemand mehr nimmt, sondern es ausgeglichen ist?

Viele Menschen sind buddhistisch orientiert, haben aber noch weitere (trans-)religiöse Überzeugungen. Wie ist das bei dir?
Ich kann mich mit diesem Erfahrungsweg sehr gut identifizieren. Ich glaube, dass jede Religion ihre Berechtigung hat. Ich glaube, dass Jesus ein großer Meister war und viele der Überlieferungen von ihm passiert sind. Tatsächlich bin ich über das Zen, vielleicht nicht unbedingt der katholischen Kirche als Institution, aber dem Christentum wesentlich nähergekommen. Ich kann jetzt spüren, was in der Bibel steht oder was Jesus meinte, wenn er gewisse Gleichnisse erzählt oder Aussagen gemacht hat. Ich glaube

aber, dass über die ursprünglichen Intentionen von Glaubensschöpfern was drübergestülpt wurde, sodass dann Konstruktionen wie z. B. die Kirchen entstanden sind. Das hat dem Christentum in vieler Weise geschadet und viel Leid angerichtet.

Welche Ratschläge hast du abschließend für junge Menschen, die ihre eigenen (trans-)religiösen Überzeugungen erforschen möchten?
Mein Rat ist auf jeden Fall, immer auf das eigene Gefühl zu vertrauen. Vertrauen darauf, dass das Leben für uns sorgt. Deshalb hat Religion in meinem Leben nicht so einen großen Stellenwert, weil ich einfach der Führung auf meinem Weg folge. Es gibt niemanden im Außen, der uns sagen kann, was für uns richtig ist. Wir suchen oft nach dem Ritter auf dem weißen Pferd, wie ich es gerne nenne, der uns endlich rettet. Nur wir selbst können wirklich wissen, was unser Weg ist. Daher dem eigenen Gefühl und dem Körper vertrauen. Der Körper spricht meistens gut mit uns – besser als der Kopf.

Nur wir selbst können wirklich wissen, was unser Weg ist.

Das Glück liegt in uns, nicht in den Dingen.

Buddha („der Erwachte")

„dass der Mensch ein spirituelles Wesen ist"

LUNA (24), Studentin, vielseitig spirituell unterwegs

Luna, du verstehst dich als spirituell. Was bedeutet es denn für dich, spirituell zu sein?

Spiritualität heißt für mich, dass es mehr gibt als das, was wir sehen, und dass ich meinen Weg dafür finde, wie ich damit umgehe und wie ich mir die Dinge erkläre. Ich glaube auch, dass vieles auf der Welt miteinander verbunden ist und sich gegenseitig beeinflusst. Also was ich geben kann, wird auch irgendwie zurückkommen. Deswegen macht es Sinn für mich, sich umsichtig, nachhaltig und respektvoll gegenüber z. B. sich selbst, seinen Mitmenschen und der Natur zu verhalten. Eine Verbindung zwischen Dingen zu erkennen, das macht für mich Sinn. Und für mich gibt es eine Unterscheidung zwischen Spiritualität und Esoterik. Spiritualität ist das Gefühl, das du in bestimmten Momenten hast. Also es geht mehr um das subjektive Erleben. Und Esoterik ist eher das, womit du versuchst, diese Gefühle zu erklären. Das kann in alle Richtungen ausarten. Da sind manche Dinge plausibel und manche Humbug. Aber letztendlich ist für mich vieles einfach auch nicht erklärbar.

Du hast gesagt, es gibt mehr als das, was man sieht. Kannst du ein Beispiel geben?

Ich hatte mal ein Erlebnis. Es war witzigerweise in so einer Art Kirche, keine klassische mit Bänken und so, mehr eine gemütliche, bei der man zusammen auf dem Boden sitzt. Dort in dieser Gemeinschaft habe ich die Tage nach einem gewissen Ablauf verbracht und gebetet, so meine persönlichen Gebete. Da war ich auch an einem Wendepunkt in meinem Leben, in dem sich grade einiges angefangen hat zu ändern und einiges auch unklar war. Ich hatte dabei viel Zeit, um nachzudenken. Ich saß also eines Nachts in der Kirche und es kam ein bestimmtes Gefühl in mir auf – nicht so krass wie eine Erleuchtung, aber ich habe mich auf einmal sehr wohlgefühlt und wusste dann, in welche Richtung ich gehen will. Das Gefühl kam aus der Herz-Region und strahlte aus. Es fühlte sich an, wie wenn das Leben okay und stimmig ist. Wie Zufriedenheit und Liebe. Verbunden mit den Menschen und Dingen um mich herum. Und ich habe einen anderen Blickwinkel auf Dinge bekommen, die in meinem Leben waren.

....

Woran spürst du denn generell, dass du spirituell bist? Findest du das Gefühl tief in dir drin, oder wie?

Ja. Für mich geht damit eine gewisse Tiefe einher. Wenn ich sehe, dass manche Menschen so vor sich hinleben und das Leben an sich nicht hinterfragen, denke ich, das ist nicht mein Weg. Es ist für mich schön, über vieles nachzudenken und irgendwo einen Sinn zu suchen, z. B. die Frage: Was ist nach dem Tod? Was weiß man und was nicht?

....

Und was machst du so ganz praktisch spirituell?

Ich habe mir irgend-
wann mal Tarot-
karten gekauft zum
Kartenlegen.

Daneben mache ich Sachen, die gesellschaftlich der spirituellen Ecke zugeordnet werden, aber für mich normal sind; z. B. ich habe mir irgendwann mal Tarotkarten gekauft zum Kartenlegen. Ich war noch nie bei jemandem, der das professionell macht, aber ich nutze es halt für mich – so, wie es sich stimmig anfühlt, ähnlich wie wenn man Würfel wirft. Wenn man eine Entscheidung treffen muss, dann einfach eine Karte zu ziehen und sie quasi mit einer Frage oder mit einem gewissen Gefühl verbinden. Ich spüre dann, was ich denke, während ich mir

Außerdem singe ich
ab und zu Mantras
und höre mir Mantras
an [...]. Und räuchern
gehört auch dazu..

diese Karte anschaue und lese, was mit ihr einhergeht, und habe dann für mich so eine Art Antwort. Außerdem gibt es auch die Dankbarkeit. Einfach das hervorheben, was schon da ist. Es löst dieses Liebesgefühl aus. Man kann mit Dankbarkeit am meisten arbeiten. Wenn ich für die kleinen Dinge dankbar bin, ist das ganze Leben schöner und einfacher.

....

Tarot. Sonst noch was?

Ich mache auch Yoga. Das gehört auch zu der spirituellen Ecke. Ich meditiere auch, aber nicht oft genug. Für mich hat es das Ziel, gedanklich Abstand zu Gefühlen, Ereignissen oder zu materiellen Dingen zu haben und zur Ruhe zu kommen. Ich glaube, für das persönliche Leben ist es wichtig, das ab und zu zu tun. Außerdem singe ich ab und zu Mantras und höre mir Mantras an. Und räuchern gehört auch dazu, das mach ich manchmal.

....

Bei welchen Gelegenheiten oder in welchen Stimmungen machst du solche Praktiken?

Meistens wenn es mir gut geht, wenn ich mich kräftig fühle. Aber am meisten bringt es mir, wenn ich zu viel arbeite, unterwegs bin die ganze Zeit, eher unbewusst unterwegs bin und merke: Ich brauche gerade Ruhe und bin eigentlich gar nicht bei mir selbst. Yoga morgens hilft mir persönlich sehr viel. Weil es mir auch Abstand bringt. Dadurch gehe ich nicht durch den Tag komplett gestresst und in meinen Gedanken drin. Damit sehe ich die Dinge anders und verhältnismäßiger, als mein Kopf sie mir manchmal vorspielt. Regelmäßigkeit beim Yoga hilft dabei, diese Ruhe zu erreichen und dadurch auch anderen Menschen gegenüber hilfreicher zu sein, weil ich selbst so Sicherheit und Zuversicht ausstrahlen kann.

Kannst du mir vielleicht erzählen, wie du deinen Weg zur Spiritualität gefunden hast oder wie dieser Weg angefangen hat?

Ich bin katholisch erzogen. Früher hat mein Papa aus der Kinderbibel vorgelesen. Und ich war mal Ministrantin, bin gefirmt, getauft und hatte meine Erstkommunion. Aber ich habe mich eigentlich dem katholischen Glauben nie zugeordnet, nicht zu hundert Prozent. Ich habe mich immer gefragt: Wer ist Gott? Was ist Gott? Weil Gott irgendwie ein Begriff war, der da war und im Raum stand. Und dann auch diese Frage: Wie kann so viel Schlimmes passieren, wenn es doch einen Gott gibt? Ich fand, dass die Bibel da nicht so befriedigende Antworten gibt. Irgendwann war alles, was Kirche war, Bullshit. Dennoch habe ich mich mit der Bibel auseinandergesetzt. Ich habe sogar dann viel später Grundschullehramt auf Theologie studiert. Ich fand es spannend und sinnvoll, was die Profs erzählt haben und anders in die Thematik aus einer wissenschaftlichen Ebene einzusteigen. Was ich darunter verstanden habe, war in die Richtung Liebe, wie ich das auch jetzt sehe, z. B. was Jesus getan hat oder angeblich getan hat. Es ging meiner Meinung nach darum, wie man leben und anderen Menschen begegnen soll. Ich finde, dass die Bibel wirklich nicht wörtlich zu verstehen ist, sondern in Kontexten und Symbolen. Und der Grundgedanke von Religion generell ist, denke ich, ein guter. Aber viele nehmen das wohl doch sehr ideologisch und

regelgebunden wahr, und das ist Spiritualität für mich z. B. vergleichsmäßig wenig.

Warst du auch irgendwie von außen etwas beeinflusst, in diese Richtung zu gehen?

Meine ältere Schwester ist sehr spirituell, vielleicht auch ein bisschen esoterisch. Womöglich kam es auch ein bisschen durch sie und durch Laura Seiler, eine Coachin. Ich habe ihr Programm gemacht und ihren Podcast gehört und mich ein bisschen eingelesen. Für mein Leben hat sich das stimmig angefühlt. Auch in Richtung Persönlichkeitsentwicklung. Da ging es viel darum, wie ich mit meinem Leben umgehe und wie ich meinen Blickwinkel auf die Situationen ändere und entwickle. Es gab aber nicht diesen einen Moment, wo ich wusste, dass ich spirituell bin. Es war immer ein bisschen da, und irgendwann hat es begonnen, sich zu entwickeln und sich wirklich stimmig anzufühlen. Z. B. der Moment in der Kirche. Da hatte ich das Gefühl: Viel kommt von mir raus. Und ich glaube mehr an mich und meine Wirksamkeit. Ich kann meine Umwelt so oder so wahrnehmen und mich ihr gegenüber wie ein Arschloch verhalten oder eben liebevoller und verständnisvoller. Das hat mir meine Spiritualität gegeben: Verständnis und einen weiteren Horizont irgendwie.

Das heißt, du hinterfragst die traditionellen Glaubensansätze. Aber ist deine Spiritualität nicht doch mit dem Christentum oder mit der Bibel verbunden?

Jein. Ich bin mit dem Christentum aufgewachsen. Mit dem Islam oder Judentum habe ich

Irgendwann war alles, was Kirche war, Bullshit.

mich noch nicht so detailliert auseinandergesetzt. Was ich weiß, sind vor allem eher Parallelen von allen. Egal ob Allah oder Gott oder Jahwe oder die Götter im Hinduismus und Buddhismus. Ich glaube, dass alle ein Ziel verfolgt haben und alle auf ihre Art und Weise eine bessere Welt schaffen wollten und danach gelebt haben. Für mich fängt das Problem an, wo sich alle streiten. Das finde ich sinnlos. So was hat für mich nichts mehr mit Glauben zu tun. Ich habe irgendwann für mich entschieden: Ich bin nicht religiös, sondern gläubig, und gehe meinen eigenen Weg.

Hat der aber vielleicht bestimmte Hauptelemente oder Kennzeichen?

Im Yoga z. B. geht es um die Einheit von Seele, Körper und Geist. Seele ist, würde ich sagen, schon so ein Schlagwort. Da geht es für einige in eine übernatürliche Richtung. Die kann man wohl nicht einfach nachweisen und prüfen, aber ich bin mir sicher: Jeder Mensch hat eine Seele. Für mich zeigt sich das in verschiedenen Wegen, es gibt z. B. Menschen, bei denen es sich anfühlt, als würde man sie wirklich schon kennen – halt auf mehr oder weniger mystische Weise. Das sind Gefühle, wofür es keine Erklärung geben muss. So etwas ergibt in der Theorie erst mal keinen Sinn. Für mich aber vom Gefühl her schon.

Du hast vorhin vom Yoga erzählt, auch von Räuchern und Mantras. Kannst du mir davon Näheres erzählen?

Mantras singen mache ich vor allem in der Gemeinschaft, aber schon auch allein. Man wiederholt dabei einen Satz oder ein paar Wörter immer wieder. Ich glaube, dass es auch psychologisch erklärbar ist: Dieses Wiederholen bringt dich in eine bestimmte Stimmung oder Schwingung und lenkt deinen Kopf in eine Richtung. Ich bin dann einfach auf einen Satz, ein Wort konzentriert. Dadurch werden mir bestimmte Ideen bewusst, die ich vielleicht vergessen habe. Wie bei einem Gebet, wenn du etwas wiederholst. Dabei könnte es darum gehen, wie ich mein Leben leben möchte. Und wenn man das in der Gruppe tut, bekommt man ein Gefühl von Stärke. Und räuchern riecht einfach gut. Ich finde es eine schöne Vorstellung, energetisch zu denken und zu sagen, ich räuchere jetzt etwas aus, das ich nicht dahaben möchte, so ein schlechtes Gefühl z. B. – so, als würde dieses schlechte Gefühl mit dem Rauch wegziehen.

Manche Menschen glauben an die Einflüsse der Gestirne, etwa auch des Mondes auf uns Menschen und die Natur insgesamt. Welche Einflüsse haben Mondphasen auf dein Leben bzw. das Leben von Menschen?

Also ich bin ein Riesenfan des Mondes. Es gab ein ähnliches Erlebnis wie das in der Kirche damals. Ich war im Urlaub, mit 16, und da saß ich da und es war Vollmond. Ich habe einfach eine Art unsichtbares Band zu ihm gefühlt. Zu Mondphasen lese ich ab und zu immer mal wieder was. Ich habe mich eine Zeit lang an ihnen orientiert. Es hat damit zu tun, wie man seine Träume und Wünsche manifestiert. Es wird gesagt, dass je nach Mondphase eine unterschiedliche universelle Energie vorherrschend ist, die unterschiedliche Dinge begünstigt und beeinflusst.

Beispielsweise steht der Neumond für Ruhe und Neubeginn, wo man sich Ziele und Absichten, Intentionen und Pläne überlegen kann, eben etwas beginnen. Und Vollmond steht mehr für hohe Kreativität und Emotionen. Und dafür, dass man eher viel Energie hat und diese nutzen kann für die Umsetzung von Plänen usw. Alles hat seine Phasen und seine Aufs und Abs. Das repräsentieren die Mondphasen so ein bisschen für mich. Wenn ich mitkriege, dass Neumond ist, dann fange ich vielleicht was Neues an und versuche, Dinge aus einem anderen Blickwinkel zu betrachten. Da dann das Potenzial da ist, was Neues zu schaffen und Energie neu auszurichten sozusagen. Eine neue Chance geben vielleicht auch. Und Vollmond ist dann das Gegenstück: dass die Energie einfach voll da ist, man so voll im Tun und im Element sein kann und dann kann man die Energie sozusagen für sich und für vieles anderes nutzen.

....

Aber fühlst du das auch selbst?

Das ist so ein bisschen wechselseitig. Wenn ich mein Leben danach ausrichte, dann ja. Aber das mache ich gerade nicht. Dadurch, dass ich in der Stadt wohne, bin ich wenig in der Natur und sehe den Mond wenig. Und dann schaue ich nicht extra, ob es heute Vollmond ist. Das werde ich aber wieder machen, weil es mir definitiv auch eine Art Routine gibt, die mir guttut.

....

Heißt das, wenn du irgendwas Neues anfangen möchtest, wartest du auf den Neumond?

Nein, ich warte nicht extra auf eine bestimmte Mondphase, ich bin schon ein intuitiver Mensch, der auch einfach mal macht. Aber generell hatte ich in der Vergangenheit schon Dinge, Projekte oder so im Kopf und hab mir die dann halt vielleicht aufgeschrieben. Wenn ich mich danach fühl, dann mache ich das aber eben einfach. Wenn es dann mit dem Neumond einhergeht, dann denke ich: Ha, perfekt!

....

Und inwieweit vertraust du auch astrologischen Aussagen?

Vertrauen? Schwieriges Thema. Also ich habe in meinem Leben und auch mit den Menschen in meinem Umfeld ein paar Mal die Erfahrung gemacht, dass ich denke, ein Mensch ist einfach sein Sternzeichen und es sind bestimmte Charaktereigenschaften, die im Vordergrund stehen. Aber ich glaube nicht, dass es immer zutrifft, und richte mich auch nicht absichtlich darauf aus. Ich glaube, dass sich Menschen verändern, aber ein gewisses Etwas bleibt, was ich irgendwie mit dem Sternzeichen verbinde. Ich habe manchmal schon das Gefühl, dass es eine Rolle spielt, wie gut ich mich mit jemandem verstehe.

....

Du kannst dich mit bestimmten Menschen aufgrund von Sternzeichen besser verstehen?

Wenn ich merke, dass ich mich mit einer Person gut verstehe, frage ich sie manchmal, was sie für ein Sternzeichen hat, und dann denke ich: Ja, das macht Sinn. Ich suche sie mir also nicht danach aus, sondern es ist eher wie eine Glühbirne, die angeht. Ich habe z. B. zwei gute Freundinnen, die dasselbe Sternzeichen haben wie ich, und ich habe bei beiden das Gefühl, dass wir im Leben viele Parallelen und Verständnis füreinander

Ich glaube, dass sich Menschen verändern, aber ein gewisses Etwas bleibt, was ich irgendwie mit dem Sternzeichen verbinde.

haben, was ich mit anderen bisher nicht hatte. Andersrum habe ich eine andere gute Freundin, die ich sehr liebe. Mit der habe ich viel Zeit verbracht und gemeinsame Erlebnisse gehabt. In unserer Freundschaft ist es aber anders. Also neutral gesehen anders, nicht schlechter oder so. Wie sie mir manchmal auf den Sack gehen kann, wie es bei den anderen zwei nicht geht bzw. ganz anders eben. Dann habe ich irgendwann was gelesen über ihr Sternzeichen, und ich kann es nicht mehr wegdenken. Und in bestimmten Situationen denke ich: Ja, ihr Verhalten passt eben einfach zu ihrem Sternzeichen.

Witzigerweise habe ich auf *Tinder* schon ein paar Leute weggewischt, weil die Skorpione waren.

Beeinflussen Sternzeichen oder Sternkonstellationen auch deine Entscheidungen im Alltag?

Witzigerweise habe ich auf *Tinder* schon ein paar Leute weggewischt, weil die Skorpione waren, aber ich würde das nicht als wichtige Entscheidung betrachten und würde keine richtige Entscheidung darauf basierend treffen. Es ist nur das Gefühl. Ich mache mich davon nicht abhängig. Wenn ich mich mit jemandem verstehe, verstehe ich mich mit dieser Person gut. Solange die Kommunikation gut läuft, ist alles gut. Aber bei bestimmten Leuten mit bestimmten Sternzeichen ist es fließender. Aber das Sternzeichen stelle ich nicht in den Fokus. Es stellt sich halt im Nachhinein heraus. Leicht ist es nicht zu erklären. Weil ich und auch andere sich im Leben natürlich entwickeln. Ich habe nicht durchgängig die und die Charaktereigenschaften oder sie sind nicht für immer gleich ausgeprägt. Z. B. assoziiere ich mit dem Sternzeichen Widder, das ich selber habe, dass ich einen Dickkopf habe

und stur sein kann. Ich habe mich aber weiterentwickelt in meinem Leben. Als Kind war ich vielleicht stur und habe Dinge nicht verstanden und deshalb geschrien oder ich war beleidigt. Jetzt aber weniger. Ich kann Sachen anders hinterfragen und gelassener reagieren. Ich kenne meine Gedanken und kann sie mit Abstand betrachten. Trotzdem habe ich noch einen Dickkopf, das zeigt sich jetzt nur anders in meinem Verhalten. Wenn jetzt aber jemand stur und mega unkooperativ ist, dann verstehe ich mich mit dem auch tendenziell nicht, auch wenn er Widder ist. Also darauf beziehe ich es nicht.

Du hast schon erzählt, dass du Tarot-Karten benutzt und wie. Wofür noch?

Ich finde es schön, das bei anderen bzw. für andere zu machen. Manchmal einfach nur, um es auszuprobieren, zum Spaß, weil es bringt ja nichts Schlechtes und im besten Fall kann jemand was daraus für sich mitnehmen. Wenn jemand mir von einer Situation erzählt und nicht weiß, wie es weitergeht, oder die Person mir sagt, dass es ihr nicht so gut geht, dann habe ich manchmal schon gefragt: „Willst du eine Karte ziehen?" Dafür gibt es verschiedene Regelsysteme, wie man die Karten benutzen und legen kann. Aber im Endeffekt soll es für mich dabei helfen, eine Entscheidung zu treffen und die eigenen Gedanken zu ordnen, in einen Rahmen zu setzen und sie dadurch bewusst zu machen.

Können die Karten auch etwas über dein Leben sagen, oder kannst du mithilfe der Karten Schicksale vorhersehen?

Ich glaube nicht, dass man in die Zukunft schauen kann. Ich habe auch keine Kugel bei mir stehen. Da passieren aber Sachen beim Kartenziehen, wo ich denke: Das ist ja abgefahren, wie das auf die Situation passt! Also es geht schon viel mehr um die Gegenwart als um die Zukunft. Aber was ich mache, was vielleicht doch so in Richtung Zukunft geht, aber was für mich einfach ein schönes Ritual ist, sind die Bräuche der Raunächte. Das ist die Zeit von Weihnachten bis Heilige Drei Könige ungefähr. Es sind zwölf Nächte, in denen früher im Germanischen schon verschiedene Rituale entstanden sind. Die Raunächte galten damals als die Zeit, in der die Geister besonders aktiv sind. Heute gibt es Bräuche oder Rituale, wie z. B. 13 Wünsche zu formulieren, aufzuschreiben und zu zerknüllen, und dann kann man jede Nacht einen zerknüllten Zettel ziehen und verbrennen, sodass sozusagen diese Energie des Zettels bzw. des Wunsches in das Universum geht. Jede Nacht und jeder Wunsch einer Nacht steht in den Raunächten dann für einen Monat des neuen Jahres. Und am Ende bleibt eben ein Wunsch übrig. Um die Erfüllung von diesem 13. Wunsch muss man sich selbst kümmern. Um die anderen, sagt man, kümmert sich das Universum. Ich finde es interessant, zu sehen, was dann daraus wird. Außerdem kann man auch hier als Brauch Karten legen bzw. ziehen. Jede Nacht eine. Ich habe mir dann aufgeschrieben, welche Karte ich gezogen habe und was damit in Verbindung steht. Und dann schaue ich im neuen Jahr, ob es sich auch bewahrheitet hat. Bisher läuft es gut mit den Wünschen und Karten. *[lacht]*

Wenn du sagst, die Geister sind aktiv, was stellst du dir dann vor unter Geistern?

Also damals hat man sich sicher was anderes darunter vorgestellt. Ich weiß nicht so recht, ob ich mir darunter auch etwas vorstelle. Wenn, dann einen Geist in Form von Energie. Ich stell mir vor: Wenn ein Mensch stirbt, ist er auf eine gewisse Art und Weise noch da. Ich habe dafür keine richtigen Worte.

Es sind dann Geister von Menschen?

Nicht im bildlichen Sinne, dass da was ist und über mir schwebt, sondern etwas, was anwesend ist. Aber was genau, weiß ich nicht.

Noch mal zu den Tarotkarten. Viele Menschen würden sagen, das sind nur Karten und das Ganze ist nichts außer Zufall und Interpretation ...

Ja, ich sag auch, es ist meine Interpretation. Auch was ich mir von den Karten verspreche. Die Karten sagen mir nicht direkt etwas, was ich noch nicht weiß. Sie helfen mir aber weiter. Ich glaub generell bei Religion, dass man sich auf was einlassen muss. Wenn sie mir nichts Schlechtes tun, dann kann ich es wenigstens probieren und schauen, was passiert. Manche Menschen sind dafür offen und andere nicht. Also ich verstehe das, ich habe selbst den Zwiespalt öfter schon gehabt, dass ich Spiritualität erlebt und voll gefühlt habe und dankbar war dafür, aber danach doch gedacht habe, dass es mir abgesprochen wird, wenn jemand sagt, dass das ja voll die esoterische Blase ist und alles nicht stimmt, weil es nicht bewiesen ist. Dann ist es schon komisch,

Da passieren aber Sachen beim Kartenziehen, wo ich denke: Das ist ja abgefahren, wie das auf die Situation passt!

Wenn ein Mensch stirbt, ist er auf eine gewisse Art und Weise noch da.

nichts „Objektives" dagegenhalten zu können, aber das macht den Glauben doch auch aus: Man glaubt (an) etwas. Es ist schwierig, das mit der Wissenschaft zu verknüpfen, weil es ja um Dinge geht, wo es keine Antwort gibt. Es gibt nicht für alles eine Antwort, aber ich glaube, dass Spiritualität, je nachdem, auch mit Wissenschaft vereinbar sein kann.

....

Kennst du dafür ein Beispiel?
Ein Beispiel dafür, was erklärbar ist, ist Dankbarkeit. Wenn du eine Routine mit Dankbarkeit entwickelst, macht es dich resilienter für schwere Zeiten, weil du einfach gelernt und in dir verfestigt hast, einen anderen Blickwinkel zu haben.

....

Du hast soeben den Glauben angesprochen. Welche Unterschiede gibt es für dich zwischen Religiosität und Spiritualität?
Religion ist für mich das Vorgeschriebene. Dasjenige, von dem gesagt wird: Das gehört zum Christentum, das gehört zum Hinduismus und das zum Buddhismus usw. Es hat Regeln und oft auch Institutionen. Bei der Spiritualität arbeitet man meiner Meinung nach mit den Gefühlen. Also da geht es um diesen Kern des guten, fairen Lebens und der Menschheit als Menschheitsfamilie, eben als Einheit, und niemandem etwas Böses zu wollen. Auch sich selbst nicht, denn man selbst ist auch eine Art Einheit, wie es im Yoga eben z. B. gelebt wird. Für mich ist Religion einfach etwas Strengeres. Spiritualität dagegen lässt den Menschen mehr Freiraum, Spielraum.

Traditionelle religiöse Menschen glauben an einen Gott, der allmächtig ist und Menschen helfen oder auch strafen kann. Wie stehst du dazu?
Ja, da ist was dran. Aber ich denke nicht an diesen Mann, der auf der Wolke ist, sondern an das Leben, das dir in irgendeiner Form das wiedergibt, was du brauchst, um aus einer Situation zu lernen und an ihr zu wachsen. Und es ist natürlich eine Sache von Blickwinkeln. Also: Worauf richte ich meine Aufmerksamkeit? Wenn ich denke, alle sind gegen mich, dann sehe ich nur das. Und wenn ich Dankbarkeit praktiziere und versuche, die schönen Dinge im Leben zu sehen, dann sehe ich die oft mehr. Ich glaube, in vielen Situationen ist es leicht, zu sagen: Naja, Gott wollte das so. Es hilft mir persönlich, zu glauben, dass alles einen Grund hat.

....

Gibt es eine übermenschliche Kraft, die dir in schwierigen Situationen hilft?
Ja.

....

Welche ist das eventuell? Oder noch konkreter: Was machst du in Stationen, die außer deiner Kontrolle sind, wo du selbst nicht viel oder gar nichts ändern kannst?
Warten – und wenn ich wirklich nichts ändern kann, versuchen zu akzeptieren und anzunehmen. Ich glaube, dass ich nicht alles kontrollieren kann, auch nicht meine Gefühle. Ich bin nicht Buddha. Ich bin nicht erleuchtet, und meine Gefühle und ich sind nicht eins. Das Kontrollieren geht eben manchmal mehr, manchmal weniger. Depression ist das beste Beispiel dafür. Es wäre einfach, zu sagen: Ich möchte, dass es mir besser

geht, und konzentriere mich darauf. Es funktioniert aber nicht so, bzw. nur sehr bedingt, je nach Krankheitsbild natürlich. Es ist letztendlich eben eine Krankheit. Ich kann nur meinen Blickwinkel ändern, um meine Gefühle zu hinterfragen: Warum macht mich das jetzt wütend? Warum macht mich das traurig? Warum habe ich Angst davor? Und sich selbst irgendwie zu stärken und zu sehen, dass ich vielleicht gar nicht vor der Situation jetzt Angst habe, sondern dass ich jetzt mit der Situation anders umgehen kann, als ich es vorher getan habe.

....

Wenn du jemanden kennst, der eine schwere Krankheit hat und du daran nichts ändern kannst, würdest du in dem Fall einfach warten oder würdest du schon beten, dass irgendeine Kraft hilft?

Also, ich würde nichts unversucht lassen. Ich würde beten. Hoffnung ist was Schönes und es kann mir Kraft geben. Aber es ist auch wichtig, zu akzeptieren, was ist, und zu glauben, dass das, was kommen wird, wird kommen. Ich glaube, zu denken, man könnte was tun, macht Menschen dann eher kaputt. Aber jeder muss selbst seine Grenzen erkunden und erkennen.

....

Viele Menschen finden ihren Lebenssinn in ihrer Religion. Was ist für dich der Sinn des Lebens?

Was mir jeden Tag Sinn gibt, ist die Arbeit im sozialen Bereich mit Menschen. Menschen glücklich zu sehen und eine Verbindung herzustellen.

Auch mein Leben zu nutzen, dass ich es am Schluss nicht verschwendet habe. Ich möchte, dass es mir gut geht, dass ich schöne Gefühle habe, die sich angenehm anfühlen, und allgemein möchte ich so viel erlebt haben, wie nur geht. Ich möchte mich selbst spüren und kennenlernen und immer weiter lernen. Und auf meinem ganzen Lebensweg natürlich alles auch weitergeben können. Wie ich mit Dingen umgegangen bin – auch mit solchen, die nicht so schön waren.

....

Religionen beschäftigen sich unter anderem auch viel mit dem Tod. Welche Gefühle und Gedanken verbindest du mit dem Tod?

Ich finde Tod nichts Schönes. Ich habe noch sehr viel Respekt davor. Ich kann nichts dagegen tun. Menschen sterben. Ich finde es schön, zu denken, dass es so was wie Wiedergeburt gibt, auch wenn ich nicht hundert Prozent dahinterstehe. Damit habe ich mich nicht wirklich auseinandergesetzt. Ich finde den Gedanken aber schön, dass sich ein Leben mehr oder weniger wiederholt und man immer wieder so eine Art Aufgabe hat, der man sich stellen muss.

....

Ich bin von meiner Seite aus am Ende. Gibt es noch etwas, was dir persönlich wichtig ist? Was du sagen willst oder nicht zur Sprache kam?

Ich bin gerne spirituell und glaube, dass der Mensch ein spirituelles Wesen ist. Außerdem finde ich es schön, einfach weiter zu suchen und offen zu sein. Das kann ich empfehlen.

Was kommen wird, wird kommen. Ich glaube, zu denken, man könnte was tun, macht Menschen dann eher kaputt.

Deutschland: Glaube an Übernatürliches; 2019
Frage: Glauben Sie ... (an Übernatürliches) / Antwort: Ja

Quelle: SPIEGEL Umfrage durch KANTAR Public=, März 2019

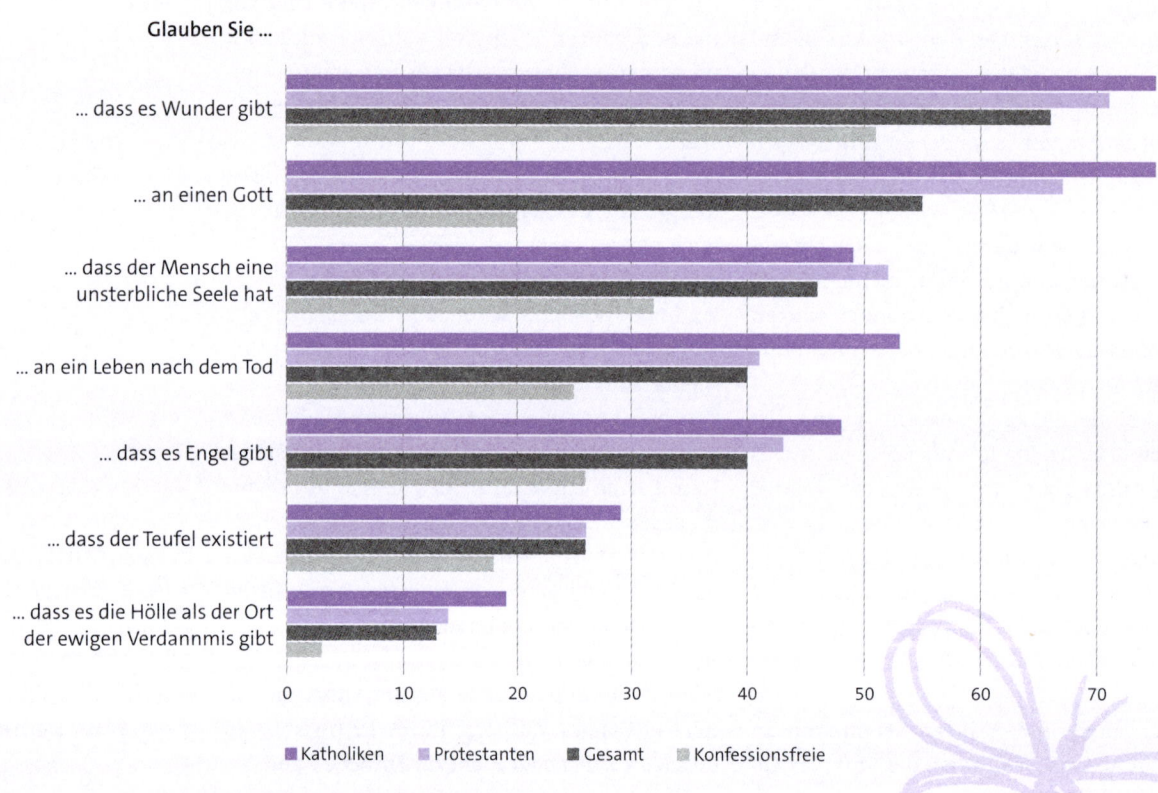

Glauben Sie ...

- ... dass es Wunder gibt
- ... an einen Gott
- ... dass der Mensch eine unsterbliche Seele hat
- ... an ein Leben nach dem Tod
- ... dass es Engel gibt
- ... dass der Teufel existiert
- ... dass es die Hölle als der Ort der ewigen Verdannmis gibt

Katholiken Protestanten Gesamt Konfessionsfreie

„Beurteil ein Buch nicht nach dem Einband! Denn es ist nicht immer das drin, was draufsteht"

BENE FRANCKE (26), Lagerist, Satanist

Du hast mir schon erzählt, dass du zum Teil Überzeugungen des Satanismus vertrittst. Wie hast du deinen Weg zum Satanismus gefunden? Ich war schon immer ein bisschen fasziniert von dem, was ein bisschen dunkler und düsterer ist. Ich fand meistens bei den Filmen früher die Superschurken cooler als die Helden und hab mich dann selbst mehr mit Punk und Gothic befasst – mit der schwarzen Szene. Und erst mal nur rein von der Optik her: Pentagramme, umgedrehte Kreuze – voll cool, provokant im jugendlichen Leichtsinn. In den meisten Augen ist es, denke ich, einfach nur ein Ding von wegen: Da wird der Teufel angebetet und das Böse heraufbeschworen. Aber das, was wirklich dahintersteckt, die Grundsätze an sich, sind meiner Meinung nach näher am gesunden

Ich fand meistens bei den Filmen früher die Superschurken cooler als die Helden.

Quelle: http://www.schwarze-seele.com/satanische_regeln.html

DIE 11 SATANISCHEN REGELN

1. Gib keine Stellungnahmen oder Ratschläge, wenn du nicht gefragt wirst.

2. Erzähle deine Sorgen nicht anderen, wenn du nicht sicher bist, dass sie sie hören wollen.

3. In jemandes anderen Heim erweise ihm Respekt, ansonsten betritt es nicht.

4. Wenn dich ein Gast in deinem Heim belästigt, behandele ihn grausam und ohne Gnade.

5. Unternimm keinen sexuellen Vorstoß, solange du nicht entsprechende Signale bekommen hast.

6. Nimm nichts an dich, was dir nicht gehört, außer es ist eine Bürde für den anderen und er schreit danach, entlastet zu werden.

7. Erkenne die Macht der Magie an, wenn du sie erfolgreich eingesetzt hast, um deinen Wünschen zum Erfolg zu verhelfen. Wenn du die Macht der Magie verleugnest, nachdem du sie mit Erfolg beschworen hast, wirst du alles verlieren, was du erreicht hast.

8. Beschwere dich nicht über etwas, dem du dich nicht selbst aussetzen musst.

9. Füge Kindern keinen Schaden zu.

10. Töte keine nichtmenschlichen Tiere, außer du wirst angegriffen oder zu Nahrungszwecken.

11. Wenn du auf offenem Grund unterwegs bist, belästige niemanden. Wenn dich jemand belästigt, bitte ihn, damit aufzuhören. Wenn er nicht aufhört, vernichte ihn.

Menschenverstand dran als die Zehn Gebote. Es ist das Menschlichste, was es gibt.

Was gibt dir der Satanismus, was das Christentum dir nicht gibt? Was sind also die krassen Unterschiede für dich?

Der größte Unterschied ist, dass beim Christentum gesagt wird: Glaub an mich und du findest Erlösung! Im Satanismus gilt stattdessen: Glaub an dich selbst! Mach was aus dir! Bezieh dich nicht auf jemand anderen, sondern *du* bist dein eigener Meister, *du* machst dein Ding!

Welche Glaubensüberzeugungen teilst du denn konkret?

Z. B.: Du sollst leben, du sollst Spaß haben! Aber natürlich übernimmst du auch die Verantwortung dafür und für andere durch dein Tun: Aktion, Reaktion. Das ist ein ganz wichtiger Punkt für mich. Auch die erste Regel der Elf: Gib keine

Stellungnahme oder Ratschläge, wenn du nicht gefragt wirst! Wenn man keine Ahnung hat, soll man einfach die Fresse halten.

··

Was sind Dinge, mit denen du nicht übereinstimmst?

Es gibt natürlich Leute, die Dinge machen wie Tieropfer oder gar Menschenopfer, wie man es auch manchmal in Horror-Nachrichten hört. Von so was distanziere ich mich komplett. Das hat meiner Meinung nach rein gar nichts mit diesem Glauben zu tun. Andere dagegen sind sinnvoll. Die neunte Regel ist z. B.: Füge Kindern keinen Schaden zu! Die Zehnte ist: Töte keine nichtmenschlichen Tiere, außer du wirst angegriffen oder zu Nahrungszwecken!

··

Gibt es Praktiken oder Rituale, die du persönlich durchführst, die aber nichts mit dem zu tun haben, was du gerade gesagt hast?

Ich würde es nicht Rituale nennen, sondern einen festen Überzeugungssatz. Z. B.: Wenn du bei jemandem zu Hause bist, erweise ihm Respekt, ansonsten geh da erst gar nicht hin! Das ist eigentlich eine Selbstverständlichkeit, aber manche praktizieren das anders.

··

Inwieweit spielt Satan in deinem Leben eine Rolle, und wer ist Satan überhaupt für dich?

Im Prinzip verkörpert der Satan eigentlich nur den Menschen. Der Teufel wird eigentlich nur in dem Kontext als Versinnbildlichung des Menschen dargestellt. Deswegen heißt es: Glaube an dich! Deshalb: Jeder von uns ist ein kleiner Satan.

Würdest du sagen, dass Satan auf eine Art und Weise deinen Alltag, dein Handeln oder deine Gedanken begleitet?

Im Alltag begleitet er mich z. B. durch Regel Nummer sechs: Nimm nichts, was dir nicht gehört, außer es ist eine Bürde für den anderen und er schreit danach, entlastet zu werden! Das kann man natürlich so interpretieren, wie man möchte. Wenn du beispielsweise siehst, dass es jemandem, der dir sehr nahesteht, sehr schlecht geht, würde ich das so interpretieren, dass du versuchst, der Person zu helfen, auf sie einzureden, sie vielleicht selbst zum Nachdenken zu bewegen. Im Prinzip ist diese Regel einfach gesunder Menschenverstand.

··

Es ist schon spannend: Wenn man sich im Internet über Satanismus informieren möchte, dann sagt das Internet direkt: Das ist das Böse.

Ist es nicht, also nicht komplett. Der Teufel wird immer als das Biest – das Böse – dargestellt, aber wenn man es auf das herunterbricht, was da mit Metaphern beschrieben wird, dann kannst du das auf Menschen übertragen, denn das schlimmste Raubtier auf dem Planeten sind immer noch wir. Wir sind auch die einzige Spezies, die gegeneinander Kriege führt, und es wird in den Medien immer nur dieser okkulte böse Scheißdreck verzapft. Klar, das ist ein schlechtes Image. Je mehr man sich damit befasst, desto mehr versteht man jedoch, dass es genau das Gegenteil will. Es ist eigentlich nur so gemeint: Fange selbst an zu denken!

Jeder von uns ist ein kleiner Satan.

Das schlimmste Raubtier auf dem Planeten sind immer noch wir.

Also assoziierst du das nicht mit etwas Bösem?
Nein, definitiv nicht. Es gibt überall Spinner in jeder Glaubensrichtung. Es ist alles eine Sache der Perspektive und der Ansicht.

....

Würdest du sagen, dass der Satanismus dir einen Sinn gibt?
Dass Glauben jemandem einen Lebenssinn einhaucht, das halte ich fast für unmöglich. Du lebst dein ganzes Leben nur für diesen Glauben, und das verstehe ich nicht. Es soll jeder so leben, wie er will, solange er niemand anderem damit weh tut, aber für mich war es mehr eine Stütze, um zu mir selbst zu finden.

....

Du hast ein umgedrehtes Pentagramm-Tattoo. Wie kam es dazu, dass du dir das hast stechen lassen?
Ich finde die ganze Symbolik dieser Richtung sehr interessant. Ich bin ja gelernter Steinmetz mit Fachrichtung Bildhauer. Da hast du relativ viel am Hut mit Symbolik, seien es christliche Symbole oder germanische Runen. Und gerade diese okkulten Symbole haben faszinierend auf mich gewirkt. Ich bin vom Style her der düstere Typ, und da dachte ich mir: Hey, der Kollege ist da mit einer Tattoo-Maschine. Lass jucken! Hau mir das Ding mal auf die Brust! Hab da voll Bock drauf! Auf der rechten Hand am Mittelfinger habe ich ein umgedrehtes Kreuz. Wenn dir jemand den Mittelfinger zeigt, sag ich immer: „Ich habe den heiligen Mittelfinger." Und auf dem rechten Unterarm habe ich noch ein Pentagramm, das von einer Hand gehalten wird, mit einem Auge, das Blut weint.

Ich habe den heiligen Mittelfinger.

Was bedeuten die Tattoos für dich?
Sie sind einerseits ein bisschen Provokation nach außen, das macht mir persönlich Spaß. Und andererseits gefällt es mir vom Stil her – ich möchte diese Tattoos nicht missen. Natürlich sollte man es auch nicht übertreiben, weil: Karma is a bitch!

....

Ich kann mir vorstellen, dass du aufgrund deiner Tattoos öfter eigenartige Blicke oder Kommentare bekommst.
Blicke tagtäglich. Kommentare in den letzten Jahren weniger, aber es gab schon mal eine Zeit, da wurde ich sehr oft angemacht.

....

Wurde das auch belächelt oder mit Unverständnis behandelt?
Sowohl als auch. In meinem jetzigen Freundeskreis stört es keinen. Aber letzten Sommer war ich im Freibad, da hat mich eine Mutter ziemlich dumm angemacht: Was mir einfallen würde, diesen Teufelsscheiß zu verbreiten. Da habe ich mir gedacht: Sag erst mal „Guten Tag!" Und wenn es dich so sehr stört, dann guck doch einfach weg! Das Provozieren macht schon Spaß, aber wenn man dann doof angemacht wird, ist das natürlich nicht geil. Ich gehe ja auch nicht hin und sag: „Hey, was trägst du für ein T-Shirt, wo irgendein Scheißdreck draufsteht, der mir nicht passt?" Da denke ich mir meinen Teil, halte die Schnauze und geh weiter.

....

Und wie ist es mit Arbeitskolleg:innen?
Mit Arbeitskollegen hatte ich deswegen noch nie ein Problem, außer mal mit einem Arbeitgeber.

Ich bin mittelstark gepierct und habe etwas größere Tunnels in den Ohren. Dem hat das nicht gepasst, denn da hatte man Kundenkontakt, und da hieß es: „Wie das aussieht! Du musst doch mal denken, wie das auf andere wirkt!" Aber ich denke: Das bin halt ich, akzeptiere das oder lass es bleiben!

....

Wie reagierst du in solchen Situationen?

Früher habe ich gepöbelt und mich wie ein ziemliches Arschloch aufgeführt. Heutzutage versuche ich meistens, es entweder zu ignorieren oder ich frage dann: „Was genau ist denn jetzt das Problem? Warum fährst du mich jetzt so an? Gib mir doch mal bitte ein Argument für deine Meinung." Und allein auf die erste Frage wissen die meisten schon keine Antwort. Mag ja sein: Vielleicht kennen sie es nicht oder es gefällt ihnen optisch nicht. Aber dass man sich deswegen dann selbst so angegriffen fühlt, das kann ich nicht nachvollziehen.

....

Würdest du sagen, dass der Satanismus der Gegensatz vom Christentum ist?

Nein. Das wäre ja, wie wenn ich sagen würde, der Islam wäre das Gegenteil vom Judentum oder umgedreht. Also ich sag mal so: In gewisser Weise haben alle Religionen was gemeinsam, aber sie könnten unterschiedlicher nicht sein. Jeder findet sein eigenes Ding, sei es Christentum, Buddhismus, Hinduismus, Shintoismus usw.

....

Manche sagen, dass das Christentum auch von der Existenz des Teufels ausgeht, aber sozu-

sagen als in Urzeiten gefallener Engel. Wie siehst du das?

Natürlich: Ohne Gut kein Böse und ohne Böse kein Gut. Es ist ein Satan, Luzifer, whatever, gefallener Engel. Es ist ein Teil davon. Und sieh es wie Ying und Yang, ohne diese zwei Gegensätze lässt sich nicht existieren. Es hängt definitiv zusammen und wird missverstanden oder fehlinterpretiert. Für mich ist das nichts Schlechtes und es schadet auch niemandem. Mit Gott selbst hatte ich nie wirklich was am Hut. Ich war im Religionsunterricht in der Schule, ich wurde konfirmiert, aber warum macht man eine Konfi? Wegen der Kohle … *[lacht]* Ist doof. Dann erzähl mir von Gott, alter Mann, lass ihn reden. Am Ende gibt's Kohle, schön und gut. Danke. Aber ich konnte mich nie wirklich damit identifizieren oder wirklich was damit anfangen.

....

Wie fühlt sich das denn an, als Satanist in einem christlich geprägten Land zu leben?

Du, ich sag dir ehrlich, ich hab damit kein Problem. Ich fühle mich nicht in irgendeiner Form unterdrückt. Vielleicht manchmal, dass man missverstanden wird. Wenn jemand, der streng katholisch ist, daherkommt: „Hey, was glaubst du denn?", und ich sage: „Ich identifiziere mich mit Satanismus", dann denkt der wahrscheinlich: Oh Gott, das muss ein ganz fürchterlicher Mensch sein. Weil dieses alte Bild immer noch in den Köpfen herrscht. But excuse me: Wir haben 2023.

....

Christen glauben ja an ein Leben nach dem Tod. Was glaubst du in dieser Hinsicht?

Licht aus! Fertig! Wir kommen aus dem Nix und

In gewisser Weise haben alle Religionen was gemeinsam, aber sie könnten unterschiedlicher nicht sein.

Ohne Gut kein Böse und ohne Böse kein Gut.

Wir kommen aus dem Nix und wir werden zu Nix.

wir werden zu Nix. Ich sag mal so: Der Tod muss 'ne schöne Sache sein. Denn es ist noch keiner zurückgekommen. *[lacht]*

....

Gab es eine Zeit, wo du dir das anders vorgestellt hast?

Ja, als Kind. Bevor ich mich damit befasst habe, habe ich gedacht: Ja, es gibt bestimmt irgendwie 'ne höhere Macht, und vielleicht gibt es 'n Leben nach dem Tod, vielleicht ist es Walhalla, vielleicht ist es der Himmel, vielleicht ist es die Hölle. Aber so 'n richtigen Bezug dazu konnte ich nie wirklich fassen, denn ich bin jemand, der Sachen ziemlich objektiv sieht. Wir kommen auf die Welt, haben diesen Körper, haben diese Energie. Und wenn dieser Körper und die Zeit verbraucht und abgenutzt sind, dann ist es rum. Stell's dir vor wie ein Stück Holz: Es ist ein Samen, der Baum wächst, der Baum wird gefällt, das Holz wird verbrannt und gibt seine Energie zurück. Für mich gibt's definitiv weder Himmel noch Hölle.

....

Wenn es ein Gotteshaus gibt, gibt es dann auch ein Satanshaus?

In den USA gibt es viele Niederlassungen, z. B. diese Church of Satan. Es gibt, soweit ich weiß, in Deutschland auch einige. Gotteshäuser, Satanshäuser, es sind dann eher kleinere Gemeinden oder EVs, die eigene Räume für sich haben, wo sie beten, Rituale vollführen usw. Aber so was direkt leb ich nicht aus.

....

Warst du denn schon mal in einem Satanshaus?

Nein, aber ich war mal bei 'ner schwarzen Messe dabei. Das war alles ein bisschen klischeehaft,

mit Kerzen, Pentagramm, die Stars auf dem Boden. Damit konnte ich allerdings wirklich nichts anfangen. Es sah schon cool aus, aber es hat mir persönlich nichts gegeben.

....

Wie hat sich das angefühlt, dort zu sein?

Im ersten Moment war es schon Unsicherheit, denn man ist da auch noch vorgeprägt, vorbelastet. Es hat aber die Atmosphäre gestimmt, der Ort hat gestimmt. Es war ein sehr beeindruckendes Erlebnis. Du kriegst mit, was da genau passiert, und das weicht schon stark von dem ab, was die Medien vermitteln, eben nicht so brutal, böse und blutig. Da war eher ein starkes Gemeinschaftsgefühl. Es war auf jeden Fall 'ne Erfahrung wert.

....

Und wenn wir hier auch z. B. eine Church of Satan hätten?

Ich vermute, wenn man so was hier öffentlicher und größer praktizieren würde, dass das dann natürlich auch auf viel mehr Ablehnung stoßen würde. Was Glauben angeht, ist Deutschland ein paar Schritte weiter als früher, aber ich denke, dass da immer noch sehr viele Vorurteile vorherrschen. Geh mal auf die Straße, frag tausend Menschen: „Was halten Sie von der Homoehe?" Ich wette mit dir, dass mindestens ein Drittel das immer noch scheiße findet. Und das, finde ich, ist diese Engstirnigkeit, die hier herrscht, das ist einfach so ein deutsches Denken. Das müsste sich verändern.

....

Gibt es satanistische Schriftstücke, an denen du dich orientierst?

Da war eher ein starkes Gemeinschaftsgefühl.

Das Einfachste ist die satanische Bibel. Das ist ein sehr interessantes Buch. Natürlich gibt's auch noch zig andere Bücher, die sich mit Schwarzer und Weißer Magie beschäftigen. Auch ziemlich interessant, aber jetzt nichts, was ich großartig praktizieren oder irgendwie ausleben würde.

....

Ist die satanische Bibel ähnlich aufgebaut wie die christliche Bibel?
Nein, absolut nicht. Die christliche Bibel ist ja mehr 'ne Sammlung von vielen Büchern, also im Prinzip 'ne Bibliothek in einem Buch. Die satanische Bibel dagegen ist mehr wie 'n Leitfaden geschrieben. Und das, was jeder daraus macht oder wie er es interpretiert, ist natürlich bei jedem anders, denn dir wird ja beigebracht, zu dir selbst zu finden.

....

Das steht ja ganz hoch bei dir, dieses Zu-sich-selbst-Finden bzw. Es-für-sich-selbst-Machen ...

Ja, ich war schon immer ein bisschen anders. Die anderen haben Hip-Hop gehört, ich hab Rock gehört oder harten Techno. Und hab natürlich auch schon in der Schule 'n bisschen andere Klamotten getragen. Da warst du immer so ein bisschen der Außenseiter. Und das prägt dich natürlich, wenn du ziemlich oft nur wegen deines Äußeren Ablehnung erfährst.

....

Gibt es irgendwas, das nicht zur Sprache gekommen ist, was du jetzt gerne noch sagen wollen würdest?
Ja: Beurteil ein Buch nicht nach dem Einband! Denn es ist nicht immer das drin, was draufsteht. Das sollten viel mehr Leute verinnerlichen. Ziemlich viele haben noch dieses Schubladendenken. Damit steht man sich selbst aber im Weg. Wenn man das abgelegt hat, sieht man die Welt mit anderen Augen.

> Dir wird ja beigebracht, zu dir selbst zu finden.

> Religion ist das Opium des Volkes.
>
> Karl Marx (Kapitalismuskritiker)

„Wenn ich manifestiere, dann habe ich viel, viel mehr Einfluss darauf, was kommt"

ALISA (19), Erzieherin mit individuellem Glauben, u. a. an Manifestationen

Gibt es meinen Gott, der Religion so lebt, wie ich sie vielleicht leben möchte?

Kannst du mir erzählen, wie dein religiöser Werdegang bis heute war?

Ich bin eigentlich römisch-katholisch. Ich hatte meine Taufe, meine Kommunion und meine Firmung. In meiner Kindheit sind wir ganz, ganz oft in die Kirche gegangen, an Weihnachten dann auch immer mit der ganzen Familie. Es war unser Weg des Glaubens, dass wir regelmäßig in die Kirche gehen, beten und uns anhören, was da gesprochen wird. Im Alltag hat die Religion eher keine Rolle gespielt. Mit zehn, elf Jahren bin ich dann immer religiöser geworden. Ich habe mehr darüber nachgedacht, ob es Gott überhaupt gibt: Wer ist dieser Gott? Kann ich an den glauben? Hört der mir zu? Ist der für mich da? Gibt es meinen Gott, der Religion so lebt, wie ich sie vielleicht leben möchte? Oder gibt es da vielleicht jemand anderen? Und ab dem Zeitpunkt, wo ich dann zum Firmunterricht musste, so mit 14, 15, habe ich angefangen, die römisch-katholische Religion infrage zu stellen, weil es viele Dinge gibt, die ich nicht nachvollziehen kann.

Ich habe mich gefragt, ob ich überhaupt in dieser Religion leben möchte, ob ich glaube, wie es vorgegeben ist oder wie ich es aus Erzählungen, Gebeten und aus der Bibel gehört habe. Ich habe angefangen, das Ganze zu hinterfragen und mir ein eigenes Bild auszumalen und bin gerade auf dem Weg, mir was Eigenes im Glauben ausfindig zu machen.

Womit bist du denn nicht mehr klargekommen?
Mit diesen Ritualen, die wir früher hatten. Bei uns war das ein Muss. Man muss in die Kirche, man muss beten, man muss machen, was vorgegeben ist. Damit kam ich nicht zurecht, weil ich nicht wollte, dass mir jemand die Entscheidung wegnimmt. Ich möchte selber für mich handeln und gucken: Geht es mir gut damit? Ich will nicht, dass mir jemand vorschreibt, dass ich jetzt beten oder unbedingt zu Ostern in die Kirche muss. Ich konnte nicht nachvollziehen, dass ich das muss. Ich kann doch auch für mich beten! Ich muss das nicht jedem zeigen, sondern kann es ganz allein für mich selbst entdecken. Mit dem Leitfaden, der in der Religion vorgegeben ist, habe ich mich in vielen Punkten nicht wohlgefühlt.

Wie ging es dir damit, den Glauben zu hinterfragen?
Ich habe mich anfangs sehr schlecht gefühlt. Ich dachte mir: Wenn es diesen jemand da oben doch gibt – ist er dann nicht mehr für mich da, wenn ich anders denke? Ich habe mir Sorgen gemacht, was wäre, wenn ich wirklich jemanden brauche, ich aber gar nicht mehr so denke. Ist das für die Kraft, die Macht da oben in Ordnung? Oder geht der Glaube wirklich nur von mir aus, und ist es das, was zählt?

Und neben dem, was dir nicht gefallen hat – gab es Dinge, die dich am Glauben fasziniert haben?
Ja, das beste Beispiel ist das mit meinem Opa, der sehr krank geworden ist. Das hat sich über Jahre hingezogen. Das war für mich einerseits ein Punkt, wo ich alles hinterfragt habe: Warum muss denn ein Mensch so viel leiden? Andererseits gab es für mich auch diese Momente, wie als er zum Schluss auf der Palliativstation lag. Das heißt ja eigentlich, es werden einem die letzten Wünsche erfüllt und dann geht es zu Ende. Aber dann kam mein Opa nach eineinhalb Wochen freudestrahlend aus dieser Station zurück nach Hause! Da habe ich angefangen zu glauben, dass es da jemanden gibt, der einen Blick darauf hatte und in dieser Situation eingegriffen hat, um es uns noch mal schön zu machen. Ich habe dann auch mehr geglaubt, dass die Sachen, die passieren, einen Grund haben. Oder mir ist aufgefallen, dass, wenn ich solche Momente hatte, wo ich etwas hinterfragt habe, ich dann trotzdem eine Antwort bekommen habe. Z. B. stand ich abends mal an meinem Fenster und habe in den Sternenhimmel geschaut. Ich stand sehr, sehr lange dort und irgendwann kamen einfach viele Gedanken und Fragen, die ich dann gedanklich nach oben kommuniziert habe, zu der Macht, an die ich glaube – und ich habe eine Antwort bekommen. Mir wurde ganz warm und ich bin von jetzt auf gleich sehr emotional geworden.

Man muss in die Kirche, man muss beten, man muss machen, was vorgegeben ist.

Ich hatte das Gefühl, es ist gerade jemand da, der mir zuhört und auf mich aufpasst. Das hat mir ein Stück weit Geborgenheit gegeben. Es war sehr überwältigend, zu wissen: Das war eine Reaktion. Ich weiß nicht, woher sie kommt, aber es kam eine.

....

Du sagst also, es gibt für dich eine höhere Macht. Hast du ein konkretes Bild davon?
Ganz klassisch dieses Bild, dass da jemand oben sitzt in seinem Wolkentempel auf seinem Thron und nebendran vier, fünf Engel fliegen – dieses Bild hatte ich mal. *[lacht]* Heute habe ich eigentlich gar kein Bild. Es gibt diese Macht, aber ich kann mir nichts Konkretes drunter vorstellen. Für mich ist sie eher wie ein Wind, der durch die Gegend fliegt, wie ein Rückenwind, der kommt, wenn man ihn braucht. Ich weiß, dass ich mich darauf verlassen kann, egal wie schlecht die Zeiten gerade sind. Ich bin nicht allein. Die Kraft lenkt mich ein bisschen durch die Gefühle, die ich immer wieder bekomme. Das hilft mir ganz, ganz arg.

....

Ist diese Macht überall?
Nein. Die Macht, an die ich glaube, ist sehr, sehr groß und sehr, sehr stark. Aber ich habe nicht das Gefühl, dass sie immer bei mir ist. Ich kann mich zwar auf sie verlassen, aber ich weiß auch, dass es Situationen gibt, wo diese Macht nicht da ist. Das ist nichts Schlechtes, sondern sie schaut, was passiert, wenn ich etwas allein bewältigen muss. Wenn ich es allein nicht schaffe, dann kommt der Wind wieder von der Seite und pustet mich an. So erlebe ich das. Ich glaube aber auch daran,

dass es noch eine andere Macht gibt, die dunklere Seiten hat. Ganz klassisch, so geister- und dämonenmäßig. Ich glaube zwar nicht, dass die sich, wie man es klassisch kennt, eine Person rauspickt und der passiert dann ganz viel Leid. Aber ich glaube daran, dass, wenn es auf einmal ganz kalt wird und man das Gefühl hat, man wird beobachtet, da gerade irgendjemand anderes ist, der versucht, Kontakt aufzunehmen und nicht unbedingt was Gutes erreichen will. Das ist das Gegenstück zu der anderen Macht. Wie Gott und Teufel, aber jetzt nicht als festes Bild, sondern es gibt diese Gegenwirkung, wie so ein Unwetter, das auf einen zukommt und sein Unwesen treibt und halt nicht dieser Rückenwind ist.

....

Das hört sich so an, als hättest du das erlebt?
Ja, ich hatte so ein Erlebnis. Das war wie aus einem Film, aber aus einem Horrorfilm. Als mein Opa starb, waren wir über mehrere Stunden bei ihm im Zimmer. An diesem Tag war der Raum ganz, ganz kalt, eiskalt, alles hat trüb gewirkt. Das Blödeste war, dass da eine Fensterfront war und auf einmal ein Rabe am Fenster saß. Er hat sich da hingesetzt mit dem Blick auf meinen Opa. Wir haben das so erlebt wie: Hier liegt ein Mensch, das Leben geht langsam zu Ende und der Rabe ist da, um zu sagen: „Hey, ich warte auf dich. Wenn du bereit bist, dann nehme ich dich mit und wir fliegen weg." An sich hat sich das gerade schön angehört, aber wir haben es nicht als schön erlebt, es war ein richtig düsterer, angsteinflößender Moment. Ich habe gedacht: Da wirkt jetzt nicht die schönere, höhere Macht, sondern eine andere Macht.

Ich hatte das Gefühl, es ist gerade jemand da, der mir zuhört und auf mich aufpasst.

Ich glaube aber auch daran, dass es noch eine andere Macht gibt, die dunklere Seiten hat.

Wie ging es dann weiter?

Der Rabe ist länger als zweieinhalb Stunden am Fenster gesessen und hat einfach in den Raum reingestarrt. Währenddessen ging dann bei meinem Opa die Sättigung vom Sauerstoff runter und der Puls wurde langsamer. Sein Gesicht ist langsam zusammengesackt und man hat gemerkt, es dauert nicht mehr lange, und dann hat auch er irgendwie losgelassen. Der Rabe ist dann weggeflogen. Für viele wäre es wahrscheinlich nur ein Rabe gewesen, der am Fenster sitzt, aber für mich war es ein Zeichen von der Macht: Das wird nicht mehr. Das Leiden geht zu Ende und der Mensch hat es geschafft. Ein paar Stunden später ist mein Opa dann in dem Zimmer gestorben.

....

Was glaubst du, wo ist dein Opa jetzt? Was passiert nach dem Tod?

Ich glaube, dass es ihm gut geht, dort, wo er ist. Ich glaube, da gibt es einen Ort. Ich würde aber nicht explizit sagen, es gibt Himmel oder Hölle, sondern einfach: Es gibt ein Jenseits, das für die Person quasi angepasst wurde. Der Mensch, der dahin kommt, ist nicht allein, seine Liebsten, die schon von uns gegangen waren, sind dort oben und warten auf ihn. Das wünsche ich mir auch, dass es so ist. Vor allem für ihn.

....

Hast du auch manchmal das Gefühl, dass er bei dir ist?

Ja. Eigentlich finde ich ihn überall. Das ist auch ein Grund, warum ich nicht so oft an sein Grab gehe. Wenn ich das Gefühl habe, ich brauche einen Rat, ist er immer da. Er ist auch eine Macht,

ja, einfach ein Teil davon. Er hat mir damals seinen Ehering gegeben, kurz bevor er gestorben ist. Der ist für mich ein Verbindungsstück zu ihm. Wenn ich das Gefühl habe, ich finde keine Verbindung zu ihm, dann kann ich über diesen Ring eine Verbindung zu ihm aufbauen.

....

Und zurück zu dieser dunkleren Macht: Kann man darauf reagieren?

Auf jeden Fall. Es ist aber wichtig, wie man reagiert. Wenn man merkt: Irgendwas stimmt jetzt gerade nicht oder irgendwas versucht gerade Einfluss auf meinen Weg zu nehmen und mich auf einen anderen zu lenken, der nicht so toll ist. Da ist es in erster Linie wichtig, sich nicht unterkriegen zu lassen, sondern nicht hundert, sondern hundertzehn Prozent reinzustecken, dass die positivere Macht wieder überwiegt und die dunklere Macht sich wieder legt und merkt: Hier passiert nichts, hier kann ich nichts bewirken. Dann ziehe ich mal schnell weiter.

....

Ist deine Konsequenz daraus, dass du versuchst, in deinem Leben die gute Macht zu stärken?

Auf jeden Fall. Ich wüsste nicht, was es bringen würde, wenn ich die andere Macht stärken würde. Die positivere Macht oder die stärkere Macht bringt mir ganz viel Positivität. Ich kann mich auf sie verlassen und jede Situation, in der ich sie erfahre, stärkt mich.

....

Du hast mir schon früher mal erzählt, dass du dich mit Manifestation auseinandergesetzt hast. Wie kann ich mir das vorstellen?

Manifestieren heißt nicht unbedingt: Ich stehe

hier und habe meine Kristalle und am nächsten Tag stehen zehn Jungs vor der Tür oder whatever. *[lacht]* Es heißt für mich in vielen Dingen: Ich möchte was Positives für meine Zukunft und ich weiß nicht, ob das ohne Einwirkung funktionieren könnte. Deshalb versuche ich, selber diesen Weg freizulegen. Wenn ich mir Dinge vorstelle und wenn ich ganz, ganz stark daran glaube, dann funktioniert es auch und bringt mich weiter.

....

Wie geht man dabei vor?
Da gibt es viele verschiedene Arten, wie man das macht. Ich versuche immer, mich darauf vorzubereiten, bevor ich etwas in Angriff nehme, und schreibe alles auf, was ich zum Thema an Ideen und Gedanken habe. Ich mache das immer in einer ruhigen Minute, wenn ich allein bin, und spreche meine Gedanken auch mal laut aus. Wenn ich davor etwas aufgeschrieben habe, bringe ich mir das noch mal vor Augen und ziehe mir da positive Sachen raus, auf die ich mich dann festlege, sodass ich diesen Weg gehen und drauf bauen kann, dass es funktioniert. In den Tagen oder Wochen danach versuche ich, mir einmal am Tag Zeit zu nehmen, um zu reflektieren, ob ich schon einen Unterschied merke und schon irgendetwas anders einordnen kann, als es davor war.

....

Konntest du schon feststellen, dass es geklappt hat?
Auf jeden Fall. Wenn ich etwas manifestiert habe, dann hat das jetzt vielleicht nicht gleich am nächsten Tag funktioniert, aber irgendwann passiert es. Das ist ein Prozess, der Zeit braucht, und

---

MANIFESTATION

ist eine spirituelle Praxis, mit der durch Willenskraft die Realität verändert werden soll. Die manifestierende Person visualisiert Ziele und Wünsche und verbringt meist täglich Zeit damit, im Geiste auf diese Vision(en) hinzuarbeiten. Dahinter steht der tiefe Glaube daran, das Leben verdient zu haben, das man sich wünscht, und durch die Kraft positiver, geistiger Energien positive Veränderungen der Realität herbeiführen zu können.

man muss wirklich mit hundert Prozent diesen Weg gehen, damit es auch klappt. Von Tag zu Tag wachsen dann auch die Glücksgefühle und man weiß: Mich hat jemand gehört, und das, was ich manifestiert habe, ist passiert oder kommt bald.

....

Würdest du sagen, es ist eine Form von Gebet?
Ja, aber mehr mit Einwirkung. Wenn ich etwas manifestiere, dann möchte ich das wirklich, wirklich gerne machen oder etwas Positives soll auf mich zukommen. Ich habe den Weg dorthin schon vor Augen, den ich gehen möchte, ich setze mir das als Ziel. Das Gebet hat weniger Wirkung. Das mache ich eher spontan, wenn mir etwas auf dem Herzen liegt und ich jemanden brauche, der da ist und mir zuhören kann. Wenn ich manifestiere, dann habe ich viel, viel mehr Einfluss darauf, was kommt.

....

Wie bist du auf das Manifestieren aufmerksam geworden?

Wenn ich mir Dinge vorstelle und wenn ich ganz, ganz stark daran glaube, dann funktioniert es auch.

Ich habe eine Freundin, die so ähnlich glaubt. Sie nimmt es mit dem Manifestieren sehr streng, glaubt auch an Kartenlegen und arbeitet mit Kristallen. Ich sehe das nicht so streng, sondern lasse mich drauf ein, und wenn ich es brauche, dann mache ich es. Wenn ich es nicht brauche, dann verlasse ich mich auf den Rückenwind, der kommt und mir einen Stoß gibt.

....

Hast du dich auch mit anderen (trans-)religiösen Praktiken auseinandergesetzt, z. B. mit Kräuterkunde?

Noch nicht. Bei Kräuterheilkunde war das früher ja so: Wenn das jemand macht, dann wurde man als Hexe bezeichnet. Es wurde als etwas Schlimmes gesehen. Ich finde es aber ganz, ganz spannend, wenn jemand so was kann oder sich mit diesem Thema auseinandersetzt, weil das ja auch eine Art von Glauben ist. Es ist nicht so, dass ich kein Interesse daran habe, sondern dass der Weg, den ich gerade habe, einfach mein Weg ist, und der ist ja relativ offen. In zwei, drei Jahren sehe ich das vielleicht anders und beschäftige mich damit, aber gerade bin ich sehr zufrieden, so wie es ist.

....

Hast du schon mal schlechte Erfahrungen gemacht, als du mit jemandem über das Manifestieren geredet hast?

Ja, einmal relativ am Anfang. Das war eine sehr nahestehende Person. Die konnte das überhaupt nicht nachvollziehen und hat es ein bisschen ins Lächerliche gezogen. Das war für mich ein Punkt, mir zu sagen: Das ist einfach mein Ding, das ziehe ich durch, und da kann mir keiner was, wenn es bei mir bleibt. Meistens behalte ich es für mich, wenn ich manifestiere, weil das andere nichts anzugehen hat. Viele haben kein Verständnis für die Dinge, die man manifestiert oder an die man glaubt.

....

Würdest du dir wünschen, dass die Menschen diesbezüglich toleranter sind?

Ja. Wir sind alle unterschiedlich, jeder ist ein Individuum, jeder kann seine eigene Meinung haben. Man kann auch ehrlich sein und sagen: Ich selber mache das nicht so, ich habe andere Sachen, an die ich glaube. Aber man sollte sich akzeptieren, respektvoll und wertschätzend bleiben und dem Gegenüber auf einer Ebene begegnen und vielleicht sagen: „Hey, ich finde es ganz, ganz stark, was du machst und wie du es machst." Wir hätten eine viel friedlichere Gesellschaft, wenn sich das alle ein Stück weit vornehmen würden und nicht versuchen, irgendwas an anderen geradezubiegen.

Aber man sollte sich akzeptieren, respektvoll und wertschätzend bleiben und dem Gegenüber auf einer Ebene begegnen

„Die Sterne sind jetzt nicht Gott. Gott ist immer noch Gott"

LINA (14), erkundet die Bedeutung ihres Sternzeichens Krebs

Du hast angefangen, dich mit Astrologie zu beschäftigen. Wie bist du dazu gekommen?

Ich habe die App *Snapchat* und da sieht man, was für ein Sternzeichen jemand hat, wie er in einer Freundschaft oder Partnerschaft ist und was die Charaktereigenschaften von dem Sternzeichen sind. Es ist interessant, zu vergleichen, wie ich die Person wahrnehme und was das Sternzeichen sagt, wie die Person ist. In den meisten Fällen stimmt es überein, und das finde ich voll krass, denn man hat sich das Sternzeichen ja nicht ausgesucht.

Seit wann beschäftigst du dich damit?

Seit letztem Sommer. Da habe ich mich oft mit meiner besten Freundin getroffen und wir haben geschaut, wie gut wir kompatibel sind.

Wir haben unsere Sternzeichen und die Charaktereigenschaften von uns und unseren Freunden gegoogelt. Ich fand das so interessant, weil ich gemerkt habe: Die Eigenschaften von Widder sind, dass sie sehr willensstark sind, Durchsetzungsvermögen haben und grundsätzlich stark sind. Und meine beste Freundin ist Widder – das hat so zu ihr gepasst und ich war voll geflasht davon. Jetzt reden wir oft über Sternzeichen. Meine beste Freundin geht auf eine andere Schule, deshalb geben wir uns immer Updates, was in der Schule so passiert ist, und ich erzähle z. B., mit wem ich über Sternzeichen geredet habe, wie gut die und die zusammenpassen und ob das auch mit dem Sternzeichen von denen übereinstimmt.

Wo informierst du dich, außer bei *Snapchat*, sonst noch über Astrologie?

Einfach übers Internet oder auf *Insta*. Da gibt es Accounts zum Thema, aber ich folge denen jetzt nicht, da habe ich nur mal etwas mitbekommen.

Widder – das hat so zu ihr gepasst und ich war voll geflasht davon.

Und dann aus der *BRAVO*. Da ist in jedem Heft ein Astrologie-Teil. Ich habe richtig viele Hefte davon.

....

Und mit wem redest du über Astrologie?

Mit meiner Familie eigentlich nicht. Meine Eltern wissen nicht, dass ich mich damit beschäftige und ich daran glaube. Wenn sie es wüssten, würden sie es aber wahrscheinlich tolerieren. Ich rede hauptsächlich mit meinen Freundinnen darüber, weil die das auch sehr interessant finden. Ich kenne aber auch eine Person, die sagt: „Sternzeichen sind Quatsch!" Aber ich finde, jeder Mensch kann glauben, an was er will.

....

Kannst du mir noch mal grundsätzlich erklären, was Astrologie im Allgemeinen ist und welche Annahmen dahinterstehen?

Es geht hauptsächlich darum, was in den Sternen steht und wie die auf die Menschen wirken. Das erkennt man an Sternbildern. Und es hat auch was mit Planeten zu tun und mit dem Mond. Da gibt's total viel, was wir noch nicht wissen, wie die Sterne uns beeinflussen. Deshalb ist Astrologie so ein interessantes Thema.

....

Dein Sternzeichen ist Krebs. Inwiefern treffen die Eigenschaften, die man Krebsen zuschreibt, auf dich zu?

Der Krebs ist sehr sensibel. Ich merke das auch, wenn ich mit Freunden zusammen bin oder wenn in der Schule z. B. Streit ist, dass es mich krass belastet. Dann rede ich oft mit meinen Freundinnen darüber und merke, wie es besser wird. Krebse sind am Anfang sehr verschlossene Menschen und sehr schüchtern. Aber wenn man sie besser kennenlernt, dann werden sie sehr extrovertiert. Das passt ganz gut zu mir.

....

Welche Stärken, die man dem Krebs zuschreibt, siehst du bei dir auch?

Ich bin eher extrovertiert als introvertiert und das finde ich positiv – offen auf andere Leute zugehen und leicht ins Gespräch kommen zu können. Klar, in manchen Situationen bin ich schon schüchterner, aber in den meisten Fällen eigentlich eher extrovertiert.

....

Welche Vorteile bringt es dir, wenn du weißt, welche Stärken oder Schwächen du hast?

Dann kann ich mich ein bisschen besser einschätzen. Als ich mal gegoogelt habe, habe ich gemerkt, wie wirklich jedes einzelne Detail auf mich zugetroffen hat, und ich habe gemerkt: Ja, damit kann ich mich identifizieren. Es kann aber auch Nachteile haben, wenn man sich z. B. negative Eigenschaften durchliest, dann belastet es einen vielleicht auch, wenn man merkt, das stimmt bei mir. Aber ich hatte bisher keine negativen Erfahrungen damit.

....

Was denkst du, wie dein Sternzeichen den Umgang mit anderen Menschen beeinflusst?

Es kommt immer auf die Person gegenüber an. Meine beste Freundin ist Sternzeichen Widder. Die Beziehung mit dem Widder ist sehr, sehr interessant, weil Widder gerne ihren eigenen Kopf durchsetzen. Aber Krebse haben, obwohl sie sensibel sind, trotzdem einen gewissen Willen in sich, den sie auch nach außen tragen wollen.

Jeder Mensch kann glauben, an was er will.

Ja, damit kann ich mich identifizieren.

Dann kommt es manchmal zu Reibungen, aber das ist ganz normal. Wir finden es interessant, das zu beobachten, und finden uns eigentlich immer gut zurecht. Es wird auch so beschrieben, dass die Beziehung zwischen Krebs und Widder sehr interessant ist, aber wenn wir eine starke Bindung haben, hält sie für immer. Das finde ich schön.

Mit welchem Sternzeichen würdest du besonders gut harmonieren?
Mit Fischen. Ich kenne auch Fische und verstehe mich mit ihnen übel gut. Ich habe z. B. mal im Urlaub eine kennengelernt, die war Sternzeichen Fische und wir haben gemerkt: Oha, wir matchen direkt, wir haben dieselben Interessen.

Inwiefern hast du erlebt, dass du eine andere Person oder die Beziehung zu einer anderen Person besser verstehst, wenn du weißt, welches Sternzeichen sie hat?
Wenn ich neue Freunde kennenlerne, dann gucke ich auf *Snapchat* nach ihrem Sternzeichen. Dann weiß ich schon: Diese Person ist vielleicht so oder so wegen ihrem Sternzeichen. Dann achte ich auch mehr darauf, wenn die Person jetzt z. B. sensibel ist. Das kann einem schon helfen, jemanden besser zu verstehen. Vor allem bei den Sternzeichen, die meine Freunde haben, weiß ich, welche Eigenschaften jemand mit diesem Sternzeichen haben müsste. Aber es ist natürlich auch von den Personen abhängig und in erster Linie kommt es darauf an, wie die Person zu mir ist.

Wenn ich neue Freunde kennenlerne, dann gucke ich auf *Snapchat* nach ihrem Sternzeichen.

Welche Erfahrungen hast du mit Horoskopen gemacht?
Ich habe mir im Italienurlaub eine *BRAVO* gekauft, damit ich lesen kann, wenn ich am Strand liege. Da gab es ein Horoskop, wie der Monat ablaufen und wie die Stimmung sein soll. Das habe ich mir durchgelesen und es hat gestimmt! Es stand geschrieben: In diesem Monat wirst du mehr mit Freunden machen und deine Stimmung wird aufgeweckt sein. Und ich habe im

Urlaub echt viel mit Freunden gemacht und viele neue Personen kennengelernt.

....

Gab es auch etwas, das nicht zugetroffen hat?
Ja. Das Horoskop hat gesagt: Du wirst einen Partner finden. Das hat nicht gestimmt, *[lacht]* aber das mit den Freunden hat ja gestimmt.

....

Wie würdest du damit umgehen, wenn dir dein Horoskop sagt, dass etwas Schlimmes passieren wird?
Ich würde mir schon Gedanken machen: Was steht denn diesen Monat so an? Was oder wo könnte denn was Schlimmes passieren? Aber ich würde diese Situationen dann nicht meiden, sondern einfach gucken, was passiert. Ich würde mich nicht zu Hause abkapseln. Die Wahrscheinlichkeit, dass etwas passiert, würde ich aber als hoch einschätzen.

....

Bei der Astrologie geht man davon aus, dass die Sterne vorherbestimmen, wie ein Mensch sein wird, wie er sich entwickelt und was in Zukunft passieren wird. Was meinst du: Hat man dann überhaupt einen freien Willen, wenn schon alles durch die Sterne vorgegeben ist?
Ich denke schon. Es ist nicht alles ins Detail geplant, was in den Sternen steht; es ist eher eine grobe Planung. Man hat trotzdem noch einen eigenen Willen und kann selbst Entscheidungen treffen. Wenn du z. B. von deinem Sternzeichen her introvertiert bist und das als Schwäche siehst, kannst du versuchen, das zu verbessern. Man kann sich vielleicht im Unterricht ein paar Stunden lang mehr melden als

davor und merkt: Das kriege ich hin. So kann man dann an seinen Schwächen arbeiten und sich auch verändern.

....

Wie nimmst du die Macht wahr, die von den Sternen ausgeht? Ist sie so etwas wie Gott?
Die Sterne sind jetzt nicht Gott. Gott ist immer noch Gott. Gott ist noch mal ein anderes Thema. Die Sterne haben einfach eine magische Wirkung auf uns. Z. B. gibt es die Sternschnuppennacht, wo man besonders viele Sternschnuppen sehen kann. Und wenn man eine sieht, kann man sich etwas wünschen und der Wunsch geht in Erfüllung. Das ist bei mir auch tatsächlich schon passiert! Als ich jünger war, habe ich mal eine Sternschnuppe gesehen und mir gewünscht, dass ich einen Hund bekomme. Jetzt habe ich einen Hund!

....

Der Geburtstag, sogar die Geburtsminute und der Geburtsort spielen eine große Rolle in der Astrologie. Wenn du einen Tag später geboren worden wärst, wäre dein Sternzeichen Löwe. Was glaubst du, hätte sich dann verändert?
Auf jeden Fall wäre ich als Person dann nicht wirklich ich. Es ist ja ein ganz anderes Sternzeichen mit ganz anderen Eigenschaften. Klar, die Eigenschaft extrovertiert bleibt gleich. Aber Löwen sind an sich ein bisschen anders gebaut als Krebse. Die sind nicht so krass sensibel, die sind eher robuster.

....

Und was meinst du: Wer oder was bestimmt den Zeitpunkt der Geburt? Sind es auch die Sterne oder die Sterne der Mutter dann?

Es ist nicht alles ins Detail geplant, was in den Sternen steht; es ist eher eine grobe Planung.

Ich finde, das kann man nicht so genau bestimmen. Es hat auch was mit der Lebensrealität zu tun, wann man das Kind bekommt. Die Sterne sind nicht die Einzigen, die einen Einfluss auf die Welt haben.

....

Du hast gesagt, dass Gott immer noch Gott ist. Glaubst du an eine Religion?

Ja, ich bin evangelisch. Meine Eltern sind beide evangelisch und ich wurde dann auch evangelisch getauft. Ich glaube auch an Gott. Aber ich glaube eben auch an andere Sachen, z. B. daran, dass man wiedergeboren werden kann. Da gibt es viele Geschichten darüber und wenn ich die lese, dann denke ich mir so: Boah krass! Vielleicht gibt es das doch, dass man wiedergeboren wird.

....

Und wenn du wiedergeboren werden würdest, wie würdest du dir das vorstellen?

Ich weiß nicht, ob man sich noch an das Leben zuvor erinnern würde. Es kommt ja auch immer darauf an, ob man als Mensch oder als Tier wiedergeboren wird. Das weiß man nicht. Ich denke auf jeden Fall, dass das Leben nach dem Tod weitergeht. Entweder man wird wiedergeboren oder man ist im Himmel und hat ein richtig schönes Leben dort.

....

Hat das, was man im Leben gemacht hat, Einfluss darauf?

Ich glaube, wenn man hauptsächlich Gutes getan hat, wenn man nicht kriminell war, sondern einfach sein Leben, ich sage mal, anständig gelebt hat und keine Gesetze, Regeln oder so was gebrochen hat, dass man dann in den Himmel kommt. So wird es ja auch in der Religion erzählt.

....

Denkst du, dass man Religion und Astrologie miteinander vereinbaren kann?

Ich finde schon und glaube, dass Religion auch etwas mit Astrologie zu tun hat. Z. B. die Eigenschaften, die eine Person hat, dass das zwischen Astrologie und Religion übereinstimmen kann, also dass so, wie man vielleicht von Gott gedacht ist, das auch mit den Sternen zusammenpasst.

Ich glaube eben auch an andere Sachen, z. B. daran, dass man wiedergeboren werden kann.

„Heute glaube ich, dass mein Ursprung vielleicht auf einem ganz anderen Planeten ist"

LEONIE (26), spirituelle Yogi

Auf deiner Webseite steht, dass du in deiner Kindheit Angst und schlaflose Nächte hattest. Jetzt sieht man dich mit einer selbstbewussten Ausstrahlung. Kannst du erzählen, wie die Spiritualität deinen Weg dahin beeinflusst hat?

Für mich ist die Angst schon immer meine größte Lehrerin gewesen. Ich weiß jetzt, dass die Angst in meinem Leben dafür da war, dass ich erkenne, wo ich mich von mir entfernt habe. Oft wusste ich nicht, wovor ich überhaupt Angst habe, denn es gab eigentlich nie eine konkrete Situation, die ich besonders angsteinflößend fand. Es waren Dinge, die ich nicht beschreiben konnte. Und wenn ich dieses Gefühl von Unsicherheit nicht gehabt und wahrgenommen hätte, dann wäre ich nie zu dem Punkt gekommen, an dem ich nach Hilfe gesucht hätte. Auch der Psychologe konnte mir nicht sagen, warum ich Wesenheiten in meinem Zimmer spüre. Ich hab aber schon sehr jung in meinem Leben gelernt, auf mein Herz und mein Bauchgefühl zu hören. Ich habe mit zwölf eine wundervolle Frau, Carina Wagner, kennengelernt. Sie war der erste Mensch, der gesagt hat: „Ich glaube dir, ich sehe, was du siehst, und ich fühle, was du fühlst." In dem Moment ist ein großes Stück von der Angst weggegangen, weil diese eher daher kam, ausgeschlossen zu sein, anders zu sein oder komplett verrückt zu sein.

Was verstehst du unter Spiritualität?

Spiritualität bedeutet für mich, unseren Blick zu erweitern und das Unsichtbare für uns selbst sichtbar zu machen und zu erkennen, dass wir grenzenlose Wesen in einem begrenzten Körper sind. Zu erkennen, dass wir in einem grenzenlosen Universum leben, aber zugleich in einer begrenzten Welt. Für mich ist Spiritualität, dass ich mir erlaube, diejenige zu sein, die ich tief in mir fühle. Und ich erlaube mir, mich

> Für mich ist die Angst schon immer meine größte Lehrerin gewesen.

dem zu öffnen, was für die Augen häufig unsichtbar ist.

....

Welche Situationen haben dich zu der selbstbewussten Person gemacht, die du heute bist?
Ich glaube, es sollte so sein. Ich hatte viele Lehrer:innen, die mir ins Gesicht gesagt haben: „Du kannst nichts, du bist nicht gut genug." Solche Menschen waren einfach immer sehr präsent, sodass ich in tiefe Selbstzweifel hineingekommen bin. Eine Lehrerin hat vor der gesamten Klasse über einen Freund von mir ganz blöd geredet. Von wegen: Der konnte nicht mal jenes Wort an die Tafel schreiben ohne Rechtschreibfehler. Alle anderen haben gelacht und ich fand das so unfair. Ich habe das später meiner Mama erzählt, und sie ist am nächsten Tag zu der Lehrerin gegangen, um darüber mit ihr zu reden. Als meine Mama wieder weg war, wurde ich von der besagten Lehrerin vor der ganzen Klasse als große Petze dargestellt. Das hat mir sehr wehgetan in dem Moment. Meine Schule war eine christliche Schule und ich habe in der Kirche immer eine Verbindung zur Christus-Energie gespürt, konnte aber nie viel mit der Kirche selbst anfangen. Aber diese unendliche Liebe, die war für mich immer ganz warm. Und ich habe nach dem Vorfall in meinem Bett gesessen, bitterlich geweint und zu Gott gebetet, dass er mir ein Zeichen geben soll, dass alles okay ist und alles wieder gut wird. Und ich habe auf meinem ganzen Körper eine richtig schöne Gänsehaut bekommen und hatte das Gefühl, dass alles okay ist. Eines der letzten Momente war, dass ich, ohne mit einem anderen Menschen

zu kommunizieren, weiß, was diese denken. Ich kann Informationen bekommen, wenn ich mich dem öffne, und wir alle haben diese Fähigkeit. Und je mehr wir uns das erlauben, desto deutlicher wird's und dann gibt es auch einfach keine Zufälle mehr.

....

Gibt es momentan Leute in deinem Leben, von denen du gerade lernst?
Ganz viele und es werden immer mehr. Vor drei Jahren war ich in Wien und hab mich ganz einsam gefühlt. Da war eine Angst in mir und ein Gefühl von: Ich muss hier raus. Ich bin dem gefolgt und bin nach Südafrika. Da war ich in einer toxischen Beziehung, die mir das Gefühl gab: Ich bin allein, ich bin falsch und ich bin das Problem. Bin ich vielleicht Narzisst? Dieses Jahr erst, das war die erste Zeit in meinem Leben, wo ich mir dachte: Ich brauche nichts und niemanden, um vollkommen zu sein. Und alles, was jetzt noch in mein Leben kommt, ist eine wunderschöne Ergänzung, aber ich bin schon genug für mich. Ich lerne von meiner Weltfamilie ganz viel, weil sie ganz andere Erlebnisse mitbringen. Und sie lernen von mir, was ich mitbringe, und das ist ein schöner Ausgleich.

....

Wie beeinflusst die Spiritualität deinen Alltag?
Für mich ist Spiritualität mein Leben, also auch mein Alltag. Es gibt keinen Tag, an dem ich nicht mit meinem höheren Selbst oder mit den Pflanzen um mich herum kommuniziere oder dankbar bin für die Sterne, die Mondin und die Sonne. Ich schaue, welche Zeichen um mich herum sind, über die ich gar nicht mehr nachdenke,

Es gibt keinen Tag, an dem ich nicht mit meinem höheren Selbst oder mit den Pflanzen um mich herum kommuniziere.

Wie können wir davon wegkommen, zu glauben, Spiritualität wäre etwas Außergewöhnliches, wo doch die Welt, die wir kreiert haben, eher die Außerirdische ist?

Ich habe immer einen Fokus auf die Liebe.

Ich habe kleine tägliche Rituale, wie eine Karte ziehen, Gehmeditationen, mich mit den Elementen zu verbinden.

die einfach da sind. Oder dass ich mit meinem Körper spreche, was er heute braucht. Yoga ist für mich das ganzheitliche Leben: Körper, Geist und Seele nähren, in Einklang bringen und einfach allen Gefühlen Raum geben. Ich erlaube dem Gefühl von Traurigkeit, da zu sein, sodass es nicht in mir stecken bleibt. Ich war letzte Woche in der Natur in Südafrika und es gab kein WLAN, keinen Strom und ich habe mich sehr gut und frei gefühlt. Ich bin zurück in die Zivilisation gekommen und obwohl ich mich hier immer noch sehr gut und frei fühle, fühlt es sich auch ein bisschen an wie ein verkorkster Film, der kreiert wurde. Und ich habe mich gefragt, warum wir das machen. Dass alles so laut, schnell und stressig ist. Wie können wir davon wegkommen, zu glauben, Spiritualität wäre etwas Außergewöhnliches, wo doch die Welt, die wir kreiert haben, eher die Außerirdische ist?

....

An welchen Prinzipien orientierst du dich?

Mein höchstes Prinzip ist, nur so zu handeln, wie ich auch selbst behandelt werden möchte. Dankbarkeit zu leben für alles und für jeden, auch in den Momenten, in denen es herausfordernd sein mag. Immer das Beste in allem und jedem zu sehen, aber auch zu erkennen, wenn für mich etwas nicht okay ist, also auch gesunde Grenzen zu setzen. Ich habe nämlich lange für mich so gut wie keine Grenzen gesetzt. Wodurch ich mich häufig energetisch und auch physisch missbraucht gefühlt habe. Grenzen also nicht im Sinne von: Ich baue eine dicke Mauer vor mir auf, sondern wie eine Lichtkugel oder ein Rosenteppich, der nur durchlässt, was mir dient, und nur

rausbringt, was den anderen dient. Ein weiteres Prinzip ist, dass ich so wenig Leid wie möglich verursachen möchte. Sowohl für den Planeten, andere Wesen, als auch mich selbst. Und wenn Leid da ist, das aber auch anzunehmen. Und ich habe immer einen Fokus auf die Liebe. Und wenn mir das nicht gelingt, frage ich mich, warum das so ist. Dabei bin ich auch nicht streng zu mir, sondern versuche, mir Zeit zu geben.

....

Was bestärkt dich in deiner Gewissheit, dass du auf dem richtigen Weg bist?

Mein Herz. Das Gefühl, dass da kein Widerstand ist. Und das Gefühl von Vertrauen. Es ist egal, ob sich Dinge herausfordernd anfühlen oder nicht, denn auch das gehört dazu. Ich glaube fest daran, dass ich die Person bin, die mein Leben kreiert, und dass wir auch Entscheidungsfähigkeit haben, zwischen bestimmten Wegen zu wählen. Und in diesen Momenten aufs Herz und nicht auf den Kopf zu hören.

....

Welche Praktiken übst du aus?

Ich habe kleine tägliche Rituale, wie eine Karte ziehen, Gehmeditationen, mich mit den Elementen zu verbinden oder einfach bewusst im Moment anwesend sein. All das gehört für mich zu Yoga dazu. Und kleine Pausen, mir die Zeit für Genussmomente zu nehmen, wie z. B. Tee oder Kaffee. Also mir zu erlauben, vollkommen Mensch zu sein und mich zu erinnern, dass ich nicht nur Geist bin, sondern in diesem Moment, in diesem Körper als Leonie da bin. Ich bin jetzt und hier Mensch und das ist wunderschön. Ich liebe diese Erde. *[lacht]*

Gibt es auch Zeichen, die dir den Weg leiten? Woran du siehst, dass du auf dem richtigen Weg bist?

Ja, auf jeden Fall. Ich krieg ein Gefühl von Flow, ein Gefühl von: Es ist nicht mehr anstrengend. Ich sehe überall sogenannte Angel Numbers, also so was wie 222, 333 und so weiter. Oder dass ich jede Stunde um 01:01 Uhr oder 02:02 Uhr auf die Uhr schaue. Wir können es Zufall nennen, aber ich persönlich glaube nicht an Zufälle. Das passiert primär in Momenten, wo ich gerade im Flow und auf dem richtigen Weg bin. Und wenn ich von meinem Weg ein bisschen wegkomme und diese Distanz spüre, dann ist es nicht da. Aber es ist nicht unbedingt leicht, zu uns und unserem Herz ja zu sagen, weil das bedeutet, zu etwas anderem, oder auch zu einem Menschen, nein zu sagen. Es fühlt sich leichter an, im Hamsterrad zu bleiben, aber das ist nur kurzfristig. Lang im Hamsterrad zu sein, ist eigentlich sehr viel anstrengender. In dem Moment, in dem du immer zu dir selbst ja sagst, dich mit der Innenwelt verbindest und alle Widerstände in dir überwindest, kommt Flow zu dir.

....

Kannst du was zu dem auf deiner Website von dir benutzten Begriff Starseed *[geistige Energien aus dem Weltall]* sagen?

Ich glaube, dass wir multidimensionale, universelle Wesen sind, die in diesem Moment gewählt haben, in diesem Körper und in dieser Zeit da zu sein. Und ich glaube daran, dass es Wiedergeburten gibt und dass wir schon viele Leben gelebt haben. Ich habe viele Jahre zu den Sternen geschaut und mich nicht zu Hause und zugehörig gefühlt. Es gibt keinen Ort auf der Erde, wo ich das Gefühl hab, angekommen zu sein. Heute glaube ich, dass mein Ursprung vielleicht auf einem ganz anderen Planeten ist. Und im letzten Jahr durfte ich mich mehr und mehr erinnern, dass ich jetzt hier bin und dass es sehr real ist, jetzt hier Mensch zu sein. Und in dem Moment, in dem ich diese Entscheidung getroffen habe, liebe ich diese Erde so sehr und all ihre Magie und ihre Wunder. Du bist nicht nur Mensch, du bist so viel mehr und du darfst dir erlauben, dieses Mehr zu sein, ohne dich dafür schlecht zu fühlen oder dich dafür klein zu machen.

....

Wurdest du schon mal mit Gegenwind konfrontiert?

Tatsächlich weniger von fremden Menschen als von Menschen, die mir sehr nahestehen, Freunden und/oder Familie. Das war für mich immer der größere Schmerz. Mir ist es nicht wichtig, was fremde Menschen denken. In dem Moment, in dem wir uns verändern, unser authentisches Selbst sind, passen wir nicht mehr in die Geschichte von anderen. Das kreiert Widerstand in der Person und das schmerzt mich. Ich würde es trotzdem wieder so machen. Ich war immer ein bisschen anders *[lacht]* und hab mich nie in dem System zu Hause gefühlt, in dem ich aufgewachsen bin. Die ganzen Regeln, die da sind, die für mich einfach keinen Sinn ergeben. Ich schaue seit zehn Jahren keine Nachrichten, weil ich mir denk, es ist einfach viel da, was überspitzt und viel zu dramatisch dargestellt wird. Wenn ich Informationen möchte, dann finde ich die von vertrauenswürdigen Quellen, die mich nicht in

Es gibt keinen Ort auf der Erde, wo ich das Gefühl hab, angekommen zu sein.

Ich war immer ein bisschen anders.

Angst bringen. Das hat viel Widerstand mit sich gebracht, *[lacht]* sowohl in der wissenschaftlichen Gemeinde, in der ich mich befunden habe, als auch familiär; und ich wurde häufig beschimpft als zu naiv, zu sensibel, zu spirituell oder esoterisch. Und das hat in mir innere Konflikte ausgelöst, in denen ich wirklich in meiner Kraft bleiben musste, in meiner eigenen Überzeugung und in meinem eigenen Herz, um das durchzuziehen. Menschen, die ich am meisten liebe, triggere ich am meisten. Ohne es zu versuchen, ohne es zu wollen. Bleib trotzdem bei dir, das ist es auf jeden Fall wert.

....

Inwiefern wurdest du auf deiner Reise mit Zweifeln konfrontiert?

Die Frage ist eher: Wann nicht? *[lacht]* Es kommen immer wieder Selbstzweifel auf. Ich glaube, es gehört einfach zum Leben dazu, denn dieses Finden von mir selbst ist für mich mein Lebensweg und meine Lebensreise. Und wenn ich das nicht immer wieder hinterfragen oder hineinfühlen würde, dann könnte ich mich auch nicht weiterentwickeln. Dieses Reflektieren von: Wer bin ich? Das ist eine Frage, die ich mir jeden Tag stelle. Ich gehe jetzt aber nicht mehr in Selbsthass und Selbstzweifel, sondern in offene Kommunikation mit Menschen. Was ich fühle, was ich bin und was ich wahrnehme, ist subjektiv. Ich bin mutig genug, es auszusprechen.

....

Ich weiß, du warst in Thailand. Wie war das Kennenlernen des Buddhismus dort für dich?

Ich war zweimal in Thailand. Das erste Mal bin ich schon in Kontakt gekommen mit der Buddha-Lehre. Es hat sich schön angefühlt und angehört. Und dieses In-sich-selbst-Ruhen. Ich habe es nur beobachtet und viel meditiert. Ich habe viel Freiwilligenarbeit im Kinderheim gemacht. Ich bin in die Rolle des Gebens gegangen. Ich würde mich selbst nicht als Buddhistin oder Christin bezeichnen. Ich bin keine Religion. Religion hat ihre Grenzen. Und ich glaube nicht mehr an Grenzen. Buddhismus, wie ich ihn kennenlernen durfte, ist unendliche Liebe, ein tiefes Verständnis vom Sein und dem Verständnis, dass man selbst wertvoll und damit mehr als genug ist. Ich habe mir in meinem Leben einige Religionen angeschaut und das rausgezogen, was sich für mich stimmig anfühlt und mir meinen eigenen Glauben in dieser Welt kreiert, der mit ganz vielen anderen resoniert. Und das ist dann wahrscheinlich das, was wir Spiritualität nennen. Einfach genug zu sein. Das zweite Mal hat uns ein Mönch fünf Tage den Buddhismus gelehrt. Für mich ist es wie eine Zeitkapsel, die ich nicht mehr wirklich aufrufen kann. Es war, als wären wir aus der Welt rausgerissen. Was deutlich und präsent da ist, ist: Buddhas loving-kindness is still alive. Das bedeutet: Leben kann nicht gehen, Liebe kann nicht gehen, Gnade kann nicht gehen. Und auch wenn ein Körper diese Erde verlässt, so ist die Energie dieses Wesens immer vorhanden. Das ist bedingungslose Liebe. Es gibt keinen Tod, es gibt nur Transformationen.

Hat der Buddhismus deine Vorstellungen davon, was nach dem Tod kommt, beeinflusst?

Nicht nur der Buddhismus, sondern mein gesamter Lebensweg. Ich glaube nicht an den Tod.

Ich habe mir meinen eigenen Glauben in dieser Welt kreiert.

Es gibt keinen Tod, es gibt nur Transformationen.

Ich sehe Religionen als Mittel zum Zweck, um Trennung und Angst zu verursachen und uns davon wegzuführen, wer wir sind.

Am Ende des Tages wollen wir alle nur überleben und geliebt werden.

Ich werde natürlich irgendwann Leonies Körper verlassen und dieser wird sterben. Aber ich bin die Erinnerung. Ich habe zu viele Erinnerungen von vorherigen Leben und zu viele Dinge, die in meinem Körper, in meiner DNA gespeichert werden, die immer mehr aktiviert werden, als daran zu glauben, dass ich nicht schon lange existieren würde. Ich treffe zu viele Menschen, von denen ich weiß, ich kenne sie schon seit Leben, als dass ich nicht daran glauben würde, dass wir wieder leben. Und ich liebe es, zu leben, und ich möchte noch lange in dieser Hülle als Leonie sein, weil ich das Leben sehr faszinierend finde. Doch wann auch immer es an der Zeit ist, zu gehen, wird genau richtig sein, und das gibt mir ein Gefühl von Sicherheit und Vertrauen. Da ist keine Angst.

Wo siehst du Unterschiede zwischen Spiritualität und Religiosität?

Für mich ist Religion angstbasiert und Spiritualität liebesbasiert. Ich glaube an ein Leben in Liebe und in der Rebellion, nicht gegen die Angst, aber mit dem Leben in Angst. Und ich sehe, wie wir an den unterschiedlichsten Stellen mit höchster Intelligenz manipuliert werden. Ich sehe, dass jeder Mensch unendlich kraftvoll ist und diese Kraft bewusst unterdrückt wird. Das ist für mich z. B. Religion. Es wird Angst gemacht. Wenn du nicht das machst, was ich dir sage, dann kommst du in die Hölle. Absolut absurd für mich. Ich verstehe auch immer mehr, warum man das Prinzip der Weiblichkeit, was etwas unendlich Kraftvolles und Starkes ist, stark unterdrückt und Männlichkeit in den Vordergrund gestellt wird.

Diese Disbalance kreiert Angst in jedem Einzelnen von uns. Und wenn wir unter Angst stehen, sind wir kontrollierbar, weil wir nach Sicherheit suchen, weil Angst Trennung verursacht. Wenn wir getrennt sind, sind wir verletzbar. Wenn wir in Einheit sind, kann uns niemand etwas antun. Ich sehe Religionen als Mittel zum Zweck, um Trennung und Angst zu verursachen und uns davon wegzuführen, wer wir sind. Die meisten Kriege basieren auf Religionen und Glaubensunterschieden, wo es doch gar keinen Unterschied im Kern gibt.

Inwiefern, glaubst du, kann die Spiritualität in unserer modernen Welt eine Rolle spielen?

Wenn Religion Menschen Halt, Glaube und Sicherheit schenkt, würde ich das niemals verteufeln, sondern bin dankbar dafür. Ich persönlich finde in der modernen Welt eine ganz andere Erfahrung. Den eigenen Weg geht jeder für sich und trotzdem gehen ihn alle gemeinsam. Ich glaube, dass alles, was jetzt an Verletzungen, Trennung da ist, nicht da ist, um irgendwem zu schaden, sondern dass auch die Menschen, die wir vielleicht zurzeit als die schlimmsten und bösesten beschreiben würden, einfach den höchsten Grad an Verletzung in sich haben. Und deshalb habe ich besonders für diese Menschen sehr viel Mitgefühl und sehr viel Liebe in mir. Ich glaube nicht daran, dass irgendwer böse geboren wird. Ich glaube daran, dass wir alle in Liebe als Liebe geboren werden. Am Ende des Tages wollen wir alle nur überleben und geliebt werden. Und deshalb brauchen wir einander, um einander wieder Liebe zu spiegeln.

Gibt es irgendetwas, was du noch gerne sagen möchtest?

Ich nehme mein Lieblingsorakel und meine Lieblingskarten. *[legt Karten]* Also, wenn ich das, was ich jetzt vor mir sehe, zusammenfassen würde, dann möchte das Universum zum Schluss gerne noch sagen: Es ist sicher, immer in uns selbst zu vertrauen, die Führung in uns selbst zu haben. Dass wir uns als vollkommen universell, spirituell und kraftvoll wahrnehmen dürfen, dass wir diese Kraft annehmen dürfen, dass wir vor ihr keine Angst haben müssen, sondern es ist immer Liebe. Und in diesem Moment können wir uns selbst diesen lichtvollen Weg öffnen und müssen nicht mehr die Angst füttern, sondern wir dürfen neue Geschichten kreieren, die unserer Wahrheit entsprechen. Du bist nicht verantwortlich, die Schwere der Welt zu tragen. Du bist nur dafür verantwortlich, dich freizumachen, frei von dem Alten, frei von dem, was dir nicht mehr dient. Was uns dabei unterstützen kann, ist die kreative Intelligenz, in der wir leben. In dem Moment, in dem ich etwas abgebe, beschwere ich damit niemand anderen mehr, sondern ich transformiere in Liebe. Gelebte Harmonie im Jetzt. Denn jetzt ist der Moment, der immer da ist.

> Du bist nicht verantwortlich, die Schwere der Welt zu tragen.

> Gott schläft im Stein, träumt in der Pflanze, erwacht im Tier und handelt im Menschen.
>
> Native American

Die Natur ist der unmittelbare Ausdruck des göttlichen Willens. (Werner Heisenberg)

Hexagonal-, Spiral-, Verästelungs-, und Zellstrukturen in der Natur und menschliche Adaptionen

Reihe 1: Hexagonalstrukturen – Giant's Causeway (Pixabay), Wespennest (Katrin Maier), Schneeflocke (Katrin Maier), Lautsprecher (Katrin Maier)

Reihe 2: Spiralen – Galaxie (Pixabay), Versteinerung (Katrin Maier), Rose (Katrin Maier), Treppe (Katrin Maier)

Reihe 3: Verästelungen – Baum (Katrin Maier), Flussmündung (Pixabay), Schmetterling (Katrin Maier), Straßenkarte (Katrin Maier)

Reihe 4: Zellstrukturen – Lichtbrechungen im Wasser (Katrin Maier), Elefantenhaut (Pixabay), Mikroskopaufnahme Pflanze (Pixabay), Wohnblock (Katrin Maier)

Lyrics – Liedzeilen über Gott und die Welt

Kaum zu glauben: Auch in der Popkultur macht man/frau sich Gedanken über Glaubenssachen – Auszüge findest du im Folgenden. Du willst mehr? Und das nicht nur lesen, sondern auch hören? Okay. Wir haben eine *YouTube*-Playlist erstellt. Hör sie dir gerne kostenlos an unter: https://youtube.com/playlist?list=PLtx6oWM Cilk9i8WUi2AvlOQ7_AODCl6-E

Du kennst weitere Songs, die sich mit dem Glauben auseinandersetzen? Dann hinterlasse gerne dort deine Empfehlungen in den Kommentaren.

SIDO – WENN ES EINEN GOTT GIBT

„Würd so gerne an dich glauben.
Doch es fällt mir so schwer.
Ich möchte nach dir greifen.
Doch die Hände bleiben leer."

MATERIA – OMG!

„Oh mein Gott dieser Himmel.
Wie komm ich da bloß rein?
Oh mein Gott dieser Himmel.
Wo zum Teufel soll der sein?"

ADEL TAWIL – GOTT, STEH MIR BEI

„Ich hab die Bibel nicht gelesen.
Hab den Koran nicht dabei.
Doch wenn ich all das sehe,
Gott, steh mir bei!"

SAMY DELUXE – GOTT SEI DANK

„Nein, ich bin kein Christ, auch kein Moslem.
Doch trotzdem glaub ich, dass es Gott gibt,
man muss ihn ja nicht Gott nenn'.
Nenn ihn Jah, nenn ihn Allah, nenn ihn Buddah.
Nenn ihn, wie du ihn nenn' willst"

GRINGO UND XATAR – NUR GOTT KANN MICH RICHTEN

„Knie vor niemandem außer Allah, wenn ich bete.
Nur Gott kann mich richten,
keiner von euch (keiner von euch)."

PETER FOX – HAUS AM SEE

„Ich suche neues Land mit unbekannten Straßen.
Fremde Gesichter und keiner kennt mein' Namen!
Alles gewinnen beim Spiel mit gezinkten Karten.
Alles verlieren, Gott hat einen harten linken Haken."

DIE TOTEN HOSEN – DIE ZEHN GEBOTE

„Wenn ich du wär, lieber Gott,
Und wenn du ich wärst, lieber Gott,
Glaubst du, ich wäre auch so streng mit dir? [...]
Würdest du die Gebote befolgen?
Nur wegen mir?"

SIERRA KIDD – GOTT

„Der Teufel in meinem scheiß Kopf kriegt nicht genug.
Fuck, ich brauch Hilfe, Gott, wo bist du?
Vielleicht ist es die Hölle hier, was kommt nach der Hölle?
Vielleicht finde ich's heraus."

APACHE 207 – FÜHLST DU DAS AUCH

„Bet zu Gott,
wenn das Geld uns verändert,
dann lass uns ein Leben lang arm."

„Mit einem Lächeln geht es sich wunderbar durch die Welt und durch das Leben"

NATA (23), Student, hat ein buddhistisches Kloster in Thailand besucht und ist konfessionslos glücklich

Du bist gerade aus Thailand zurückgekommen und hast dort einige Zeit in einem buddhistischen Kloster verbracht. Kannst du mir etwas darüber erzählen?

Es war keine super intensive Zeit im Kloster, weil ich da letztlich nicht lange war. *[lacht]* Geplant war eigentlich, dass ich einen Monat bleibe, um Einblicke in das Leben als Mönch zu bekommen und tiefer zu gehen mit meiner Meditation. Ich meditiere seit fünf Jahren jeden Tag. Und ich wollte den Alltag einfach mal 'ne Weile verlassen, meinen Glauben erforschen, Meditation erforschen, mal schmecken, wie sich Leben im Tempel als Mönch anfühlt. Als ich aber angekommen bin, wollte die Besuchergruppe, die bereits dort war, nach ein paar Tagen schon wieder gehen, um von Nordthailand nach Hanoi zu laufen. Das sind so 800 bis 1.000 Kilometer. Ich konnte entscheiden: Bleibe ich allein im Kloster oder schließe ich mich denen an? Die Gruppe war ziemlich cool, also dachte ich: Gehe ich einfach mit. Laufen wir zusammen einen Monat nach Hanoi! Das ist auch eine buddhistische Praxis, dass man weite Wege geht, und so habe ich mich für diese Erfahrung entschieden.

Als du dort gewesen bist: Wie lief ein Tag im Kloster ab?

Das war ein relativ relaxtes Kloster. Um 5:30 Uhr morgens ging das Morgen-Chanting los. Dabei werden jeden Tag die gleichen buddhistischen Lieder auf Pali-Sprache gesungen und dann wird meditiert, ungefähr 30 Minuten lang. Danach ist kurz Pause, in der die Mönche das Essen vorbereiten. Die Mönche, die dort im Kloster leben, sind sehr jung, zwischen acht und achtzehn. Das war nicht das, was ich von einem Kloster erwartet hatte. Die meisten waren tagsüber dann

Mal schmecken, wie sich Leben im Tempel als Mönch anfühlt.

115

auch nicht da, weil sie zur Schule gegangen sind. Die zwei leitenden Mönche und wir, die dort zu Gast waren, haben uns tagsüber um die Sauberkeit vom Tempel gekümmert und im Kloster durchgefegt, aufgeräumt – große Arbeiten gab es nicht zu verrichten. So hatten wir viel Zeit allein, um die Umgebung auszuchecken. Da gab's viel Natur, Felder, einen Wasserfall, man konnte auf jeden Fall gut die Natur genießen. Am Nachmittag gab es noch mal etwas zu essen und abends dann ein Abend-Chanting. Danach wäre eigentlich die Abend-Meditation gewesen, aber als ich dort war, gab es nur einmal eine Abendmeditation und an den anderen Abenden haben die Mönche mit den Besuchern Pali gelernt, anstatt zu meditieren.

....

Inwiefern haben sich deine Erwartungen dann in der Zeit erfüllt, in der du dort warst?

Naja, ich habe auf jeden Fall meditiert, würde aber nicht sagen, dass ich dem so viel Aufmerksamkeit geschenkt habe, wie ich es erwartet hatte. Gut, dieses Kloster hatte nicht den Hauptfokus auf Meditation, da wäre ein Zen-Kloster eine bessere Adresse gewesen. Es war nicht die Erfahrung, die ich gesucht habe. Das Laufen war dagegen eine sehr gute Erfahrung. Wir sind allerdings nicht vier Wochen durchgelaufen, denn wir hatten in Laos Probleme mit Polizei, Militär und so weiter. Die wollten nicht, dass wir dort laufen und campen. Und es macht ja keinen Sinn: Den ganzen Tag läuft man und wird dann eingesammelt von irgendwelchen Beamten und wieder zurückgefahren, um am nächsten Tag noch mal neu zu starten. Deswegen sind wir dann einfach

innerhalb von Laos weitergereist. Aber ein paar Tage sind wir gelaufen und es war schon was. Ich kann mir vorstellen, das noch mal und länger zu machen. Es gibt ja auch in vielen Religionen das Pilgern, so, wie den Jakobsweg zu gehen. Das ist auf jeden Fall ein Ding. Ich glaube, dadurch wächst man ziemlich. Wenn man es auch lange genug macht. Ja, es werden Grenzen gesprengt. Es ist schon krass, das durchzuhalten. Es waren Temperaturen von bis zu 40 Grad und man hat den Rucksack, der nicht gerade leicht ist, man schläft draußen auf Holzbrettern oder campt ganz im Wald, ohne Isomatte, schläft einfach dort, und dann macht man einfach weiter und kann die Fortschritte beobachten – das Laufen war eine tolle Erfahrung. Es macht was mit einem.

....

Kannst du etwas genauer beschreiben, was es mit einem macht?

Für mich persönlich hat es das Durchhaltevermögen gestärkt. Ich war auch mit 'ner guten Truppe unterwegs und wir hatten ziemlich viel Spaß, auch wenn's schwierig war und man harte Zeiten beim Laufen hatte. Es ist eine Abhärtung, aber auf 'ne gute Art und Weise. *[lacht]* Das Laufen an sich bewegt auch was im Geist. Da bringt man die Prozesse in sich in Gang und durchläuft fast schon eine Entwicklung. Das haben sicher auch schon viele Leute selbst erfahren können, wie sogar ein normaler Spaziergang Launen, Gefühle, Blickwinkel verändern kann. Das passiert dann noch mal in einer ganz anderen Dimension, wenn man länger läuft. Aber wohin das einen bringt, wenn man das macht, das liegt wahrscheinlich an der Person selbst und an den

Das Laufen war eine tolle Erfahrung.

Das Laufen an sich bewegt auch was im Geist.

Umständen. Das funktioniert nicht nach dem Motto: Tue das und dann passiert das.

....

War das für dich etwas Spirituelles?
Ich finde, alles im Leben ist was Spirituelles. Also war das auf jeden Fall auch was Spirituelles. Aber ich würde es nicht so labeln.

....

Was ist deine Vorstellung von Spiritualität?
Spiritualität ist Leben, Erfahren, Bewusstsein.

....

Wie würdest du Spiritualität ins Verhältnis zu Religiosität setzen?
Es hat auf jeden Fall was miteinander zu tun. Ich bin aber nicht religiös. Ich glaube, aber ich bin konfessionslos – konfessionslos glücklich. *[lacht]* Ich finde mich zwar teilweise in buddhistischen Praktiken wieder, weil die Sinn machen und es für mich passt, sich dem Leben von diesem Winkel aus anzunähern. Aber Religion soll immer so eine Art Anleitung sein, bei der sich irgendjemand gedacht hat: Da schreibe ich jetzt mal auf, wie man richtig lebt. Das brauche ich nicht. Ich bin einfach Nata. Ich leb mein Leben und praktiziere meine Praktiken, teile Erfahrungen, wie ich das Leben am meisten genießen kann. Sodass vielleicht andere Leute, die Schwierigkeiten haben, das Leben zu genießen und zu lieben, sich ein bisschen daran orientieren können. Ich habe nicht wirklich Interesse am Buddhismus als Religion. Ich schätze den Buddhismus, identifiziere mich jedoch nicht als Buddhist.

....

Wie bist du denn aufgewachsen – religiös oder eher nicht?

Eher nicht religiös. Meine Mutter hat zwar ein bisschen vorgelebt, an etwas zu glauben, aber auf jeden Fall nicht religiös. Ich bin auch nicht zum Religionsunterricht gegangen. Mit der Familie zusammen habe ich mal an Weihnachten die Kirche besucht, aber nicht, weil wir daran glauben, sondern weil das so ein nettes Ritual ist. Und ich habe als Kind z. B. oft Schutzengel-CDs angehört. Das hat meinen früheren Glauben geprägt. Aber eigentlich hatte ich schon als Kind und vor allem als Jugendlicher eine Abneigung gegen Religion – da wollte ich nicht dazugehören. Jetzt allerdings weiß ich, dass Religion nicht nur blöd ist.

....

Wie kam es zu dieser Veränderung?
Es gab einschneidende Erlebnisse, auch mit religiösen Erfahrungen. Ziemlich einschneidend war, als ich LSD genommen habe, da habe ich eine ganz, ganz interessante Sicht auf Leben, Bewusstsein und Glauben bekommen. Das kann man eigentlich nicht in zwei Sätze packen, aber z. B. habe ich erkannt, dass Meditieren einfach Sinn ergibt, weil es absolut was mit Leben zu tun hat. Und diese Erfahrung hat so ein bisschen das Subtilere hervorgehoben, z. B. Gefühle, Emotionen und den Lauf von Emotionen, wie sie verarbeitet werden von unserem Körper und Geist, und wie die Körper-Geist-Kombination funktioniert. Seither lebe ich ein bewussteres Leben, versuche, das Leben wertzuschätzen und zu genießen. Ich bin sehr dankbar, zu leben. Viele kleine Schwierigkeiten im Leben, oder was man sich in Gedanken vielleicht auch zu großen Schwierigkeiten macht, berühren mich nur manchmal und nicht so intensiv. Ich lasse mich davon nicht

> Jetzt allerdings weiß ich, dass Religion nicht nur blöd ist.

so aus der Ruhe bringen. Ich würde sagen, dadurch lässt sich mein Leben besser leben.

Welche Religionen haben dich denn seither inspiriert oder angesprochen?
Eigentlich nur der Buddhismus, andere Religionen nicht wirklich. Ich habe zwar ein bisschen was mitbekommen, aber nicht so, dass ich sagen würde: Oh ja, das finde ich richtig gut, da würde ich gern teilhaben.

Und was spricht dich am Buddhismus an?
Buddhismus ist relativ frei. Das war auch so eine Besonderheit bei dem Kloster, in dem ich war. Die Mönche essen dort z. B. Fleisch, was eher unüblich ist im Buddhismus. Wobei ich das auf dieser Reise auch öfter gesehen habe, was Mönche so alles machen: Fleisch essen, Zigaretten rauchen. *[lacht]* Buddhismus ist auch in der Regel friedlich und liebevoll. Das habe ich jetzt auch in Thailand häufig festgestellt, dass, wenn viele Leute dem Buddhismus zugehören, ein Grundfrieden und eine liebevolle Stimmung herrschen.

In welchen buddhistischen Praktiken findest du dich denn wieder?
Vor allem in der Meditation, genauer der Zen-Meditation – das ist für mich der Eingang in die Realität, in das wirkliche Erfahren. Es bringt mir Klarheit, Ruhe und Kraft. Ich komme zurück zum Wesentlichen. Oft, wenn ich viel zu tun habe, vielen Reizen und Menschen ausgesetzt bin, wühlt mich das gewissermaßen auf. Mein Fokus springt von einer zur anderen Sache, die

Gedanken werden schneller, der Blick für das Wesentliche geht verloren. Im Zen nennt man das – und Weiteres – Verstrickung. Mit Meditation lässt sich Verstrickung auflösen: Körper spüren, Fokus, Atem, Entspannung. Natürlich gibt es noch viele weitere Übungen und Arten zu meditieren, in der Regel ist das aber die Grundlage, die ich auch täglich praktiziere. Yoga eignet sich auch wunderbar zum Körper und Atem bewusst wahrnehmen, als Eingang. Auch gerne vor der Meditation. Starkes Körpergefühl, körperliche Offenheit, einfacher Eingang, tiefes Sein. So einfach ist das. *[lacht]*

Du sagst, du versuchst, andere zu inspirieren oder ihnen weiterzuhelfen. Hast du da ein Beispiel?
Ich rede mit Menschen. Wenn ich merke, jemandem geht es nicht gut, dann versuche ich, Einblicke zu bekommen. Was geht in dieser Person vor? Kann ich dieser Person helfen? Ich lasse auch gern die Menschen wissen: Ich bin da. Ich kann helfen. Mit Menschen zu reden ist für mich so schon spirituelle Praxis. Manchmal erzähle ich auch nur, was ich mache und wie wunderbar das ist. Ich lasse Leute am wunderbaren Leben teilhaben, lasse sie die wunderbaren Aspekte des Lebens spüren, teile wunderbare Erfahrungen und Liebe.

Wie stehst du zu anderen Aspekten des Buddhismus? Z. B. gibt es im Buddhismus keine Vorstellung von einem Gott, wie man ihn aus dem Christentum kennt. Glaubst du an einen Gott?
Das ist auf jeden Fall eine Definitionsfrage. Es

Zen-Meditation – das ist für mich der Eingang in die Realität, in das wirkliche Erfahren.

gibt auf jeden Fall Einflüsse, die keiner von uns Menschen unter Kontrolle hat. Wenn man das als Gott betitelt, dann ja, dann glaube ich auf jeden Fall daran.

....

Karma ist ja auch ein buddhistisches Konzept. Inwiefern glaubst du daran?

Ich glaube an Ursache und Wirkung. In der Regel kann man das auch beobachten. Ich glaube daran, dass gute, wohlwollende Intention in der Regel auch gutes Karma mit sich bringen wird.

....

Wie stehst du dann dazu, dass es so viel Leid auf der Welt gibt? Wenn negatives Verhalten oder negative Gedanken negative Ereignisse anziehen – inwiefern ist man dann selbst schuld, was einem passiert?

Das ist schwierig. Im Grunde könnte man schon sagen, man ist selber schuld. Aber wenn man nicht weiß, wie man da rauskommt, würde ich nicht von „selbst schuld" sprechen. Man kann es auf jeden Fall in die Hand nehmen, sich vom Leid zu befreien und Gutes zu bewirken in der Welt, Frieden zu stiften, anderen zu helfen, dass sie sich selber und anderen helfen können, das Leid zu lindern. Das ist ja auch das, was ich mache, da bin ich schon dabei. *[lacht]*

....

Ich habe gehört, dass du Umweltingenieurwissenschaften studierst. Wie kam es dazu?

Ich wollte irgendwas mit Umwelt studieren, weil man damit was Gutes machen kann. Aber am Ende rechnet man als Ingenieur den ganzen Tag irgendwelche Formeln aus, zumindest in der Uni. Ich weiß nicht, ob ich das auch arbeiten will.

Ich glaube, es wird eher in Richtung Yogalehrer gehen. Dafür werde ich mich ausbilden lassen. Dann habe ich mit Menschen zu tun, habe wirklich Impact, bin mittendrin. Es fühlt sich gerade so an, als ob das in die richtige Richtung geht. Und es ist nicht nur eine Idee, es ist der nächste Schritt. Ich habe schon eine Anlaufstelle in Indien, wo ich das mit einem Freund zusammen machen will.

....

Seit wann machst du denn schon Yoga?

Schon ein paar Jahre. Es ist aber nicht mein Hauptding. Mein Hauptinteresse ist Thai-Boxen, das ist ein konstanter Bestandteil meines Lebens. Ich habe vor etwa fünf Jahren damit angefangen. Es war ganz lustig: Ich war auf einem Spaziergang und hatte da eine Eingebung. Das war auf jeden Fall was Tiefes, so ein Wissen: Ah, okay. Das mache ich jetzt! Ich bin zum Probetraining gegangen und das war richtig gut. Seitdem hat es sich bewährt. Ich weiß nicht – manchmal weiß ich einfach solche Sachen. Und dann mache ich sie. Könnte man auch spirituell labeln, oder? *[lacht]*

....

Spielt es für dich eine Rolle, wo solche Eingebungen herkommen?

Es spielt schon eine Rolle, aber ich hab mir jetzt nicht den Kopf darüber zerbrochen. Ich freue mich darüber und bin dankbar und genieße die Mysterien des Lebens. *[lacht]* Natürlich wäre es interessant, zu wissen, wo das herkommt, aber das konnte ich bisher nicht lüften. Deswegen: Ich genieße einfach. Mit einem Lächeln geht es sich wunderbar durch die Welt und durch das Leben.

Scientology: Auch nur eine Religion?

Scientology – Mythen ranken sich um diese Gruppierung: Auf der einen Seite stehen teils dramatische Berichte von Aussteiger:innen, Vorwürfe der Manipulation und finanziellen Ausbeutung, auf der anderen nationale und internationale Gerichtsurteile, die die „Church of Scientology" zumindest teilweise als religiöse Gemeinschaft anerkennen, Prominente wie etwa Tom Cruise, Will Smith, John Travolta oder Kirstie Alley, die mit großer Selbstverständlichkeit zu ihrer Zugehörigkeit stehen. Und nicht zuletzt prangt das achtstrahlige Scientology-Kreuz seit nunmehr fünf Jahren auf einem der schicken Bürogebäude in bester Lage der Stuttgarter Innenstadt. Grund genug für uns, einmal genauer hinzuschauen und der Frage nachzugehen, inwiefern es sich bei diesen Mythen um Vorurteile oder konkrete Tatsachen handeln könnte. Ist Scientology am Ende tatsächlich eine Religion?

Wir beginnen zu recherchieren und erfahren über die offizielle Homepage der scientologischen Gemeinschaft, dass sie sich als Weg versteht, zu Weisheit und Vollkommenheit zu gelangen. Im Hintergrund steht ein umfassender Komplex aus weltanschaulichen Überzeugungen, die u. a. davon ausgehen, dass der Mensch ein unsterbliches geistiges Wesen sei, dessen Erfahrungen weit über das jetzige Leben hinausreichen würden. Frühere, belastende Erfahrungen könnten zu einer Einschränkung der Fähigkeit führen, das individuelle Potenzial im jetzigen Leben auszuschöpfen. Abhilfe hierfür könnten die Methoden der Scientology schaffen, die im Idealfall zum „Clear" verhelfen sollen, einem Zustand frei von irrationalem Verhalten, Furcht, Verstimmungen und Unsicherheiten. Weiter finden wir heraus, dass die scientologische Gemeinde Stuttgart allwöchentlich einen Tag der offenen Tür veranstaltet, an dem sich diejenigen informieren können, die mehr über die Glaubensgemeinschaft erfahren möchten. Mehr erfahren möchten wir, also machen wir uns in Zweierteams auf den Weg nach Stuttgart.

Beim ersten Besuch ist – anders als wir angenommen hatten – der Andrang Dritter relativ gering. Abgesehen von einigen wenigen Scientolog:innen ist kaum jemand vor Ort. Insgesamt eine Handvoll Besucher:innen seien es heute gewesen, berichtet uns ein Herr Mitte 50, der uns direkt in Empfang nimmt und sich als Öffentlichkeitsmitarbeiter vorstellt. Er erklärt sich für ein Interview bereit und berichtet, bereits seit 1988 Mitglied bei Scientology zu sein. In dieser – wie er sie nennt – „Erleuchtungsreligion" habe er neuen Sinn in seinem Leben gefunden. Zum Zeitpunkt seines Beitritts habe er Scientology als eine „Jugendreligion" wahrgenommen, die typische Interessen junger Menschen wie beispielsweise „die Suche nach Sinn und Weisheit" angesprochen habe. Andere Religionen hätten für ihn bei diesen Fragen versagt und das Interesse an Scientology geweckt, die hierfür eine Alternative geboten habe: Die Lehren und insbesondere die sogenannten Moralregeln hätten ihm ein

Wertesystem zur Verfügung gestellt, das im Gegensatz zu anderen Religionen „keinen Zwang und somit keine Sünden" beinhalte. Das Einhalten der scientologischen Regeln, so erklärt er weiter, sei lediglich eine Empfehlung und würde daher entgegen anderslautenden, kritischen Meinungen Individualität der Mitglieder ermöglichen. Scientology habe er im Laufe der Jahre dann auch als eine offene Gruppierung kennengelernt, die sich an die Moderne anpasse und gerne Neues ausprobiere. Seine Mitgliedschaft habe er nie bereut und die Kritik, die seitens der Öffentlichkeit an Scientology geäußert wird, könne er nicht nachvollziehen. Als wir ihn mit dem gängigen Vorurteil konfrontieren, Scientology sei eine „böse Sekte", äußert er sich ausführlich – offenkundig hat er Erfahrung im Umgang mit dieser Kritik: Laut offizieller Definition sei eine Sekte lediglich eine kleinere Glaubensgemeinschaft, die sich von einer größeren Religionsgemeinschaft abgespalten habe. Das treffe auf Scientology nicht zu. Ebenso wenig könne sie seines Erachtens als „böse" betitelt werden, da sie das Ziel verfolge, positive Veränderungen in der Gesellschaft zu bewirken, indem sie sich aktiv für eine Welt ohne Drogen, Kriminalität und Geisteskrankheiten einsetze. Gerade der Kampf gegen Geisteskrankheiten, so betont er weiter, solle durch Bewusstseinsveränderung und nicht unter Rückgriff auf Psychopharmaka vonstattengehen. Als Quelle der Kritik an Scientology macht er eine Verschwörung der Pharmaindustrie aus: Eine Auflösung der gesellschaftlichen Vorurteile gegenüber der Glaubensgemeinschaft sei gerade deshalb so schwer umzusetzen, weil öffentliche Medien durch Gegner:innen der Scientology, beispielsweise durch die Pharmaindustrie, finanziert werden würden. Scientology vertraue daher öffentlichen Medien nicht

und betreibe eigene Öffentlichkeitsarbeit. Dazu gehöre inzwischen u. a. eine eigene App mit Videoclips über Scientology oder das Verteilen von Flyern über die scientologischen Moralregeln. Da Scientology im Gegensatz zu anderen Religionsgemeinschaften keine Kirchensteuergelder zugewiesen bekomme, sei sie auf andere Formen der Finanzierung angewiesen, um diese Öffentlichkeitsarbeit betreiben zu können. Einnahmen würden insbesondere über Mitgliedsbeiträge erzielt, die sich jährlich auf 30 bis 60 Euro beliefen. Geld komme auch durch das Angebot von Lebensverbesserungskursen und Einzelgesprächen herein, deren Buchung zwischen 50 und 100 Euro kosten würde. Für unseren Gesprächspartner liegt darin auch ein Gegenbeweis für kritische Stimmen, die Scientology nachsagen, ein „geldgieriges, ausbeuterisches Unternehmen" zu sein. Wir erkundigen uns, wie er zu den Berichten ehemaliger Mitglieder steht, durch die Vorbehalte gegenüber der Glaubensgemeinschaft befeuert werden. Dazu hat er eine klare Haltung: Es handle sich in diesen Fällen um Menschen, die die mediale Aufmerksamkeit durch ihre Kritik an Scientology nutzen, um selbst berühmt zu werden. Darüber hinaus sei ihm bekannt, dass Scientology einen Blick hinter die Fassade der Aussteiger:innen geworfen und dabei festgestellt habe, dass jede dieser Personen selbst verurteilungswürdige Dinge getan hätte, was seiner Meinung nach deren Glaubwürdigkeit infrage stelle.

Während des gesamten Gesprächs wirkt der Scientologe sehr bemüht, die Gemeinschaft in einem guten Licht zu präsentieren, bewirbt sie offensiv und verbleibt durchgehend in dieser Rolle – auf ein Gespräch über seinen persönlichen Glauben lässt er sich nicht ein. Zum Schluss bietet er uns an, eine zentrale spirituelle Praktik der Scientolog:innen, das sogenannte

E-Meter, zu testen. Er erklärt uns, dass mithilfe dieser Apparatur der geistige Zustand einer Person untersucht werden könne. Dazu wird diese mit dem E-Meter verbunden, indem sie zwei Metallzylinder in den Händen hält, durch die ein sanfter Strom fließt. Werden durch Fragen an die Person negative oder belastende Erfahrungen aus deren Vergangenheit angesprochen – sogenannte innere Traumata, die auf dem Weg zum „Clear"-Zustand bearbeitet werden müssten –, würde das E-Meter, so die Theorie, ausschlagen. Ziel sei es, dass durch sogenannte Auditorengespräche die Ausschläge des E-Meters bei der Konfrontation mit inneren Traumata nach und nach abgebaut würden.

Wir sind skeptisch, lassen uns aber auf das Experiment ein. Das Gerät erinnert uns an Lügendetektoren, wie man sie aus älteren Agentenfilmen kennt. Der Scientologe versichert uns, es handle sich um ein geeichtes religiöses Instrument. Er beginnt, uns Fragen zu stellen: „Wie geht es Ihnen in Ihrer Partnerschaft?", „Welche Gefühle haben Sie hinsichtlich Ihres Studiums?" oder: „Denken Sie bitte an das schlimmste Ereignis in Ihrem Leben!" Wenn wir antworten, schlägt das Gerät mal mehr, mal weniger aus. Einen Zusammenhang mit unseren Empfindungen können wir beim besten Willen nicht erkennen – auch dann nicht, als wir das Gerät testen, indem wir mal wahrheitsgetreu, mal frei erfunden antworten. Nicht so der Scientologe: Der starke und schwankende Ausschlag, den das E-Meter nach einer Lüge unsererseits verzeichnet – das schlimmste Ereignis im Leben sei der Tod des eigenen Haustieres gewesen –, sei typisch für Todesfälle bei den Nutzer:innen. Für ihn liegt hier ein deutlicher Hinweis für ein inneres Trauma vor, das aufgearbeitet werden könnte. Für weitere Informationen händigt er uns verschiedene Broschüren und

einen Selbsttest aus. Sollten wir weitere Fragen haben, dürften wir jederzeit auf ihn zukommen.

Wir verabschieden uns, sind aber etwas enttäuscht, dass wir recht wenig über den individuellen Glauben unseres Gesprächspartners erfahren haben. Um unsere Eindrücke zu vertiefen und eventuell eine persönliche Perspektive einholen zu können, macht sich ein zweites Team in der darauffolgenden Woche auf den Weg zu Scientology.

Bereits als wir den ersten Schritt in den clean und akkurat wirkenden Empfangsraum setzen, werden wir von einer jungen Scientologin Mitte 20 bemüht freundlich in Empfang genommen. Wir schildern unser Anliegen und bitten sie, mit uns über ihre persönlichen religiösen Überzeugungen zu sprechen. Etwas verunsichert erklärt sie uns, gerne Rücksprache halten zu wollen – sie scheint sich nicht sicher zu sein, ob sie zu einem Interview befugt ist. Es folgen eine Menge Telefonate und Absprachen zwischen der Scientologin und anderen Mitarbeitenden. Die Gespräche erwecken bei uns den Eindruck, dass hier nichts dem Zufall überlassen und größtmögliche Kontrolle gewährleistet werden soll. Dieses Gefühl wird bestärkt, als uns mitgeteilt wird, dass wir keine weiteren Informationen erhalten würden. Man bittet uns, unsere Fragen per E-Mail an den Zuständigen für Öffentlichkeitsarbeit zu richten. Die junge Scientologin zeigt uns lediglich noch einige Videoclips, in denen verschiedene Aspekte des Scientologyglaubens erläutert werden. In diesem Zusammenhang entwickelt sich dann doch noch ein Gespräch, in dem wir auch einige persönliche Informationen von ihr erfahren: Ihre Eltern seien Scientology-Gläubige und sie sei mit diesem Glauben aufgewachsen. Ob sie sich aus eigener

Initiative dem Glauben zugewandt hätte, könne sie nicht sagen, jedoch betont sie, dass es ihre freie und reflektierte Entscheidung sei, der Glaubensrichtung ihrer Eltern nun auch als junge Erwachsene zu folgen. In ihrem Leben habe sie bereits einige positive Erfahrungen mit Scientology machen können. Sie meint, sie hätte beispielsweise ihr sehr anspruchsvolles Studium nicht ohne Scientology und die Auditorengespräche durchhalten können. Das Auditorengespräch habe ihr gezeigt, wo ihre Schwächen liegen und wie sie mit ihnen umgehen könne. Auf diese Weise habe sie gelernt, die beste Version ihrer selbst zu sein.

Mit einem Blick in die Kapelle, in der gerade mehrere Gemeindemitglieder beisammensitzen und essen, gehen wir zum Ausgang und verabschieden uns. Was ist unser Resümee der beiden Besuche? Ausgehend von unserer Definition dessen, was eine Religion ausmacht – sie liefert Antworten auf die Fragen nach dem Woher und Wohin des Lebens und welchen Sinn das dazwischen macht (so z. B. Ulrich Oevermann, 2001) –, kommen wir zu dem Schluss, dass Scientology eine Religion ist. Scientolog:innen bauen ihren Glauben auf einer weltanschaulichen Lehre auf, die Annahmen über Spirituelles, über Transzendenz, Wiedergeburt und ein klares Normen- und Wertesystem beinhaltet. Dass die (vermeintlichen oder tatsächlichen) Wahrheiten und Deutungsansätze der Gläubigen teilweise befremdlich wirken, bisweilen verschwörungstheoretisch erscheinen und in Teilen schlicht naturwissenschaftlichen Erkenntnissen widersprechen, kennen wir auch aus anderen Religionsgemeinschaften. Hier stehen die Scientology-Gläubigen vor dem gleichen Problem wie alle anderen religiösen Menschen: Sie können ihren Glauben nicht belegen. Dass sie trotzdem aktiv Werbung für Scientology betreiben, kann ihnen nicht zum Vorwurf gemacht werden – getreu dem Motto: Wer von euch frei von Missionierungsversuchen ist, werfe den ersten Stein. Zwei Aspekte jedoch lassen uns nachdenklich zurück: Erstens macht uns der Einsatz des E-Meters skeptisch. Die Aufforderung, an das schlimmste Ereignis des Lebens zu denken, kann bei tatsächlich traumatisierten Personen unabsehbare Folgen bis hin zu Retraumatisierungen haben. Ein Tag-der-offenen-Tür-Gespräch scheint uns nicht der passende Rahmen für eine solche Aufforderung zu sein, insbesondere auch deshalb nicht, weil zwischen den Zeilen das Versprechen mitschwingt, durch Techniken der Scientology könnten mögliche Traumatisierungen überwunden werden. In Anbetracht dessen, dass für Einzelgespräche 50 bis 100 Euro angesetzt werden, lässt sich erahnen, wie schnell bspw. Studierende an ihre finanziellen Grenzen gelangen dürften. Zweitens irritiert die Aussage des Scientologen beim ersten Besuch: Scientology habe Aussteiger:innen überprüft, die Kritik an Scientology geäußert hatten, und über sie befunden, dass sie selbst Verurteilungswürdiges getan hätten. Tatsächlich unterhält Scientology eine Abteilung, die für die Recherche kritisierender, potenziell rechtlich relevanter Informationen zuständig ist und diese systematisch erhebt – von Gegner:innen wird sie häufig als organisationsinterner Geheimdienst bezeichnet. Wir finden: Eine demokratisch organisierte Glaubensgemeinschaft sollte ihre ehemaligen und gegenwärtigen Mitglieder weder überprüfen noch verurteilen oder systematisch deren geäußerte Kritik erheben. Selbstredend gilt das nicht nur für Scientology, sondern für alle religiösen Strömungen und Gemeinschaften.

An was kann man heutzutage noch glauben?

Genau das fragen sich viele Leute. Die Schwierigkeit, darauf eine Antwort zu finden, führt manche dazu, auf religiöse Überlegungen gänzlich zu verzichten. Andere arbeiten sich kritisch an Glaubensbekenntnissen ab, in die sie sozusagen hineingeboren wurden oder denen sie im Laufe ihres Lebens später begegnet sind. Sie hinterfragen dann etwa das apostolische Glaubensbekenntnis, das allsonntäglich in den christlichen Kirchen gebetet wird: „Ich glaube an Gott, den Allmächtigen, den Schöpfer des Himmels und der Erde ...". Oder sie setzen sich z. B. mit dem bekanntesten muslimischen Glaubenssatz auseinander: „Es gibt keinen Gott außer Gott und Mohammed ist sein Prophet."

Was sie verbindet, sind Fragen wie: Was glaube ich eigentlich? Was ist mein persönliches Credo (lateinisch „credo" = ich glaube)? Gibt es für mich einen Gott? Oder eher eine Göttin? Oder hat das Göttliche gar kein Geschlecht? Handelt es sich vielleicht eher um ein Prinzip als um eine Art Person? Und wenn das der Fall wäre, worin bestünde es dann?

Wir kennen eine Gruppe, die sich solche Gedanken macht. Eines ihrer Mitglieder hat dieses persönliche Credo geschrieben. Zugegeben: Es ist etwas kompliziert formuliert. Aber wenn Du Interesse hast, mit der Gruppe Kontakt aufzunehmen und mit ihr solche Fragen weiter zu diskutieren, dann melde dich unter der E-Mail-Adresse: NeuesCredo@web.de.

CREDO

Ich glaube an das Göttliche, in Worten und Bildern unfassbar, aber als absoluter Geist in dynamischer Entwicklung denk- und erlebbar.

Ungebunden an Zeit, Raum, Materialität und Körperlichkeit, bedingt und durchwaltet der göttliche Geist in Selbstorganisation die Universen, damit auch das Leben auf der Erde und außerweltliche Sphären.

Ihm ist nichts unmöglich.

Er ist der Ursprung aller Liebe, Kraft, Zuversicht, Freude und Herrlichkeit.

Einerseits unverfügbar, zeigt er sich andererseits dem Leben und den Menschen zugewandt und ist, ähnlich einer Person, in Demut und Dankbarkeit anrufbar, wobei seine Anrufung positive Veränderungen in der Welt zur Folge haben kann.

Er ist in der Lage, mir nach meinem irdischen Tod ein neues Sein zu erschließen, das ich mit in meinem irdischen Leben geliebten Menschen teilen kann.

All dies macht ihn für mich heilig.

GOTT SEI DANK!

Glaube als Gamechanger

„Ich bin mega glücklich, dass ich im Gefängnis gelandet bin, weil ich dadurch zu Gott gefunden habe"

ALESSANDRO (21), im Strafvollzug zum Glauben gekommen

Alessandro, wie bist du ins Gefängnis gekommen?

Bei mir hat es klein angefangen mit Diebstählen, als ich 14 Jahre alt war. Ich wollte meine Eltern mit den Dingen, die ich haben wollte, finanziell nicht belasten. Wir hatten nicht viel Geld. Dann habe ich mir die Dinge, die ich haben wollte, auf eigene Faust besorgt. Ich bin ganz oft nur am Klauen gewesen und ab und zu in Kontakt mit der Polizei geraten. Wir sind fast jährlich umgezogen. Ich hatte das Gefühl, umso öfter ich umgezogen bin und immer wieder einen neuen Freundeskreis gefunden habe, umso schlimmer wurde es. Nach ein paar Schulverweisen und einem dreiviertel Jahr, in dem ich gar nicht zur Schule gegangen bin, weil ich ausgeschlossen war, habe ich mit Hängen und Würgen meinen Hauptschulabschluss gemacht. Danach ging es für mich erst richtig bergab. Ich habe mir mit illegal erworbenem Geld Drogen finanziert und bin zudem mit der Zeit extrem spielsüchtig geworden. In dieser Zeit wurden von uns Einbrüche und unzählige Diebstähle begangen. Rund vier bis fünf pro Woche. Es war wirklich intensiv und wurde für uns zur Normalität, bis letztendlich der Erste ins Gefängnis gekommen ist. Aber es hat uns nicht viel abgeschreckt. Wir haben weitergemacht. Wir hatten auch sehr viel Kontakt mit arabischen Großfamilien, mit Rocker-Vereinigungen, mit Leuten, die was in der kriminellen Unterwelt zu sagen hatten. Und dadurch, dass wir mit denen Kontakt hatten, sind wir viel tiefer reingerutscht. Von den Einbrüchen ging es dann über zu Überfällen. Das waren Tankstellen, Hotels, irgendwelche Pensionen, die wir ausraubten. Es wurde immer skrupelloser. Das hat sich ungefähr über anderthalb Jahre gezogen, und irgendwann ist dann auch der Zweite ins Gefängnis gekommen. Das hat mich dann ziemlich arg

Ich bin ganz oft nur am Klauen gewesen.

abgeschreckt. Ich habe mich ferngehalten von dem ganzen Kriminellen, von dem Kacke bauen. Ich habe mich auf mein Leben konzentriert. Anfang 2019 ist dann meine Freundin schwanger geworden. Ich war von Anfang bis Ende für sie da. Ich habe sie unterstützt, wo ich konnte, aber irgendwann gegen Ende der Schwangerschaft bin ich wieder in Kontakt mit meinem alten Freundeskreis gekommen. Irgendwann haben wir geplant, etwas Größeres zu machen. Wir haben uns eine Filiale einer großen Supermarktkette ausgesucht, und unser Plan war es, diese Filiale auszurauben, um dort nicht nur an die Kasse, sondern auch an den Tresor zu kommen. Wir haben drei Anläufe gebraucht. Beim dritten haben wir es dann mit mäßigem Erfolg durchgezogen. Wir sind in die Filiale reingelaufen, waren die letzten Kunden. Wir wollten so wenig Opfer wie möglich haben, sind ein bisschen durchgelaufen. Das war zur Corona-Zeit, da haben wir schwarze Nasenschutzmasken angehabt. Ich habe mir eine Klopapierrolle geschnappt. Dann sind wir nach vorne gelaufen und da hat schon die Filialleitung gesagt, dass wir an die Kasse kommen sollen, weil sie schließen. Wir sind an die Kasse gelaufen und da waren nur noch die Kassiererin und die Filialleitung. Die standen an der Kasse und haben schon komisch geguckt, aber wir sind einfach durchgelaufen und haben die Packung abpiepsen lassen. Ich habe in meiner Hose nach Geld gesucht, währenddessen meinen Mittäter angeschaut und ihm ein Zeichen gegeben, bevor er letztendlich den Überfall eröffnet hat. Ich habe mit Augenkontakt eben noch mal versucht, ein Zeichen zu geben: Blasen

wir das ganze Ding ab oder bleiben wir hier? Wir haben uns letztendlich entschieden, wir ziehen das durch. Dann habe ich nur noch auf ihn gewartet. Er hat die Waffe gezückt und geschrien: „Das ist ein Überfall!" Einfach rumgeschrien, viel Druck gemacht. Und währenddessen bin ich zur Filialleitung, habe sie ins Büro gezerrt. Das war für mich zum ersten Mal so richtig mit persönlichem Kontakt zu einem Opfer. Ich habe sie sich wehren lassen und sie einfach nur hingeschoben. Ich habe auch auf dem Weg dorthin mehrfach gesagt: „Es tut mir leid, wir tun euch nichts." Das bringt halt in den Situationen nichts, ist aber trotzdem aus meinem Mund rausgekommen. Ich habe versucht, sie zu beruhigen. Dann waren wir im Tresorraum und der Mittäter von mir ist mit der Kassiererin gekommen und hatte aus einer Kasse 700 Euro rausgeholt und die mir gezeigt, hat sich gefreut. Dann standen wir halt vor dem Riesentresor, gefühlt so anderthalb Meter auf anderthalb Meter. Wir wussten, was uns erwarten könnte, wenn wir erwischt werden. Mein Mittäter ist halt dabeigeblieben, die sollen den Tresor aufmachen, wir brauchen die Tageseinnahmen. Aber ich wusste von vornherein schon, dass den Tresor nur eine Sicherheitsfirma öffnen kann. Und wenn sie Geld rausholen können, dann ist es jede halbe Stunde oder so Wechselgeld für die Kasse, und das sind dann auch nur 350 oder 400 Euro. Sonst kann man da nur Geld einzahlen über eine Geldzählmaschine. Und ja, dann ging das drei, vier Minuten hin und her. Irgendwann hat sogar von der einen Dame das Telefon angefangen zu klingeln und ich habe mir auch schon denken können, dass das die Sicherheitsfirma ist, weil die den Laden noch nicht geschlossen haben und das schon zehn oder fünfzehn Minuten nach Ladenschluss war. Da habe ich meinen Mittäter kritisch angeguckt. Er meinte, die sollen drangehen. Und dann haben wir uns gestritten, weil ich meinte, das kann nicht sein, dass sie mitten in einem Überfall ans Telefon gehen sollen. Und so war das Ganze ziemlich unprofessionell und ich wusste nicht mehr, wo vorne und hinten war. Ich habe einfach jedes Telefon genommen, was ich gesehen habe, und habe es gegen die Wand gebatscht. Habe aus den Dosen die ganzen Kabel rausgezogen und habe dann selbst die Waffe in die Hand genommen, der einen Dame die Waffe vor das Gesicht gehalten und gesagt, sie soll den scheiß Tresor öffnen. Und ich wusste aber, sie kann ihn nicht öffnen. Aber das war der letzte Versuch, und ich habe ihr intensiv in die Augen geschaut. Vor Gericht hat sie gesagt, den Blick wird sie niemals vergessen. Sie wusste, dass irgendwas nicht stimmte oder dass ich wusste, dass sie den Tresor nicht öffnen kann. Dann sind wir letztendlich gegangen und haben die noch gefesselt mit den Kabelbindern und sind in der Nähe dort in den Keller geflüchtet. Dort haben wir die 700 Euro, die wir erbeutet hatten, aufgeteilt und er ist wieder zurück nach Hause, in den Schrebergarten. Einige Zeit später wurde ich dann verhaftet. Zwei Kripofahnder standen vor meiner Tür und haben die aufgebrochen. Dann sind ungefähr 15 bis 20 Ermittler in meine Wohnung gekommen und haben sie auf den Kopf gestellt. Am nächsten Tag bin ich zum Haftrichter gekommen und war dann elf Monate in U-Haft.

Wie bist du dann ins Seehaus gekommen, wo du momentan lebst?

Es ging mir gar nicht gut im Gefängnis. Ich hatte sehr viel zu kämpfen mit Selbstmordgedanken. Das war so eine Zeit, wo ich sehr intensiv zu Gott gefunden habe und angefangen habe, zu beten. Es standen am Anfang sechs bis sieben Jahre Haftstrafe im Raum. Ich konnte mir das nicht ausmalen, für sechs bis sieben Jahre wirklich weggesperrt zu sein und draußen eine Lebenspartnerin zu haben, die auf mich wartet, und eine Tochter, die dann sieben Jahre ohne Vater aufwachsen wird. Ich habe zu Gott gebetet. Letztendlich habe ich nur drei Jahre und acht Monate bekommen. Zu dem Zeitpunkt habe ich gemerkt: Du musst Verantwortung übernehmen, du hast eine eigene Familie, du musst dich ändern. Ich habe Gott darum gebeten, mich aus diesem Loch rauszuholen, mich an einen Ort zu bringen, wo ich positiv auf meine Zukunft blicken kann. Es stand dann im Raum, hier ins Seehaus zu wechseln. Ich habe meinen Antrag gestellt und es hat geklappt.

....

Kannst du erklären, was das Seehaus ist?

Das Seehaus ist ein Strafvollzug in freien Formen. Das ist ein offener Strafvollzug, also hat keine Mauern, keine geschlossenen Türen, keine Zellen. Wir leben hier in Wohngemeinschaften mit Hauseltern. Die Familien haben jeweils eigene Kinder und können bis zu sieben Jungs aufnehmen. Alle Mitarbeiter sind gläubige Christen. Hier im Seehaus haben wir die Möglichkeit, unsere Jugendstrafe zu verbüßen und eine Ausbildung zu machen.

Vor Gericht hat sie gesagt, den Blick wird sie niemals vergessen.

Ich habe Gott darum gebeten, mich aus diesem Loch rauszuholen, mich an einen Ort zu bringen, wo ich positiv auf meine Zukunft blicken kann.

Inwiefern hat dein Glaube in deiner Kindheit schon eine Rolle gespielt?

Wir sind katholisch aufgewachsen. Wir sind jeden Sonntag in die Kirche gegangen. Ich glaube, bis zu meinem zwölften Lebensjahr. Ich habe auch meine Kommunion gemacht. Hab das aber als Pflicht gesehen, um die Erwartungen meiner Eltern zu erfüllen. Und Kirche, wenn ich heute noch dran denke, war für mich nie was Positives. War nichts Persönliches, war einfach ein Ort, wo man nicht unbedingt hingehen wollte. Irgendwann mit 13, 14 Jahren haben meine Eltern gesagt: „Wenn du nicht mehr gehen willst, ist das okay." Wir sind dann nur noch an Weihnachten zum Gottesdienst in die Kirche gegangen. Sonst hatten wir auch zu Hause relativ wenig mit dem Glauben zu tun.

....

Hast du dich damals trotzdem bewusst mit deinem Glauben auseinandergesetzt?

Das habe ich nicht getan, weil es mich nicht viel interessiert hat. Ich habe mit Glauben die katholische Kirche verbunden, in der ich nicht sein wollte. Bezogen auf die Zeit vor dem Seehaus würde ich mich definitiv nicht als Christ bezeichnen. Ich habe an Gott geglaubt. Ich wusste, da ist was. Ich wusste, ich kann zu etwas beten. Aber ich hatte noch keine Beziehung zu Gott.

Inwieweit hat die Zeit im Seehaus und das, was du hier erlebst, deinen Glauben verändert?

Durch die Zeit im Seehaus hat sich mein Leben komplett um 180 Grad gedreht! Im Vergleich zu heute habe ich früher komplett das Gegenteil gemacht. Ich kann definitiv sagen, seitdem ich Christ bin, fühle ich mich wie neugeboren. Gott hat mich zu dem Menschen gemacht, der ich heute bin. Seitdem ich im Seehaus bin, habe ich angefangen, anders zu denken. Ich habe versucht, mich ins Denken von Jesus reinzuversetzen und dem ähnlich zu sein, wie er gedacht hat und wie er möchte, dass wir denken und handeln. Die Zeit hier im Seehaus hat mich sehr, sehr verändert, weil uns dieses christliche Leben hier vorgelebt wird. Ich habe mich allerdings viel allein mit dem Glauben befasst und so wenig Fragen wie möglich gestellt. Wenn ich Fragen hatte, habe ich Gott gefragt und habe auch selbst in der Bibel geforscht, um Antworten zu finden. Und wenn ich die nicht gefunden habe, dann habe ich mir gesagt, es ist jetzt noch nicht so weit, dass ich es verstehen soll. Irgendwann kommt die Antwort. Und somit ist meine Beziehung zu Jesus immer intensiver geworden. Es ist für mich einfach nicht zu beschreiben, wie krass mich Jesus verändert hat. Wie extrem glücklich ich überhaupt bin, dass es zu dem Punkt gekommen ist. Ich muss mich nicht mal anstrengen, anders zu sein. Ich spüre es und andere merken es auch: Gott hat einen Plan für mich! Dadurch, dass ich die Straftat begangen habe, bin ich letztendlich im Gefängnis gelandet und bin zu Gott gekommen. Und das finde ich gut so. Ich bin mega glücklich, dass es

passiert ist, auch wenn ich dadurch viel Freiheitsentzug hatte.

....

Gibt es einen bestimmten Moment, wo du dich bewusst für den Glauben entschieden hast?

In der U-Haft gab es einen, der hat viel gesungen und er hat mir auch sehr viel von Gott erzählt. Wir waren z. B. am Kochen und da kamen einfach irgendwelche Bibelverse von ihm. Ich wusste damit nicht viel anzufangen, aber das hat mich interessiert. Ich habe den Pfarrer gefragt, ob ich eine Bibel bekommen könnte, und habe direkt in den Evangelien angefangen zu lesen. In der JVA ging es mir dann richtig dreckig. Ich war 24 Stunden in der Zelle, weil ich mich auch nicht rausbewegt habe, um mich selbst zu schützen. Ich habe mich selbst isoliert. Irgendwann war ich wirklich am Verzweifeln und hatte Selbstmordgedanken. Dann habe ich angefangen zu beten und habe einfach gesagt: „Der Herr soll mir helfen, irgendwie die Zeit zu überstehen." Ich wurde dann letztendlich versorgt. Habe ab und zu von anderen Leuten einfach Essen und Tabak bekommen. Das war halt immer nach den Gebeten, dass er mich versorgen soll und dass ich wirklich keine Lust mehr habe. Da habe ich gemerkt: Da ist viel mehr. Irgendwann war ich mit drei Muslimen in einer Zelle und habe gesehen, wie die 15 Minuten am Stück gebetet haben. Das war beeindruckend. Das hat mich motiviert, in meiner Zelle nachts zu Boden zu fallen und eine halbe Stunde lang zu beten. Das könnte der Moment gewesen sein, wo eine viel größere Beziehung gewachsen ist zu Jesus, wo das alles so richtig angefangen hat. Der Weg hat

Seitdem ich Christ bin, fühle ich mich wie neugeboren.

Es ist für mich einfach nicht zu beschreiben, wie krass mich Jesus verändert hat.

Der Weg hat dann diese Beziehung zu Jesus einfach intensiviert und mich zu dem glücklichen Christen gemacht, der ich heute bin.

dann diese Beziehung zu Jesus einfach intensiviert und mich zu dem glücklichen Christen gemacht, der ich heute bin.

Ich habe ihr stunden-
lang von Jesus erzählt.

Hast du weitere konkrete Situationen, in denen du Gebetserhörungen erlebt hast?
Ja, zum einen die Situation, wo ich dieses Gebet gesagt habe: „Gott, hol mich aus dem Gefängnis raus! Ich möchte an einen Ort, wo ich mich verändern kann." Ich bin definitiv an den Ort gekommen, weil hier im Seehaus diese Veränderung stattgefunden hat. Das war eine der größten Gebetserhörungen. Oder auch als wir eine Religionsarbeit geschrieben haben. Da gab's einen Part, den ich nicht wissen konnte, ohne vorher die Unterlagen gelesen zu haben. Aber die hatte ich nicht gelesen. Somit war die Hälfte von dem Arbeitsblatt nicht ausgefüllt. Ich war verzweifelt, habe zu Gott gebetet, dass er mir doch bitte diese Informationen geben soll. Irgendwann habe ich angefangen, meinen Stift zu nehmen und habe die ganze Klassenarbeit ausgefüllt. Ich habe eine 4 oder 5 erwartet, aber es war letztendlich eine 1,6 oder 1,8.

Ich kann es nicht
beschreiben, wie
glücklich es mich
macht, von meinem
Glauben zu erzählen.

Wie waren denn die Reaktionen von deinem Umfeld darauf, dass du gläubig geworden bist?
Die merken das, hören es, sehen es und spüren es. Mich hat noch keiner darauf angesprochen. Ich merke aber, dass sie das sehr positiv sehen. Einmal im Monat habe ich die Möglichkeit, nach Hause zu fahren, und da habe ich schon mitbekommen, dass meine Familie wirklich mit Freude darüber erzählt, dass ich so gläubig bin. Die Beziehungen sind auch viel intensiver

geworden. Auch zu meinen Eltern. Man redet über ganz andere Dinge. Und meine Freundin hat bisher auch sehr wenig mit dem Glauben am Hut, sie ist nicht gläubig aufgewachsen. Ich habe ihr stundenlang von Jesus erzählt. Ich sage, wie schön es für mich ist und was Jesus für mich getan hat, und versuche sie damit in Richtung Jesus zu bringen. Aber ich mache ihr keinen Druck. Wenn es klappt, dann klappt es, wenn nicht, dann nicht. Das ist eine Sache zwischen ihr und Gott, und ich akzeptiere es.

Wer ist Gott für dich?
Er ist ein sehr, sehr liebender Vater! Zu ihm kann ich immer gehen, wenn ich Probleme habe oder wenn ich mich freuen möchte. Oder auch wenn ich ihm etwas Neues erzählen möchte, was ich geschafft habe oder was ich bekommen habe. Ich darf traurig sein, ich darf wütend sein, ich darf der sein, der ich bin, und werde dafür nicht verurteilt. Manchmal ist er auch ein bester Freund. Ich erzähle ihm im Gebet einfach alles. Wenn ich mich z. B. über etwas freue, dann versuche ich, mich mit Gott zu freuen, und weiß: Er hat's gesehen. Deswegen freue ich mich umso mehr. Ja, das ist Jesus, einfach die Liebe in Person. Ich kann es nicht beschreiben, wie glücklich es mich macht, von meinem Glauben zu erzählen. Und von anderen Menschen zu hören, was der Glaube an Jesus mit ihnen gemacht hat und wie sehr Christsein ihr Leben verändert hat.

Wie nimmst du Verbindung zu Gott auf?
In erster Linie im Gebet. Ich bete in Gedanken oder auch laut. Ich will nicht nur vor mich hin

beten, sondern versuche, bei der Sache zu sein. Ich versuche, freie Momente am Tag zu nutzen und mir selbst Gebetszeiten am Tag einzurichten. Lobpreis, mit Liedern Gott loben, ist eine der geilsten Sachen, die ich hier kennengelernt habe und die mich sehr glücklich machen. Ansonsten über die Schrift. Ich versuche einfach, wenn ich vor mir die Bibel aufschlage, zu beten und zu fragen, was Gott mir zeigen möchte. Oder ich stelle meine Frage und hoffe auf eine Antwort in der Schrift. Manchmal habe ich auch über andere Personen eine Verbindung zu Gott, z. B. wenn jemand anderes für mich betet.

Inwiefern hat dein Glaube deine Sicht auf deine Straftaten verändert? Und wie hilft dir der Glaube, mit der Schuld umzugehen?

Ich fühle mich zu hundert Prozent verantwortlich dafür, dass ich etwas getan habe, das nicht gut war. Ich weiß, dass es meine Entscheidung war, diese Straftaten zu begehen. Ich fühle mich schuldig, aber weiß, dass Jesus mich von der Schuld befreit hat. Dass er mir meine Sünden vergibt und dass das vergangen ist. Ich kann versuchen, das wiedergutzumachen. Aber man kann es eigentlich nicht wiedergutmachen. Ich kann den Geschädigten in ihrem Heilungsprozess versuchen, eine Stütze zu sein, oder versuchen, ihren Heilungsprozess voranzubringen.

Was ich definitiv machen möchte, ist, bei den Straftaten, wo ich die Opfer kenne, auf die Opfer zuzugehen und um Vergebung zu bitten. Dabei hilft mir der Glaube, weil ich weiß, ich bin von aller Schuld befreit. Ich lasse mir nichts Neues mehr zu Schulden kommen, was schwer wiegt.

Du wirst in drei Monaten entlassen. Was glaubst du, wie es mit deinem Glauben weitergeht, wenn du draußen bist?

Zu meinen alten Freunden habe ich den Kontakt abgebrochen. Ich versuche, mir ein kleines christliches Umfeld aufzubauen. Weil es schon eine Sorge von mir ist, dass ich diese christliche Bubble nicht mehr habe und somit immer weiter von Gott wegkommen könnte. Obwohl ich eigentlich weiß, dass es nicht passieren wird! Deshalb versuche ich, mir jetzt schon eine Gemeinde zu suchen, wo ich definitiv hingehen werde und wo ich mich ehrenamtlich einbringen möchte. Ich bin hier bei den Royal Rangers, bei den Pfadfindern. Da, wohin ich plane zurückzugehen, habe ich auch die Möglichkeit, zu den Royal Rangers zu gehen. Ich hoffe, da Anschluss zu finden. Ich möchte Menschen haben, an die ich mich wenden kann, die mich weiterbringen können, damit ich nicht allein da draußen schwimme. Gemeinschaft ist wichtig. Und das versuche ich mir gerade aufzubauen.

Lobpreis ist eine der geilsten Sachen, die ich hier kennengelernt habe.

Ich fühle mich schuldig, aber weiß, dass Jesus mich von der Schuld befreit hat.

Deutschland: Beten

Frage: Wie oft betest Du?

Quelle: World Vision Deutschland e. V. (Hrsg.) (2023): 5. World Vision Kinderstudie, S. 23. Online: https://www.worldvision.de/sites/ worldvision.de/files/pdf/World_Vision_ Kinderstudie_2023.pdf

- ■ oft
- ■ manchmal
- ■ nie
- ■ bin nicht gläubig

Basis Deutschland: Alle Befragten (n=2.500) / etwaige Abweichungen zu 100 % durch Rundung

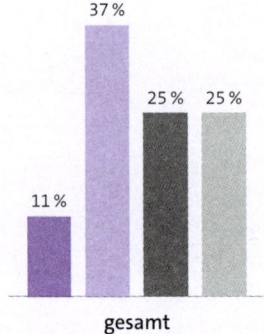

gesamt

oft 11 % · manchmal 37 % · nie 25 % · bin nicht gläubig 25 %

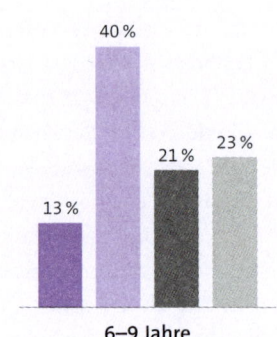

6–9 Jahre

oft 13 % · manchmal 40 % · nie 21 % · bin nicht gläubig 23 %

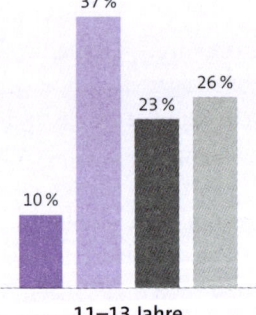

11–13 Jahre

oft 10 % · manchmal 37 % · nie 23 % · bin nicht gläubig 26 %

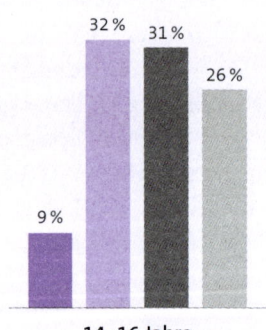

14–16 Jahre

oft 9 % · manchmal 32 % · nie 31 % · bin nicht gläubig 26 %

„Das Gebet ist wie das Atmen"

ALEX RICKERT (24), Student und Leiter der Studentenmission Deutschland (SMD) Esslingen

Ich weiß, dass du christlich engagiert bist. Kannst du mir erst mal erzählen, wie du überhaupt zu deinem Glauben gekommen bist?
Ich bin in einer christlichen Familie aufgewachsen und habe dadurch Geschichten vom christlichen Glauben mitbekommen. Mit 15 kam dann allerdings eine Phase der Rebellion. Da habe ich mich immer weiter von Gott entfernt. Ich habe Dinge getan, die nicht gut waren, z. B. Drogenkonsum und solche Sachen. Nach 20 kam eine Phase, wo mir das klar geworden ist. Eine Stimme in mir hat gesagt: „Wieso machst du das?" Sie ging nicht weg, sondern wurde immer lauter. Irgendwann konnte ich nicht mehr weghören. Ich habe mich damals auch von meinen alten Freunden in Liebe getrennt und ihnen gesagt, dass ich sie auf ihrem Weg nicht begleiten kann, weil es so einfach nicht geht. Gott hat mich angerufen. So habe ich wieder zum Glauben gefunden und mich taufen lassen. Ich glaube, dass Gott mir die Sünden vergeben hat und dass ich eine neue Person bin. Das weiß ich nicht nur, sondern das merkt man an den Dingen, die man tut.

In der Phase der Rebellion hast du eine Stimme in dir gehört. War das Gott?
Ich glaube, das war Gott. Es war auf jeden Fall eine Stimme, die mir gesagt hat, dass es nicht gut war. Ich glaube an die absolute Wahrheit, eine Wahrheit, die über uns Menschen steht.

Du hast gesagt, dass du zunächst durch deine Familie den Glauben kennengelernt hast. Stell dir mal vor, du wärst in einer andersgläubigen Familie aufgewachsen ...
Ich denk viel über Sachen des Glaubens oder über die Dinge in der Natur nach. Ich schaue mir Dinge an und denke, wie faszinierend die Natur

Ich glaube an die absolute Wahrheit.

ist und wie perfekt sie funktioniert. So habe ich in der Zeit, wo ich Gott nicht gefolgt bin, immer hinterfragt oder mir die Natur angeschaut. Auch das Universum oder wie das Sonnensystem funktioniert und ähnliche Dinge in der Physik und Wissenschaft. Da war schon immer diese Faszination, wie perfekt das alles funktioniert. Ich glaube, dass man auf so eine Weise Gott erkennen kann, der die Dinge ins Leben gerufen hat.

Das ist ja quasi der Gegensatz zu dem wissenschaftlichen Ansatz, dass die Welt durch den Urknall entstanden ist. Würdest du denn sagen, dass die Welt so wie es in der Bibel steht, also durch die Schöpfungsgeschichte entstanden ist?

Der Urknall bezieht sich ja auf die Evolutionstheorie. Ich denke, dass es schon so etwas wie den Urknall gegeben haben muss. Also so was wie einen Anfang aller Dinge. Für mich ist der Urknall der Anfang der Schöpfung. Ich denke nicht, dass es die Evolutionstheorie in dem Sinne, die heute gelehrt wird, gegeben hat. Ich denke einfach, dass es einen Anfang gegeben

hat. Ja, genauso wie es auch die Bibel sagt. Es wurden die Dinge erschaffen. Ich glaube aber nicht nach dem Darwin'schen Prinzip. Ich kenne kein Beispiel, wo es eine Änderung der Arten gegeben hat. Es gibt nach meiner Meinung so etwas wie die Adaption. Das sieht man sehr oft in der Tierwelt. Die Tiere können sich anpassen, genauso wie Menschen, aber ich glaube nicht, dass es eine wirkliche Änderung der Art gibt, wie sie heute gelehrt wird.

Ich weiß, dass du in der SMD aktiv bist. Magst du mir erzählen, was du da genau machst?

Ja, die SMD habe ich erst mal ein Semester lang besucht. Die Atmosphäre hat mir sehr gut gefallen. Wir können da unter gleichgesinnten Menschen über den Glauben reden. Die Aktionen und die Input-Abende sind sehr gut, man hat einfach eine gute Zeit. Dann bin ich ein Semester lang Mitarbeiter in der SMD geworden, habe Sachen mitgestaltet, mitorganisiert und war auf Freizeitwochenenden. Ab diesem Semester bin ich Leiter der SMD geworden. Wir gestalten Abende, die sich auf den christlichen Glauben beziehen. Wir arbeiten Geschichten aus der Bibel auf, diskutieren diese und machen Spieleabende, um Gemeinschaft zu haben. Dann gibt es noch Kleingruppenabende, wo man sich zu Hause trifft, mal zusammen kocht, Gemeinschaft hat und eine gute Zeit erlebt.

Du hast gerade die Bibel erwähnt. Was bedeutet die Bibel für dich?

Die Bibel ist für mich das Wort Gottes. Ja, ich denke, dass Gott durch die Bibel zu einem

Ja, ich denke, dass Gott durch die Bibel zu einem spricht.

spricht. Dass Gott darin festgehalten hat, was er mit den Menschen vorhat, welche Wunder er getan hat, aber auch welche Ziele er hat oder was in Zukunft geschehen wird.

....

Wie erkennt man denn, dass es Gott ist, der da spricht? Wie kann man dann mit Gott kommunizieren?

Die Bibel sagt, der Geist Gottes selbst gibt uns die innere Gewissheit, dass wir seine Kinder sind. Wenn man den Geist Gottes hat, weiß man, ob das jetzt von Gott kommt oder nicht. Man will immer mehr so werden wie Jesus. Das ist das Ziel von uns Christen, dass man gutmütig ist, dass man barmherzig ist, dass man liebevoll ist, dass man unsere Mitmenschen liebt, wie Jesus uns geliebt hat.

....

Kannst du mir von einer Situation erzählen, in der du dich besonders gut von Gott verstanden gefühlt hast?

Ich denke, dass Gott jedem Menschen ins Herz schaut. Gott prüft die Menschen und weiß ganz genau, wie wir Menschen denken und was wir tun. Er kennt uns besser als wir uns selber. Daher glaube ich, dass Gott mich immer versteht.

....

Gibt es Situationen, in denen du besonders spürst, dass er dich verstanden hat?

Gott versteht mich immer. Aber Gott reagiert nicht immer gleich auf die Situation, in der ich mich befinde. *[überlegt]* Wenn man realisiert, was für einen Schatz man im Glauben gefunden hat, dann kann man nicht anders, als anderen Menschen davon zu erzählen. Deshalb habe ich

gedacht, jetzt gehe ich raus und erzähle Menschen von Gott. Daher habe ich mich einfach auf eine Bank am Busbahnhof gesetzt. Dorthin ist eine Frau gekommen, hat sich direkt neben mich gesetzt und angefangen, über Gott zu reden. Da habe ich mir gedacht: Danke Gott. Ich habe über eine Stunde lang mit der Frau über Gott geredet. Ich habe ihr Fragen beantworten und sogar noch für sie beten können. Ich glaube, er hat mir die Frau geschickt und mir geholfen, mit ihr zu reden.

....

Spannend. Hast du noch so eine ähnliche Geschichte?

Ja, eines Tages, als ich Sport gemacht habe und laufen war, lief jemand neben mir. Plötzlich hatte ich das Gefühl, dass ich ihn einfach mal ansprechen sollte. Dann habe ich ihm gesagt: „Gott liebt dich, Mann! Jesus liebt dich!" Er hat mich angeguckt mit Augen wie Weihnachten und Geburtstag zusammen und meinte dann: „Dankeschön, Dankeschön!" Ich wusste, dieser Mensch hat genau das gebraucht. Ich bin mit ihm noch weitergelaufen, bestimmt 400, 500 Meter. Ich hab ihm erzählt, wer Jesus ist, was Jesus für die Menschen getan hat und dass er das auch annehmen kann. Dass ihm auch die Sünden vergeben werden können, wenn er Jesus vertraut. Darüber habe ich mich sehr gefreut, weil dieser Mensch noch nicht viel von Jesus gehört hatte. Ich habe danach Gott dafür gedankt, dass ich ihm das erzählen konnte.

....

Hast du Gott öfter so erlebt?

Mit ca. 13 Jahren war ich einmal auf einem

Gott liebt dich, Mann! Jesus liebt dich!

Flohmarkt und hab dort eine Waffe gesehen, die ich super spannend fand. Ich wusste, dass meine Mutter das gar nicht gut fände, wenn ich mir die Waffe kaufen würde. Dennoch habe ich mir die Pistole gekauft. Auf dem Heimweg wollte ich die Pistole, trotz meiner Faszination dafür, loswerden. Ich habe gebetet und die Pistole auf den Boden geworfen. Die Pistole ist dann tatsächlich komplett zersplittert – so klein, dass man sie nicht mehr erkennen konnte. Als ich nach Hause ging, gab mir meine Mutter zehn Euro, ohne dass sie von irgendetwas wusste. Sie sagte, dass sie das Gefühl hat, mir das geben zu müssen. Da war mir klar, dass dies von Gott kommen musste, der trotz meines bewussten Handelns, diese Pistole zu kaufen, meinen Gehorsam belohnt hat, die Pistole loszuwerden. Die zehn Euro waren ganz genau das Geld, das ich für die Waffe ausgegeben hatte.

....

Hast du auch schon mal an deinem Glauben gezweifelt?

So richtig gezweifelt habe ich noch nie. Aber vielleicht auch nur wegen einer Sache, die ich einmal erlebt habe. Ich bin der Überzeugung, dass diese materielle Welt, in der wir leben, nur ein kleiner Teil davon ist, der wirklich existiert. Im Epheserbrief steht, wir kämpfen nicht gegen Fleisch und Blut, sondern gegen Fürsten und Gewalten, gegen die Beherrscher dieser finsteren Welt, gegen böse Geister des himmlischen Bereichs. Und so habe ich auch schon übernatürliche Dinge erlebt. Als Kind hatte ich sehr viel Angst. Unbegründete Angst, Ängste im Dunkeln, aber auch Angstzustände. Ich hatte nachts so viel Angst, dass ich mich nicht traute, zu atmen oder die Augen zu schließen. Ich weiß, dass es ein geistlicher Kampf war, vom Widersacher und aus der dämonischen Welt. Es gibt Geister, die einem Angst machen und einen hindern wollen, auf dem Weg zu gehen, den Gott für einen hat. So lag ich mal in meinem Bett, als mir was Krasses passierte. Mir haben Stimmen in mein rechtes Ohr geschrien. Diese Stimmen sagten nichts, aber lachten, wie man sich eine Hexe vorstellt, so laut, wie wenn sie direkt neben dir an mein Ohr stehen. Ich habe einfach nur geschrien und mein rechtes Ohr zugehalten. Ich weiß, dass es diese unsichtbare Welt gibt, dass es die böse Seite gibt. Genauso weiß ich auch, dass es jemanden gibt, der viel stärker als diese dämonischen Mächte ist. Weil ich so was Übernatürliches erlebt habe, hatte ich noch keine Zweifel. Heute laufe ich nachts durch den Wald, um zu lernen, voll und ganz Gott zu vertrauen.

....

Meinst du, dass du von anderen anders wahrgenommen wirst?

Ja, definitiv. Ich bin durch den Glauben sehr viel ruhiger geworden, habe Frieden und Lebensfreude gefunden. Jesus selber sagt: „Kommt alle zu mir, die ihr euch abmüht und unter eurer Last leidet. Ich werde euch Ruhe geben." Ich habe immer weniger Angst. Wenn Dinge kommen, die einen erschüttern, weiß ich immer, dass ich nicht tiefer fallen könnte als in Gottes Hand. Ich glaube, dass er für einen da ist. Er selbst sagte: „Ich verliere dich nie aus den Augen."

....

Wenn aber Gott immer das Beste für uns will,

Heute laufe ich nachts durch den Wald, um zu lernen, voll und ganz Gott zu vertrauen.

141

wie kann er dann trotzdem Leid in der Welt zulassen, dass z. B. ein Baby stirbt?

Durch den Menschen ist das Leid in die Welt gekommen. Nicht durch Gott. Wir sehen es im Sündenfall: Als Adam und Eva gesündigt hatten, ist das Leid über sie gekommen. Erst dann hat Gott gesagt, ab jetzt müsst ihr selbst für euch sorgen. Die Frau wird Schmerzen haben bei der Geburt. Dieses Leid, aber auch Schmerzen, denke ich, sind in die Welt gekommen, weil die Menschen sich von Gott abgewandt haben.

Leid, aber auch Schmerzen, denke ich, sind in die Welt gekommen, weil die Menschen sich von Gott abgewandt haben.

Ich nehme mal an, dass dein Glaube von anderen auch schon infrage gestellt wurde oder vielleicht sogar belächelt oder mit Unverständnis behandelt worden ist ...

Ja, belächelt. Ich habe früher schon mit meinen Kollegen über Gott geredet und da wurde man belächelt oder das Gesagte wurde nicht ernst genommen. Es gibt aber auch Menschen, die offen sind, wo Gott sagt: „Geh mal zu dem hin und rede mit ihm!"

Wie gehst du damit um, wenn Menschen nicht offen für ein Gespräch sind?

Das ist traurig, aber es ist ihre Entscheidung. Sie können tun und lassen, was sie wollen.

So glaube ich, dass diese Menschen in den Feuersee geworfen werden.

Wie würdest du damit umgehen, wenn jemand an einen anderen Gott glaubt, einen anderen Glauben hat oder vielleicht Atheist ist, also an gar keinen Gott glaubt?

Ich würde versuchen, mit den Menschen darüber zu reden, wieso sie glauben, dass es gar keinen Gott gibt, oder wieso der christliche Glaube so viel besser ist im Vergleich zu anderen Religionen. Aber im Endeffekt würde ich für die Personen beten, dass Gott ihnen die Augen öffnet. Die Bibel oder Jesus selber funktioniert nach dem Prinzip, dass Gott einen von innen heraus verändert. Wir werden allein dadurch gerettet, dass wir aus der Gnade Gottes angenommen werden. Wir könnten niemals durch unsere Verdienste zu Gott kommen, sondern weil er uns vergibt und uns das durch seinen Sohn möglich gemacht hat.

Du sagst „zu Gott kommen". Meinst du damit das Leben nach dem Tod?

Nicht erst danach, sondern schon hier in dieser Welt, dass wir Gemeinschaft mit ihm haben können. Ich glaube, es gibt ein Leben nach dem Tod und dass wir bei Gott sein können.

Was passiert da mit den Menschen? Oder was passiert mit Christ:innen anders als mit Anders- oder Nichtgläubigen?

Ich glaube, dass es Menschen gibt, die dann in Gottes Gegenwart sein können, und welche, die eben nicht in seiner Gegenwart sein können, weil sie nicht Jesus haben. Und so glaube ich, dass diese Menschen in den Feuersee geworfen werden. Das klingt zwar hart, aber ich denke, das ist die Realität.

Und „Feuersee" heißt dann Hölle und „bei Gott sein" Himmel?

Es ist das Beste, wenn man es damit vergleicht. Ich stelle mir das so vor, dass es einen Bereich getrennt von Gott gibt, der als Hölle bezeichnet wird. Der Himmel ist, in Gottes Gegenwart zu sein.

Du hast vorhin auch erwähnt, dass du für Leute beten würdest, wenn sie einen anderen Glauben hätten. Machst du noch andere typisch christliche Praktiken?

Ein Kind, das neu geboren wird und nicht atmet, ist tot. Genauso denke ich, dass ein Christ, der neu geboren wird und nicht betet, der nicht zu seinem Vater spricht, tot ist. Das Gebet ist wie das Atmen, und es drückt eine lebendige Beziehung aus. Ich bete, wenn mein Herz danach verlangt. Das ist eigentlich täglich.

Viele Menschen erzählen, dass in schwierigen Situationen der Glaube ihnen Halt und Kraft gibt. Wie ist das bei dir?

Das ist bei mir auch so! Ich glaube, dass Gott einen wieder aufrichtet, einem Mut und Kraft schenkt in Situationen, die im Leben auf einen warten. Tatsächlich ist mir neulich was passiert, wo ich ganz genau gespürt habe, dass er mir hilft. Ich lag in meinem Bett und war richtig am Boden zerstört. Mir ging es seelisch richtig schlecht. Ich habe zu Gott geschrien: „Herr, du siehst, dass ich kaputt bin, dass es mir richtig schlecht geht und ich wirklich zerstört bin. Ich bitte dich, dass du mir hilfst!" Am nächsten Morgen war dieser Schmerz weg und ich konnte noch für meine anstehende Prüfung lernen. Ohne Gott hätte ich das nicht geschafft. Ich bin der festen Überzeugung, wenn man in sich geht und Gott wirklich sucht, dann wird er sich dieser Person offenbaren. Das hat er versprochen. Er hat gesagt, wer sucht, der wird finden. Wer anklopft, dem wird aufgemacht.

Liegt dir sonst noch etwas auf dem Herzen, das du den Lesenden mitteilen möchtest?

Ich meine, die Bibel ist das meistverkaufte Buch der Welt. Wieso sollte man es nicht tatsächlich einmal lesen können, wenn es ein Bestseller ist? So kann ich es nur jedem mal ans Herz legen, dieses Buch tatsächlich mal zu lesen und wirklich zu hinterfragen. Ob da vielleicht doch nicht was Wahres dran ist. Und wenn da was Wahres dran ist, wie gut sind denn die Versprechen, die dieser Gott gibt, dass er immer für einen da ist? Dass er uns aufrichtet, dass er uns Liebe schenkt und sogar dass er uns das ewige Leben garantiert.

> Gott ist Licht, und in ihm ist keine Finsternis.
>
> Bibel (Heilige Schrift im Christentum)

„Würde ich nicht glauben, wäre ich heute nicht hier"

JESSICA (29), Christin, an Bulimie erkrankt

Wie wir schon wissen, bist du gläubig. Woran glaubst du denn?

Ich glaube ganz klar an einen Gott, einen Vater, der mir all meine Fehler vergibt. Und daran, dass es ein Leben danach gibt, bei Gott. Der Glaube bedeutet für mich Sündenvergebung, Sieg und Kampf, ein Wechselbad der Gefühle und etwas sehr, sehr Herausforderndes.

Momentan habe ich keinen guten Zugang zu Gott.

Wie bist du denn zu deinem Glauben gekommen?

Ich bin christlich erzogen worden. Heißt: Mir wurde aus der Kinderbibel vorgelesen, ich bin in die Jungschar gegangen, in die Kinderkirche, in den Jugendbund und habe Freizeiten der Kirche besucht.

Und wie lebst du deinen Glauben aktuell aus?

Ich mache gerade eine Ausbildung, weshalb ich momentan sehr wenig Zeit habe, in Gottesdienste zu gehen. Als ich mehr Zeit hatte, habe ich mir über *YouTube* ICF *[International Christian Fellowship; überkonfessionell ausgerichtete christliche Freikirche]* angeschaut oder Podcasts gehört. Es gibt Phasen, da höre ich sehr viel Worship-Musik *[Lobpreismusik]*, und es gibt Phasen, da bete ich sehr viel. Momentan habe ich keinen guten Zugang zu Gott, weil er sich grad sehr weit weg anfühlt, wie wenn du allein im Wald stehst, nichts hörst und alles so hoch um dich herum ist. Ab und zu ergeben sich im Alltag Situationen, wo ich mit Menschen über den Glauben reden kann.

Wie gehen denn andere Menschen mit deinem Glauben um?

Sehr offen. Ich werde auf jeden Fall nie schief angeguckt. Mein Freund selbst ist nicht gläubig. Er fängt damit nichts an, aber lässt mir meinen Freiraum. Mit meiner Familie beten wir Tischgebete oder gehen an Weihnachten oder Ostern

zusammen in Gottesdienste. Und ich verstecke das auch nicht. Wenn mich jemand fragt, sage ich immer, dass ich gläubig bin, und versuche, den Leuten zu sagen: „Habt mal nicht so ein falsches Bild vom Glauben." Ich gehe gerne feiern, ich trink auch mal was, ich hör laut Musik, ich schmink mich, aber genauso kann ich in den Gottesdienst gehen und an Gott glauben. Manche bringen das nicht zusammen. Deshalb finde ich es ganz cool, wenn das mal zur Sprache kommt.

. . . .

Du hast ja schon erzählt, dass dein Freund nicht gläubig ist. Inwieweit ist dir die Eheschließung oder das Gebot, kein Sex vor der Ehe zu haben, wichtig?

Das Gebot, kein Sex vor der Ehe, war mir schon immer wichtig und das wollte ich auch in meinem Leben gerne umsetzen. Doch leider habe ich es durch äußere Einflüsse, Vergleiche mit Gleichaltrigen und durch Nötigung von meinem Gegenüber nicht geschafft, auf meine innere Stimme oder innere Überzeugung zu hören. Gott gibt uns das Gebot nicht grundlos, da er uns vor schlechten Erfahrungen und Schmerz schützen möchte. Durch meinen jetzigen Freund, der ganz arg lieb ist, mich respektiert, mich schätzt und liebt, wie ich bin, durfte ich lernen, dass Sex was Schönes sein kann. Ich wünsche mir, ich hätte auf ihn gewartet, was dieses Thema betrifft. Ich habe am Anfang versucht, über christliche Portale jemand zu finden, bin aber zweimal

Ich gehe gerne feiern, ich trink auch mal was, ich hör laut Musik, ich schmink mich, aber genauso kann ich in den Gottesdienst gehen und an Gott glauben.

gescheitert. Und danach hatte ich echt die Nase voll, weil man sagt ja, christliche Werte …, aber die sind oft schlimmer.

....

Wir haben gehört, dass du vor einigen Jahren an einer Essstörung erkrankt bist. Kannst du uns erzählen, welche Umstände dazu beigetragen haben?

Ja, ich bin mit 18 Jahren daran erkrankt. Als gesund würde ich mich nach wie vor noch nicht bezeichnen. Da reingerutscht bin ich, weil ich früher, und vor allem in der Schulzeit, das Gefühl hatte, ich bin nicht richtig, mich mag keiner so, wie ich bin. Ich muss irgendwas an mir ändern, um akzeptiert und gesehen zu werden. Das ist ein Auslöser gewesen. Der zweite Auslöser war das jahrelange Gefühl, ich gehe in der Mitte unter. Ich habe zwei Geschwister und ich bin die in der Mitte. Ich hatte immer das Gefühl, dass meine Großeltern mein Hobby, das Tanzen, nicht gleichwertig angesehen haben wie das Hobby meiner Schwester, Querflöte zu spielen. Außerdem war mein Bruder der Kleinste. Dadurch standen meine Geschwister mehr im Mittelpunkt als ich. In der Schule und Familie hätte ich gerne gesagt: „Hallo, ich bin auch noch da!“ Deswegen hat im Prinzip mein Körper die Kontrolle übernommen. Ich habe damals in einem halben Jahr 20 Kilo abgenommen und war magersüchtig. Danach bin ich in die Bulimie gerutscht und hatte auch mal um die 70 Kilo. Jetzt habe ich um die 50 Kilo. Am Anfang habe ich gar nichts gegessen und irgendwann habe ich Essanfälle gehabt. Und es ist halt nicht so, dass man dann Brot isst, sondern drei Tafeln Schokolade, Eis, Kuchen,

Es ist Sieg und Kampf.

alles, was im Kühlschrank ist. Danach bin ich auf die Toilette gegangen und habe versucht, es wieder zu erbrechen – so lange, bis ich körperlich fertig war und nicht mehr konnte. Danach habe ich extrem zugenommen und war auch in Therapie. Ich würde mal sagen, nach drei Jahren war mir das erste Mal bewusst, dass ich krank bin. Bis dahin war mir das überhaupt nicht klar. 2015 war ich das erste Mal in der Klinik. Seitdem versuche ich, mich da rauszukämpfen.

....

Inwieweit hat in dieser Zeit dein Glauben diese Umstände beeinflusst?

Ich habe eine Oma, die immer sagt, sie betet für uns. Ich hatte in der Zeit Erfahrungen und teilweise Erlebnisse, wo ich das Gefühl hatte, wenn ich gebetet habe oder den Gottesdienst angeschaut habe, spricht jemand direkt zu mir. Das hat mir im Moment unglaublich gutgetan. Ich lag schon oft weinend in meinem Bett oder am Boden und habe gedacht, ich habe keinen Bock mehr aufs Leben und bitte kannst du mal helfen. Insofern bin ich der Meinung: Würde ich nicht glauben, wäre ich heute nicht hier. Leben vielleicht schon noch, aber ich glaube, mir würde es nicht so gut gehen. Deswegen habe ich dem Glauben schon brutal viel zu verdanken. Andererseits ist mein Glaube nicht immer gleich stabil. Es gab wiederholt Phasen, wo ich mich gefragt habe, wo Gott eigentlich ist. Chillt er grade in seinem Sessel oder kann er jetzt auch mal rüberkommen? Deshalb hab ich vorhin auch gesagt, dass der Glaube sehr herausfordernd ist. Es ist Sieg und Kampf. Es gab auch mal Tage, wo ich dachte: Gott ist doch scheiße.

Würdest du auch umgekehrt sagen, deine Essstörung hat auf deinen Glauben eingewirkt?

Ja, sehr. Ich glaube, dass die Essstörung in mein Leben gekommen ist, damit ich einen anderen Weg einschlage. Das klingt zwar für jemand, der nicht glaubt, wahrscheinlich komisch. Aber ohne die Essstörung würde ich nicht so überzeugt sein, dass es einen Gott gibt. Denn davon bin ich zu hundert Prozent überzeugt.

Was denkst du, welche Rolle nimmt Gott in Bezug auf erkrankte Menschen ein?

Eine sehr große. Es gab einen Bekannten meiner Familie, der krebskrank war. Er hat nicht an Gott geglaubt. Es haben viele für ihn gebetet und er ist trotzdem gestorben. Es gibt überall Geschichten, wo Leute beten, einen unerschütterlichen Glauben haben, und die werden nicht geheilt. Der Glaube schützt dich nicht vor Verletzungen, vor Enttäuschungen, vor all dem, was auf dieser Welt ist. Aber der Glaube begleitet dich. Der Glaube hat den Vorteil, dass ich jederzeit mit all dem, was beschissen läuft, zu Gott kommen kann, aber ich muss mir bewusst sein, dass er mir nicht alle Lasten dadurch abnimmt. Wenn ich bete, bete ich auch ganz oft wie zu einem Vater oder Papa. Für mich ist es einfach ein Papa im Himmel. Ich kann zu meinem Papa hingehen, ich kann ihn anschreien, ihn anklagen, stinksauer auf ihn sein und ihm dankbar sein. Es gibt auch eine Geschichte in der Bibel, wo jemand fragt: „Gott, wo warst du in dem Moment?" Daraufhin sagt Gott: „Ich habe dich getragen. Deswegen ist auf dem Weg nur eine Fußspur, nicht zwei Spuren zu sehen." Ich denke, Gott trägt einen, gerade in Krankheiten, auch wenn man es nicht merkt.

Inwieweit glaubst du, dass Gott diese Erkrankung gewollt hat?

Ich glaube, Gott hat mir Chancen gelassen, zu merken, dass ich auf dem falschen Weg unterwegs bin. Ich hab's aber nicht gemerkt. Deswegen hat er die Krankheit geschickt, um mich wachzurütteln. Und es hat auf jeden Fall geklappt. Durch die Krankheit, die ganzen letzten zehn Jahre, bin ich in sehr vielen Bereichen definitiv wachgerüttelt worden. Das hat mich sehr verändert, sehr zum Positiven, finde ich.

Manche denken, dass Gott das Leben lenkt und vorbestimmt. Wie siehst du das?

Ich glaube, dass Gott für jeden Einzelnen von uns Pläne hat, er uns aber die Möglichkeit gibt, zu entscheiden. Z. B. lief es in meiner vorherigen Beziehung zum Schluss hin richtig schlecht, daher habe ich mich an Gott gewandt, mit der Bitte, mir zu helfen. Je länger ich zu Gott gebetet habe, desto mehr hatte ich das Gefühl, dass Gott die Zügel in die Hand nahm und einen Weg einschlug, den ich so nicht geplant hatte. Ich habe mich am Anfang zwar dagegen gewehrt, aber eingesehen, dass ich handeln muss. Nämlich dass wir getrennte Wege gehen. Für mich redet Gott mit uns durch Briefe, Worte, was Geschriebenes und durch Menschen. Mein ganzes Umfeld hat immer wieder gesagt: „Jessica, trenn dich! Der tut dir nicht gut." So ging es mir schon mit Ausbildungen oder im Privaten, wo mir manchmal Freunde einen Tipp gegeben haben.

Der Glaube schützt dich nicht vor Verletzungen.

Gott trägt einen, gerade in Krankheiten.

Ich glaube, Gott gibt uns alle Freiheiten. Aber so ein bisschen einen Plan oder eine Grundidee für unser Leben hat er, glaube ich, schon.

....

Da du erwähnst, dass Gott durch Menschen, Briefe und Worte für dich spürbar ist ... Gibt es dazu eine konkrete Situation, die du schildern kannst?

Ja, damals, als es mir so schlecht ging. Ich war mit meinem ersten richtigen Freund spazieren und wir saßen auf einer Parkbank. Sein Kopf lag auf meinem Schoß und er hatte seine Augen zu. Da ist ein Mann an uns vorbeigelaufen, der gefragt hat: „Wo geht's nach Schöneich?" Ich habe gesagt: „Sie müssen da hochlaufen." Der Mann hat gesungen und ist weitergelaufen. Ich habe noch gesagt: „Sie singen aber schön." Da hat der Mann sich umgedreht, was sich angefühlt hat, als würde die Welt kurz stillstehen, und gesagt: „Für Gott!" oder „Zum Lob Gottes!" Plötzlich hatte ich das Gefühl, als ob Gott mir gegenüberstände oder ein Engel. Es war so außergewöhnlich hell, warm, angenehm ruhig. Das war nur ein kurzer Moment. Ich habe noch geschaut, ob ich den Mann sehe, aber der Mann war weg. Diese Situation ist der Grund, weshalb ich angefangen habe zu sagen: „Ich versuche, gesund zu werden."

....

Wie ist es mit dem Leben nach dem Tod, an das du ja glaubst? Welche Vorstellungen hast du davon?

Ich denke, der Körper ist vergänglich, aber unsere Seele wird weiterleben. Ich könnte mir gut vorstellen, dass wir alle Lichter sein werden.

Und dass es sich so anfühlt, wie wenn man in der Sonne steht: Man hat ein ganz warmes, angenehmes, volles, ruhiges, entspanntes Gefühl. So stelle ich mir den Dauerzustand vor. Es bleibt halt bis zum Schluss spannend, z. B. ob ich meine Familie und meinen Freund in dieser anderen Welt wiedererkenne. Oder ob man sagt, alle sind da nur noch zusammen und dieses Wer-zu-wem-wie spielt gar keine Rolle mehr. Wovor ich persönlich ein bisschen Bauchschmerzen habe, ist das Jüngste Gericht, wo wir alle durchmüssen, weil ich nicht wüsste, was mich im Jüngsten Gericht erwartet.

....

Denkst du, dass dein Glaube und deine Vorstellung vom Jenseits Einfluss auf deine Entscheidungen und dein Verhalten im Diesseits haben?

Ja, aber bei mir ist noch Luft nach oben. Ich könnte noch mehr das, was ich glaube, in meinem Alltag leben. Z. B. habe ich auch schon Notlügen benutzt, und ich glaube, dass man vor dem Jüngsten Gericht angeklagt wird. Deswegen habe ich einerseits Angst, andererseits auch nicht. Denn Gott ist Sündenvergebung. Wenn man an Gott glaubt – und ich glaube an ihn –, hat man seinen Verteidiger. Gott bzw. Jesus übernimmt alle Sünden. Ich würde mir für mich wünschen, dass ich in dieser Welt noch mehr kapiere, dass der Körper und alles, was auf dieser Welt ist, komplett unwichtig sind. Es ist scheißegal, auf gut Deutsch gesagt, wie du aussiehst, ob du dick oder dünn bist, ob du glatte oder lockige Haare hast. Das zählt in der kommenden Welt nicht. In der kommenden Welt zählt das, was in dir ist.

Einige glauben daran, dass im Jenseits das ganze Leiden ein Ende hat. Wie stehst du dazu?

Das glaube ich auch, ja. Für mich ist es hier auf der Erde nicht das Paradies. Das gab es mal vor Adam und Eva. Für mich gehört auf dieser Welt das ganze Leid dazu, weil Gott selbst gelitten und eine Kreuzigung auf sich genommen hat. Ich glaube, Gott hat sehr viele Tränen in den Augen, wenn er der Welt zuguckt, und dass es ihm keinen Spaß macht, Menschen leiden zu sehen. Und in der kommenden Welt gibt es kein Leid, keinen Tod, keinen Schmerz, kein Geschrei, keine Tränen.

....

Wenn es für dich die Möglichkeit gäbe, frei von deiner Erkrankung zu sein, dafür aber ungläubig sein zu müssen, wie würdest du dich entscheiden?

Es ist verlockend zu sagen, ich wäre gerne frei davon. Aber ich bin lieber gläubig und lerne, mit der Herausforderung zu leben. Ich sehe es als Chance, daran zu reifen und was für mein Leben zu lernen.

....

Gibt es etwas, was du anderen von Essstörungen Betroffenen gerne mit auf den Weg geben würdest?

Nie liegen bleiben, auch wenn es noch so ausweglos ist! Nicht so hart mit sich selbst sein! Möglichst offen sein mit der Krankheit! Ich habe am Anfang drei Jahre lang versucht, sie vor meinen Eltern geheim zu halten. Irgendwann bin ich dann zusammengebrochen. Man schafft es nicht allein raus. Daher: Reden und den Kontakt zu Menschen suchen! Außerdem mutig bleiben und die Hoffnung nie aufgeben! Ich glaube, es gibt ganz viele, die von einer Essstörung betroffen sind. Magersucht erkennt man eher auf den ersten Blick, und Bulimie sieht man so gut wie gar nicht. Ich finde es wichtig, dass die Menschen toleranter für Körperformen und Kleidergrößen werden. Man kennt den Hintergrund nicht. Wenn Betroffene sagen: „Ich steh dazu, ich habe da Probleme", dann kann es auch gelingen, dass die Gesellschaft für dieses Thema offener wird. Abgesehen davon: Kein Leben läuft perfekt. Wir haben alle unsere Päckchen, die wir mit uns tragen. Man braucht sich, finde ich, für nichts schämen. Und wenn man Kinder hat, sollte man denen mitgeben: „Hey, sei vorsichtig, wie du mit anderen redest! Wenn du zu einem Mitschüler sagst: ‚Hey, du Fetti!', kann das Wunden hinterlassen."

In der kommenden Welt gibt es kein Leid.

Aber ich bin lieber gläubig und lerne, mit der Herausforderung zu leben.

„Ich bin jetzt abhängig von Gott"

PASCAL (23), Student, durch christlichen Glauben Delinquenz- und Drogenvergangenheit überwunden

Pascal, du bist heute gläubig – anders als früher. Inwiefern hat denn Religiosität schon in deiner Kindheit eine Rolle gespielt?

Mein Vater kommt aus der Türkei und ist muslimisch geprägt worden. Meine Mutter ist mit christlichen Werten im Elternhaus aufgewachsen. Meine Eltern haben sich aber dafür entschieden, dass meine drei Geschwister und ich nicht religiös geprägt werden, weil sie der Meinung waren: Okay, wir haben da zwei Lager und das Konfliktpotenzial ist zu groß, wenn das aufeinanderschlägt in der Familie. Deswegen habe ich nahezu keine religiöse Prägung abbekommen.

Kannst du dich dran erinnern, dass du dich trotzdem mal mit dem Glauben auseinandergesetzt hast?

Voll! Ich hatte eine sehr gute Beziehung zu meiner Oma mütterlicherseits. Sie ist verstorben, als ich acht Jahre alt war. Das war für mich der Moment, als Sicherheit und Liebe, die ich in großem Maß von ihr erfahren habe, weggebrochen sind. Es war für mich in diesem Moment ganz natürlich, mit Gott zu reden, also mit diesem höheren Etwas. Es kam für mich nichts anderes infrage, als einfach nur nach oben zu schreien: „Was ist jetzt passiert und wo ist meine Oma?" Ich bin weiterhin viel bei meinem Opa gewesen, weil der oft auf meine kleine Schwester und mich aufgepasst hat. Einmal saß ich im Kaminzimmer und mein Opa hatte ein dickes Buch mit goldenen Seiten auf seiner Heizung liegen. Und es war richtig so, als würde dieses Buch mich anziehen und mir zurufen: „Hey, schlag mich auf!" Deshalb habe ich mir dieses Buch genommen, die erste Seite aufgeschlagen und da stand: Die Bibel. Ich habe angefangen zu lesen bis zu der Story, wie die Menschen geschaffen werden und Gott sein Volk auserwählt. Für mich war es so krass, weil alles, was ich gelesen hatte, hat

Es war richtig so, als würde dieses Buch mich anziehen und mir zurufen: „Hey, schlag mich auf!"

etwas in mir bezeugt: „Hey, du liest gerade die Geschichte von einem Gott, der mit Menschen was vorhat und der einen Plan hat." Das war mein erster Berührungspunkt mit dem Gott der Christen.

....

Dann kam eine Zeit, in der du mit Kriminalität und Drogen in Kontakt gekommen bist. Kannst du uns ein bisschen Einblicke in diese Zeit geben?

Ich bin immer jemand gewesen, der mit seinen Aggressionen sehr nach außen gerichtet war. Das hatte verschiedene Gründe: Gewalt, die ich in meiner Kindheit erlebt habe, aber natürlich auch eine gewisse Charaktereigenschaft: sehr aufgedreht und sehr laut. Ich habe mich früh von zu Hause entzogen. Das erste Mal bin ich mit ungefähr sieben Jahren weggelaufen und mit Freunden unterwegs gewesen. Ich glaube, so hat das angefangen, weil ich immer mit Leuten unterwegs war, die ähnliche Probleme kannten, die denselben Schmerz geteilt und vielleicht auch denselben Hilfeschrei verspürt haben. Man geht viel in die Stadt und ist halt immer mit Gleichgesinnten umgeben. Auch mit Leuten, die sehr laut und aggressiv sind. Man bekommt immer mehr Lust, sich mit anderen zu schlagen und dabei diese Macht auszuleben, die man auf einmal verspürt. Und natürlich ist es noch viel extremer, wenn man halt Machtlosigkeit und Hilflosigkeit in seinem Leben kennt. Für mich war das eine Bewältigungsstrategie, anderen auf die Fresse zu hauen, um irgendwie stark zu sein und meine Schwäche zur Seite zu schieben. Mit zehn, elf Jahren hatte ich meine

Für mich war das eine Bewältigungsstrategie, anderen auf die Fresse zu hauen, um irgendwie stark zu sein.

ersten Berührungspunkte mit Drogen, mit Alkohol und Zigaretten. Ich habe sehr schnell angefangen, regelmäßig zu rauchen. Mit 14 Jahren war es so weit, dass wir wöchentlich zweimal, immer am Wochenende, einfach exzessiv viel Alkohol getrunken haben. Gleichzeitig habe ich auch angefangen zu kiffen. Danach haben wir auch angefangen zu ticken, weil wir uns dachten: Ey, krass, in den Liedern, die wir hören, da wird drüber gerappt. Und daneben haben wir auch gesehen: Damit kann man Geld verdienen. Mit 18, 19 Jahren bin ich noch zusätzlich in die Technoszene eingestiegen. Da kamen dann chemische Drogen immer stärker in den Freundeskreis. Zeitgleich hatten wir eine Verschmelzung mit der Generation über uns, und dann war man endgültig drin, zog Koks, zog Speed, wir hauten uns wöchentlich Ecstasy rein. Und auf Drogen wird deine Gewaltbereitschaft einfach größer. Gott sei Dank bin ich immer mit einem blauen Auge davongekommen, immer irgendwie unter dem Radar entlanggeschrammt. Anzeigen sind fallengelassen worden oder man konnte es durch Einigung beiseitelegen, ohne dass es vor Gericht gelandet ist. Ich habe das auch nie so gesehen, dass ich kriminell bin und ordentlich Dreck am Stecken habe. Es war halt unser Alltag, unser normales Leben. Währenddessen habe ich mein Gymnasium ganz normal gemacht und bin dort irgendwie immer durchgekommen. Habe mein Abitur dann aber verhauen, weil ich einfach nicht mehr in irgendeiner Art und Weise leistungsfähig war. Weil ich in meinen Prüfungen drauf war, 38 Stunden wach war vor meiner Matheprüfung. Irgendwann funktioniert das

Hirn nicht mehr und man lebt in unterschiedlichen Realitäten, aber nicht in der eigentlichen.

....

**Inwiefern hat denn in dieser Zeit auch dein
Glaube noch eine Rolle gespielt?**

Als ich 14 Jahre alt war, haben sich einige aus
meinem Freundeskreis konfirmieren lassen
und ich habe dann gesagt: „Ich will das auch
machen!" Mir wurde gesagt: „Du kannst dich
taufen lassen", weil ich nicht getauft war. Dann
musste ich eben diesen Unterricht mitmachen.
Ich hatte ja tatsächlich auch ein Interesse, ausgehend von dieser Erfahrung, die ich mit acht
Jahren gemacht hatte, genauer zu wissen: Was
steckt da eigentlich dahinter? Leider habe ich
dann da aber gar nicht viel mitgenommen. Es
kam bei mir immer nur an, dass man sich an
Gebote halten muss. Aber es kam nicht das raus,
was am Ende tatsächlich den christlichen Glauben ausmacht: Das Kreuz im Zentrum und Jesus
im Zentrum. Es war sehr unpersönlich. Zu der
Zeit ging es krass bergab mit meinem Leben und
deswegen habe ich keine Momente mehr mit
dem Glauben gehabt. Was ich gelebt habe, war
was anderes als das, was Christsein bedeutet.

....

**Wie hast du es denn dann aus diesem Umfeld
rausgeschafft?**

Für mich war klar, dass ich nicht aufhören kann,
Drogen zu nehmen, weil das war das, was mich
am Leben gehalten hat: Von einem Rausch in
den nächsten. Ich bin morgens aufgestanden,
habe konsumieren müssen, weil sonst hätte
mein Gehirn angefangen, Dinge zu reflektieren,
die für mich einfach schlimm waren. Ich wollte

> Ich bin morgens
> aufgestanden, habe
> konsumieren müssen,
> weil sonst hätte mein
> Gehirn angefangen,
> Dinge zu reflektieren,
> die für mich einfach
> schlimm waren.

dann meine Fachhochschulreife durch ein FSJ bekommen. Für mich kam nur eine Einsatzstelle infrage: Ein evangelisches Jugendbüro, die kirchliche und offene Kinder- und Jugendarbeit leisten. Die Einrichtung kannte ich, weil ich einmal in der Woche in dem Jugendtreff war. Und die Jugendreferentin und der Sozialarbeiter dort waren für mich zwei Leute, von denen ich wusste: Die sind für mich ein Safe Spot. Die haben mich sechs Jahre lang, seitdem ich 14 war, begleitet und zumindest einmal in der Woche darauf geschaut, dass wir mal weg von der Straße sind und keine Kacke bauen. Da baut sich natürlich eine Beziehung auf. Die beiden Mitarbeiter im Jugendtreff sind gläubige Christen. Aber die haben das nie an den großen Nagel gehängt, sondern haben diese Liebe einfach gelebt. Das war ausschlaggebend für mich, warum ich dahin wollte. Wir haben dann miteinander ausgehandelt, dass ich pünktlich sein muss und dass ich nicht konsumiere, wenn ich mit den Kindern bin. Alle anderen Sachen standen mir offen. Ich hatte nicht den Zwang, für die Arbeit mit dem Drogenkonsum aufhören zu müssen, denn sonst hätte ich, ehrlich gesagt, was anderes gemacht. Nach drei Monaten ungefähr wurde ich zu einem Gottesdienst eingeladen von meiner damaligen Chefin. Ich wusste zuerst nicht so recht, ob das wirklich was für mich ist, Kirche. Der Gottesdienst war dann aber sehr cool, weil kein Pfarrer da war, und er hatte auch sonst eine sehr freie Struktur. Es war eher ein alternativer Gottesdienst für junge Erwachsene. Ich saß dann da drin und es sind einfach Leute vorgegangen und haben von ihrem Leben mit Jesus erzählt. In mir ist richtig Wut hochgekocht und Eifersucht, weil die von einem Leben erzählt haben, das ich mir mein Leben lang gewünscht habe. Die haben mir von einer Zufriedenheit, einem Vertrauen, einer Hoffnung und einer Sicherheit erzählt, der ich mein ganzes Leben lang nachgejagt bin. Dieses Loch, das ich nie füllen konnte, mit Drogen oder sonst irgendwas, das haben die anscheinend mit einer zentralen Figur, und zwar mit Jesus, gefüllt. Dann war die Sache vorbei und ich bin geflohen. Ich bin aufgestanden, bin sofort raus und habe mich ins Auto gesetzt. Ich habe zu Gott geschrien und gesagt: „Die Leute, die wollen mir erzählen, dass sie dich kennen und dass du diese guten Sachen in ihrem Leben wirkst und dass du das bist, was ihnen Leben und Hoffnung gibt. Und ich jage mein ganzes Leben diesen Sachen hinterher. Wenn es dich gibt, dann will ich wissen, wer du bist, und dann bin ich bereit, alles, was ich habe, dafür herzugeben. Weil so, wie es jetzt ist, ist es egal, ob ich morgen über die Straße laufe und überfahren werde, weil ich innerlich eh schon tot bin." Ich bin ja weiterhin auch sehr wirr gewesen durch die Drogen, aber ein Gedanke hat sich durch all dieses Chaos krass in meinen Kopf durchgebrannt: Ich habe dich vermisst. Ich habe mich mein Leben lang danach gesehnt, von meinem Vater zu hören: „Ich habe dich vermisst, ich hatte Sehnsucht nach dir." Für mich ist ganz klar, dass das damals Gottes Stimme war, weil das so gehallt hat. Ich habe es nicht wegbekommen – auch mit dem Konsumieren am Abend nicht mehr. Es war präsent. Und dann habe ich mich am nächsten Morgen vor meine Chefin gestellt und gesagt: „Ich habe was erlebt, was können wir machen?" Sie hat mir angeboten, dass wir jeden Morgen eineinhalb Stunden die Bibel miteinander lesen. Das haben wir eineinhalb Jahre gnadenlos durchgezogen. Ich habe alle meine Fragen auf sie draufgeschmissen. Manchmal konnte sie mir nicht antworten, dann habe ich angefangen, selber zu suchen. Ich habe für mich gesagt: Ich muss die Bibel lesen, weil das ist anscheinend Gottes Wort. Zumindest wird es mir so gesagt. Ich muss mit diesem Gott selber kommunizieren. Das heißt, ich habe einfach Zeiten für Gebete eingeräumt und angefangen, mit Gott einfach alles zu bereden, was mich gerade beschäftigt. Wie in einer Kennenlernphase habe ich gedacht: Ich date jetzt Jesus. Und wenn dieser Gott ein Schöpfergott ist, dann muss er in der Schöpfung irgendwo sichtbar sein und dann muss ich ihn darin erkennen. Daher habe ich mich vor allem mit Apologetik auseinandergesetzt. Das ist die Beweisführung des Glaubens. Ja, und dann sind einige verrückte Dinge in meinem Leben passiert. Ich habe Wunder erlebt. Wo früher Hass war, war ich auf einmal sehr gefasst und sehr ruhig. Wo ich Mordlust kannte, hatte ich auf einmal Mitleid für die Menschen um mich rum. Mein Herz hat sich verändert durch diese Zeit, die ich mit Gott verbracht habe. Ich habe auf einmal eine Anlaufstelle gehabt, wenn ich verzweifelt war, wenn ich sauer war, wenn ich irgendjemanden kaputtschlagen wollte. Ich habe auch weiter Leute geschlagen, nur wurde es Stück für Stück weniger. Mir ist es nicht aufgefallen, das ist den Leuten um mich rum zuerst aufgefallen, und meine Jungs und meine Chefin

haben mich darauf angesprochen. Und dann habe ich erzählt: „Ja, ich lese grade Bibel und ich rede viel mit Gott." Und die so: „Alter, was geht bei dir ab?" Und ich sagte: „Ich habe keine Ahnung." Mit 20 Jahren habe ich vom einen auf den anderen Moment mit den Drogen aufhören können. Ich bin tatsächlich schwer abhängig davon gewesen. Es kam einfach vom einen auf den anderen Moment die Erkenntnis: Warum konsumierst du das noch? Du hast doch alles, wonach du dich sehnst in ihm, du hast doch alles in der Beziehung mit Jesus. Zack, aufgehört!

Was hat der Glaube an Gott in deinem Leben und an dir sonst noch verändert?

Zum einen lebe ich. Also nicht nur, dass dieser Körper funktioniert, sondern ich lebe. Das muss man auf eine ganz andere Ebene heben, weil dein Körper kann leben, aber du kannst innerlich gleichzeitig verkommen und tot sein und dich leer fühlen. Jetzt stehe ich morgens auf und ich weiß, dass ich lebe. Ich weiß, dass dieses Leben lebenswert ist. Ich weiß, dass mich jeden Tag irgendein Abenteuer erwarten kann. Ich bin davon überzeugt: Jesus ist das Leben, und wenn ich mit ihm lebe, dann kann ich tatsächlich auch das Leben in voller Fülle genießen. Und zum anderen dieses: Okay, ich bin krass abhängig gewesen. Und Abhängigkeit in diesem Sinne ist ja nichts anderes als gefangen sein und gezwungen sein von anderen Dingen, von Substanzen, von Umständen etc. Es gibt einen Bibelvers, der heißt: „Wenn euch nun der Sohn frei macht, so seid ihr wirklich frei." Das ist das, was über meinem Leben steht. Weil ich weiß jetzt, wie es ist,

Ich date jetzt Jesus.

Wo ich Mordlust kannte, hatte ich auf einmal Mitleid für die Menschen um mich rum.

frei von den Dingen zu sein, und ich weiß, wie es ist, nicht wieder zurückgehen zu müssen und nicht wieder meinen Tag damit füllen zu müssen. Weil ich sozusagen jetzt abhängig von Gott bin. Aber auch mein Umgang mit meinen Mitmenschen hat sich verändert. Ich würde behaupten, dass ich sanfter und verständnisvoller geworden bin. Und vor allem, dass ich tatsächlich auf meinem Weg mit Gott wachsen will. Nicht nur in der Beziehung mit ihm, sondern auch als Mensch und charakterlich. Ich bin der Meinung, dass Gott uns auch schleift durch gewisse Zeiten und in der Beziehung mit ihm.

Man erlebt einfach abgefahrenes Zeug.

....

Kannst du ein bisschen erzählen, wie du deinen Glauben im Alltag auslebst?

Es gibt ja Leute, die sich klare Gebetszeiten zurechtlegen. Für mich ist das mehr so, wie wir jetzt miteinander reden. Man kann es sich so vorstellen, als würde ich die ganze Zeit meinen besten Freund am Telefon hängen haben. Und wenn ich irgendwas erlebe, irgendwelche Fragen habe, dann richte ich mich damit an ihn. Gebet ist für mich das Natürlichste und Normalste. Manchmal beginnen meine Tage einfach mit Gott. Ich nehme mir einen Kaffee, setze mich hin und sage: „Ey, Jesus, was geht? Guten Morgen!" Ich rede auch so, und das ist für mich voll wichtig, dass man Gott, so wie man ist, ganz natürlich begegnet. Das ist das, was er sich wünscht, und nicht, dass wir irgendwie tolle Worte machen und schön ausformulierte Sätze. Ansonsten höre ich auch gerne und viel Musik, die christliche Glaubensinhalte vermittelt. Ich weiß um die Gefahr von Liedern, die Drogen und Gewalt

verherrlichen. Ich habe keinen Bock, mich damit zu füllen. Im Alltag kann ich das Christsein nicht einfach ausblenden. Das ist mein Leben und das bin ich. Ohne dass ich das will, führt es mich irgendwie immer wieder in Begegnungen oder in Momente, wo dann echt Wunder passieren. Man erlebt einfach abgefahrenes Zeug.

....

Du bist mit Sucht in Kontakt gekommen. Wieso lässt Gott solches Leid zu, wenn er eigentlich allmächtig ist und das verhindern könnte?

Dieser Gott, der diese Dinge zulässt, kann im gleichen Zug aus diesen Dingen unglaublichen Reichtum für uns Menschen schaffen. Wenn man sich nur mal das Beispiel von Jesus anschaut: Er wurde aufs Übelste gefoltert und hängt dann an diesem Kreuz und stirbt, aber steht nach drei Tagen wieder auf und schafft damit Hoffnung für jeden Menschen. Das hat er alles nur dafür gemacht, dass der Mensch wieder Kontakt zu seinem Schöpfer haben kann. Weil der Mensch in Rebellion mit Gott lebte. Es ist nicht so, dass Gott den Menschen einfach nur verwirft und sagt: „Du hast dich gegen mich entschieden, so that's it." Sondern Gott geht auf die Seite des Menschen, um die Beziehung zu ihm wiederherzustellen. Aus dieser extrem leidvollen Situation hat er das Beste überhaupt geschaffen. Und zwar ewiges Leben, möglich für jeden, und eine Freiheit, sich entscheiden zu können. Ich glaube, mit diesem Hoffnungsaspekt können wir dem Leid begegnen. Und natürlich sind die ersten 20 Jahre meines Lebens krass von Leid geprägt gewesen. Aber daraus hat sich dann ja auch wieder Segen entwickelt. Aber nur, weil ich mich hingestellt und zu Gott gesagt habe: „Hier ist mein Haufen Scheiße. Kannst du Gold draus machen?"

....

Gibt es trotzdem Situationen, in denen du schon mal an deinem Glauben gezweifelt hast?

Nicht daran, dass Gott existiert, sondern viel mehr an dem: Wie kann dieser Gott sich überhaupt mit mir abgeben? Obwohl ich so viel Müll mitbringe und so viel Müll mache. Und trotzdem ist da Gott und sagt: „Hey, ich liebe dich, du bist wertvoll, du lebst nicht perfekt, aber das nutze ich, um etwas Perfektes daraus zu machen." Das geht nicht in meinen Kopf rein. Ich bringe Schuld mit, aber Jesus hat mir vergeben und den Weg frei gemacht. Und das habe ich nirgendwo

anders. Ich habe mir andere Religionen und andere Glaubensüberzeugungen angeschaut, mich damit auseinandergesetzt. Ich habe jedoch nirgendwo diese Form von Vergebung durch einen gerechten Gott gefunden, der mir die Freiheit lässt, mich für oder gegen ihn zu entscheiden.

....

Wer oder was ist Gott eigentlich für dich? Kannst du Gott mit drei Worten beschreiben?

Habibi, mein Liebling, der Beste. Die packen wir in ein Wort. *[lacht]* Meine Hoffnung in jeder Situation, in jeder Niederlage, in jedem Sieg. Meine Hoffnung, auch mit dem Blick in die Zukunft zu wissen: Ich kann auf dich zählen und ich kann auf dich hoffen, auch in den nächsten Tälern und auf den nächsten Bergen. Und Liebe.

„Hier ist mein Haufen Scheiße. Kannst du Gold draus machen?"

Wie kann dieser Gott sich überhaupt mit mir abgeben?

Der Glaube ist es, der die wahren Wunder bewirkt.

Paracelsus (Arzt, Naturmystiker und Alchemist)

Bei ganz verschiedenen Leuten aus unseren Umfeldern haben wir mal rumgefragt:

WIE STELLST DU DIR DEN HIMMEL VOR?

„Geborgenheit. Meine Liebsten wieder in den Arm nehmen können." (w, 28)

„Der Himmel hat eine Rezeption und eine Empfangsdame mit Headset auf." (w, 22)

„Das Blaue da oben mit den weißen Schäfchenwolken." (w, 57)

„Das Leben, das ich jetzt leben darf, ist der Himmel auf Erden." (m, 59)

„Freisein. Die Seele ist bei Gott frei." (m, 53)

„Ewiges Leben und dass man seine Liebsten dort wiedersieht." (m, 57)

„Der Baldachin über meinem Bett." (w, 33)

WIE STELLST DU DIR GOTT VOR?

„Gott ist für mich Pachamama. Ich kann Gott hier auf der Erde sehen. Ich sehe es in der Natur, ich sehe es in den Menschen." (m, 25)

„Gott ist eine liebe weiße Wolke." (w, 25)

„Gott ist wie mein Vater – nicht existent." (m, 22)

„Der Erfinder des LANs." (m, 13)

„Grausamer Massenmörder." (m, 25)

„Gott stellt für mich einen Helfer und Retter in der Not dar." (m, 57)

„Allgegenwärtig. Meint es einfach mega gut mit uns und liebt uns, aber manchmal auch schwer verständlich und nicht immer nachvollziehbar." (m, 15)

„Absoluter Humbug, nur eine Krücke für Leute, die alleine nicht gehen können." (w, 26)

WIE STELLST DU DIR DIE HÖLLE VOR?

„Die Hölle ist ein Ort der ewigen Trennung von Gott, ein Ort des Todes und der Trauer." (m, 23)

„Gibt es nicht. Wir landen eh alle am gleichen Platz, unter der Erde. Und wenn es eine geben sollte, wer entscheidet, wer in die Hölle kommt?!" (w, 22)

„Es ist ein Großraumbüro." (w, 22)

„Mein kleiner Bruder." (m, 15)

„Mein großer Bruder." (m, 13)

„Ein Ort, an dem man mit seinen schlimmsten Alb-träumen konfrontiert wird und nicht weg kann." (w, 28)

„Da wird es heiß und unangenehm für manche Menschen." (w, 23)

„In der Hölle wird verbrannt und gequält. In der Hölle stirbt man, aber erwacht wieder und wird weiter gequält." (m, 28)

WIE STELLST DU DIR DEN TEUFEL VOR?

„An Fasching verkleide ich mich immer als einer." (w, 26)

„Reine Erfindung, genauso wie die Hölle. Es passieren schlimme Dinge, aber dahinter steckt kein fieser Typ, der dich testen will." (m, 41)

„Am Ende ist der Teufel ein Büroarbeiter, der eigentlich notorisch überarbeitet ist und dringend Urlaub braucht." (w, 22)

„Der Belzebub, der Trump, Putin und Erdogan reitet." (m, 39)

„Der Teufel ist der Richter der Hölle." (m, 57)

„Rot, hässlich, Hörner, unheimlich." (w, 25)

IMMER GUT AUFGEHOBEN?

Glauben als Gemeinschaftserfahrung

„Nicht die alevitischen Rituale sind präsent in meinem Leben, sondern die Werte"

AZADE (26), Sozialwissenschaftlerin, alevitische Kurdin

Ich weiß schon von dir, dass du dich als kurdische Alevitin bezeichnest. Nicht jede:r kann sich etwas darunter vorstellen. Was bedeutet es für dich, Alevitin zu sein?

Ich bin in einer alevitischen Familie groß geworden. Das Alevitentum war nicht präsent in unserer Familie, aber meine Großeltern haben an den alevitischen Feiertagen gefastet und mir ein bisschen darüber erzählt. Ich habe darüber Werte vom Alevitentum in der Erziehung mitbekommen, z. B. jeden Menschen gleich zu behandeln. Solche Werte haben in meiner Erziehung eine ganz große Rolle gespielt. Unter Alevitentum kann man aber generell Unterschiedliches verstehen. Manche verstehen darunter eine Religionsgemeinschaft, die innerhalb des Islams ist, andere verstehen es als mystischen Weg und

eine Religionsgemeinschaft, aber außerhalb des Islams. So würde auch ich es sehen. Aber Alevitentum heißt für mich persönlich vor allem Unterdrückung und Verfolgung.

Von wem und warum werden Alevit:innen verfolgt?

Alevit:innen wurden schon im osmanischen Reich verfolgt und ermordet, weil sie als Ungläubige galten. Nach der Gründung der Türkei gab es viele unterschiedliche Morde und Massaker gezielt an Alevit:innen von islamistischen Fundamentalisten, aber auch türkischen Nationalist:innen. Die Staatsdoktrin der Türkei war und ist „ein Staat, eine Sprache, eine Religion". Das bedeutet, wenn man sich die religiöse Ebene anschaut, dass multireligiöse Identitäten nicht akzeptiert und stattdessen eher assimiliert werden sollen. Das Alevitentum wurde und wird nicht als eine Religionsgemeinschaft gesehen und anerkannt. Unter „eine Sprache, eine Religion" wird die türkische Sprache und die sunnitische

Ca. 800.000 Alevit:innen leben in Deutschland. Sie sind in Deutschland offiziell als eigenständige Religionsgemeinschaft anerkannt. Viele verstehen das Alevitentum als eine Glaubensrichtung innerhalb des Islams. Andere sehen das Alevitentum als eigenständige, vom Islam unabhängige Religion. Wieder andere betrachten es als eine Philosophie, die traditionelle „anatolische Werte" mit einem universalen Humanismus verbindet. Und noch mal andere ordnen das Alevitentum politischen Deutungsmustern zu oder betonen vorislamisch-kurdische Wurzeln. Insgesamt handelt es sich beim Alevitentum um eine heterogene Gemeinschaft mit unterschiedlichen regionalen und kulturellen Variationen. Alevit:innen praktizieren ihren Glauben in Cem-Häusern (Gemeindehäusern) anstatt in Moscheen. Sie beziehen ihre religiöse Inspiration aus mündlicher Überlieferung, mystischen Gedichten und Geschichten. Sie verehren die zwölf Imame des schiitischen Islams, insbesondere Ali, den Schwiegersohn des Propheten Mohammed und ersten Imam. Ali hat für die Alevit:innen eine besondere Bedeutung als spiritueller Führer und Symbol der Gerechtigkeit.

Der BDAJ (Bund der Alevitischen Jugendlichen in Deutschland e. V.) spielt bei der Auseinandersetzung mit sich selbst als Person im Alevitentum eine wichtige Rolle. Der Mensch steht im Zentrum der alevitischen Lehre, da nach ihr in jedem Menschen und dem Kosmos die „göttliche Wahrheit" verborgen liegt.

Ausprägung des Islam verstanden, was eine Assimilationspolitik zum Ziel hat, in der religiöse und ethnische Minderheiten angepasst werden sollen, so auch die Alevit:innen. Und ganz wichtig: Es gibt neben kurdischen Alevit:innen auch sehr viele türkische Alevit:innen. Die Pogrome bzw. Massaker in Maraş, Çorum oder der Brandanschlag in Sivas waren gezielt gegen die alevitische Bevölkerung gerichtet. In Maras beispielsweise wurden 1987 Häuser von Alevit:innen mit einem roten Kreuz versehen und die Bewohner:innen der Häuser wurden aus ihren Häusern gezerrt, gefoltert und ermordet, Frauen vergewaltigt. Es wurde darüber berichtet, dass ein faschistischer Mob tagelang durch die Stadt lief und rief: „Wer einen Aleviten tötet, kommt ins Paradies!" In Moscheen wurden meines Wissens auch Reden gegen Alevit:innen gehalten. Da waren anscheinend auch kurdisch-islamistische Fundamentalisten dabei. Meine Großeltern erzählen immer wieder von diesen Städten und den Massakern an Alevit:innen. Sie sind, würde ich sagen, im kollektiven Gedächtnis der Alevɪt:ɪnnen präsent, es wird in der Community viel darüber geredet. Und es kommt bis heute noch vor, dass rote Kreuze an alevitische Häuser gesprüht werden und der Staat wegschaut. Meine Großeltern und auch andere Verwandte haben früher immer erzählt, dass sie Angst hatten, sich zu versammeln und zusammen zu beten. Sie wurden als Ungläubige, Abschaum, Dreck usw. beschimpft. Viele trauten sich scheinbar gar nicht zu sagen, dass sie Alevit:innen sind – gerade in Städten oder Stadtteilen, in denen viele Sunnit:innen gewohnt haben. Einige aus meiner

Die Pogrome bzw. Massaker in Maraş, Çorum oder der Brandanschlag in Sivas waren gezielt gegen die alevitische Bevölkerung gerichtet.

Verwandtschaft in der Türkei, die nicht mehr in Dersim wohnen, sondern eher in konservativeren Städten im Westen, würden teilweise verleugnen, dass sie alevitischen Glaubens sind; dies aufgrund der institutionellen Diskriminierung, aber auch teilweise der sozialen. Das Alevitentum wird bis heute in der Türkei nicht als Glauben anerkannt, auch die Gebetshäuser *[Cem-Häuser]* nicht. Vom europäischen Gerichtshof wurde bereits anerkannt, dass Alevit:innen in der Türkei vom türkischen Staat wegen ihres Glaubens diskriminiert werden.

Glaubst du also eher nicht, dass die Unterdrückung von Alevit:innen mit der kurdischen Frage zusammenhängt?

Ich denke, dass in der Türkei Alevitischsein ein Diskriminierungsmerkmal ist und das Kurdischsein auch. Wenn beides zusammenkommt, gibt es Überschneidungen der Diskriminierungsmerkmale. Aber ich glaube, das Alevitischsein an sich ist ein eigenständiges Diskriminierungsmerkmal. Denn auch türkische Alevit:innen, die in stark konservativ sunnitisch geprägten Städten wohnen, erfahren dort total anti-alevitischen Rassismus. Der türkische Staat spielt schon immer mit Feindbildern oder schafft Feindbilder. Ich glaube, neben Kurd:innen wurden auch Alevit:innen zu Feindbildern gemacht.

Würdest du sagen, dass ein Massaker wie in Dersim auch in einer anderen Stadt hätte stattfinden können, z. B. in einer mehr von türkischen als kurdischen Alevit:innen bewohnten Stadt?

Das ist schwer zu beantworten. Dersim ist eine besondere Region. Sie ist mehrheitlich kurdisch bzw. zaza *[eine Bevölkerungsgruppierung von drei bis vier Millionen Menschen in Ostanatolien, die teils als kurdisch gelten, aber auch teilweise als eigene ethnische Gruppierung verstanden werden]* und alevitisch. Auch zu Zeiten des Dersim-Aufstandes 1937 bekannte sich die Mehrheit der Bevölkerung zum alevitischen Glauben und sprach kurmandschi oder zazaki. Die ethnische und religiöse Bevölkerungsstruktur stand bzw. steht immer noch im Gegensatz zu dem homogenen Nationalitätsverständnis des Staates. Der Hintergrund des Dersim-Massakers, oder wie wir es nennen: Tertele, ist nicht so kurz zu erklären. Vereinfacht gesagt wurde Dersim als Gefahr angesehen. Hier waren angeblich zu viele nichttürkische und nichtmuslimische – muslimisch wird im türkischen Sprachgebrauch oft mit sunnitisch gleichgesetzt – Bevölkerungsgruppen in einer Region. Sie hatten ihre Stämme, eigene Traditionen usw. Die Konzentration dieser Bevölkerungsgruppen sollte aufgelöst werden und die Menschen in andere türkisch und zugleich sunnitisch geprägte Stadtteile deportiert werden. Es sollte ein sogenannter Türkisierungsprozess durch Umsiedlung stattfinden. Das wurde in einem Besiedlungsgesetz festgehalten. Das Gesetz sollte zuerst in Dersim Anwendung finden. Die Aufstände in Dersim waren eine Reaktion auf die Türkisierungsprozesse. Es ist kein Zufall, dass das Gesetz zuerst in Dersim Anwendung finden sollte, da Dersim, wie gesagt, durch die ethnische und religiöse Zusammensetzung der Bevölkerung als Gefahr gesehen wurde und die Stämme Widerstand geleistet haben. Es ist also schwer, deine Frage zu beantworten. Das sieht man allein schon daran, dass über das Massaker unterschiedlich gesprochen wird. Manche nennen es „Massaker an Aleviten", andere „Massaker an den Dersim-Kurden" oder „Massaker an den alevitischen Kurden". Was man aber sagen kann: Massenmorde, Massaker oder faschistische Angriffe und Mobs fanden nach der Gründung der heutigen Türkei nicht nur in Dersim statt, sondern in unterschiedlichen Regionen und waren gerichtet auf Kurd:innen, türkische und kurdische Alevit:innen, sich politisch links positionierende Menschen, aber auch auf jüdische, armenische und griechische Minderheiten in der Türkei. Ich würde sagen: Einige dieser Massaker und Angriffe waren eine Fortsetzung dieses Türkisierungsprozesses.

....

Glaubst du, die Situation von Alevit:innen in Deutschland ist besser?

Ich glaube, die Situation ist in der Hinsicht besser, dass die Alevit:innen sich hier gut organisiert haben. Es gibt die alevitische Gemeinde Deutschland und in jedem Bundesland Vereinigungen wie den BdAJ Bayern oder Baden-Württemberg (Bund der Alevitischen Jugendlichen Bayern bzw. Baden-Württemberg e. V.). Auf jeden Fall gibt es eine gut organisierte Dachorganisation, sodass Alevit:innen mittlerweile auch an den Hochschulen die alevitische Lehre lernen und diese in den Schulen unterrichten dürfen. Das gibt es in der Türkei z. B. nicht. Hier haben sie sich demokratische Strukturen geschaffen.

Du praktizierst ja nicht direkt den alevitischen Glauben. Würdest du sagen, dass du dich vom Alevitentum entfernt hast?

In dem Dorf, in dem ich aufgewachsen bin, gab es schon Alevit:innen, aber es gab keine organisierte Gemeinschaft – anders als bei den Sunnit:innen. Sie hatten eine Moschee und konnten hingehen. Sie hatten ihre Feiertage und ihr Freitagsgebet usw. Aber bei uns gab es das eine lange Zeit nicht. Erst bevor ich aus dem Dorf ausgezogen bin, gab es den alevitischen Verein, wo dann auch zusammen gebetet wurde. Deshalb habe ich halt die Religion nie richtig in einer Gemeinschaft ausüben können. Trotzdem habe ich das Alevitentum in mir noch drin.

....

Wenn du woanders groß geworden wärst, wo das Alevitentum in einer Gemeinschaft hätte ausgelebt werden können, wärst du dann gläubiger oder religiöser?

Wenn meine Eltern und Großeltern noch in Dersim wären und ich dort aufgewachsen wäre, dann würde ich wohl die Religion anders ausüben, weil sie dort präsenter ist, die politische Ebene eine Rolle spielt und die Aleviten dort weiterhin unterdrückt werden. Deswegen hält die Gemeinschaft sehr stark zusammen und man feiert an den religiösen Feiertagen und betet gemeinsam. Das ist Deutschland ein bisschen verloren gegangen.

....

Sprichst du schon mal über deinen Glauben im Alltag mit Freunden oder mit Menschen anderer Glaubensüberzeugungen hier in Deutschland?

Wenn man mich nicht fragt, ist es überhaupt nicht präsent. Aber als ich studiert habe und in einer alevitischen Hochschulgruppe war, hat man öfter darüber gesprochen, wie die einzelnen Personen die Religion ausüben. Aber jetzt nach dem Studium wirklich gar nicht mehr.

....

Mit wem sprichst du normalerweise über deinen Glauben? Mit Alevit:innen oder Andersgläubigen?

Damals im Studium eher mit Alevit:innen. Aber es gab auch Leute vom sunnitischen Glauben, die mitbekommen haben, dass ich Alevitin bin und Fragen gestellt haben: „Wie ist das bei euch?" oder: „Ihr macht doch das und jenes nicht und warum macht ihr es nicht?" Damit ist man als Alevitin konfrontiert, weil man in Deutschland muslimisch gelesen wird und die Mehrheit der Muslime sunnitisch ist. Dementsprechend kommt dann immer diese Frage: „Du trinkst Alkohol?"

Dann immer diese Frage: „Du trinkst Alkohol?"

Wie geht es dir mit solchen Fragen?

Wenn Leute mich so was fragen, werde ich wütend, denn mich irritiert die Frage, weil ich nicht die einzige muslimisch gelesene Person bin, die Alkohol trinkt. In meinen Augen hat niemand das Recht zu fragen, warum man Alkohol trinkt. Aber es war noch schlimmer: Ich wurde von sunnitischen Türk:innen in der Schule gemobbt und als gottlos bezeichnet. Es hieß: „... isst doch Schweinefleisch". Ich wurde von der Community ausgegrenzt. Das hat jedoch dazu geführt, dass ich stärker gesagt habe: „Ich bin Alevitin und ich bin Kurdin."

Ich habe Freundinnen, die islamische Theologie studiert haben und gerne vorbeten wollen würden, aber nicht dürfen.

Würdest du sagen, dass das Alevitentum gerechter für Frauen ist als der schiitische oder sunnitische Islam?

Das ist sehr gewagt. Aber im Alevitentum spielt die Gleichberechtigung eine sehr große Rolle. Das wurde auch in meiner Kindheit immer wieder thematisiert. Es gibt im Alevitentum eine sogenannte Cem-Zeremonie, wo wir zusammen beten. Da gibt es z. B. keine Trennung, und während der Zeremonie wird zudem oft erwähnt, dass es keine Trennung geben sollte und dass Mann und Frau und alle anderen Menschen gleichberechtigt oder gleichwertig sind.

....

Ich meine zu wissen, dass man im Alevitentum auch als Frau Imam werden kann und im sunnitischen oder schiitischen Islam nicht ...

Bei uns werden die Frauen nicht Imam, sondern „Ana" [die Mutter] und „Dede" [der Großvater], wenn sie die Cem-Zeremonie machen. Ich finde es immer schwer, aus meiner Position heraus zu sagen, im schiitischen oder sunnitischen Islam ist es ungerecht. Aber ich habe Freundinnen, die islamische Theologie studiert haben und gerne vorbeten wollen würden, aber nicht dürfen. Wenn ich mit ihnen darüber rede, kann ich verstehen, dass dies sie irritiert und sie es nicht cool finden.

....

Gibt es im Alevitentum eine heilige Schrift oder heilige Schriften?

Es ist eher eine Religionsgemeinschaft, die durch viele mündliche Überlieferungen von Dichtern und Musik vorangetrieben wurde. Manche glauben z. B. an den Koran, aber andere glauben an mündliche Überlieferungen über Liebe. Ich habe jetzt keine heilige Schrift vor Augen, wo ich was nachlesen würde.

Siehst du persönlich den Koran als heilige Schrift?

Ich habe noch nie was mit dem Koran zu tun gehabt, auch noch nie eine Übersetzung gelesen. Keine Ahnung.

Was, würdest du sagen, ist der Kernbestand von deinem Glauben im Alevitentum?

Der zentrale Punkt im Alevitentum ist, dass der Mensch im Mittelpunkt steht und „hak", also Gott, ist in allen Menschen zu sehen. Deshalb sitzt man sich in der Cem-Zeremonie gegenüber, Gesicht zu Gesicht. Denn der Schöpfer ist in jedem und in der Natur. Deshalb muss man mit jedem Menschen gut umgehen, weil „hak" in jedem ist. Deshalb müssen wir auch die Natur lieben und beschützen.

Siehst du Ali oder Mohammed als Prophet? Und was bedeuten beide für dich?

Wenn wir beten, sagen wir hak, Mohammed, Ali. Das sind die drei Wichtigen im Beten: Gott, Mohammed und Ali, und alle Gebete fangen damit an. Mohammed ist wahrscheinlich der Prophet und Ali ist halt im Alevitentum sein Nachfolger. Er ist schon sehr präsent in den Gebeten.

Du hast gesagt, dass die Musik eine große Rolle im Alevitentum spielt. Was bedeutet denn die Musik für dich?

Ich höre immer noch sehr gerne alevitische Lieder. „Deyiş" nennt man das im Alevitentum. Es ist halt immer sehr traurig. Bei jedem Lied spürt man das Leid, das Aleviten seit Jahrhunderten erleben. Ich halte an der Musik fest, weil das von meiner Kindheit ist und es irgendwas Identitätsstiftendes für mich ist. Es sind meine Wurzeln in irgendeiner Art und Weise für mich in Deutschland. Es ist wahrscheinlich schon auch die Musik, die mich mit Alevitentum verbindet, weil ich keine Heilige Schrift habe.

Hörst du diese Musik zu bestimmten Zeiten oder wenn du bestimmte Emotionen hast?

Vor allem an Muharram-Fasten. Es gibt die zwölf Tage, an denen die Aleviten um die zwölf Imame trauern und fasten. Dann höre ich gerne alevitische Musik, weil ich die Gemeinschaft, welche zusammen trauert, nicht habe. Es macht mich auch schon melancholisch. Aber ich brauche das. Ich will meine Trauer erleben. Die lebe ich durch die Musik und das ist auch voll okay.

Stimmt es eigentlich, dass es im Alevitentum keinen Gegenpart zum allmächtigen Gott gibt, also keinen Teufel?

Ich wurde nie so erzogen, dass wir an Teufel oder Hölle glauben sollten, auch nicht an den Himmel oder das Paradies.

Was denkst du persönlich, was passiert mit den Menschen nach dem Tod?

Ich persönlich denke: Da liegt man unter der Erde und fertig aus. Ich glaube daran, dass wir sterben, dann unter der Erde sind und die Ameisen und andere Viecher unser Fleisch essen.

Der zentrale Punkt im Alevitentum ist, dass der Mensch im Mittelpunkt steht und „hak", also Gott, ist in allen Menschen zu sehen.

Es ist wahrscheinlich schon auch die Musik, die mich mit Alevitentum verbindet, weil ich keine Heilige Schrift habe.

Aber im Alevitentum heißt es, dass der Körper zwar stirbt, aber die Seele weiterwandert und in einen anderen Körper übergeht.

···

Was, denkst du, passiert dann z. B. mit den sunnitischen Muslimen, die dich in der Schule gemobbt haben?
Ich hoffe, dass die sich mittlerweile weitergebildet haben und anders denken. Aber ich denke, Recht und Unrecht passieren im Diesseits und nicht irgendwo anders. Hätte ich sie damals angezeigt, dann hätten sie vielleicht eine Strafe bekommen für das, was sie gemacht haben.

···

Gut, du verstehst dich als Alevitin, aber mich interessiert auch: Woran glaubst du ganz persönlich?
Ich finde die Frage echt schwer zu beantworten. Ich glaube an bestimmte Werte, die uns Menschen ausmachen und die wir leben bzw. leben sollten. Ich habe natürlich auch Momente, wo ich denke, ich will an irgendwas glauben, an was Übermächtiges. Wenn z. B. irgendjemand krank ist, dann sage ich innerlich: Inschallah, wird es gut gehen? Allein der Glaube daran, dass es was geben könnte, beruhigt mich in dem Moment. Ich hoffe dann, irgendwas ist da, was ihm oder ihr irgendwie helfen kann. Irgendwas Übermächtiges. In schweren Situationen möchte ich schon an irgendwas glauben können. Ich wünsche mir, dass es irgendwas gibt, aber es ist nicht immer im Alltag präsent.

Ich denke nicht aktiv an einen Gott oder an ein übermächtiges Wesen.

···

Wir sind am Ende unseres Interviews angelangt. Möchtest du gerne noch was loswerden?
Ich bin durch meine Großeltern ein bisschen alevitisch sozialisiert worden. Deshalb würde ich mich schon als Alevitin betrachten. Aber es ist nicht so präsent in meinem Alltag, sodass ich z. B. in der Fastenzeit faste oder zu Cem gehe. Das habe ich früher teilweise gemacht, aber mehr meinen Großeltern zuliebe, weil die sich darüber gefreut haben. Nicht die alevitischen Rituale sind präsent in meinem Leben, sondern die Werte. Doch ich denke, eine andere praktizierende Alevitin würde teilweise anders auf die Fragen antworten. Ich möchte damit sagen, dass meine Sicht der Dinge nicht repräsentativ für Alevit:innen in Deutschland ist. Aber ich glaube, das, was Aleviten in Deutschland verbindet, ist schon das Politische.

···

Was meinst du denn mit dem Politischen?
Mit dem Poltischen meine ich das kollektive Bewusstsein, dass wir eine Geschichte der Unterdrückung haben bis heute noch und in die Gegenwart hinein. Dadurch, dass wir immer die Unterdrückten waren, wissen wir, was Unterdrückung, Repression, Gewalt gegen Minderheiten heißt. Deswegen entsteht ein politisches Potential, nämlich gegen solche Unterdrückung zu sein.

In schweren Situationen möchte ich schon an irgendwas glauben können.

Aber ich glaube, das, was Aleviten in Deutschland verbindet, ist schon das Politische.

„Ich stell mir den Himmel richtig hoch vor. Und dass da ein Wolkenbett ist. Und Gott"

JONAS (9), **SOFIA** (11), **LINA** (11), **KIRAN** (13), **ANTONIN** (13), alle Ministrant:innen

Gott ist ein alter Mann mit langem weißem Bart, der auf einer Wolke sitzt, oder? Wie stellt ihr euch Gott vor?

Kiran: Gott kann man sich nicht vorstellen, weil noch niemand Gott gesehen hat und niemand wissen kann, wie er aussieht. Seine Aufgabe ist es, alle Menschen und die Welt zu beschützen.

Lina: Man darf Gott nicht verbildlichen. Man darf es für sich verbildlichen, aber nicht für jemand anderen.

Antonin: Gott zeigt sich immer auf seine eigene Art und Weise durch den Heiligen Geist, durch Jesus oder durch nette Menschen, denen man im Leben begegnet. Ich glaube, dass Gott jedem hilft. Egal wie er aussieht oder wie reich oder arm er ist. Gott hilft grundsätzlich allen Menschen, egal ob sie an ihn glauben oder nicht.

Jonas: Gott ist nett und freundlich.

Sofia: Er ist hilfsbereit, aber hilft nur netten Menschen, also denen, die auch für andere da sind. Ich glaube, Gott hat keine bestimmte Aufgabe. Aber jeder macht mal was, was nicht so gut ist, und dann hilft Gott einem.

Hat jede Religion ihren eigenen Gott oder ist das immer derselbe Gott, nur mit einem anderen Namen?

Antonin: Grundsätzlich ist es immer der gleiche Gott. Wenn man Allah übersetzt, heißt es ja nichts anderes als Gott. Nur die Schriften unterscheiden sich voneinander. Im Judentum haben sie nur das Alte Testament. Wir im Christentum haben das Neue Testament, und wir glauben, dass Christus der letzte Prophet ist. Muslime glauben, dass Mohammed der letzte Prophet ist. Aber zu 80 Prozent steht im Koran das Gleiche wie in der Bibel. Wir sollen, egal welcher Religion man angehört, mit den anderen Religionen und mit unseren Mitmenschen in Frieden leben.

Jeder macht mal was, was nicht so gut ist, und dann hilft Gott einem.

Zu 80 Prozent steht im Koran das Gleiche wie in der Bibel.

169

Und was haltet ihr von der Aussage: Gott passt auf uns auf und hilft einem, wenn man ihn bittet?

Kiran: Gott passt auf uns auf, das trifft zu. Wenn man wirklich in Schwierigkeiten ist, dann hilft er uns. Aber man kann ihn nicht um jedes Ding bitten, z. B. dass seine Lieblingsmannschaft gewinnt. Wenn man da betet, dann passiert das nicht immer.

....

Wo ist denn da dann die Grenze? Wo sagt Gott denn, da hilft er noch? Und wo sagt Gott dann: „Die Fußballmannschaft muss jetzt nicht unbedingt gewinnen"?

Kiran: Gott muss entscheiden, wo die Grenzen sind, wann er uns noch helfen möchte. Das ist nicht meine Aufgabe.

Antonin: Gott hilft immer und allen, auch denjenigen, die ihn nicht bitten.

Jonas: Ich glaub, dass Gott immer an meiner Seite ist. Ich weiß nicht, woran ich das merke, aber ich glaub es.

Lina: Er ist immer an unserer Seite, auch wenn man ihn manchmal nicht bemerkt.

....

In welcher Situation habt ihr denn schon mal gedacht: „Jetzt hat Gott mich beschützt!"?

Antonin: Als ich in der letzten Mathearbeit endlich mal 'ne gute Note geschrieben hab. Ich glaube, da hat Gott mir geholfen.

Sofia: Ich bin mal ganz schnell um eine Kurve gefahren und dann habe ich das Auto nicht gesehen. Das Auto hat im letzten Moment gebremst. Ich glaube, dass Gott den Autofahrer dazu gebracht hat, zu bremsen.

Kiran: Ich hab mal einen Nagel in die Wand gehauen und hab dabei in eine Stromleitung gehauen. Das hab ich mit 'nem Deo-Roller gemacht, und dann ist nur der Deo-Roller schwarz geworden. Aber ich lebe noch.

....

Und in welcher Situation hattet ihr schon mal das Gefühl, Gott hört euch gar nicht zu?

Sofia: Als ich gebetet hab, dass ich schneller wieder gesund werde. Da hat es trotzdem eine Woche gedauert, bis ich wieder gesund wurde.

Antonin: Vorletzte Mathearbeit, weil da hab ich eigentlich gleich viel gelernt und hab 'ne schlechtere Note geschrieben. Ich bete immer vor den Mathearbeiten und ich hab immer ein Kreuz in meinem Mäppchen, als Glücksbringer.

....

Glaubt ihr, dass Gott eine Gegenleistung erwartet?

Kiran: Nein, das würde ich nicht sagen. Vielleicht wenn er uns sagt, dass wir zu allen Menschen nett sein sollen, dann erwartet er von uns, dass wir das auch machen. Aber dass wir irgendwas für ihn noch extra machen sollen, würde ich nicht sagen. Er ist der Allmächtige und deshalb brauchen wir ihm eigentlich gar nicht bei irgendwas helfen.

Sofia: Eine Gegenleistung könnte sein, dass wir einer Person eine zweite Chance geben, wenn sie mal was falsch macht. Vielleicht wünscht sich Gott auch, dass wir regelmäßig in die Kirche gehen und da zu ihm beten. Und dass wir, wenn wir Fehler machen, merken, was wir gemacht haben und aus den Fehlern lernen.

Antonin: Wir sollen uns so verhalten, wie's in

Er ist der Allmächtige und deshalb brauchen wir ihm eigentlich gar nicht bei irgendwas helfen.

der Bibel steht. Aber Gott zwingt uns nicht dazu. Er hilft uns, auch wenn wir es nicht tun. Denn er hat den Menschen mit all seinen Fehlern geschaffen.

....

Hat sich an eurem Verhältnis zu Gott etwas verändert, seitdem ihr Ministranten seid?

Jonas: Seitdem ich Ministrant bin, geh ich viel öfter in die Kirche. Ich glaube, dadurch hab ich mehr Gott in meinem Leben.

Lina: Ich fühl mich ein bisschen mehr mit Gott verbunden, weil ich mehr Kontakt zum Pfarrer hab und der Pfarrer hat ja Kontakt zu Gott.

Sofia: Ich gehe öfter in die Kirche und bete mehr. Früher hatte ich nicht so Lust, in die Kirche zu gehen, weil ich lieber spielen wollte. Aber jetzt macht mir das Ministrieren riesig Spaß.

....

Manche meinen: Die Kirche ist langweilig und nur was für alte Menschen. Was sagt ihr dazu?

Sofia: Das stimmt nicht. Man kann sich in die Kirche integrieren, z. B. durch die Ministranten. Nicht jede Lesung und Predigt sind so interessant, aber man kann schon was lernen. Kirche ist auch die Kinderkirche und die ist nicht langweilig. Seit ich Ministrantin bin, finde ich die Kirche interessant, weil man was zu tun hat. Mir machen die Ministranten-Ausflüge und die Gruppenstunden am meisten Spaß. Am Gottesdienst gefällt mir das Anziehen der Ministranten-Gewänder. Das ist voll schön, es gibt verschiedene Gewänder zu verschiedenen Festen.

Jonas: Mir macht die Kirche Spaß. Ich geh jeden Dienstag in den Schülergottesdienst und da lernt man was. Ich bin noch nicht so lang bei den Ministranten. Aber mir machen die Gruppenstunden bisher am meisten Spaß.

Antonin: Im Wort „Kirche" steckt ja viel mehr als nur der Gottesdienst und das Kirchenhaus. Da steckt viel Gemeinschaft dahinter. Da muss man nicht sitzen und zuhören, sondern da ist man aktiv zusammen. Da steht das Soziale im Fokus. Nicht der Gottesdienst macht mir an der Kirche am meisten Spaß. Es ist die soziale Komponente, also Ministranten-Gruppenstunden oder Pfadfinder. Hier teilt man wirklich den Glauben, im gemeinsamen Freundlich-Sein zueinander oder auch im Gestalten oder Mithelfen von Aktionen.

Kiran: Kleine Kinder verstehen nicht, was der Pfarrer redet. In der Kirche sind überwiegend alte Menschen. Als kleines Kind hätte ich der Aussage zugestimmt, aber mittlerweile überhaupt nicht mehr, seitdem ich Ministrant bin. Die Gruppenstunde mit den anderen Kindern und die Aktionen der Großen machen viel Spaß. Wir Großen machen jeden Monat eine Aktion, z. B. waren wir in der Sprungbude oder kegeln.

Lina: Das Ministrieren an Hochfesten, wie in der Christmette an Weihnachten, ist spannend. Da gibt's andere Jobs als in normalen Sonntags- oder Samstags-Gottesdiensten, z. B. gibt's da Weihrauch oder andere Kerzenleuchter.

....

Was müsste man ändern, damit mehr Kinder Lust hätten, in die Kirche zu gehen?

Lina: Kinder müssten in den Gottesdienst integriert werden. Vielleicht könnten sie im Gottesdienst was vorlesen und zeigen, was für sie Kirche ist. Es müsste einfacher und altersgerechter für sie sein.

Seit ich Ministrantin bin, finde ich die Kirche interessant, weil man was zu tun hat.

Nicht der Gottesdienst macht mir an der Kirche am meisten Spaß. Es ist die soziale Komponente.

Sofia: Ich glaube, wenn Kinder mal die Leuchter halten dürften, würde es ihnen vielleicht mehr Spaß machen.

Antonin: Man sollte den Gottesdienst verständlicher für Kinder machen. Ich kann Kinder schon verstehen, dass sie anspruchsvollere Texte wie Evangelien oder Psalmen nicht so interessant finden. Sie sollten miteinbezogen werden, z. B. wie beim Osterspiel, durch mehr Theater- oder Rollenspiele, um das den Kindern spielerisch näherzubringen.

Lina: Nach dem Gottesdienst könnte der Pfarrer den Kindern noch mal alles einfacher erklären.

Kiran: Wir Ministranten dürfen uns nach dem Gottesdienst Gummibärchen oder Schokolade nehmen. Vielleicht könnte das Diplom für die Ministranten hochgestuft werden und Kinder, die in der Kirche waren, kriegen ein Gummibärchenpäckchen. Dann würden sie sich auf die Kirche freuen.

Sofia: Oder ein Quiz nach dem Gottesdienst, was dort erzählt wurde. Danach kriegt man zur Belohnung eine kleine Süßigkeit.

Antonin: Die katholische Kirche sollte sich generell ein bisschen reformieren. Gerade an dem Punkt, dass Pfarrer nur männlich sein und nicht heiraten dürfen. Generell sollte sich die Kirche einfach lockerer verhalten.

....

Gute Menschen kommen in den Himmel. Schlechte Menschen kommen in die Hölle – so sagt man. Was sagt ihr dazu?

Lina: Jeder Mensch hat schon mal was Schlechtes gemacht. Ich glaube, Gott sieht ihn trotzdem als guten Menschen. Wenn man zu seinen Mitmenschen nett ist, dann ist Gott mit einem zufrieden und verzeiht uns.

Antonin: Gott differenziert die Menschen nicht in gute und schlechte. Jeder Mensch hat die Wahl, gut oder schlecht zu sein. Gott ist einer, der verzeiht und mehrere Chancen gibt. Deswegen würde ich nicht sagen, dass schlechte Menschen automatisch in die Hölle kommen.

Sofia: Ich glaube nicht, dass schlechte Menschen in die Hölle kommen. Gute Menschen kommen in den Himmel. Wenn man Schlechtes getan hat, geht man öfter beichten. Gott schenkt allen die gleiche Liebe. Wir Menschen machen gute und schlechte Sachen. Es geht nicht, dass man z. B. jemanden die ganze Zeit haut und das immer macht. Man macht mal was Schlechtes und eine Person macht mehr schlechte Sachen als eine andere Person. Aber Gott verzeiht den Menschen.

Jonas: Ich glaube schon, dass gute Menschen in den Himmel kommen und auch die, die mal was Schlechteres gemacht haben. Es macht jeder mal was nicht so Gutes.

....

Was macht denn einen Menschen zu einem guten Menschen?

Jonas: Ein guter Mensch ist immer freundlich, nett und hilfsbereit. Und beleidigt niemanden, weil er z. B. eine andere Hautfarbe hat.

Sofia: Wenn man hilfsbereit und nett zu anderen Menschen ist. Oder seine Sachen teilt und nicht mit etwas angibt.

Lina: Dass man nicht egoistisch durch die Welt geht und alles für sich behält.

Antonin: Jemand, der warmherzig ist und die

Schöpfung so respektiert, wie Gott sie gemacht hat. Gott hat sie gemacht und er hat gesehen, dass es gut war.

Was muss ein Mensch tun, damit Gott sagt, das ist ein schlechter Mensch?

Kiran: Fehler macht ja jeder Mensch. Aber wenn man Fehler mit Absicht macht oder Böses vorhat. Manche Menschen machen böse Sachen, weil sie das wollen. Aber ich glaube, Gott kann auch denen verzeihen.

Lina: Für Gott gibt es keinen schlechten Menschen, und Gott verzeiht einem. Verzeihen kann bedeuten, ein bisschen netter zu seinen Mitmenschen zu sein.

Sofia: Man kann kein schlechter Mensch sein. Gott sieht den Menschen ins Herz. Manche Leute sind eigentlich nett, aber müssen schlechte Sachen machen, um ihre Familie zu retten, z. B. Flüchtlinge reisen meistens nicht legal nach Deutschland ein. Aber sie sterben, wenn sie in ihrem Land bleiben.

Kommen alle Menschen in den Himmel, egal was für eine Religion man hat?

Sofia: Es ist von der Religion abhängig. Es gibt Religionen, die glauben, dass sie wiedergeboren werden, und es gibt Religionen, die glauben an den Himmel.

Antonin: Jeder kann in den Himmel kommen, bei ziemlich allen Religionen gibt es einen Himmel. Gott ist in den verschiedenen Religionen immer der Gleiche und der Himmel bleibt auch immer der Gleiche, es gibt ja nur einen Himmel.

Vorstellung von Himmel und Hölle (Jonas)

Wie stellt ihr euch den Himmel vor? Wie ist es da so?

Jonas: Ich stell's mir richtig hoch vor. Und dass da ein Wolkenbett ist. Und Gott.

Lina: Der Himmel ist das eigene Wunschleben. Das, was man gerne haben möchte, bekommt man dort.

Sofia: Dort hat man keine Schmerzen, man kann nicht krank werden. Es geht einem immer gut. Aber nur die Seele geht in den Himmel und nicht der ganze Körper, der ist auf dem Friedhof. Im Himmel gibt es viel Grün für die Menschen, die gerne in der Natur waren, und für die, die lieber in der Stadt gewohnt haben, viel Trubel.

Antonin: Als Kind habe ich mir den Himmel immer wie so ein riesiges betreutes Wohnen vorgestellt mit allen Menschen, die gestorben sind. Die sind dort miteinander und es sind dort auch Heilige. Es ist eine große Gemeinschaft. Die im Himmel haben die Möglichkeit, über ihre Verwandten oder Geliebten auf der Erde zu wachen.

Gott sieht den Menschen ins Herz.

173

Und wie stellt ihr euch die Hölle vor?

Jonas: Ich stell mir die Hölle so vor, dass da Feuer, Lava und ganz viel rot ist. Da ist es richtig heiß und es gibt einen Feuerteufel.

Sofia: In der Hölle sieht man nichts. Da ist es dunkel und man hat Schmerzen. Man ist da für immer und ewig.

Antonin: Ich denke nicht, dass die Hölle ein brennender Ort ist. Die Hölle ist das, was man zu Lebzeiten überhaupt nicht mochte. Jemand, der Spinnen nicht mag, kommt in den Amazonas mit ganz vielen Spinnen. Oder wenn man Mathe nicht mochte, in 'nen Matheunterricht. Man ist da nicht ewig drin. Wenn man seine Strafe abgesessen hat, dann kommt man in den Himmel.

Lina: Da es für Gott keine schlechten Menschen gibt, gibt es keine Hölle. Alle kommen in den Himmel.

Die Hölle ist das, was man zu Lebzeiten überhaupt nicht mochte.

Vorstellung von Himmel und Hölle (Antonin)

Vorstellung von Himmel und Hölle (Lina und Sofia)

„Ich hab 'n Leben nach diesem Leben. Das stellt alles in den Hintergrund"

PHILIP (25), Applikationsberater, seit drei Jahren verheiratet mit Alba

ALBA (24), selbstständige Hochzeitsplanerin, Ehefrau von Philip

HARRY (24), arbeitet in einem Vertrieb, seit vier Jahren verheiratet mit Evi

EVI (24), macht eine Ausbildung zur Steuerfachangestellten*

Was bedeutet Gemeinde für euch?

Philip: Die Gemeinde ist ein Zusammenschluss von Leuten, die gleich denken wie ich. Die mich dabei unterstützen können, meinen Glauben auszuleben und mir helfen, wenn ich Probleme oder Schwierigkeiten habe.

Warum bist du nicht der evangelischen oder katholischen Kirche beigetreten? Dort könnte man auch Gemeinschaft erleben …

Philip: Die Gemeinschaft ist das eine. Das andere, der Kern der Gemeinschaft, ist der Glaube und die Auslegung der Bibel. Da sind die katholische und die evangelische Kirche nicht das, was wir gemäß der Bibel als unseren Glauben auslegen.

Alba: In der evangelischen Kirche ist die Gemeinschaft nicht so intim. Wenn du regelmäßig in unsere Gemeinde gehst, wird die Beziehung anders aufgebaut. Das ist familiärer.

Harry: Gemeinde ist für mich eine Gruppe von Menschen, die den gleichen Glauben lebt und das gleiche Ziel verfolgt wie ich. Es ist ein Ort, an dem ich jeden als gleichwertigen Teil dieser Gemeinschaft ansehe. Diese Auffassung wurde mir gelehrt und steht in der Bibel.

Evi: Als ich mich habe taufen lassen, habe ich bewusst die Entscheidung getroffen, in die Gemeinde einzutreten. Für mich ist sie auch ein Ort, wo man zusammen was machen kann, Gott

* Philip und Alba besuchen hin und wieder eine freie englische Gemeinde. Harry geht in eine freie Pfingstlergemeinde. Evi ist kein aktives Mitglied ihrer Gemeinde mehr. Alle sind gut befreundet.

175

suchen kann, wo man sich gegenseitig unterstützt. Ich würde nicht irgendwo hingehen, wo ich mit jemandem nicht klarkomm, ich mache es von Leuten abhängig.

....

Ich habe öfter von anderen Leuten gehört, dass sie Gemeinden mit Sekten gleichsetzen ...

Alba: Ich würde klar sagen, dass es nicht so ist. Man kann googeln, was die Definition von einer Sekte ist.

Harry: *[liest die Definition vor]* „Kleinere Glaubensgemeinschaft, die sich von einer größeren Religionsgemeinschaft, einer Kirche, abgespalten hat, weil sie andere Positionen als die ursprüngliche Gemeinschaft betont, hervorhebt."

Alba: Wenn es *das* ist, dann ist es nicht schlimm, weil die hat sich *nur* von etwas Größerem abgespalten. Aber die meisten Leute verbinden eine Sekte mit Gehirnwäsche und dass man nicht mehr Herr seiner Sinne ist. In manchen Gemeinden grenzt das schon tatsächlich daran. Aber das hat weniger mit der Gemeinde zu tun, sondern damit, wie stark die Familie die Kinder beeinflusst. Wenn Kinder zu arg gegen ihren Willen beeinflusst werden, handelt es sich bei einer Gemeinde um eine Sekte.

Philip: Ich will das direkt mal dementieren, weil es bedeutet, alle über einen Kamm zu scheren. Dass die sich teilweise komplett unterscheiden, ist den Leuten nicht bewusst. Ich finde wichtig, dass man den Leuten erst mal erklärt, was wir tun. Dann stellt man schnell fest, dass wir keine Sekte sind und es von der Bibel, von Gott, nie gewollt war oder ist, in so eine Richtung zu gehen.

Würdest du dir wünschen, dass es in dieser Hinsicht mehr Aufklärung gäbe?

Philip: Auf jeden Fall. Zum einen, damit das negative Bild weg ist, und zum anderen sollte es von uns Christen das Ziel sein, so viele wie möglich für uns oder für Gott zu gewinnen. Und ich kann niemanden für eine Sache gewinnen, die schlecht ist.

....

Frage in die Runde: Wurdet ihr schon mal mit Vorurteilen konfrontiert oder habt welche in eurem Umfeld erfahren?

Harry: Bei uns ist es so: Wenn jemand neu in die Gemeinde kommt, der davor nichts mit der Gemeinde zu tun hatte, sagt man: „Entweder ist er aus der Welt oder ein Ungläubiger." Dann ist es als Mitglied einer Gemeinde oder als überzeugter Christ deine Aufgabe, ihm unseren Glauben näherzubringen. Wenn ich jetzt darüber nachdenke, ist das nur durch Gehirnwäsche möglich. Es ist das Ziel, diesen Menschen zu verändern, um ihm Neues geben zu können. Wenn eine Gemeinde sagt, man müsse sich nicht verändern, machen die etwas falsch. Das offen auszusprechen, ist heute sehr schwierig geworden.

....

Wie seht ihr anderen das?

Alba: Zuerst dachte ich: Was redet der jetzt? Ich reiß ihm gleich den Kopf ab! *[lacht]* Im Endeffekt ist Wäsche nichts Schlechtes, denn du wäschst das Schmutzige weg. Es ist wie bei Sekten: Solange du diese „Gehirnwäsche" *[setzt gestisch Anführungszeichen]* für das Schmutzige verwendest und nicht die Werte oder die Einstellung von einem Menschen komplett veränderst, würde ich ihm *[Harry]* zustimmen. Kannst du mal die Definition von Gehirnwäsche googeln? *[zu Harry]*

Harry: *[zitiert die Definition]* „Versuch der gewaltsamen Veränderung der Urteilskraft und der politischen Einstellung eines Menschen durch starken physischen und psychischen Druck."

Alba: Okay, dann würde ich das, was wir machen, *nicht* als Gehirnwäsche bezeichnen. Es muss menschlich bleiben. Wenn der Mensch sich dagegen sträubt, ist es nicht richtig. Denn Gott hat uns allen einen freien Willen gegeben. Gewalt ist keine Lösung. Ich habe oft erlebt, dass man uns als Sekte bezeichnet. Das waren meistens Familienmitglieder, die das negativ bewertet und uns so beschimpft haben. Auch teilweise in der Schule, weshalb man sich wenig dazu äußert. Wenn es zur Sprache kommt, verneine ich es nicht. Ich habe mich allerdings verunsichern lassen und stand nicht dazu, weil ich nicht schlecht behandelt werden wollte.

....

Philip, wie ist es dazu gekommen, dass du nicht der Gemeinde beigetreten bist, in der deine Familie ist?

Philip: Man wächst zunächst damit auf und da rein. Wenn man jedoch älter wird, fängt jeder an, Sachen zu hinterfragen. In der Gemeinde von meinen Eltern gab es früher immer wieder starke Auseinandersetzungen über Auslegungen zwischen Leuten in der Gemeinde. Es ging um für mich banale Kleinigkeiten. Deswegen haben viele Leute, unter anderem einige von meinen Geschwistern, die Gemeinde verlassen. Es ist bei uns in den Gemeinden so: Die richtige persönliche Entscheidung triffst du mit der Glaubenstaufe, meistens mit 17 oder 18. Als es bei mir dazu kam, wollte ich vorher mit der Gemeinde über diese ganzen Streitigkeiten reden. Ich wollte Klarheit haben. Da mein Vater dort der Pastor war, hat er damals gesagt: „Alles, was du mit der Gemeinde besprechen willst, kannst du auch mit mir besprechen. Mit der Gemeinde lasse ich dich nicht reden." Ich antwortete: „Dann hat sich das für mich erledigt." Mit meinem Vater rede ich immer noch anders als in der ganzen Gemeinde. Es ist schwierig, Privates und Gemeinde auseinanderzuhalten. Die Doppelfunktion Vater und Pastor gleichzeitig ist ein Problem gewesen. Also habe ich mich bewusst dagegen entschieden, in diese Gemeinde zu gehen.

....

Welche Unstimmigkeiten gab es?

Philip: Zwei Sachen: dass Frauen lange Röcke und Kopftuch tragen müssen, was biblisch nicht zu hundert Prozent begründbar ist. In der Bibel steht: Die Frauen sollen, während sie beten, sich das Haupt bedecken. Jetzt gibt es die Diskussion: Muss ich das Kopftuch nur tragen, während ich bete, oder immer? Es gibt Leute, die sagen: „In der Bibel steht auch: ‚Seid allezeit im Gebet.'" Sprich, ich muss durchgängig als Frau ein Kopftuch tragen, wobei andere sagen: „Wenn ich dusche und mir in dem Moment nach Beten ist, muss ich dann ein Kopftuch anziehen?" Es ist eine banale Diskussion, aber pusht sich extrem auf. Genauso mit den Röcken. Das kommt, meiner Meinung nach, sehr stark aus dem Russisch-Orthodoxen, weil die Frauen dort früher Röcke getragen haben. Das ist sehr weit weg von unserem

Ich habe oft erlebt, dass man uns als Sekte bezeichnet.

Die Doppelfunktion Vater und Pastor gleichzeitig ist ein Problem gewesen.

eigentlichen Glaubenskern. Es hat nichts mehr mit dem zu tun, wofür eine Gemeinde stehen sollte, denn ich gehe nicht in eine Gemeinde, um über Röcke und Kopftücher zu diskutieren, sondern ich will meinen Glauben ausleben.

....

Welche Auswirkungen hatte denn das Nichtbeitreten auf dein Leben?

Philip: Sehr starke negative Auswirkungen. Als ich mich gegen die Gemeinde entschieden habe, war ich für viele dort ein Ungläubiger, also weltlich. Es gab viele Menschen, die sich bewusst distanzierten. Das hat weite Wellen geschlagen, weil die Leute untereinander redeten. Du warst der Ungläubige, der Böse, weil du nicht mehr zur Gemeinde gehst, dich gegen deine Eltern stellst und die Gemeinde und Eltern verleumdest. Das wurde mir zumindest so unterstellt. Ohne zu hinterfragen, was der wirkliche Grund war, warum ich nicht mehr hingegangen bin.

....

Evi, was hat es für Gründe gegeben, dass du kein aktives Mitglied mehr bist?

Evi: Mir ist es wichtiger, dass man sich gegenseitig unterstützt und nicht, dass man einen kritisiert, aufgrund dessen, wie der Mensch gekleidet ist. Meine Werte liegen tiefer. Das war für mich ein ausschlaggebender Punkt, warum ich nicht mehr aktiv bin. Und außerdem sind viele Freunde von mir ausgetreten, sodass ich weniger Anschluss hatte. Ich habe mich dazu entschieden, mich auf meine Karriere und auf mich zu konzentrieren.

....

Hat sich durch diese Entscheidung irgendwas

verändert, z. B. im Verhältnis zu der Familie oder zu deinen religiösen Ansichten?

Evi: Bei Harrys Familie nicht. Bei meiner Familie ist es anders. Meine Eltern sind gläubig und, wie soll ich es sagen ...

Alba: Toleranter.

Evi: Ja, ich habe das Gefühl, die sind da richtiger gläubig. Die sagen: „Es ist egal, was für ein Mensch vor dir steht", die akzeptieren alle und kommen einem mit Liebe entgegen.

....

Würdet ihr, Evi und Harry, sagen, dass sich durch diese Entscheidung euer Eheleben verändert hat?

Harry: Ja, klar, oder?

Evi: Ja. Sonntags geht er zur Kirche und ich komme nicht mit. In der Zeit bin ich allein.

Harry: Es ist ein größerer Planungsaufwand, weil man sich besser abstimmen muss. Dadurch, dass wir in einer Gemeinde waren und sie jetzt nicht mehr hingeht, fällt es auf. Die Leute fragen, wo Evi ist.

Alba: Was sagst du da?

Harry: Ich sage: „Die ist daheim, sie will nicht mehr." Es ist kein Geheimnis.

Evi: Wir diskutieren häufig darüber. Ich passe äußerlich nicht dazu. Wieso sollte ich mich anpassen? Warum sollte ich mir mein Leben noch schwerer machen, wenn man genug andere Probleme hat, anstatt dass man Menschen einfach akzeptiert, wie sie sind?

....

Inwiefern ist Religion noch ein Bestandteil in eurem gemeinsamen Leben?

Harry: Nur weil sie nicht mehr zur Gemeinde

Du warst der Ungläubige, der Böse, weil du nicht mehr zur Gemeinde gehst, dich gegen deine Eltern stellst und die Gemeinde und Eltern verleumdest.

geht, heißt es für mich nicht, dass sie sich als christlicher Mensch verändert hat.

Evi: Man kann auch ohne Gemeinde Christ sein. Mein Glaube ist immer noch gleich.

Inwiefern lebt ihr den Glauben gemeinsam aus?

Harry: Wenn wir abends im Bett liegen, beten wir zusammen. Ansonsten ist es sehr einzeln gebunden.

Evi: Jeder hat seine persönlichen Beziehungen mit Gott. Manchmal ist es schwierig, sie zu zweit auszuleben.

Wie wird eure Freundschaft durch unterschiedliche Ansichten und Gemeindezugehörigkeiten geprägt? Geratet ihr auch in Diskussionen?

Alba: Definitiv. Bei Evi und Harry ist es ein extrem cooler Vorteil, dass wir ungehemmt über den Glauben reden können. Wir können echt lange diskutieren. Ich finde, es kommt oft raus, dass jeder eine andere Ansicht hat, aber man hat das Gefühl: Jede Ansicht wird akzeptiert.

Philip: Ich glaube, wir sind eine sehr unhomogene Gruppe. Der Hintergrund von uns allen ist anders. Alba beurteilt viele Dinge aus der eigenen Erfahrung, aus dem Persönlichen und aus dem, wie sie das in ihrer Gemeinde und Familie kennengelernt hat. Bei Evi ist es ähnlich, aber in eine andere Richtung. Bei mir und Harry ist es sehr ähnlich, weil wir beide sehr stark damit aufgewachsen sind. Ich glaube, ich war in der strengsten Gemeinde. Ich muss ehrlicherweise sagen, ich verteidige gerne die Gemeinde, da ich Bibel-Forschung betreibe. Wenn man diskutiert, ohne das fundieren zu können, stört mich das.

Alba: Manchmal findest du blöd, was wir sagen. Dann fühle ich mich angegriffen und verteidige mich. Wir hatten nicht das Privileg, so tief in der Materie zu sein, was ein extremer Vorteil für deine Gemeinde ist. Ich vertrete meine Werte. Ich versuche die Bibel immer weiter kennenzulernen. Aber wenn du die als Kind schon studierst, dann bleibt es ganz anders hängen.

Evi: Ich finde, das hat weniger mit der Gemeinde zu tun, sondern mit Werten, die man vertritt. Es gibt Leute, die haben gleiche Interessen. Wir haben alle den gleichen Glaubenswert.

Alba: Obwohl wir andere Ansichten haben, kommen wir miteinander aus.

Harry: Ich habe mit Evi häufig die Diskussion, ob die Kirche fürs Glaubensleben wichtig ist oder nicht. Ich hatte die feste Ansicht: Man braucht eine Gemeinde und muss dort aktiv sein. Evi sagt: „Man muss nicht aktiv in der Gemeinde sein, man kann den Glauben auch so ausleben." Wir streiten auch z. B. in der Gemeinde selbst über gewisse Fragen des Glaubens. Wir nehmen die Bibel als Grundlage: Ist es so belegbar? Wenn die Bibel sagt, dass eine Ansicht nicht tragbar ist, dann nehme ich das auch nicht an.

Evi: Das ist wie Mathe. Jeder von uns ist sich einig, dass eins plus eins zwei gibt.

Harry: Das ist bei der Bibel auch so!

Evi: Nee, ist es nicht. Wenn da drinsteht: „Eine Frau soll ihren Kopf bedecken", finde ich persönlich, Haare sind Bedeckung genug.

Alba: Jeder nimmt anders auf, was in der Bibel steht.

Harry: Ja, es gibt viel Interpretationsfreiheit, und genau das begründet, warum Gemeinden mit Regeln gebraucht werden. Damit du der Gruppe eine Richtung geben kannst. Es gibt trotzdem in der Bibel ganz unumstößliche und nicht zweideutige Aussagen, an denen nicht zu rütteln ist. Sie sind teilweise krass, aber begründen ein gewisses Verhalten. Es steht in der Bibel geschrieben: Wenn du einen Menschen in deinem Umkreis hast, der sich nicht an die Regeln der Gemeinde hält, distanziere dich von diesem Menschen. Ich kann diese Aussage nehmen und sagen: „Guck, genau deshalb verabscheue ich dich, weil die Bibel sagt, ich muss das machen." Oder aber ich lese eine parallele Bibelstelle: Aber behandelt diesen Menschen trotzdem mit Liebe, ermahnt ihn in einem freundlichen Ton. Geht auf ihn zu und vernachlässigt ihn nicht als Mensch – man kann es immer so und so sehen.

Evi: Ich finde, die Leute schaden mir nicht.

Philip: Da hängt viel an Kommunikation. Ich hab nicht das Recht, rigoros herzugehen und zu sagen: „Die Person tut dir nicht gut", aber auch nicht im Umkehrschluss zu sagen: „Aber mir tut sie gut." Man muss da schon miteinander drüber reden.

Alba: Es ist für den einen was ganz anderes als für den anderen.

....

Welche Werte soll die ideale Gemeinde vertreten? Welche Verbote sind legitim?

Alba: Natürlich die klaren Verbote: Bring niemanden um! Man kann nicht dran rütteln. Auch das mit dem Alkoholkonsum. Es ist das, was in der Bibel steht und richtig ist. Man muss es nur richtig verkaufen.

Evi: Man setzt Regeln auf, um Leute zu schützen. Das ist zwar gut gemeint, aber nicht jeder kann was damit anfangen.

Philip: Jede Gemeinde sollte, das ist biblisch klar vorgegeben, Regeln aufstellen. Im Endeffekt ist es jeder Person erlaubt, zu wählen: Welche Gemeinde ist die, mit der ich am besten leben kann?

Evi: Werte wie z. B., dass man den Nächsten lieben soll und den Menschen akzeptieren soll wie …

Alba: … sich selbst, z. B. die Zehn Gebote. Da ist ganz klar, was du machen sollst.

....

Werte wie langer Rock oder Kopftuch sind kein Bestandteil der Zehn Gebote, soweit ich weiß …

Alba: Ja, aber das heißt nicht, dass man als Christ nur das machen muss, was die Zehn Gebote vorschreiben.

Evi: Die Frage ist halt, was man als Wert definiert. Rock oder Kopftuch sollte kein Wert sein, denn sie machen eine christliche Gemeinde nicht aus. Die wichtigen Werte sind: Man versucht, so zu leben, wie Jesus gelebt hat. Man versucht, rein zu sein, hält sich an die Gebote. Man lebt so, dass man nach dem Leben in den Himmel kommt. Der Hauptfokus liegt darin, Gottes Wort weiterzugeben.

Harry: Wie ich die Bibel verstehe, weiß ich, dass ich 'ne Gemeinde brauch, und sie sollte gewisse Auffassungen haben, damit es mit dem Glauben haltbar ist. Eine Gemeinde interpretiert den Glauben nach der Bibel. Ich pass mich diesen Regeln an, obwohl sie für mich teilweise unverständlich sind. Dinge wie: Darf ich 'ne Cap anziehen und oder 'nen Hut, sind nebensächlich.

Rock oder Kopftuch sollte kein Wert sein, denn sie machen eine christliche Gemeinde nicht aus.

Ist kein Sex vor der Ehe ein wesentlicher Wert, den die Gemeinde vertreten sollte?

Alle: Ja.

Philip: Man kann nie pauschalisieren und sagen: Es ist für alle immer richtig. Aber die Regel hat irgendeinen Grund. Manchmal muss man mit dem einen ein bisschen strenger sein oder mit dem anderen weniger streng. Die Gemeinden sind dazu da, es zu steuern. Die Methoden sind allerdings manchmal fraglich.

Alba: Manchmal hast du keine Gewalt darüber, ob du es dir aufsparst für die Ehe. Hat diese Person dadurch eine Sünde gemacht? Auf keinen Fall, wenn sie nichts dafürkann.

Evi: Unter welchen Umständen könnte sie nichts dafür?

Alba: Vergewaltigung.

....

Wie wäre es, wenn es ihr freier Wille war, vor der Ehe Sex zu haben?

Alba: Ich sehe das ganz klar so, dass die Person, der du deine Jungfräulichkeit schenkst, mit dir verbunden ist. Gott hat uns so geschaffen, dass dieser Akt der Liebe, vor allem das erste Mal, die zwei Personen miteinander verbindet. *[Stille]*

Harry: Bei uns in der Gemeinde praktiziert man tatsächlich keinen Sex vor der Ehe, denn bis du kirchlich verheiratet bist, darfst du nicht.

....

Inwiefern ist es möglich, unter den vorgegebenen Strukturen noch seine eigene Individualität auszuleben?

Alba: Ich finde wichtig, für dich selbst zu erkennen: Ist das meine Gemeinde? Fühl ich mich da wohl?

Philip: Ich denk, grundlegend ist es möglich. Immer. Denn wenn du dich dazu entschieden hast, christlich zu sein, und nach der Bibel lebst, würde ich behaupten, bist du zu 70 bis 80 Prozent ohnehin schon gleicher Meinung wie viele Gemeinden. Man muss genau gucken, was die Bibel sagt. Ob ich jetzt 'ne Kette trag oder nicht, verändert mich als Mensch in meiner Lebenseinstellung nicht.

Evi: Es geht nicht nur um Anpassung. Ich hab erkannt, dass nicht nur mein Äußeres ein Problem ist, sondern meine Art. Deswegen hat es auch gar nicht gepasst.

....

Würdest du sagen, dass Individualität auch eingeschränkt werden kann?

Evi: Ja.

Harry: Ich geb ihr recht. *[alle lachen]*

Evi: Ich find trotzdem, dass ich ein Christ und ein guter Mensch bin, auch wenn jemand das anders sieht.

Alba: Die schlechten Erfahrungen, die mit Religion zu tun haben, müssen nichts mit dem Glauben zu tun haben. Trotzdem: Du musst dich in einer Gemeinde wohlfühlen. Denn es ist 'ne Familie. Solange man sich wohlfühlt und die Werte einer Gemeinde vertreten kann, ist Individualität bestimmt möglich. Ansonsten auf keinen Fall.

Harry: Ich hab 'n Leben nach diesem Leben. Das stellt alles in den Hintergrund.

„mir ist meine natürliche Entwicklung kaputt gemacht worden"

Dina Hellwig (43), Aussteigerin bei den Zeugen Jehovas

Wie bist du zu den Zeugen Jehovas gekommen?
Ich habe mir das nicht selber ausgesucht. Ich wurde da reingeboren und habe es deswegen auch nie so empfinden können, dass das von mir gewählt worden ist. Mein Vater wurde ebenfalls schon reingeboren. Auch meine Oma war schon bei den Zeugen Jehovas, meine Urgroßeltern auch schon. Und meine Mutter ist in jungen Jahren, mit 20 ungefähr, über ihre Schwester zu den Zeugen Jehovas gekommen.

Wie war das für dich, in dieser Glaubensgemeinschaft aufzuwachsen?
Ich fand es sehr unangenehm, mich in der Schule als Kind von Zeugen Jehovas rechtfertigen zu müssen. Auch weil Zeugen Jehovas keine gesellschaftlichen Feste feiern, wie Geburtstage,

Weihnachten, alles was dazugehört. Deswegen war es für mich als Kind immer sehr schwer, weil ich als Außenseiterin platziert wurde und mich auch platzieren musste. Denn ich bin so trainiert worden, dass Zeugen Jehovas was Besseres sind, weil sie die Wahrheit haben und die anderen eh alle in die Vernichtung gehen. Deswegen konnte ich mit vielen Klassenkamerad:innen überhaupt nichts anfangen. Auch emotional, also ich konnte gar keine Bindung zu denen aufbauen. Klar habe ich mit denen gespielt, auf dem Schulhof und auch in der Freizeit, aber in Maßen. Ziel war es aber immer, diesem Freund oder jener Freundin irgendwann ein Heimbibelstudium anzubieten, damit sie auch gerettet werden. Aber weil sie nicht von unserer Gruppierung waren, lag immer ein imaginärer Keil dazwischen. Deswegen konnte ich auch nie öffentlich von jemandem sagen, es ist meine beste Freundin, obwohl ich sie innerlich vielleicht so bezeichnet habe. Meistens waren es Mädchen, die ich sehr lieb hatte. Aber ich wusste: Sie sind weltlich, sie

Dina Hellwig 1982 beim Kongress der Zeugen Jehovas in Stuttgart

Podcast *Kopfkino – Aussteiger berichten* von Dina Hellwig

184

sind böse, sie könnten mein christliches Gedankengut verunreinigen und mit denen sollte ich deshalb eigentlich nicht so oft spielen.

....

In deinem Podcast *Kopfkino – Aussteiger berichten* beschreibst du deine Kindheit als „traumatisierend und mental missbrauchend". Kannst du dazu Genaueres sagen?

Besonders denke ich diesbezüglich an bestimmte Richtlinien und Rahmenbedingungen. Wenn du dich an die nicht hältst, gibt es bei den Zeugen Jehovas immer eine Konsequenz. Und auch Gott als eine Fiktionsfigur, die permanent in deinem Kopf rumschwirrt, dich immer beobachtet und dich auf Schritt und Tritt verfolgt und kontrolliert, hat dafür gesorgt, dass ich mich eigentlich wie an einer imaginären Hundeleine bewegt habe. In allem. Aber am verstörendsten fand ich die Gefühle des Ausgeliefertseins an den Türen beim Von-Haus-zu-Haus-Gehen, um mit Menschen in Kontakt zu treten und die Publikationen anzupreisen. Das war etwas, was ich natürlich nicht vertreten konnte, weil ich es vom Kopf her gar nicht verstanden habe. Ich war ein Kind, das damit nichts anfangen konnte. Trotzdem habe ich stupide Sachen auswendig gelernt, die wir antrainiert bekommen haben. Ich habe es einfach nur nachgeplappert. Wir haben die Stunden aufgeschrieben, die wir unterwegs waren, und wenn du nicht gegangen bist, wurde mit dir gesprochen, warum du nicht gehst, ob dein Glaube nicht stimmt. Das war einfach ein Missbrauch an mir für deren Zwecke. Diese Lehre hat mich traumatisiert, weil es mir in vielen Bereichen echt schwergemacht wurde,

mich in der normalen Welt zurechtzufinden oder in Kontakt mit sogenannten Weltlichen zu gehen, weil ich deren Ausgrenzung so vehement indoktriniert bekommen habe. Du wirst permanent beschallt, dass die Welt untergeht. Und zwar geht sie demnach nicht vielleicht in drei Jahren unter, sondern sie kann jede Sekunde untergehen. Entsprechend stehst du als Kind permanent in Angstzuständen. Ich bin insofern schon von ganz frühem Alter an sehr geschädigt worden. Hinzu kommt auch die Pubertät, die ich nicht leben konnte. Ich würde behaupten, mir ist meine natürliche Entwicklung kaputt gemacht worden. Es war eigentlich ein Eingriff in eine natürliche Entwicklung, die jeder Mensch durchmacht und die wichtig ist für einen Menschen. In meinen Augen eine körperliche Misshandlung.

....

Wie hat der Glaube außerdem dein Aufwachsen geprägt?

Es war ein sehr durchgetaktetes Leben und ich habe viel mit Druck zu tun gehabt. Ich stand nicht nur bei Gott permanent unter Beobachtung, sondern auch in der Gemeinde. Man wurde nicht nur von den Eltern erzogen, sondern eigentlich von allen anderen auch. Und ich habe nicht freiwillig wählen dürfen, was ich als Beruf machen möchte. Weil höhere Schulbildung angeblich zu viel Zeit einnimmt, die man eigentlich Gott geben könnte. Mir wurde auch erzählt, dass ich nicht überlegen brauche, was ich mit 40 sein will, weil ich nicht älter als 24 werde, da vorher Harmagedon, die endzeitliche Entscheidungsschlacht, kommt. Ich habe nie für

Gott als eine Fiktionsfigur [...] hat dafür gesorgt, dass ich mich eigentlich wie an einer imaginären Hundeleine bewegt habe.

185

mich träumen können oder mir Wünsche und Ziele setzen können. Ich konnte mir gar nichts aussuchen, und ich hab das so angenommen, weil das Hinterfragen dieser Sache gar nicht im Reich des Möglichen stand.

Kennst du Vorurteile von anderen über die Zeugen Jehovas, die nicht gestimmt haben?

Alles, was in der Gesellschaft gesagt worden ist, hat gestimmt. Wenn ich als Kind an einer Haustür geklingelt habe, und da sagte einer: „Oh mein Gott, die armen Kinder", und ich sagte: „Ich mache das freiwillig!", würde ich heute sagen: „Ja, die armen Kinder!" Außenstehende haben auch gesagt, es sei eine Sekte. Definitiv ist das in meinen Augen eine Sekte. Auch das mit den Bluttransfusionen stimmt. Es heißt: „Die lassen ja ihre Kinder sterben." Ja, die lassen ihre Kinder sterben. Und gleichzeitig versuchen sie sich immer so ein Hintertürchen aufzuhalten, weil es kein Gesetzesbuch gibt, wo die Regeln runtergeschrieben werden. Wenn es am Ende wirklich zu so einem Fall kommt, sagen sie: „Na ja, das ist eine Gewissenssache. Das muss jeder für sich selbst entscheiden." Dann tust du es – und wirst trotzdem zurechtgewiesen. Also es hat immer Konsequenzen.

Wie war das für dich, wenn Leute ein kritisches Bild über die Zeugen Jehovas gezeichnet haben?

Es hat mich nur noch tiefer in die Sekte reingezogen, denn die Zeugen Jehovas sagen dir voraus, dass das passieren wird und dass Menschen gegen sie sprechen werden wie damals bei Jesus. Sie deuten das als Zeichen des Endes. Es heißt

Im Alter von 12 Jahren | Notizen von Vorträgen während der Versammlung

bei den Zeugen Jehovas, dass „wir die Wahrheit haben". Wenn du das als Kind so lernst, ist es sehr schwer, etwas dagegenzusetzen.

Wie umfangreich können wir uns das Missionieren vorstellen?

Wenn ich zurückdenke, fühlt es sich manchmal so an, als hätte ich es jeden Tag gemacht. Ich habe aber tatsächlich in der Woche durchschnittlich vielleicht drei bis fünf Stunden dafür aufgewendet. Eine Woche sah so für mich aus: Tagsüber in die Schule gehen und drei Mal in der Woche Zusammenkünfte haben, bei denen man sich darauf vorbereitet hat, von Haus zu Haus zu gehen, meistens samstags. Sonntags war dann wieder Versammlung. Der Tagesablauf war bestimmt von der Organisation.

....

Was war denn das Ziel vom Missionieren?

Die Zeugen Jehovas gehen an alle Türen oder versuchen anderweitig ihre Lehren zu verbreiten, weil jeder eine Chance haben soll, davon zu hören, damit er auch gerettet wird. Sonst klebt sogenannte Blutschuld auf den Schultern der Mitglieder, und die Person, der versäumt wurde zu predigen, kommt in Harmagedon womöglich um. Wenn du somit nicht predigst, hast du Schuld an dem Tod der Person, die du nicht erreicht hast.

....

Wie bist du mit Abweisung an den Türen umgegangen?

Das war normal, wenn die Leute einen beschimpft haben. Auch da hieß es, sie werden uns hassen, aber dann wisst ihr, es ist die Wahrheit. Als Kind war es irgendwie fast so etwas wie eine Belohnung, wenn du jemandem mal was an Infomaterial abgeben konntest. Das hat man aufgeschrieben und dann sah dein monatlicher Berichtszettel mit den Stunden, die du abgeleistet hast, schön gefüllt aus.

Gibt es auch schöne Momente, an die du dich zurückerinnern kannst?

Ja. In so einem Verlies findet man vielleicht auch mal eine Ecke, wo die Sonne scheint. *[lacht]* Natürlich war es schön, dass man immer unter Leuten war und immer jemand da war. Es war wie eine große Familie. Als Kind hatte ich das Gefühl, dass jeder ehrlich zu mir ist. Aber ich habe später als Erwachsene echt Probleme gehabt, zu verstehen, dass Menschen auch lügen und auch mal gemein sind. Ich dachte als Kind, hier gilt Nächstenliebe hoch zehn. Erst später habe ich, in Hinsicht auf die Schläge, die ich als Kind bekommen habe, verstanden: Das ist nicht aus Liebe passiert. Aber da hat keiner mal in der Gemeinde gesagt: „Das geht so nicht." Da hat gar keiner in Erwägung gezogen, die Stimme zu erheben. Denn wenn du Kritik äußerst und zweifelst, dann stimmt was mit deinem Glauben nicht, so hieß es immer.

....

Wann war dein Ausstieg aus den Zeugen Jehovas?

Öffentlich ausgestiegen bin ich mit 26. Gesündigt habe ich schon mit 19, als ich Sex vor der Ehe hatte. Der Ausstieg war eine Phase von mehreren Jahren. Ich hatte einen Freund, der auch Zeuge Jehovas war. In seinem Umfeld haben die anderen unverheirateten Zeugen Jehovas, auch Jugendliche, ebenfalls miteinander geschlafen. Heimlich natürlich. Und dann habe ich gedacht, wenn die das machen können, dann kann ich das auch. Natürlich wusste ich, ich hab was ganz Schlimmes getan. Ich müsste eigentlich den Ältesten davon erzählen. Dann würde ein

Komitee stattfinden und die Männer, die die Versammlung leiten, würden darüber richten, wie sie mich und den Fall behandeln. Sie würden mich sehr detailliert fragen, was vorgefallen ist: „Was habt ihr gemacht? Wie oft hattet ihr Sex? Wo und wie hat er dich angefasst?" Davor hatte ich Riesenangst mit 18, 19, wollte dem entgehen und hab mich einfach zurückgezogen. Wir waren damals in einer neuen Versammlung und ich bin einfach nicht hingegangen. Also war es für mich total einfach, nicht hinzugehen, weil es wusste ja auch keiner, dass ich existiere. Die wussten es nachher allerdings schon, weil meine Karteikarte weitergegeben wurde. Sie haben dann versucht, mich wieder zurückzuholen. Aber ich glaube, weil ich schon volljährig war, konnte meine Mutter mir nicht vorschreiben, was ich zu tun habe. Das habe ich ausgenutzt und hab mein Ding gemacht. Ich hab dann angefangen zu kellnern. Ich hatte dann keinen festen Wohnsitz mehr, weil mich meine Eltern vor die Tür gesetzt haben. Und dann habe ich bei Freunden gewohnt. Dies sind Umstände gewesen, die meinen Ausstieg begünstigt haben. Ich weiß nicht, ob ich sonst so schnell rausgekommen wäre. Öffentlich ausgestiegen bin ich dann mit 26.

....

Wie genau haben dich womöglich andere Aussteiger:innen beeinflusst?

Wenn es jemanden gab, der ausgeschlossen wurde, durfte er oder sie noch in die Versammlung kommen, aber niemand durfte mit dieser Person reden. Also war diese Person immer wie jemand, der eine ansteckende Krankheit hat. Im Königreichssaal durfte diese Person nur in der letzten Reihe Platz nehmen. Nur die Ältesten durften noch mit ihr reden. Du durftest noch nicht mal „Hallo" zu ihr sagen, denn jede Art von Kommunikation wäre als ein Supporten ihrer Handlung betrachtet worden. Du sympathisierst mit dem Feind – das wäre der Eindruck gewesen. Auch wenn die Person wieder aufgenommen worden ist, wusstest du: Da ist ein Knacks drin bei dieser Person. Das macht ein Aussteigen nicht gerade leicht, weil du als Abtrünnige bezeichnet wirst.

....

Gab es Personen, die dich unterstützt haben?

Ja, aber keine Zeugen Jehovas. Ich habe, wie gesagt, angefangen zu kellnern, und in der Gastronomie war es wie eine Familie. Meine Kolleg:innen, aber auch meine Freunde in der Schauspielschule, die ich dann besucht habe, haben mir großen Halt gegeben. Ich musste trotzdem lernen, dass ich Hilfe annehmen muss. Ich glaube, das ist auch ein Ding aus der Kindheit, dass du den Menschen außerhalb nicht vertraust, weil diese vor dir als schlecht bewertet worden sind. Deswegen habe ich ganz viel allein für mich durchkämpfen müssen und musste erst lernen, mich zu öffnen und zuzulassen, diese Menschen in mein Herz zu lassen. Deswegen war ich in den ersten Jahren sehr viel allein. Diese ersten Jahre waren verbunden mit vielen Suizidgedanken und Depressionen, weil ich ja niemanden kannte und mich in dieser Welt überhaupt nicht einordnen konnte. Ich bin überhaupt nicht zurechtgekommen. Es ist so wie bei Mogli, der in einer fremden Welt geboren wird und dann in die Zivilisation geht. Ich hatte kein soziales, familiäres

Es ist so wie bei Mogli, der in einer fremden Welt geboren wird und dann in die Zivilisation geht.

Umfeld, was mich abgefangen hat. Ich wusste nicht: Was will ich in dieser Welt? Wer bin ich in dieser Welt? Ich habe mich sehr allein und sehr verloren gefühlt. Zum Glück hatte ich dann einen Freund, mit dem ich auch eine lange Beziehung hatte. In der Beziehung habe ich gelernt zu reden, wenn was nicht funktioniert. Weil bei den Zeugen heißt es bei Problemen immer, dass du mehr beten musst und dann hilft Jehova dir schon. Aber ganz faktisch an ein Problem ranzugehen, das habe ich nicht gelernt. Deswegen war ich lange in einer Beziehung, die nicht auf Augenhöhe war. Es zieht sich wirklich durch viele Bereiche im Leben durch, auf emotionaler und sozialer Ebene. Und dass ich mit meiner Familie wieder in Kontakt kam, lag daran, dass mein Vater ausgeschlossen wurde und meine Schwester irgendwann auch ausgetreten ist.

Wie haben sich deine Vorstellungen über Gott nach deinem Ausstieg verändert?

Ich war extrem spirituell danach, weil ich von Geburt an kannte, dass da irgendwas im Himmel ist, das mit dir redet und dich beobachtet. Ich würde mich auch heute noch als spirituell bezeichnen. Das nimmt aber immer mehr ab. Ich glaube auf keinen Fall an einen Gott. Schon gar nicht in der Form, wie er dargestellt wird: als männlich und dass die Frauen bei ihm nicht so viel zu sagen haben. Wie sich die Welt so eine Scheiße ausdenken konnte! Also da kommt eher Wut hoch.

Durch deinen Podcast erreichst du unter anderem viele junge Menschen, die ähnliche

Erfahrungen in anderen Glaubensgemeinschaften gemacht haben. Inwieweit hat dich dieser Austausch bereichert?

Es ist das passiert, was ich eigentlich gar nicht forciert hatte: Ich habe dadurch ganz viel Eigenheilung erfahren. Ich habe mich selbst von vielen Sachen befreien können. Ich habe mich dann auch mit anderen destruktiven Gruppen und Sekten beschäftigt und auf einmal ist mir klar geworden: Das ist alles ein und dieselbe Soße. Alle haben die gleichen Grundzüge und teilweise auch die gleichen Begriffe wie die Zeugen. Das hat mir wirklich sehr viel geholfen, dieses ganze Konstrukt zu verstehen. Wenn man Nachrichten von Hörer:innen bekommt mit Inhalten wie: „Ich fühle mich jetzt verstanden und endlich weiß ich, was mit mir ist!", das freut mich unheimlich. Das ist das Einzige, was ich mitgeben kann, von diesem ganzen Mist, der in meinem Leben gewesen ist. Dass es wenigstens nach hintenraus doch noch einen guten Zweck hatte. Ich hoffe, dass Menschen verstehen, wie viel Schaden sie mit dieser fanatischen Indoktrination und der Projektion ihres eigenen Wahns auf ihre Kinder anrichten. Wie viel Leben sie damit kaputt machen.

Mittlerweile ist der Amoklauf in Hamburg passiert, bei dem ein ehemaliger Zeuge Jehovas sieben Menschen im Königreichssaal der Zeugen Jehovas erschossen hat. Wie siehst du die Tat als ehemalige Insiderin?

Jeder Mensch, der in der Form zur Waffe greift und andere Menschen umbringt, ist zu verurteilen. Wenn es im Zusammenhang mit einer psychischen Störung passiert, dann ist da noch ein anderer Hintergrund. Trotzdem entschuldigt das nicht, was da passiert ist. Interessant fand ich meine Gedanken, nachdem ich von dem Vorfall am gleichen Abend erfahren hatte: Oh Gott! Und der zweite war dann: Wundert mich nicht! Denn ich weiß, wie viel Druck und Zwang diese Gemeinschaft mit sich bringt. Dass Menschen wütend sind und mit diesem Druck nicht mehr umgehen können. Dieser Druck sucht sich seine Wege. Deswegen fallen von den Aussteigern, ich würde wirklich sagen, 80 bis 90 Prozent in Depressionen und Suizidgedanken nach ihrem Ausstieg, weil das komplette soziale Umfeld wegbricht.

Ein wenig Sauerteig durchsäuert die ganze Masse.

....

Gibt es irgendwelche Gründe oder möglichen Tatmotive, die du kennst?
Ich möchte mich nicht gerne über diesen Fall öffentlich äußern. Die Gründe zu dieser Tat festzulegen, das überlasse ich den Ermittlern. Aber ich kann dazu Folgendes sagen: Ich habe ihn über Dritte als einen sehr netten jungen Mann, als sehr hilfsbereit und freundlich mitbekommen. Das sind die Zeugen Jehovas jedoch nach außen alle. Z. B. habe ich häusliche Gewalt erlebt. Das hättest du meinen Eltern nie angesehen. Ich kann mir nur so viel erklären: Das ist ein Gewaltausbruch gewesen. Es wird in der Presse gesagt, der Mensch war psychisch krank. Und hier muss vielleicht mit in Betracht gezogen werden, wie psychische Erkrankungen auch ausgelöst werden können. Es wurde gesagt, dass es zu Ärger kam zwischen seinem Arbeitgeber und auch zwischen den Zeugen Jehovas. Ich weiß, dass er

Big Brother is watching you!

bei den Zeugen Jehovas aufgewachsen ist. Daher ist es mir total verständlich, warum da Frustration ist, wenn man in einem sehr engen Korsett groß geworden ist. Ein weiterer Grund kann sein, dass Aussteiger:innen von heute auf morgen geächtet und ausgegrenzt werden. Das habe ich am eigenen Leib erlebt. Die Zeugen Jehovas forcieren ihre Mitglieder dazu, sich den ehemaligen Mitgliedern zu entziehen, weil sie der Meinung sind, „ein wenig Sauerteig durchsäuert die ganze Masse". *[vgl. auch: https://www.jw.org/de/bibliothek/jw-arbeitsheft/maerz-2019-mwb/programm-fuer-25-31maerz/sauerteig-durch-saeuert-teigmasse/]* So steht das wirklich auf ihrer Homepage. Das heißt, sie werden als Abtrünnige, als das Dreckigste vom Dreckigsten, als die Anhänger Satans dargestellt. Du wirst auch für Banalitäten ausgeschlossen und an den Pranger gestellt, wenn du z. B. auf einer Party dein Top ausziehst oder eine Zigarette rauchst. Du verlierst deine ganze Familie, deine Freunde, alle – und das macht schon was mit einem. Es gibt wenige, die dann mit ihrer Wut in Form von Gewalt nach außen gehen. Die meisten gehen gegen sich selbst und wollen nicht mehr leben.

....

Das hört sich so an, als würde es eine latent aggressive Atmosphäre bei den Zeugen Jehovas geben, die so eine Tat befördern könnte. Hast du so was erlebt?
Ich würde sagen, es herrscht eine Art mental-aggressive Atmosphäre. Die anderen dürfen dich permanent maßregeln, auch nur mit Blicken. Big Brother is watching you! *[lacht]* Sie achten darauf, was du tust. Wenn du was falsch machst

Berlin, Olympiastadion, Anfang der 1990er | Kongress der Zeugen Jehovas

und jemand anderes hat es gesehen, muss er das melden. Also man spielt auch Wachpolizei. Dann gibt es dieses Gerichtsverfahren, in dem du völlig bloßgestellt wirst. Falls du deinen Fehler eingestehst, wird dir vielleicht noch mal eine Chance gegeben. Trotzdem wirst du bestraft, z. B. dass du dich nicht mehr melden darfst bei Frage-Antwort-Programmpunkten und öffentlich vorgeführt wirst für das, was du getan hast. Man spürt es, wenn irgendeiner zurechtgewiesen worden ist.

Wie kannst du dir denn selbst erklären, dass nicht mehr Taten wie diese oder ein paar Eskalationsstufen darunter passieren?
Ich glaube, Eskalationsstufen darunter sind die, die im häuslichen Bereich ablaufen. In einer Familie muss der Druck irgendwohin und wird an den Kindern oder am Partner abgelassen, mit körperlichen Schlägen. Wenn man von jungen Menschen ausgeht, dann geht der Druck vielleicht eher in Alkoholsucht über oder auch in Suizidfälle. Aber es wird nicht darüber geredet,

weil kein schlechtes Licht auf diese Organisation gebracht werden soll. Deswegen passieren mehr diese stillen Sachen als diese öffentlichen.

Religion kann auch eine Droge sein.

Als du ausgestiegen bist, gab es da bei dir vielleicht ein Gefühl von Wut oder Ähnlichem?
Wut habe ich nicht gespürt. Es hat sich eher geäußert in Depressionen und Suizidgedanken. Aber ich bin auch nicht ein Typ, der in die Wut nach außen geht, sondern ich bin ein sehr reflektierender Mensch. Ich verleb die Wut dann im Tanzen oder im Schauspiel und lass da dann alles raus.

Wie das Attentat gezeigt hat, können religiöse Motive auch zum Fanatismus führen und Gefahren bergen. Gleichzeitig sind religiöse Überzeugungen für viele Personen aber auch heilbringend. Inwiefern glaubst du, dass religiöse Überzeugungen eher schaden als nützen?
Ich denke, es schadet immer dann, wenn eine Sache zwanghaft wird, zu lebenseinnehmend ist, von anderen Menschen gesteuert wird, denen du dann unterwürfig bist. Fanatisch wird es dann, wenn es dich aus der Realität entfremdet. Es ist z. B. bei den Zeugen Jehovas so, dass du nicht mehr mit beiden Füßen auf dieser Erde stehst. Religion kann auch eine Droge sein.

Gibt es bezüglich der Tat vielleicht noch etwas, was du sagen möchtest?
Ja. Ich hoffe, dass die Ermittler und die Presse sich nicht von Aussagen der Zeugen Jehovas abwimmeln lassen. Denn sie würden in meinen Augen auch Falschaussagen öffentlich tätigen, damit nicht nachgeforscht wird. Es muss auch noch mal hinterfragt werden, ob es gut war, den Status „Körperschaft des öffentlichen Rechts" zu verleihen. Dadurch haben sie bestimmte Gesetze und Rechte, die es erschweren, dass der Staat in diese Organisation tiefer einblicken darf. Sie haben damit echt Freifahrtscheine bekommen.

„zu Gott zurückkommen und im Prinzip wie er werden"

TONJA (17) und **SEVERIN** (15) R.,
Schüler:innen, Mormonen

Ihr seid beide Mormonen. Wie seid ihr zu eurer Konfession gekommen?

Tonja: Wir sind damit aufgewachsen, unsere Eltern auch schon. Ich glaube, meine Großeltern sind ursprünglich zur Kirche gekommen, und seitdem wird das einfach von Generation zu Generation weitergegeben.

Manche Kinder übernehmen den Glauben von ihren Eltern vollständig, teilweise oder wandeln ihn um. Wie ist es denn bei euch?

Severin: Lange Zeit bin ich als Kind nur zur Kirche gegangen, weil es die Familie gemacht und gesagt hat. In den letzten Monaten habe ich angefangen, mich mit der Frage auseinanderzusetzen: Glaube ich das auch oder ist es nur meine Erziehung, die mir das vorgibt? Da hat sich ein bisschen eigene Überzeugung entwickelt. Ich kann z. B. nicht nachvollziehen, dass Jungs in der Kirche keine langen Haare oder Ohrringe tragen dürfen. Deswegen bin ich ein bisschen skeptisch, auch weil ich selbst die Haare jetzt ein bisschen wachsen lasse.

Tonja: Ich bin auch noch in dem Stadium, wo ich sag: Ich gucke, inwieweit und wie viel der Glaube von meinen Überzeugungen abgeht, aber den Grundsatz teile ich noch. Wir sind auf jeden Fall überzeugt davon, dass es einigermaßen richtig ist. Bei mir gibt es aber Überlegungen, ob die Kirche nicht gesellschaftliche Veränderungen mehr akzeptieren müsste und wie ich dazu stehe und ob ich das wirklich auch so streng vertrete, wie die Kirche sich das wünscht.

Welche Rituale gehören für euch zum Mormonensein dazu?

Tonja: Beten und dass wir sonntags regelmäßig in die Kirche gehen. Dort nehmen wir auch das Abendmahl. Was unsere Familie aufgebaut hat,

> Bei mir gibt es aber Überlegungen, ob die Kirche nicht gesellschaftliche Veränderungen mehr akzeptieren müsste und wie ich dazu stehe.

V.l.n.r.: Vater T., Tonja,
Geschwisterkind 1,
Geschwisterkind 2,
Mutter Y. und Severin

194

ist der Familienheimabend. Da setzen wir uns an einem Abend zusammen und machen ein persönliches Studium. Außerdem machen wir viel mit der Organisation. Die ist sehr aktiv, z. B. hatten wir gestern einen Jugend-Samstag, wo die Jugendlichen etwas zusammen unternehmen.

Severin: Ich lese öfter mal abends in heiligen Schriften.

Wie streng muss man eine Kleiderordnung einhalten?

Tonja: Wir haben einen Prospekt für eine starke Jugend. Darin sind Richtlinien aufgeführt und vorgeschlagen. Früher war es strenger. Die Erwachsenen bestehen ein wenig darauf, dass Mädchen nicht bauchfrei, schulterfrei oder Träger haben. Ich persönlich bin nicht so eng damit. Klar, ich möchte meinen Körper schützen und mich wohlfühlen, aber solange ich mich wohlfühle, darf ich auch bauchfrei rumlaufen, und das wird auch akzeptiert von allen anderen.

Was gibt es noch?

Tonja: Wir sollen uns kein Tattoo stechen lassen oder Piercings, was ich sehr schade finde, weil in einem richtigen Maß finde ich es mega schön, auch wenn ich selbst noch nicht das Verlangen danach hatte.

Severin: Ich auch nicht.

Tonja: Einfach nicht zu freizügig, weil es darum geht, dass der Körper unser Tempel ist und wir ihn heilighalten und schützen sollen. Wir trinken auch kein Koffein und rauchen nicht, um unseren Körper gesund zu halten.

Severin: Koffein ist aber eine Grauzone. In der entsprechenden Schriftstelle heißt es: kein starkes Getränk. Das heißt nicht: kein Koffein oder keinen Tee. Eher ist Alkohol gemeint, und das ist auch ziemlich unumstritten in der Kirche.

Gibt es sonst noch irgendwelche Verbote oder Gebote, die man bei euch einhalten sollte?

Severin: Kein Geschlechtsverkehr vor der Ehe. Die klassischen Zehn Gebote. Und es heißt, wenn du dem folgst, werden Segnungen kommen, wenn du es nicht tust, kommen keine.

Tonja: Und dann das Wort der Weisheit. Das sind Anhalte und Richtlinien für ein gutes, erfülltes Leben.

Wo fängt denn ein Verhalten an, sündhaft zu werden?

Severin: Richtige Sünde ist nur, gegen besseres Wissen etwas Falsches tun. Sonst ist es ein Fehler, den man begeht, weil man es nicht besser wusste.

Tonja: Wir sind alle nicht perfekt. Aber wir können es versuchen. Wenn wir trotzdem gegen etwas verstoßen, heißt das nicht, dass wir verloren sind.

Wie kann man denn eine Sünde wieder loswerden?

Severin: Durch Umkehr.

Tonja: Man muss erkennen, dass man etwas falsch gemacht hat, und es bereuen. Außerdem soll man versuchen, es wiedergutzumachen. Dann im Gebet vor Christus kommen und sagen: Es tut mir leid und ich werde es auch nicht wieder tun. Und dies auch einhalten. Danach ist es

Die Erwachsenen bestehen ein wenig darauf, dass Mädchen nicht bauchfrei, schulterfrei oder Träger haben.

Wir sollen uns kein Tattoo stechen lassen oder Piercings, was ich sehr schade finde.

Wir trinken auch kein Koffein und rauchen nicht.

vergeben. Und wenn es doch wieder passiert, weil wir alle nur Menschen sind, dann kannst du noch mal davon umkehren und dir noch mal das Ziel setzen, dass du es nicht mehr tust. Bis du es dann irgendwann vielleicht mal schaffst.

Severin: Natürlich solltest du nicht mit der Einstellung rangehen: Ja, ich kann es wieder machen, denn ich kann ja umkehren. Der Aspekt der Reue ist dann nicht mehr da.

Könnt ihr uns von einer Situation erzählen, in der ihr Gott oder Jesus erlebt habt?

Tonja: Bei mir ist es so, dass ich ihn in vielen kleineren Aspekten in meinem Leben sehe, wo einfach alles klappt wie am Schnürchen oder genauso, wie ich es mir vorgestellt habe, oder dass genau der Impuls gerade kommt, den ich gebraucht habe, um weiterzumachen. Diese vielen kleinen Sachen, die einen aufbauen, und diese vielen positiven Dinge, darin sehe ich die Hand Christus. Das Gute in der Welt ist für mich Christus. Man spürt ihn einfach, wenn er da ist, einfach weil diese Präsenz eine ganz andere ist. Das ist mega ermutigend und aufbauend.

Severin: Bei mir ist es ähnlich: Ich weiß, es ist Christus, der Heilige Geist, und er lässt mich seine Anwesenheit spüren. Vorgestern Abend wollte ich schnell ins Bett und habe dann doch noch die Bibel in die Hand genommen. Und mir kam eine Schriftstelle in den Kopf: Offenbarung 3, 15, und ich hab zufällig irgendwo aufgeschlagen und es war genau diese Schriftstelle. Ich habe es mir durchgelesen und ich hatte das Gefühl, das passt zu dem, was ich heute und in den letzten Tagen erlebt habe. In solchen Situationen

Dann können wir zu Gott zurückkommen und im Prinzip wie er werden.

habe ich das Gefühl, ich bekomme einen kleinen Schubs in die richtige Richtung.

Wir haben gehört, dass Mormonen daran glauben, dass Gott und Jesus selbst mal Mensch waren und nur durch dieses fromme Leben, also das Halten an die Regeln der Mormonen, es geschafft haben, göttlich zu werden. Was muss man denn machen, dass man zu einem höheren göttlichen Wesen wird?

Tonja: Wir glauben, dass wir Kinder Gottes im Himmel waren und dann auf die Erde gekommen sind, um diese Prüfungen zu durchlaufen, auf der Erde zu sein und Mensch zu sein. Und wenn wir ein rechtschaffenes Leben leben, Gott nachfolgen und ihn als Mittelpunkt in unserem Leben haben, dann können wir auch wieder zu ihm zurückkommen und wieder Kinder Gottes sein.

Severin: Schlüsselpunkt ist, dass Christus für unsere Sünden gelitten hat und er dadurch die Gerechtigkeit erfüllt hat, weil er glaubte, dass Gott ein gerechter Gott ist. Das impliziert, dass er nicht Sünden einfach unter den Tisch fallen lassen kann, weil die Gerechtigkeit es erfordert, dass ein Fehler Konsequenzen nach sich zieht. Deswegen hat Christus für uns gelitten, damit wir umkehren können und nicht leiden müssen. Wenn wir das tun, dann sind unsere Sünden vergeben, weil die Schuld dafür bezahlt wurde. Und dann können wir zu Gott zurückkommen und im Prinzip wie er werden.

Inwieweit kann das jede:r erreichen? Was ist z. B. mit Andersgläubigen?

Tonja: Wenn man unserer Kirche beitritt, lässt

man sich taufen und im Tempel kann man sich nachträglich für die Verstorbenen taufen lassen. Wir geben ihnen so die Möglichkeit, das Evangelium noch anzunehmen und auch zu Gott zurückzukommen. Es wird niemandem aufgezwungen. Es wird jedem angeboten. Aber wer sich aktiv dagegen entscheidet, wird halt nicht zurückkommen.

....

Inwieweit ist euch schon mal Kritik an eurer religiösen Überzeugung entgegengebracht worden?
Severin: Ein paar Mal ist mir das schon passiert: Die Mormonen sind doch die mit den vielen Frauen.
Tonja: Im Alten Testament hatten die Männer mehrere Frauen, aber es ist heute nicht mehr so. Wir haben eine feste Regelung, dass Mann und Frau allein eine Familie haben und auch erst nach der Ehe.

....

Wie reagiert euer Umfeld darauf?
Severin: Viele reagieren nicht. Wenn ich erwähne, dass ich religiös bin und deshalb keinen Alkohol trinke, dann kommt ein Okay. Und dann geht das Gespräch weiter.
Tonja: Dann kommt eher noch eine Wertschätzung, dass du die Disziplin hast, nicht zu trinken.
Severin: Oder so was: „Du bist viel vernünftiger als ich."

....

Zur Entwicklung eines jungen Menschen gehört, Grenzen zu testen und selbstbestimmt eigene Entscheidungen zu treffen. Wie gelingt euch das?

Tonja: Ich war schon auf Geburtstagen, wo getrunken wurde. Meine Mutter war immer ein bisschen skeptisch, wenn ich gesagt habe, ich gehe dahin, denn sie wusste, dass es dort Alkohol gibt. Sie hat mich mal gefragt, ob das nicht schwieriger für mich ist, wenn alle anderen trinken und ich nicht. Ich konnte ihr dann ehrlich sagen, dass es eigentlich genau umgekehrt ist: Sobald alle anderen um mich herum anfangen, sich komplett betrunken zu benehmen, bin ich eigentlich nur bestärkter darin, keinen Alkohol zu trinken.
Severin: Mir geht es genauso. Ich trinke nicht, weil ich erstens religiös bin, zweitens will ich nicht die Kontrolle verlieren, drittens will ich mich nicht betrunken benehmen und viertens: Alkohol stinkt einfach.

....

Also würdet ihr nicht sagen, dass es euch irgendwie einschränkt?
Tonja: Bei den Sachen, die uns was bringen und wo wir Kontakte knüpfen und zusammen was unternehmen, sind wir überhaupt nicht eingeschränkt.
Tonja: Ich mach mir lieber einen schönen Abend zu Hause und schau einen Film oder lese noch was, als draußen zu sein.

....

Viele junge Menschen hinterfragen die Ansichten und Moralvorstellungen, mit denen sie aufgewachsen sind. Gerade unsere Generation beschäftigt sich ja viel mit Themen wie Diversity, sexuelle Orientierung oder Ähnlichem ....
Severin: Man hinterfragt die kirchlichen Ansichten dazu, aber man äußert es nicht laut – einfach,

Man hinterfragt die kirchlichen Ansichten, aber man äußert es nicht laut.

197

weil es sonst wieder eine Riesendiskussion gibt. Was Diversity und LGTBQ+ betrifft – meine Meinung dazu ist: Von mir aus kann jeder machen, was er will. Das ist mir relativ gleich. Wenn die Leute glücklich sind, dann sollen sie das machen. Ich kann und will sie auch gar nicht davon abhalten, irgendwas zu tun, worauf sie Lust haben. Ich denke auch nicht, dass man Leute deswegen ausschließen oder runtermachen sollte, ich sehe das auch nicht als Krankheit oder so.

Tonja: Ja, traditionelle Ansichten dazu werden halt nicht laut in der Kirche infrage gestellt – einfach, weil es halt dann doch wieder die klaren Antworten von der Kirche gibt. Und wenn man sich im falschen Körper geboren fühlt, dann ist das vielleicht auch eine Prüfung, die Gott uns schickt und die wir überwinden müssen, um weiterzuleben. Es ist wirklich die Entscheidung von jedem Einzelnen, wie er am glücklichsten ist. Das ist im Endeffekt das, was zählt: dass die Person glücklich ist. Und ob sie jetzt lieber ein Mann ist oder das gleiche Geschlecht heiraten möchte, ist für mich komplett egal. Ich möchte, dass wir nicht jemanden verurteilen, nur weil er in bestimmter Weise fühlt und sich entsprechend entscheidet. Wichtig ist, dass die Gesellschaft das akzeptiert. Deswegen bin ich auch der Meinung, dass die Kirche mehr diese Akzeptanz nach außen verbreiten sollte.

Severin: Es steht ja auch geschrieben in der Schrift, dass wir unsere Mitmenschen lieben sollen. Egal was sie tun, egal wie sie sich entscheiden und egal wer und wie sie sind. Ich hab das Gefühl, da geht oft solche Akzeptanz und Nächstenliebe unter.

Wir haben das Buch Mormon, das uns Richtlinien gibt.

Manche sagen, dass eure religiöse Gemeinschaft eigentlich keine richtige Kirche ist, sondern eine Sekte. Was meint ihr dazu?

Tonja: Wir sind keine Sekte. Einfach aus dem Grund, dass man bei uns ein- und aussteigen kann, wie man möchte. Man wird nicht dafür verfolgt und die Familie leidet darunter nicht. Wir haben auch keine Handlungen hinter verschlossenen Türen, bei uns kann man eigentlich alles einsehen.

Severin: Außer die heiligsten Handlungen im Tempel, die persönlich sind. Da kannst du jetzt nicht bei jedem reingucken. Eine Sekte ist eine elitäre Gesellschaft, die sich auserwählt fühlt, wo es relativ schwer ist, reinzukommen, und aus der man nicht mehr wirklich rauskommt. Bei uns ist es nicht irgendwie menschenverachtend, ausschließend oder unter Zwang. Wobei – die Überzeugung, wir sind am richtigsten und am weitesten, ist schon vorhanden, denn sonst macht das Ganze nicht viel Sinn. Ich glaube aber nicht, dass es uns direkt zu einer Sekte macht, wenn wir der Ansicht sind, dass wir richtig liegen.

Tonja: Wir wissen als Kirche schon selber oder als Religion, dass wir selber auch nicht alles wissen. Aber wir halten halt an den Überlieferungen fest, die wir noch aus früherer Zeit haben. Wir gehen damit noch einen Schritt weiter als z. B. die evangelische Kirche oder die katholische. Wir haben eben noch das Buch Mormon, das uns Richtlinien gibt. *[eine religiöse Schrift, die der Kirchenbegründer Joseph Smith 1830 veröffentlicht hat, sich auf den Propheten Mormon als ursprünglichen Autor des Textes bezieht und den*

Angehörigen der verschiedenen mormonischen Gemeinschaften als Heilige Schrift gilt – allerdings ohne von anders orientierten Christ:innen als solche anerkannt zu werden] Das erklärt uns noch mal Sachen und gibt einen Sinn.

Severin: Ich glaube, es ist auch von unserer Kirche so gesagt worden: Viele der anderen Religionen sind nicht hundertprozentig falsch oder böse. Denn die christlichen Religionen glauben ja an Christus und haben die Bibel. Also, vieles ist richtig, aber einfach nicht alles.

Tonja: Es ist nicht vollständig. Unsere Überzeugung ist, dass wir noch am ehesten vollständig sind …

Severin: … und dass wir einen lebenden Propheten haben. Wir verlassen uns also nicht nur auf die Bibel und das Buch Mormon, sondern haben durch einen lebenden Propheten fortlaufend Offenbarungen und Hilfen an der Hand, sodass wir uns nicht nur an Grundsätze und Lehren halten, sondern auch an die neue moderne Welt angepasste Gebote bekommen und befolgen.

....

Religionen haben ja Vorstellungen darüber, was nach dem Tod kommt. Was denkt ihr?

Tonja: Das Leben ist dann noch viel, viel schöner als das auf der Erde. Wir lassen ja unseren sterblichen Körper hier und bekommen dafür einen ewigen Körper, wenn wir ein gutes Leben führen und rechtschaffen sind. Dann sind wir wirklich zur rechten Hand Gottes und haben dann die Macht, unsere eigenen kleinen Mini-Welten zu bauen, Welten wie diese. Und deswegen habe ich mir schon immer so ausgemalt, was ich für eine Welt haben will.

Severin: In der Kirche wird gesagt: Nach dem Tod kommt man in ein Zwischenstadium, die Geisterwelt, wo die Toten sind bis zum Tag des Jüngsten Gerichts, wo Christus wieder auf die Erde kommt, wo dann die Leute gerichtet werden gemäß ihren Taten und inwieweit sie davon umgekehrt sind. Danach gibt's – bei uns heißt das – „Grade der Herrlichkeit". Es gibt das celestiale Reich, das ist das höchste, dann das terrestriale Reich, das ist das zweithöchste und dann das telestiale Reich, das ist das dritthöchste.

Tonja: Und dann kommt die Hölle als tiefste Ebene. Aber da kommt man eigentlich nicht rein, denn dann musst du schon der Teufel persönlich sein.

Severin: Ja, ich glaube, die Hölle – wenn man sie so nennen will – ist der Bereich, wo Gott nicht anwesend ist. Was wir, glaube ich, noch nicht mal hier im Erdenleben so wirklich spüren. Weil er immer irgendwie da ist. Hölle ist einfach die Abwesenheit von Gott, und dass man nicht bei ihm ist. Obwohl man's hätte sein können.

Tonja: Das ist im Prinzip das Schlimmste, was uns passieren kann. Also vor allem für uns. Wenn wir das ganze Leben anstreben, bei Gott zu sein, haben wir keine Hölle mit einem Scheiterhaufen oder einem lebendigen Feuer.

Severin: Also nicht Hölle, wie man es aus der katholischen Kirche oder so kennt.

....

Welche Möglichkeiten gibt es für Leute, die eurer Kirche nicht angehören, nach dem Tod? Haben die dann nicht die Möglichkeit, bei Gott zu sein?

Beide: Doch, doch, doch.

Nach dem Tod kommt man in ein Zwischenstadium […] Danach gibt's – bei uns heißt das – „Grade der Herrlichkeit".

Severin: Denen wird auch dort noch die Möglichkeit gegeben, das Evangelium anzunehmen.

Tonja: Meine Tante hat letztens gesagt, dass sie sich das so vorstellt, dass man nach dem Tod in der Geisterwelt ist. Wie so auf einem riesigen Platz. Und es gibt eine Türe für jeden Einzelnen. Und dadurch, dass wir die Taufe für Verstorbene machen, von der ich vorhin erzählt hab, wird die Möglichkeit gegeben, diese Tür aufzumachen. Ob sie dann durchgehen, ist dann immer noch ihre Entscheidung.

....

Seid ihr dann auch mit eurer Familie zusammen, wenn ihr bei Gott seid?

Severin: Das ist Teil der Überzeugung, dass man später auch als Familie ewig vereint sein kann, wenn man sich daran hält und die entsprechenden Bündnisse geschlossen werden.

Tonja: Wenn man heiratet, dann heiratet man immer zweimal: einmal standesamtlich, einmal im Tempel. Und diese Bindung im Tempel ist dann das Zeichen, dass man mit seinem Partner und mit den Kindern, die aus diesem Bund hervorgehen, auch im Himmel immer zusammen sein wird. Wenn jemand aus der Familie gestorben ist, wissen wir, dass wir ihn wiedersehen werden. Und auch wenn ein Kind oder ein Partner oder so von der Kirche abkommt, ist man trotzdem zusammen.

....

Welche Gefühle löst es bei euch aus, wenn ihr an das Jüngste Gericht denkt?

Severin: Gemischt. Es ist eine Ermahnung zum Pflichtbewusstsein. Nach dem Motto: Okay, ich weiß, was kommt, und ich kann mich darauf vorbereiten, aber ich muss es halt auch tun. Dann wird man gerichtet gemäß seinen Taten.

Tonja: Ich kann durch meine Taten im Jetzt meine Zukunft beeinflussen. Ich stelle mir das immer so vor, wie so einen riesigen Saal mit allen anderen Menschen nebendran. Weit vorne steht Christus. Ich stehe vor Gott, und Gott ist weiter oben als ich. Ich bin ja nur ein Mensch. Und Christus steht aber nicht oben bei Gott, sondern eigentlich mehr so neben mir und schaut auch Gott an und verteidigt mich und die Sachen, die ich gemacht habe. Er spricht im Prinzip für mich mit Gott und sagt: „Hey, aber sie ist davon umgekehrt. Und es tut ihr leid. Und sie hat es nicht mehr wieder getan." Er ist ja unser Freund und Fürsprecher vor Gott. Und deswegen habe ich nicht unbedingt Angst davor und habe nichts zu befürchten.

....

Wenn es so ist, wieso sind dann Religionen in unserer Gesellschaft gerade bei jungen Leuten anscheinend nicht mehr so in Mode?

Severin: Ich habe schon das Gefühl, die früheren Generationen waren viel mehr auf die Religionen bezogen. Heutzutage sind die Jugendlichen mehr auf ihr Leben konzentriert und haben nicht unbedingt den Fokus auf die Art und Weise, wie sie an Gott glauben oder wie sie ihn verehren wollen. Ist ein bisschen weg von den Religionen – individueller, persönlicher. Aber ich finde es eigentlich nicht schlecht …

Tonja: Ich find's eigentlich voll gut. Ich denke außerdem, dass mehr Personen an Gott glauben, als mancher denkt. Im Endeffekt sagen doch viele von uns: Irgendwas ist da draußen. Sie glauben

Wenn jemand aus der Familie gestorben ist, wissen wir, dass wir ihn wiedersehen werden.

Die früheren Generationen waren viel mehr auf die Religionen bezogen. Heutzutage sind die Jugendlichen mehr auf ihr Leben konzentriert.

Im Endeffekt sagen doch viele von uns: Irgendwas ist da draußen.

einfach an diese Macht, die Kraft gibt. Ich finde auch, dass das voll wichtig ist. Klar, ich könnte auch versuchen, es ohne hinzubekommen. Es wäre so viel schwieriger, weil ich einfach nicht dieses Etwas habe, an dem ich mich festhalten kann. Es gibt halt doch irgendwie einen Ankerpunkt, der stützt und unverrückbar ist, egal wie sich grade das Leben drum bewegt.

„Bei uns heißt er Gott, bei den Muslimen ist es Gott und bei den Christen ist es Gott"

JIHAN (19), Jesidin, Schülerin und Mitautorin eines Buches über die Jesiden-Verfolgung durch den sogenannten Islamischen Staat (IS)

Am 3. August 2014 kam der IS, der sogenannte Islamische Staat, und nahm mich mit dem Großteil meiner Familie fest.

Jihan, wir möchten uns mit dir über deine religiösen Ansichten unterhalten. Vielleicht erzählst du am Anfang ein bisschen über dich.
Ich bin Jihan und komme aus dem Irak. Dort habe ich die ersten zehn Jahre meines Lebens in Shingal *[Heimatregion vieler Jesid:innen im Nordirak]* mit meiner ganzen Familie verbracht. Ich bin dort aufgewachsen und zur Schule gegangen. Aber am 3. August 2014 kam der IS, der sogenannte Islamische Staat, und nahm mich mit dem Großteil meiner Familie fest.

Wie lange warst du in IS-Gefangenschaft?
Insgesamt zehn Monate lang. Dann wurden meine Mutter, drei Geschwister und ich von meinem Onkel freigekauft. In diesen zehn Monaten waren wir an vielen verschiedenen Orten in Syrien und im Irak. Wenn der Ort, an dem wir waren, bombardiert wurde, mussten wir mit den IS-Mitgliedern weiterreisen. Außer uns wurden sehr viele Frauen, Kinder und Männer festgehalten. Die Männer wurden von den

Frauen getrennt. Die IS-ler haben uns immer gesagt, dass sie die Männer umgebracht haben, wir Frauen jetzt ihnen gehören und das machen müssen, was sie uns sagen. Bis jetzt sind immer noch Familienmitglieder von mir in IS-Gefangenschaft. Ich weiß bis jetzt nicht, ob mein Vater und mein Bruder am Leben sind. Meine Schwester wurde im September letzten Jahres nach acht Jahren Gefangenschaft freigekauft und ist jetzt in Deutschland.

Wie bist du nach Deutschland gekommen?
Es gab ein Projekt, das Sonderkontingent Baden-Württemberg. Darüber wurden 1.100 jesidische Frauen und Kinder nach Deutschland gebracht, um ihnen hier ein neues Leben zu ermöglichen. Meine Familie und ich haben im Irak von dem Projekt gehört und uns dort vorgestellt. So kamen wir nach Deutschland.

In der Gefangenschaft wurdest du durch die IS-Männer mit dem Islam konfrontiert. Hast du dir irgendwann überlegt, dich als Muslima darzustellen?
Sie haben uns teilweise gezwungen, ein Kopftuch zu tragen, den Koran zu lesen und auch mitzubeten. Das haben wir natürlich alles gemacht, um nicht getötet zu werden. Meine Mama war für uns Kinder immer da und hat uns gesagt, wie wir uns benehmen sollen. Wir haben einfach das gemacht, was sie von uns wollten, damit sie uns in Ruhe lassen und nicht die ganze Zeit belästigen, schlagen oder versuchen zu vergewaltigen. Mein Vater würde lieber sterben als zum Islam zu konvertieren. So denke

ich auch. Mein Vater und meine Religion sind mir natürlich sehr wichtig, aber damals war die Situation eine andere. Da musste ich alles tun, um zu überleben.

Dass du in IS-Gefangenschaft warst und was dir da passiert ist … – wie viel hat das, was deine Gegner dort mit dir gemacht haben, aus deiner Sicht mit deren islamischen Glauben zu tun?
Meiner Meinung nach haben die Menschen das gemacht, weil sie krank im Kopf sind. Bei den Leuten ist im Leben irgendwas schiefgelaufen, dass sie den Islam so vertreten. Ich werde heute noch oft beleidigt und bekomme nicht so schöne Nachrichten, weil die Leute denken, wenn ich über den IS spreche, spreche ich über die ganze Religion, also den Islam. Aber das stimmt nicht. Der Islam ist eine Weltreligion und ich kann nicht wegen einer kleinen Minderheit alle Muslime in eine Schublade stecken. Meiner Meinung nach haben diese Menschen den Islam radikaler gemacht. Sie wollten die Leute zum Konvertieren zwingen. Wenn ich über den IS spreche, spreche ich über eine kleine Minderheit, die sehr radikal ist.

Im Jesidentum gibt es keine heiligen Schriften. Die Religion wird mündlich überliefert. Was ist der Kernbestand deines Glaubens?
Jesiden glauben an Gott und an sieben Engel. Der größte Engel ist der Tausi Melek und sein Zeichen ist der Pfau. Deswegen ist das Titelbild von meinem Buch ein Pfau. *[Buchtitel:* Dankbarkeit – Die schlimmste Zeit meines Lebens. *ISBN 978-3949121043]*

Die IS-ler haben uns immer gesagt, dass sie die Männer umgebracht haben, wir Frauen jetzt ihnen gehören.

Der Islam ist eine Weltreligion und ich kann nicht wegen einer kleinen Minderheit alle Muslime in eine Schublade stecken.

Wenn ich über den IS spreche, spreche ich über eine kleine Minderheit, die sehr radikal ist.

Illustration von Leonardo Wassermann

Ich habe teilweise gesehen, wie andere Leute ermordet wurden oder wie die Leichen nach den Bombardierungen aus den Trümmern geholt wurden. Das waren Momente, in denen ich zu Gott und Tausi Melek gebetet habe.

ist unser heiliger Ort. Er liegt im Nordirak, genauer gesagt in Kurdistan. Die Gelehrten erzählen uns dort Geschichten über die Religion und die Jesiden.

Uns interessiert, was dich persönlich als Jesidin ausmacht. Wie sieht dein Alltag als Jesidin aus?
Wegen meiner Religion bin ich an die Öffentlichkeit gegangen. Ich möchte meine Religion präsentieren und für mein Volk da sein. Ich möchte nicht zulassen, dass alles vergessen wird, was uns angetan wurde und wird. Ich möchte Gerechtigkeit für die Jesiden und dass die Leute bestraft werden, die den Genozid begangen haben. Ich bin sehr stolz auf meine Religion und freue mich, dass ich auf Veranstaltungen und Lesungen eingeladen werde und meine Geschichte erzählen darf. Es ist ein harter Job und ein hartes Leben, wenn man die ganze Zeit an die schlimmsten Zeiten erinnert wird. Ich trage das Trauma mit mir.

Wir haben unsere eigenen Feste, es ist eine eigenständige Religion. Es hat nichts mit dem Islam, dem Christentum oder dem Judentum zu tun. Jesiden sind eine kleine Minderheit. Die meisten kommen aus dem Irak, Syrien und der Türkei. Über die Religion gibt es leider nicht mehr so viel Wissen, weil wir immer wieder verfolgt und die Ältesten ermordet wurden. Somit hatten sie nicht die Chance, sie mündlich weiterzugeben. Bei uns gibt es keine heilige Schrift, nur zwei kleine Bücher. Das haben die Gelehrten mal geschrieben, aber es gilt nicht als heilige Schrift. Bei uns werden die Sachen mündlich weitergegeben.

Wird es von den Gelehrten oder durch die Familie überliefert?
Beides. Man kann sich immer wieder zu den Gelehrten setzen, wenn man z. B. in Lalish ist. Das

Hast du gebetet, als du in IS-Gefangenschaft warst?
Dort habe ich sehr oft um mein Leben und das meiner Mutter gebetet. Ich habe teilweise gesehen, wie andere Leute ermordet wurden oder wie die Leichen nach den Bombardierungen aus den Trümmern geholt wurden. Das waren Momente, in denen ich zu Gott und Tausi Melek gebetet habe.

Du sagtest, dass du an die Kraft des Gebetes glaubst und es dir in der IS-Gefangenschaft geholfen hat. Was aber ist mit den Jesiden und

QR-Code zu Informationen
und zum Bestellformular
des Buches *Dankbarkeit —
Die schlimmste Zeit meines
Lebens* von Jihan und
Marvin Jiyan

Das Jesidentum ist eine monotheistische Religion, deren Ursprünge etwa 2000 v. Chr. liegen. Die Jesid:innen glauben an Seelenwanderung und Wiedergeburt, „Kiras Guhartin" auf Kurdisch. Sie sehen den Engel Ezid oder den Engel-Pfau (Tausi Melek) als wichtige Figuren an, die von Gott als oberstem Engel erschaffen wurden. Tausi Melek gilt ihnen als Stellvertreter Gottes auf Erden, der Gottes Plan und Werk ausführt. Er symbolisiert weder den Teufel, noch ist er ein gefallener Engel, auch wenn dies von einigen Muslimen im Nahen Osten fälschlicherweise behauptet wird und der IS diese Behauptung als Rechtfertigung für die Vertreibung, Ermordung und Verfolgung von Jesiden nutzte.

Weltweit gibt es etwa eine Million Jesid:innen, hauptsächlich im Nahen Osten, insbesondere in den kurdischen Regionen des Irak, der Türkei, Syriens und des Iran.

Viele Leute glauben noch, dass der Pfau einen Teufel darstellt und wir somit den Teufel anbeten.

Jesidinnen, die auch gebetet, aber nicht überlebt haben?

Ich finde es sehr traurig, dass diese Menschen es nicht geschafft haben. Aber irgendwann sterben wir ja alle. Es war halt so, dass der liebe Gott sie zu sich holen wollte und es vielleicht das Beste für die Menschen war.

....

Du hast vorhin erzählt, dass es sieben Engel gibt und der wichtigste Engel der Tausi Melek ist. Es gibt manche, die sagen, dass im Jesidentum der Teufel angebetet wird. Wie findest du diese Aussage?

Diese Aussage ist Schwachsinn. Der Pfau ist unser Zeichen. Aber das ist nicht unser Glaube. Wir glauben nicht an den Pfau, sondern an Gott. Der Pfau repräsentiert das Jesidentum. Viele Leute glauben noch, dass der Pfau einen Teufel darstellt und wir somit den Teufel anbeten. Ich höre in der Schule Aussagen wie „Teufelsanbeter" oder dumme Witze wie: „Du glaubst an einen Vogel" sehr häufig. Das finde ich schade. Man denkt, dass man in Deutschland in Sicherheit ist und alles toleriert wird, dennoch gibt es immer wieder Leute, die meine Religion nicht akzeptieren.

....

Stimmt es, dass es im Jesidentum keinen Teufel und keine Hölle gibt?

Ja, bei uns gibt es auch das Wort Teufel nicht. Es ist bei uns sogar verboten, weil wir gar nicht an den Teufel glauben. Wir glauben auch nicht an die Hölle, sondern nur an den Himmel. Wir glauben nur an das Gute und nicht an das Böse.

....

Was denkst du, woher das Böse kommt, wenn es keinen Teufel gibt?

Ehrlich gesagt habe ich mich nicht so krass damit beschäftigt. Ich weiß nicht, woher das kommt. Ich glaube nicht, dass jemand beantworten kann, warum Leute böse sind und anderen Menschen wehtun.

....

Welche Vorstellung hast du über Gerechtigkeit? Was passiert mit Menschen, die du als böse empfindest und die andere Menschen verletzen, z. B. mit IS-Mitgliedern?

Unsere Nachbarn, mit denen wir den Großteil unseres Lebens verbracht haben und mit deren Kindern ich aufgewachsen bin, haben uns verraten. Diese Leute haben wir später beim IS gesehen. Wir konnten das zuerst nicht glauben. Aber Jesiden sind nirgendwo sicher. Wir haben kein Vertrauen mehr in die Menschheit, weil wir so oft traumatisiert wurden. Ich musste selbst zusehen, wie meine Oma und meine Mutter geschlagen wurden oder wie sie versuchten, meine Tante zu vergewaltigen. Diese Sachen habe ich nur miterlebt, weil es Menschen gibt, die mir vorschreiben wollen, wie ich mein Leben zu leben habe und welcher Religion ich angehören soll.

Glaubst du, diese Muslim:innen legen ihren Glauben falsch aus?

Es waren nicht nur Leute aus muslimisch geprägten Ländern. Es waren Leute von überall dabei. Auch aus China und aus Deutschland. Aus Deutschland war sogar jemand dabei, den meine Schwester persönlich kennengelernt hat. Es gab auch deutsche Frauen, die in den Irak oder nach Syrien zu ihren Männern sind, um dort mit ihnen zu leben. Sie wurden wieder nach Deutschland geholt und da hat niemand was dagegen getan. Diese Menschen sind besessen von ihrer Einstellung oder von ihrem Glauben. Ich will nicht sagen, dass sie das tun, weil sie Muslime sind. Aber sie haben uns immer gesagt, Moslem zu sein ist das einzig Wahre und der Koran ist das Wichtigste.

Als Jeside oder Jesidin wird man geboren. Es gibt keine Möglichkeit, zum Jesidentum zu konvertieren. Wie findest du das?

Das finde ich ehrlich gesagt ein bisschen schade, aber ich kann es auch verstehen. Die Jesiden wollen nicht verraten werden und haben somit wenig Vertrauen in Menschen, die konvertieren möchten. Allerdings: Wenn sie zulassen würden, dass andere zum Jesidentum konvertieren, dann würde die Religion größer und stärker werden. Die Religion könnte dann auf der ganzen Welt bekannter werden.

Du lebst seit einer Weile in Deutschland. Wahrscheinlich kamst du u. a. mit dem Christentum, dem Islam und mit nicht-religiösen Menschen in Kontakt. Hast du dir mal überlegt, ob eine andere Religion für dich infrage kommt?

Für mich kommt keine andere Religion infrage. Allein weil meinem Volk so viel angetan wurde. Ich könnte niemals mein Volk im Stich lassen. Ich bin eine stolze Jesidin. Christen und Muslime kenne ich seit meiner Kindheit, daher war das für mich nichts Neues. Ich komme mit allen Menschen zurecht. Für mich spielen die Sexualität oder der Glauben keine Rolle. Ich habe in der Schule mit Muslimen zu tun, wir sitzen nebeneinander und lösen die Aufgaben miteinander. Nicht alle Muslime sind für mich böse Menschen, sondern nur der IS.

Was denkst du, was wäre in deinem Leben anders, wenn du keine Jesidin wärst? Wenn du irgendwo anders geboren wärst?

Wahrscheinlich hätte ich noch meinen Vater und meine ganze Familie. Wahrscheinlich wäre

Ich will nicht sagen, dass sie das tun, weil sie Muslime sind. Aber sie haben uns immer gesagt, Moslem zu sein ist das einzig Wahre und der Koran ist das Wichtigste.

Für mich kommt keine andere Religion infrage. Ich könnte niemals mein Volk im Stich lassen. Ich bin eine stolze Jesidin.

ich nicht verfolgt worden. Ich wäre nicht traumatisiert. Ich wäre nicht der Mensch, der ich heute bin.

....

Im Jesidentum gibt es ein System aus drei Kasten. Jedes Mitglied der jesidischen Gesellschaft wird in eine dieser Kasten hineingeboren. Ich weiß aus eigener Erfahrung: Wenn man außerhalb der eigenen Kaste heiratet, wird man aus der Gemeinschaft ausgeschlossen. Wie findest du diese Umgangsweise?

Das finde ich sehr schrecklich, dass man diesen Leuten das antut, dass man sagt, du bist jetzt nicht mehr unsere Tochter oder du hast jetzt den Familiennamen beschmutzt. So was gibt es jedoch überall, nicht nur im Jesidentum. Das ist was Religiöses und das gab es schon immer.

....

Ist es in Deutschland auch so? Oder geht man da ein bisschen entspannter damit um?

Nein. Es ist nicht vorstellbar, dass man mit jemandem aus einer anderen Kaste zusammenkommt, obwohl alle drei dieselben Rechte haben und alle drei auf ein und derselben Höhe stehen. Aber man darf es halt nicht. Ich persönlich könnte es mir nicht vorstellen, jemanden aus einer anderen Kaste zu heiraten. Für mich persönlich ist es nicht denkbar.

Ich persönlich könnte es mir nicht vorstellen, jemanden aus einer anderen Kaste zu heiraten.

Im Jesidentum hat die Sonne eine große Bedeutung. Was bedeutet die Sonne für dich persönlich?

Wir beten in Richtung Sonne am Morgen, wenn die Sonne aufgeht, und abends, wenn die Sonne untergeht. Wenn ich an das Wort Sonne denke, muss ich direkt an meinen Vater denken. Jedes Mal sehe ich dann meinen Vater vor mir, wie er morgens und abends dasteht und betet. Das hat eine wichtige Bedeutung für mich. Das sind die letzten Bilder, die ich von meinem Vater in meinem Kopf habe.

....

Du hast erwähnt, dass du seit deiner Kindheit Menschen kennst, die an das Christentum oder den Islam glauben. Siehst du Überschneidungen zwischen anderen Religionen und dem Jesidentum?

Ich vergleiche die Religionen nicht miteinander. Ich lasse jeden Menschen daran glauben, woran er glauben möchte. Ich akzeptiere die Meinung aller Menschen. Von mir aus glaube an Gott, glaube an das, was die Jesiden glauben, oder glaube an das, was die Muslime glauben. Ich glaube, überall gibt es ein bisschen Überschneidungen. Bei uns heißt er Gott, bei den Muslimen ist es Gott und bei den Christen ist es Gott.

Sudoku

			✡					ॐ
	☸	ॐ			☀	✡	🕊	
	♋	🕊		☸				☯
♋			☸	☀				🕊
		✝	☯		♋		☸	
	✡			ॐ		☪		
	☯				☪	🕊		
	🕊			☯			✡	
ॐ		♋	☀					☸

REGELN:

Jede Spalte, jede Zeile und jeder Block muss alle 9 Symbole enthalten. Hierbei dürfen keine Spalte, keine Zeile und kein Block zwei oder mehr Felder mit demselben Symbol enthalten. Auf Seite 284 findest du die Lösung. Aber nicht schummeln!

GANZ TIEF EINSTEIGEN!?

Glaube als Beruf(ung)

„Wer, um sich selbst zu finden, nach Nepal fliegen muss, was findet der?"

BRUDER MATTHIAS (30), seit sechs Jahren Benediktinermönch

Bruder Matthias, erzählen Sie doch bitte mal, wie Sie zum christlichen Glauben gekommen und schließlich im Kloster Neresheim gelandet sind.

Zum Glauben relativ klassisch, das war bei uns Teil des Familienlebens. Meine Mutter ist Protestantin, mein Vater war Katholik. Demnach ging man halt sonntags in die Kirche. Ich habe dann die Kommunion gehabt, habe ministriert und ab der Firmungszeit habe ich beim BDKJ, das ist der Bund deutscher katholischer Jugend, Jugendarbeit gemacht bis ich 18 oder 19 war. In der Zwischenzeit hatte ich eine Ausbildung zum Bankkaufmann begonnen und war nicht mehr unbedingt Stammgast in der Kirche gewesen. Mit 21 hatte ich dann zwar Arbeit und einen Freundeskreis, habe aber gemerkt, dass mir irgendwas fehlt. Ich wollte mich beruflich verändern, vielleicht etwas in Richtung Soziale Arbeit machen, also musste ich mein Abitur nachholen und habe das auf einem Spätberufenen-Seminar der Kirche getan. Das war ein Wohnheim nur für junge Männer mit dem Konzept, dass es neben der Schule die tägliche Messe und zwei Stunden Gebetszeiten gibt. Mein Fokus war aber weniger auf das Schulische gerichtet, ich wollte lieber am Wochenende ein bisschen Party machen, und dementsprechend endete das dann auch nach zwei Jahren ohne Abschluss für mich. *[lacht]* Was ich allerdings mitgenommen hatte, war das Stundengebet, dieses Beten der Psalmen in einem festen Duktus mit dem Ziel, alle Psalmen zu beten. Die Psalmen sind ja super spannende religiöse Texte, weil sie neben der religiösen Ebene meistens noch eine historische haben, eine poetische usw. Dieses Psalmenbeten wollte ich dann etwas kompakter ausprobieren, weil ich mir vorstellen konnte, dass das für ein gelingendes Leben für mich hilfreich sein könnte. Ich habe drei Wochen Urlaub im Benediktinerkloster gemacht, weil da die 150 Psalmen einmal die Woche durchgebetet werden. Ich habe gemerkt, dass mir das guttut, und habe relativ kurzentschlossen gedacht: Wenn ich das dauerhaft probieren möchte, sollte ich es jetzt tun, mit 24, und nicht mit Mitte 40. So bin ich im August 2017 hier eingetreten und bin jetzt seit sechs Jahren hier.

....

Inwiefern hat Ihr Umfeld Kritik an Ihrer Entscheidung geäußert?

Eigentlich wenig bis gar nicht. Meine Mutter hatte das geahnt und ist jetzt nicht rückwärts von der Couch gefallen. Sie unterstützt mich. Meinem Bruder war es charmant egal. *[lacht]* Der hat das auch einfach mitgetragen. Im Freundeskreis hat auch keiner die Freundschaft beendet. Was

man halt schon hin und wieder als Kommentar gehört hat, war: „Dann werd doch wenigstens Pfarrer! Mach doch was mit Jugendarbeit, irgendwas Nützliches!" Dieses Ordensmann-Sein ist einfach recht weit von der Lebensrealität weg. Das konnten einige nicht verstehen. Die Gottsuche und das öffentliche Gebet – was der Mönch halt so macht – wirken für die meisten Leute nicht wie etwas Sinnvolles.

....

Welche Gedanken hatten Sie damals, als Sie Ihre Entscheidung getroffen haben?

Vor dem Eintritt hatte ich nie einen Riesenkonflikt, auch wenn natürlich keiner wegen der Askese ins Kloster geht. *[lacht]* Das wäre auch nicht tragfähig für ein Leben, diese Vorstellung: Da sitzt man in seiner Zelle und leckt das Wasser von der Wand und hat nix. Das taugt als Lebensziel nur bedingt, zumindest langfristig. Man kann das mal ganz spannend finden, als Grenzerfahrung, aber irgendwann stumpft sich das ab und Sie brauchen was anderes. Das ist die Gottsuche. Für mich war das exakt das Richtige, diese Möglichkeit zu haben, immer wieder ins Gebet zurückzukehren, vielleicht auch immer wieder zurückkehren zu müssen.

....

Was bietet Ihnen das Kloster, was Sie sonst nicht finden konnten?

Wir Mönche leben unter der Regel des heiligen Benedikt, und diese Regel beginnt mit den Worten: „Komm her, der du das gute Leben suchst." Das mag etwas komisch klingen auf den ersten Blick, aber der Mönch versteht sich ja als Gottsucher. Im Kloster kriegen Sie die Möglichkeit,

Diese Vorstellung: Da sitzt man in seiner Zelle und leckt das Wasser von der Wand und hat nix. Das taugt als Lebensziel nur bedingt, zumindest langfristig.

213

So rein arterhaltungs-
technisch wäre das
eine ungünstige Ent-
scheidung für uns,
wenn wir jetzt alle in
ein katholisches Klos-
ter eintreten würden.

.

das quasi hauptberuflich zu tun. Da wächst natürlich der Glaube und das Glaubensverständnis wird geschärft. Das heißt nicht, dass das notwendig ist für alle Menschen – denn so rein arterhaltungstechnisch wäre das eine ungünstige Entscheidung für uns, wenn wir jetzt alle in ein katholisches Kloster eintreten würden. Aber gewisse Menschen fühlen sich dazu berufen. Ich habe den Klostereintritt eine Zeit lang als sehr eigenständige Entscheidung wahrgenommen, aber mir wird immer klarer: Die Schritte habe ich selber getan, aber ganz aus mir selbst heraus hätte ich das nicht geschafft. Dafür brauchte ich meinen Glauben und Gott.

....

Und was für eine Rolle hat Gott Ihrer Meinung nach dabei gespielt?

Ich glaube, dass Gott mich genau hierher nach Neresheim berufen hat, auf die Rolle des Mönches. Seitdem ich hier bin, spüre ich einfach eine sehr tiefe Ruhe und Gelassenheit. Die Chance, ganz dafür da zu sein, auf Gottes Ruf zu hören, die habe ich hier. Es ist jetzt nicht so, dass wir täglich kommunizieren würden, er und ich. *[lacht]* Schön wäre es ja. Manchmal hat man auch als Mönch das Gefühl, dass sich Gott von einem abgewendet, einen vergessen hat. Dabei ist es nie so, dass Gott sich von einem abwendet. Wer sich abwendet, ist immer der Mensch, und das kann jedem passieren. Man erfährt Härten des Lebens, man durchläuft diese sogenannten Wüstenphasen, in denen man Gottes Nähe nicht wahrnehmen kann. Aber Gott ist trotzdem für uns da. Und um solche Zeiten durchzustehen, hilft im Klosterleben die Gleichförmigkeit, das

tätige Glaubensleben, weil wir auch in solchen Momenten weiterhin fünf Gebetszeiten am Tag haben. So ist ein eigenes Abwenden von Gott maximal innerlich möglich. Und so ist das mit allem im Kloster: Wenn man die ewigen Gelübde in einem Gottesdienst ablegt, dann wird man zu den drei Gelübden befragt, und auf die antwortet man nicht stumpf mit „ja", sondern mit: „Mit Gottes Beistand bin ich bereit." Und das ist für mich die Quintessenz vom Klosterleben: Dass alles, was wir tun, und diese ganzen Dinge, die anderen als Härten erscheinen von außen – Zölibat, Armut, Ortsbindung, Gebetsverpflichtung –, wir nicht komplett aus uns selber tun, sondern mit Gottes Hilfe, weil wir der Meinung sind, dass es Gottes Wille ist, dass wir hier sind. Das mildert dann vieles ab oder lässt es einen nicht nur ertragen, sondern als sinnvoll erachten. Also allein, glaube ich, geht das nicht, auch das zölibatäre Leben nicht. Für den Klosterbereich – und auch nur für den – ist es durchaus zielführend, da dieses menschliche Alleinsein und das Gefühl der Einsamkeit einfach mit zum Charakteristischen des Mönchtums gehört. Denn: Man hat ja Gott, das ist die Idee.

....

Welche Bedeutung hat das Armutsgelübde für Sie?

Von dem Gedanken, dass Mönche besitzlos leben, muss man sich verabschieden. Das ist natürlich, im Wirtschaftssprech gesprochen, ganz falsch: Es ist ein eigentumsloses Leben, das wir führen. *[lacht]* Nichts gehört uns eigentumsrechtlich und um alles wird gebeten. Das verändert einfach Ihren Umgang mit Konsumgütern.

Deckenfresko in der Abteikirche Neresheim: *Anbetung Gottes durch die Heiligen*. Unten im Zentrum der Heilige Benedikt

Es geht nicht darum, dass ich als Mönch nichts habe, dass ich überall barfuß hinlaufe und Morsezeichen gebe, sondern dass immer, wenn ich etwas Neues zu brauchen meine, ich erst mal in mich gehe und eine Entscheidung treffe: „Brauche ich das wirklich?" Und dann muss ich aber noch zu meinem Oberen gehen und sagen: „Ich brauche Folgendes und bitte darum." Das alles prägt ein Leben und verändert den Umgang mit der Welt und damit auch mit Gott. Andere meinen vielleicht, sie können sich kaufen, was sie wollen. Aber irgendwo gibt es dann auch bei ihnen Grenzen, finanzielle zumindest. Und ich setze mir diese Grenze eben selber. Ich glaube, ich habe im Kloster vor allem gelernt, dass die Welt nicht unbedingt ein Selbstbedienungsladen für uns Menschen sein muss und dass Gott nicht dafür da ist, dass das so erhalten bleibt, sondern wir Menschen.

....

Sie sind jetzt seit sechs Jahren im Kloster. Wenn Sie zurückschauen: Haben sich Ihre Erwartungen erfüllt, die Sie damals hatten?
Größtenteils ja, denn ich wusste, was Benediktiner tun, wofür sie stehen. Grundlegend bin ich ja ins Kloster gegangen, weil ich für mich klären wollte, ob das der richtige Ort für mich ist, ob das Leben hier im Kloster ein gelingendes Leben für mich darstellen kann. Dahingehend kann ich sagen, dass ich gefunden habe, wonach ich suchte. Nicht Gott. Wir sind ja Sucher, und das bedeutet immer, dass wir noch nicht gefunden haben – zumindest nicht mit endgültiger Sicherheit. Um suchen zu können, müssen Sie immer auch kritisch hinterfragen! Und die Frage, ob Gott da ist, müssen wir Mönche, Priester und allgemein hauptamtliche kirchliche Mitarbeiterinnen und Mitarbeiter eigentlich täglich stellen, denn den Beweis können wir nicht führen. Wir werden immer in diesem Suchen bleiben. Aber ich bin in diesem Prozess für mich weitergekommen, weil mir das Kloster dafür das richtige Umfeld schenkt.

....

Können und möchten Sie sagen, was Sie für sich gefunden haben?
Ich habe einen tieferen Glauben entwickeln können, ein tieferes Vertrauen und Hoffen auf Gottes Gegenwart, auch immer wieder ein Spüren dieser Nähe, dieser Zuneigung, die Gott uns schenkt. Ich kann da schlecht mit plastischen Bildern dienen. Wobei ich nicht glaube – auch die meisten Mitbrüder bestätigen das so –, dass ein dauerhaftes Fühlen und Erkennen in jeder Sekunde möglich ist. Ich kann natürlich versuchen, in alle meine Tätigkeiten Gott hineinzuinterpretieren oder hineinzulegen oder ein Bewusstsein dafür. Aber bei manchen fällt es halt dann doch schwer – das gehört auch dazu.

....

Was ist Ihre Vorstellung von Gott?
Schwierig. Gott ist Nähe. Barmherzigkeit. Uneingeschränkte Liebe jedem Menschen gegenüber, also auch dem Nicht-Glaubenden. Gott ist nichts Personales für mich. Gott vereint Eigenschaften, die sowohl Vater und Mutter in unserem Leben einnehmen, aber ich tu mich damit sehr schwer, das als Figur zu sehen – es ist halt nicht der Mann mit Rauschebart auf der Wolke, wobei dieses Bild immer so im Kopf mitschwebt, weil es

Wir sind ja Sucher, und das bedeutet immer, dass wir noch nicht gefunden haben – zumindest nicht mit endgültiger Sicherheit.

Gott ist nichts Personales für mich.

die Kumulation aus allen Eindrücken ist, die ich von ihm habe oder von ihr oder was auch immer das ist. Da ist der Mensch einfach gezwungen, Worte für etwas zu finden, was er nicht wirklich beschreiben kann. Das macht es immer schwer und es sorgt zwangsläufig für Unschärfen. In dem Zusammenhang ist für mich auch „Credo" wichtig. Das übersetzen wir meistens ganz platt mit „ich glaube" im Deutschen. Das hat aber noch viel mehr Ebenen. Das hat auch dieses „ich hoffe, ich vertraue". Und demnach bedeutet Glaube für mich auch primär nicht dieses Glauben im Sinne von „ich vermute", sondern dieses Glauben im Sinne von „ich hoffe, ich vertraue darauf". Das prägt meinen Glauben.

Und wie erfahren Sie Gott?

Zum einen in der Heiligen Messe. Im Katholischen haben wir diese Form des Gottesdienstes, wo wir im Konsumieren von Wein und Brot glauben, dass wir Jesus Christus aufnehmen, also tatsächlich fleischlich und im Blut. Das ist ganz klar das Zentrum des Glaubens, und es ist ein riesiges Geschenk, dass wir das tun können. Auf der anderen Seite erkenne ich Gott durchaus auch im anderen Menschen und allgemein in der Schöpfung Gottes. Wenn ich mein Gegenüber nicht für seine Funktion ansehe: Das ist der Mitarbeiter, das ist der Klempner, oder so, sondern an diesem Zweck, den wir Menschen uns gegenseitig geben, vorbeigucke, dann habe ich die Chance, im anderen vielleicht so einen Funken Göttlichkeit zu erkennen, weil wir ja doch daran glauben, dass jeder Mensch Abbild Gottes ist. Mir wirkt das einleuchtend, dass Gott

im anderen zu erkennen auch eine Form der Gottsuche sein kann und eigentlich sein muss. Sie hat auch den charmanten Nebeneffekt, dass sie Einfluss darauf hat, wie ich mit meinen Mitmenschen umgehe. Wenn ich die Menschen als das Gegenüber ansehe, dann muss ich sie immer mit Respekt behandeln und auch in irgendeiner Form liebevoll.

Erkennen Sie dann Gott auch in sich selbst?

Puh. Einerseits ja, also ich bin Gottes Geschöpf. Das auf jeden Fall. Wir erkennen Bestandteile Gottes im anderen und vielleicht, wenn es gut läuft, auch in uns selber. Da sollte man meiner Meinung nach aber sehr, sehr vorsichtig sein und da bietet sich eine gewisse Demut an. Mag sein, dass der andere in mir auch Göttliches erkennen kann. Das ist wunderschön, wenn das der Fall ist. Ich glaube aber, mir selber fehlt da die kritische Distanz zu mir selber.

Was sind für Sie die Konsequenzen daraus, Christ zu sein?

Das leitet sich aus den Evangelien ab. Zum einen diese goldene Regel: „Was du nicht willst, was man dir tut ...". Außerdem enthält die Bergpredigt Forderungen, die für uns zwar ganz schwer umzusetzen sind, aber wenn die umgesetzt werden würden, würden wir uns einige Probleme von der Backe schaffen: Feindesliebe, aber auch Obdachlosen Unterkunft geben, Hungernde nähren und so weiter. Der Christ oder der Gläubige wird halt nicht an seinen Worten, sondern an seinen Taten gemessen. Das macht die Bibel sehr deutlich klar. Das heißt, wenn ich daran glaube,

dann muss ich mich auch so verhalten. Es gibt auch diese Stelle in der Bibel, wo Jesus sagt: „Du, lauwarm zu sein, ist das Allerschlimmste. Sei entweder heiß oder kalt." Entweder dich juckt die ganze Nummer nicht, okay. Aber schlimmer ist derjenige, der das weiß, aber nicht beherzigt. Natürlich ist es für uns Menschen sehr schwer, diese extremen Ideale, die uns die Bergpredigt mitgibt, zu verwirklichen. Wir scheitern immer wieder dran. Das gehört zum menschlichen Sein dazu, auch das Scheitern vor Gott. Sich das Scheitern zu vergegenwärtigen, heißt aber nicht, dass ich es nicht mal versuchen muss, sondern dass es eine Akzeptanz dafür gibt, dass es nicht immer gelingt und es dann durch ein Erkennen des Scheiterns, ein Bereuen des Scheiterns und einen neuen Versuch wieder angegangen wird.

Inwiefern prägt Ihr Glaube an das Jenseits Ihre Handlungen im Hier und Jetzt? Wenn ich Sie richtig verstanden habe, sind Sie der Meinung, dass man sein Bestes tun soll?
Ja, aber nicht für das eigene Ticket nach oben. Das nenne ich immer gerne das Demütigkeitsparadoxon. Wenn ich mir vergegenwärtige, dass ich demütig bin, dann bin ich nicht mehr demütig. Und so ist das mit der Barmherzigkeit. Das wäre meiner Meinung nach der falsche Grund, zu sagen: „Um mein eigenes Jenseits in Gottes Nähe zu sichern, führe ich ein möglichst gottgefälliges Leben." Sondern ich führe es, weil ich das auch für richtig halte. Die Gottsuche ist auch ein bisschen Wahrheitssuche, und man sollte die eigenen Überzeugungen im Handeln widerspiegeln. Man sollte das Richtige tun aus Überzeugung und nicht, um dann – keine Ahnung – die Wolke zehn Meter höher zu kriegen. *[lacht]*

Wie stellen Sie sich das Jenseits denn vor?
Ich glaube, dass sich das Jenseits vor allem in Gottes Nähe manifestiert. Dass das ein ganz intensives Geborgensein in Gott ist. Es gibt da dieses Bild aus der Bibel, wie Abraham den Lazarus im Schoß hält und ihn tröstet. So stelle ich mir das quasi mit Gott vor, einfach ganz nah bei ihm zu sein.

Man kann der Homepage des Klosters entnehmen, wie ein Tag im Kloster abläuft: Zwischen fünf Uhr morgens und 20 Uhr am Abend treffen sich die Brüder zu fünf Stundengebeten. Die Messe wird täglich gefeiert. Nach 20 Uhr beginnt das nächtliche Stillschweigen. Zudem arbeiten Sie ja täglich noch sechs bis sieben Stunden im Klosterbuchladen. Was bereitet Ihnen denn am meisten Freude in Ihrem Alltag?
Gerade um diese Jahreszeit gibt es diese tolle Gleichheit von Frühchor und Sonnenaufgang. Beim Frühchor guck ich direkt in den Klostergarten draußen, und man sieht dann tatsächlich die Sonne aufgehen. Das ist ein tolles Bild, es macht einfach Freude. Es ist eine sehr einfache Freude, aber man merkt, der Tag geht los, und man beginnt den Tag halt im Gebet. Das ist ein schönes Gefühl für mich. Und ich arbeite einfach sehr gerne im Laden. Der liegt direkt am Eingang zum Kloster, und es ist immer was los. Man unterhält sich mal mit den Gästen, das ist immer sehr nett.

Jesus sagt: „Du, lauwarm zu sein, ist das Allerschlimmste. Sei entweder heiß oder kalt."

Wenn ich mir vergegenwärtige, dass ich demütig bin, dann bin ich nicht mehr demütig. Und so ist das mit der Barmherzigkeit.

Wenn Spiritualität nur dazu dient, persönliche Ziele zu erreichen, dann finde ich tatsächlich, dass das der Religion Unrecht tut.

Drei Ihrer sechs Mitbrüder sind jenseits der 80. Wie ist es für Sie, den Glauben mit älteren Personen auszuleben?

Nicht anders als mit Gleichaltrigen. Wir haben ja dieses sehr gelenkte gemeinsame Beten, wir nehmen die Mahlzeiten gemeinsam ein, aber währenddessen wird geschwiegen und ansonsten haben wir recht wenig Kontakt. Da ist es dann relativ egal, ob der- oder diejenige neben mir 30 oder 90 ist.

....

Provokativ gefragt: Werden Sie als „Jungspund" ernstgenommen?

Ja! Das hat mich auch positiv überrascht. Ich ging schon davon aus, dass man mich nicht per se ignorieren wird, sonst wäre ich ja auch nicht gekommen. *[lacht]* Ich habe das immer so erlebt und finde es sehr schön, dass gerade die Ältesten da eine sehr große Weite zeigen. Wir sind ja alle Mönche und wir haben alle unsere feierlichen Gelübde abgelegt. Und demnach sind wir im wahrsten Sinne des Wortes gleichberechtigte Brüder dieses Klosters.

....

Man kann den Trend beobachten, dass sich viele junge Menschen intensiv mit ihrer Spiritualität beschäftigen und diese auch trans-religiös, zwischen den Religionen, erkunden wollen. Was halten Sie davon?

Das ist ein zweischneidiges Schwert aus meiner Sicht. Grundlegend ist die Beschäftigung mit dem eigenen Glauben ja erst mal positiv. Mir fällt dabei aber auf, dass diese Spiritualität immer öfter – gerade, wenn wir in den Achtsamkeitsbereich reingehen – nicht darauf ausgelegt ist, eine Gottsuche voranzutreiben, sondern eine Selbstoptimierung vorzunehmen. Wenn mein Arbeitgeber Achtsamkeitstrainings veranstaltet, dann ist die Quintessenz daraus: Werde achtsamer, damit du mehr arbeiten kannst. Und wenn Spiritualität nur dazu dient, persönliche Ziele zu erreichen, dann finde ich tatsächlich, dass das der Religion Unrecht tut. Was ich positiv finde an diesem Trend: Es zeigt sich ja doch ein grundlegendes Interesse, und eigentlich ist es ja auch was Schönes, zu sagen: „Ich probier das jetzt für mich aus." Es muss dann halt irgendwann über diesen Event-Charakter und dieses Ausprobieren vielleicht hinausgehen. Man kann ja z. B. auch Kloster auf Zeit machen, das ist bis zu drei Wochen möglich bei uns. Aber: Da wird nicht viel passieren. Also im wahrsten Sinne des Wortes. *[lacht]* Es gibt das gemeinsame Gebet, wir essen zusammen und wenn man Au-pair-Gast ist, dann arbeitet man im Garten mit. Vielleicht hat der ein oder andere dabei auch ein spirituelles Erlebnis, aber auf dieses besondere Erleben eines Moments lässt sich ja kein Glaube und keine Gottsuche gründen, denn das nutzt sich zwangsläufig ab über die Zeit. Das ist das Gleiche wie mit spirituellen Trips nach Tibet. Da finden sich auch die wenigsten dann tatsächlich selbst. Oder um es provokanter zu sagen: Wer, um sich selbst zu finden, nach Nepal fliegen muss, was findet der? Und dann? Nur, weil man die Option hat, etwas zu tun, rechtfertigt es nicht das Tun.

„Pfarrer werde ich nicht, um das System oder die Institution Kirche zu erhalten"

JONAS (25), Vikar (Pfarrer in Ausbildung)

Jonas, wie bist du eigentlich zu der Berufswahl Pfarrer gekommen?

Ich bin in einem christlichen Elternhaus aufgewachsen. Wir gingen einmal in der Woche in einen Gottesdienst. Ich habe mich das erste Mal bewusst für den christlichen Glauben auf einer Schülerbibelkreis-Freizeit entschieden. Da war ich in der siebten Klasse, also vor der Konfirmationszeit. Dann habe ich viel ehrenamtlich mitgearbeitet bei uns in der Jugendarbeit, in Jungscharen, Teamkreisen, auf Freizeiten, im Jugendkreis. Mich haben dabei die hauptamtlichen Mitarbeiter in ihrem Vorgehen beeindruckt. Es waren Vorbilder für mich. Da kamen erste Gedanken auf, diesen Dienst als Beruf auszuüben. Ich wollte zwar nach dem Abi eigentlich Sport studieren, hatte aber einen Unfall, der das nicht ermöglicht hat, und habe deswegen ein FSJ bei einer Missionsgesellschaft eingeschoben. Ich wollte mich noch mal bewusst mit dem christlichen Glauben auseinandersetzen. Da hat sich mein Berufswunsch dann vollends herauskristallisiert. Für mich ist es sowohl Beruf als auch Berufung. Ich habe die Berufung Gottes wahrgenommen, mich hauptamtlich Gott zur Verfügung zu stellen und als sein Werkzeug anderen Menschen sowie der Kirche zu dienen.

Gab es religiöse Rituale oder Praktiken, die dich auf deinem Weg bestärkt haben?

Ich lebe meinen Glauben an manchen Punkten sicherlich anders aus als meine Eltern. Für mich

> Für mich ist es sowohl Beruf als auch Berufung.

ist es wichtig, dass ich auch meine eigenen Erfahrungen mit Gott mache und nicht einfach nur glaube, weil es schon Leute vor mir gemacht haben. Mir ist dieses gemeinsam miteinander unterwegs zu sein, gemeinsam auf Gott und auf Jesus zu schauen wichtig geworden. Gebet hat da auch eine wichtige Rolle eingenommen. Einfach als Gespräch zu Gott. Und ich glaube, Gottesdienste oder Veranstaltungen wie Freizeiten spielen in der religiösen Entwicklung eine große Rolle. Das Pfingstjugendmissionstreffen von den Aidlinger Schwestern und Jugendgottesdienste haben einen bleibenden Eindruck hinterlassen. Ansonsten war das FSJ für mich wegweisend.

....

Wie reagieren Menschen auf dich, wenn du als junger Mensch erzählst, dass du Pfarrer wirst?
Überwiegend positiv und interessiert. Ich finde es ganz cool, wenn Leute dann erzählen, was sie für Erfahrungen mit Kirche oder mit Geistlichen gemacht haben. Leuten erst mal zuzuhören ist wichtig. Zu schauen, welche Erwartungen sie haben, welche Kirchenbilder oder Erfahrungen sie gemacht haben. Denn die Erfahrungen, die wir gemacht haben, prägen uns zentral in unserer Wahrnehmung.

....

Inwiefern unterscheiden sich denn die Reaktionen von älteren und jüngeren Menschen?
Die sind bisher relativ ähnlich. Die meisten verbinden dann ein bisschen Hoffnung mit der Kirche. Sowohl junge als auch ältere Menschen sind dann begeistert, dass es noch junge Menschen gibt, die sich diesem Verantwortungsbereich stellen.

Was würde denn dein 13- oder 14-jähriges Ich zu deiner Berufsentscheidung als Pfarrer sagen?
Ich glaube, es wäre zufrieden. Ich erstrebe auch nicht diesen Beruf, um irgendwie an eine geschäftsführende Stelle zu kommen. Dann ist man in dem geistlichen Beruf falsch aufgehoben. Ich glaube, mein 13- oder 14-jähriges Ich hätte es schon ziemlich gefeiert, da es coole Jungscharstunden hatte. Es fände auch die Kompetenzen, die ich mir mittlerweile angeeignet habe, cool.

....

An was glaubst du? Wie würdest du den Kerninhalt deines Glaubens beschreiben?
Für mich ist Jesus Christus zentral. Er bringt Versöhnung und Erlösung. Meine Erfahrung ist, dass jeder Mensch nach was Transzendentem und auch irgendwie nach Versöhnung oder nach Angenommensein strebt. Das finde ich für mich persönlich nur in dieser Lösungsfigur Jesus Christus. Wir haben durch den Heiligen Geist die Möglichkeit, noch mal direkt mit Jesus in Verbindung zu bleiben.

....

Manche Menschen sagen: Alle Menschen sind vor Gott gleich, egal welcher Religion sie angehören oder ob sie gar nicht an Gott glauben. Was denkst du von dieser Aussage?
Es liegt außerhalb unserer Verantwortung, das zu beurteilen oder zu werten. Ich bin auch ganz froh darüber, dass sich das meiner menschlichen Erkenntnis nicht erschließt. Das habe ich bei religiösen Fragen ganz oft. Aber auch bei ganz vielen anderen Fragen erklärt sich uns der Zusammenhang ja nicht. Für mich ist klar, dass

Dass jeder Mensch nach was Transzendentem und auch irgendwie nach Versöhnung oder nach Angenommensein strebt.

ich nicht über den anderen Menschen richte, urteile oder entscheide. Ich persönlich kann mit diesen Spannungen ganz gut leben. Gott kann auch durch einen Nichtgläubigen zu mir sprechen. Ich weiß, dass ich nichts weiß.

Was gibt dir der Glaube?
Orientierung, aber auch Halt, Zuversicht und meistens auch Freude. Zentral ist für mich dabei die Perspektive auf das ewige Leben. So eine Heilsgewissheit zu haben. Jesus sagt, er ist der Weg, die Wahrheit und das Leben. Niemand kommt zum Vater als durch ihn. Wenn ich tot bin, dann habe ich einfach für mich persönlich die Gewissheit, in einem geborgenen Zustand zu sein. Sicherheit über das Leben hinaus.

Welche Rolle spielt Gott für dich persönlich?
Gott steht am Anfang und ist Ursprung und Quelle des Lebens und des Heils. Auch wenn wir dann eben das Heil im Christentum zentral mit Jesus in Verbindung bringen. So gesehen müsste ich schon sagen, dass Gott für mich eine übergeordnete Rolle hat. Aber das heißt für mich nicht, dass Jesus oder Heiliger Geist abgemindert sind. Auch der Geist ist am Anfang bei Gott zentral. Aber das ist auch schwierig zu verorten. Gott ist zentral in diesem Dreieinigkeitsdenken. Es gibt Tage, da fühlt man die Verbindung zu Gott oder der Dreieinigkeit ein bisschen mehr auf der Gefühlsebene, und Tage, da ist man sich unsicher. Aber das habe ich in meiner Beziehung zu meiner Frau auch irgendwie. An manchen Tagen finde ich sie einfach viel besser als an manch anderen. Aber primär ist sie ja jeden Tag meine

Frau. Genauso auch in meiner Beziehung zu Gott. Ich glaube, dass er jeden Tag da ist, und ich habe für mich jeden Tag die Gewissheit.

Inwieweit ist der Glaube für dich sinnstiftend?
Hundert Prozent. Sowohl in der Vergangenheit als auch in der Zukunft ist der Glaube für mich das zentrale Element, an dem ich meine Zeit ausrichte. Deswegen stiftet er den Sinn meines Handelns, meines Alltags, meines Tuns. Klar, wenn ich jetzt zum VfB-Spiel ins Stadion gehe, stiftet nicht der Glaube den Sinn.

Inwiefern hat sich dein Glaube durch das Studium verändert?
Ich war schon immer ein Mensch, der gerne Neues kennengelernt und über den eigenen Tellerrand hinausgeschaut hat. Das ging auch schon als Jugendlicher über meinen Gemeindekontext hinaus. Wir waren als Familie im landeskirchlichen und im Gemeinschaftskontext unterwegs. Aber das hat durch das Studium noch mal andere Dimensionen erreicht. Denn gerade bei diesem universitären Studiengang hocken in den Vorlesungen einfach noch mal

Orientierung, aber auch Halt, Zuversicht und meistens auch Freude.

Sicherheit über das Leben hinaus.

223

ganz andere Menschen drin. Da sind auch viele Leute, die vielleicht Philosophie oder Wirtschaft studieren und mal was von Theologie hören wollen. Es wollen nicht alle Pfarrer werden. Das ist deutlich pluraler und individueller. Da sieht man schon mit einer ganz anderen Dimension über den Tellerrand hinaus. Das alles hat bei mir persönlich auch dazu geführt, dass ich mich in diesem Wirrwarr erst mal zurechtfinden und schauen musste, wie ich mit diesem ganzen Neuen umgehe. Mein Glaube ist an vielen Dingen erst mal ein bisschen abgestumpfter geworden, weil man einfach so viele Einflüsse hat. So viele Variationen, wie man Glaube leben kann, was man glauben kann. Das hat bei mir dann dazu geführt, dass ich meinen persönlichen Glauben erst mal hintenangestellt habe. Erst mal so im Bücherregal und unter der Metapher, dass man ihn so zurückstellt. Irgendwann, wenn man sich während des Studiums wiedergefunden hat, prüft man sich: Was ist jetzt mein Glaube und was von diesem neu Gelernten möchte ich mitnehmen und was nicht?

....

Jeder Mensch ist in seinen Glaubensansichten individuell. Wie ist das im Theologiestudium?
Im Theologiestudium gibt es nichts, was es nicht gibt. Da gibt es eine breite Ausdifferenzierung. Wenn ihr mit hundert Leuten das Gespräch macht, hört ihr wahrscheinlich hundert verschiedene Antworten. Ich habe Kommiliton:innen, die meinen: „Letzten Endes ist der Gott von Judentum, Islam und Christentum ein und derselbe." Wo ich dann sage: „Kann sein, aber trotzdem habe ich ja im Christentum den ganz

spezifischen Erlösungsweg. Wir haben Gemeinsamkeiten, aber auch fundamentale Unterschiede zu muslimischen Menschen."

....

Apropos muslimisch. Wenn du in einer muslimischen Familie aufgewachsen wärst, dann wärst du mit hoher Wahrscheinlichkeit Muslim, oder?
Nein! Ich hatte relativ früh Freiheiten, selber zu entscheiden. Da war meine Familie gar nicht so ausschlaggebend. Die Peergroup hinterlässt deutlich drastischere Prägungen. Dann kommen noch meine eigenen Erfahrungen dazu. Aber klar lässt sich nicht leugnen: Was man als Kind erfährt, das wird letzten Endes auf seine eigenen Erfahrungen hin reflektiert.

....

Mal angenommen, es gäbe nur einen richtigen Glauben. Wäre es dann nicht unfair für die, die andersgläubig oder in andersgläubigen Familien aufgewachsen wären?
Das würde heißen, die anderen hätten die Arschkarte gezogen, den schwarzen Peter – das wäre unfair. Wir haben gemeinsame Wurzeln im Judentum, Christentum und Islam. Deswegen würde ich auch nie einem Muslim oder einem Juden den Glauben absprechen. Die haben ihre guten Gründe, das zu glauben. Da müssen wir auch einfach lernen, ein bisschen größer zu denken. Wir versuchen immer, in unsere Kategorien zu stecken. Letzten Endes sind alle drei Religionen nicht dafür da, an menschlichen Maßstäben gemessen zu werden.

....

Inwiefern ist denn der Glaube an einen Gott

> Mein Glaube ist an vielen Dingen erst mal ein bisschen abgestumpfter geworden, weil man einfach so viele Einflüsse hat.

> Letzten Endes sind alle drei Religionen nicht dafür da, an menschlichen Maßstäben gemessen zu werden.

deiner Ansicht nach mit Vernunft, Logik, aber auch Wissenschaft vereinbar?

Wissenschaft ist eben Wissenschaft. Die trennt zwischen Glauben und Vernunft. Spannend wird es, wenn ich versuche herauszufinden, ob es Gott gibt oder nicht. Wenn man die Schöpfungsberichte in der Genesis anschaut, so sind diese nicht geschrieben als wissenschaftliche Berichte. Es ist verrückt, wenn man versucht, Vernunft oder Logik da hineinzubringen.

Was, glaubst du, kommt nach dem Tod?

Ich glaube, dass es weitergeht, dass da noch was ist. Wie das aussieht, keine Ahnung! Himmel, Hölle – ich glaube nicht, dass wir ewig in der Hölle schmoren. Aber es muss auch danach irgendein Gerechtigkeitsverständnis geben. Was nicht heißt, dass besonders Fromme besonders gehypt und besonders Schlechte besonders bestraft werden. Wir denken halt immer in den Dimensionen gerecht und ungerecht oder fair und unfair. Auch da ist die Frage. Inwiefern zwingen wir Gott dieses Denken auf? Vielleicht gibt's ja bei Gott gar nicht gerecht und ungerecht. Vielleicht hat er noch mal andere Kategorien.

Und nach welchen Kriterien wird entschieden: Wer bekommt das ewige Leben und wer kommt in die Hölle?

Ich glaube, die Kriterien lassen sich nicht von uns erschließen. Gott ist so viel größer. Wir können ihn und was er tut mit unseren menschlichen Dimensionen gar nicht fassen. Als Mensch will ich alles ordnen und kontrollieren. Aber wenn man mal in den Alpen auf einem zweieinhalbtausender Gipfel steht, dann merkt man, wie klein und winzig man ist.

Was passiert mit Menschen, die an nichts oder an keinen Gott glauben?

Wenn man da jetzt an den Ureinwohner irgendwo in Amerika denkt, der vielleicht noch nie was von Gott gehört hat, liegt das außerhalb unserer Beurteilungskraft. Und wenn hier Menschen bei uns bewusst an nichts glauben, weil es leichter ist oder weil sich das für sie so herausgestellt hat – wie das dann sein wird, keine Ahnung. Dann kann es auch sein, dass Gott ihr Leben anschaut und sagt: „Eigentlich hast du in manchen Punkten sogar besser gelebt als der Christ. Passt! Komm auch zu mir in den Himmel!" Letzten Endes muss jeder für sich wissen, wie er sich entscheidet und seinen Frieden findet. Auch da, so würde ich sagen, ist Gott größer. Gott sieht das Herz.

Laut einer Studie der Bertelsmann Stiftung denkt jedes vierte Kirchenmitglied über den Austritt nach. Bei den 16- bis 25-Jährigen haben danach sogar 41 Prozent fest vor auszutreten.

Hat die Kirche denn deiner Ansicht nach überhaupt noch Perspektive?

Ja! Wenn wir uns als Kirche mit Gott beschäftigen oder darüber versuchen ins Gespräch zu kommen, dann haben wir auf jeden Fall Perspektive – vor allem deshalb, weil Menschen durchaus nach Gott fragen. Es ist vielleicht auch ein genereller Wandel in der Gesellschaft. Vor 100 oder 200 Jahren, wenn's gewittert hat, haben die Leute sich halt in ihre Stube zurückgezogen, Kerzen angezündet, ihr Gebetsbüchlein genommen und gebetet. Heute fahre ich auch noch bei Starkregen und Gewitter mit 120 über die Autobahn. Da hat sich einfach unser Verständnis verändert. Die Frage nach Gott tritt von unserem Lebensalltag her weg, bis sie nicht mehr relevant ist. Wir versuchen, alles mit menschlichen Mitteln zu lösen. Deswegen sind Kirchenaustritte irgendwo logische Schlussfolgerungen. Aber der Gesellschaft wird was fehlen, wenn die Kirche nicht mehr da ist. Man sieht eine Sehnsucht der Menschen. Wenn man sich anschaut, wie während Corona die Telefonseelsorge übers Limit nachgefragt wurde, dann sieht man: Es ist eine große Not da.

....

Weshalb wirst du angesichts dieser Zahlen überhaupt noch Pfarrer?

Pfarrer werde ich nicht, um das System oder die Institution Kirche zu erhalten. Das System könnte sich vielleicht auch ohne Kirchenmitglieder in der gleichen Form erhalten, wenn man es über Spenden finanziert. Für mich als Pfarrer sind die Menschen interessant und nicht die Aufrechterhaltung des Kirchensystems.

Was ist deine Strategie, um junge Menschen für den christlichen Glauben zu begeistern?

Miteinander unterwegs und im Gespräch zu sein. Sich gemeinsam Gedanken zu machen, gemeinsam auch mal die Bibel zu nehmen und Dinge nachzulesen. Klar, die Bibel ist aus ihrem Kontext an der einen oder anderen Stelle ein bisschen störrisch und kein durchnummeriertes Lexikon oder Ratgeber. Aber sie hat auch noch für Jugendliche heute eine Bedeutung. Bei Jugendlichen geht es um die Frage nach Identität. Die Fragen finden wir in der Bibel auch. Wie finde ich mich zurecht, wenn Herausforderungen auf mich zukommen? Wie finde ich mich in der Gesellschaft, im Leben zurecht? Viele Jugendliche lassen sich durch das persönliche Gespräch über solche Fragen gewinnen. Wir als Kirche müssen mehr auf die Leute zugehen. Mir macht es Spaß, zu sehen, wie Menschen sich entwickeln.

....

Wie möchtest du denn z. B. Gottesdienste gestalten, um junge Menschen anzusprechen?

Vielleicht am Abend 'nen Jugendgottesdienst, wo 'ne Band zum Einsatz kommt. Persönlich habe ich gute Erfahrung damit gemacht, wenn man die Leute einfach miteinbezieht. Auch was Medieneinsatz angeht: Zu Hause schauen wir uns andauernd *YouTube*-Videos oder *TikTok*s an. Warum sollte man nicht im Gottesdienst mal eine Best-of-*TikTok*-Reihe einfach zur Vollkommenheit der Freude abspielen? Oder dass man mal lacht. Einfach zeitgemäße Mittel finden. Das Mindset ist entscheidend. Das Leben besteht aus Veränderungen.

Bei Jugendlichen geht es um die Frage nach Identität. Die Fragen finden wir in der Bibel auch.

„In der Hölle wirst du versklavt. Dort kommen alle rein, die sich gegen Jesus entschieden haben"

ELIAS (26), **ERIK** (24) und **TOBI** (21), Leiter in einer christlichen Pfadfinderorganisation

Elias, Erik und Tobi, was macht ihr in euren Pfadfindergruppen überhaupt?

Elias: Rangerarbeit. Das ist eine Kinder- und Jugendarbeit, die darauf fokussiert ist, anhand von pfadfinderischen Techniken Kinder und Jugendliche zu erreichen, zu bespaßen und von Jesus zu erzählen.

Tobi: Prinzipiell sind die Pfadfindertechniken nur Mittel zum Zweck, Kinder zu Jesus zu führen, sie bei ihm zu halten und dienstbereit zu machen. Das heißt, denen vom Glauben zu erzählen und sie in ihrem Glaubensleben zu begleiten im Sinne von: Ich hör irgendwelchen Geschichten zu, ich glaube das, ich habe meine persönliche Beziehung mit Jesus, ich möchte ihm dienen. Wir fangen bei den 16-Jährigen an, sie zum Dienen heranzuführen. Das heißt, dass sie mal in Teams unterstützen, ein paar kleine Aufgaben übernehmen, in anderen Gemeinden helfen oder auf Missionseinsätze in andere Länder gehen.

Elias: Wir haben auch viele, die sich nicht für den Glauben entscheiden. Trotzdem finden diese Leute, dass die Rangerarbeit eine richtig coole Zeit in ihrem Leben war, auch wenn sie dadurch nicht aktiv in die Kirche gehen und glauben. Wir wissen, dass man niemanden überreden muss, denselben Glauben zu übernehmen, aber wir säen einen Samen und entweder er geht auf oder er geht nicht auf. Alles hängt letztlich von der Person und Jesus ab.

Wer kann bei euch mitmachen?

Tobi: Es gibt einen Unterschied, ob du mitarbeiten oder teilnehmen darfst. Bei den Teilnehmern gibt es keine Einschränkungen. Es darf jeder mitmachen, der zwischen sechs und 17 Jahre alt ist. Bei den Mitarbeitern muss man schon irgendeiner christlichen Gemeinde angehörig sein.

> Prinzipiell sind die Pfadfindertechniken nur Mittel zum Zweck, Kinder zu Jesus zu führen, sie bei ihm zu halten und dienstbereit zu machen.

> Wir säen einen Samen und entweder er geht auf oder er geht nicht auf.

links oben: links Erik, rechts Tobi
links unten: Tobi bei seiner Taufe
rechts: Erik

Elias: Man muss ein aktives Glaubensleben führen und man muss bestimmte Ausbildungsmaßnahmen bei den Rangern absolvieren, um in der Kinder- und Jugendarbeit arbeiten zu dürfen.

....

Wo und wie wird der Glaube bei euch sichtbar?
Tobi: Prinzipiell immer und überall. Wir treffen uns immer, bevor die Kinder zum Teamtreff kommen, um noch zusammen zu beten. Wir beten aber auch mit den Kids gemeinsam. Wir machen jedes Mal einen kleinen Input, damit die Kids was mitnehmen. Man erkennt es aber auch an unserem Verhalten: Wir gehen in Liebe miteinander um, wir respektieren uns, wir versuchen, nur Gutes zu sagen und zu tun, uns zu unterstützen und nicht nur nach uns selbst zu schauen.

....

Wie ist es dazu gekommen, dass ihr der Gruppe beigetreten seid?
Elias: Ich bin in einem unchristlichen Elternhaus groß geworden. Außer an Weihnachten waren wir nie in der Kirche. Ich hatte einen Freund, der mich irgendwann mal gefragt hat, ob ich Bock auf Pfadfinder habe. Ich wusste nicht, was Pfadfinder sind, außer aus Filmen, dass sie Kekse verkaufen, was sich im Nachhinein als falsch herausstellte. Dann bin ich mal mitgegangen, und ich fand es sehr komisch, was die gesungen und gesagt haben und dass sie ständig beteten. Aber das hat mich nicht davon abgehalten, trotzdem hinzugehen. Irgendwann kam dann der springende Punkt, als ich realisiert habe, um was es eigentlich geht. Ich habe mich quasi durch die Rangerarbeit bekehrt und den Glauben zu Jesus

Christus gefunden und gemerkt, dass es da was viel Größeres gibt. Ich war einfach überzeugt, die Menschen in der Gemeinde sehen die Herzen der Menschen. Alle sind nett zueinander und das Leben der anderen ist ihnen wichtig. Jeder von denen würde sich den Arsch aufreißen für den anderen – auch für jemand, den er vielleicht gar nicht so gut kennt. Man hat diese Nächstenliebe wirklich gespürt, wie es in der normalen Welt nicht üblich und spürbar ist. Die leben nach Werten, und das hat mich begeistert.
Erik: Ich bin nicht christlich aufgewachsen. Meine Mutter hat mich mehr oder weniger dazu gezwungen, zu den Pfadfindern zu gehen.

Ich habe mich quasi durch die Rangerarbeit bekehrt und den Glauben zu Jesus Christus gefunden.

Ich würde sagen, dass man sich dafür nicht Zeit einräumen muss, sondern dass es ein Lifestyle ist.

Wie wenn du sagst, ich bin Bodybuilder, ich habe einen Ernährungsplan und einen Fitnessplan, dann lebst du das auch und machst das aus deiner Überzeugung heraus.

Ich hatte eigentlich keine Lust, aber es hat mich irgendwie gecatcht, auch wenn der erste Teamtreff einfach Müllsammeln in der Stadt war. Das hat trotzdem einfach Spaß gemacht.

Tobi: Ich bin christlich aufgewachsen und bin schon immer in die Gemeinde gegangen. Für mich gab es eigentlich nichts anderes, weil ich mit sechs Jahren da halt reingesteckt worden bin, da gab es keine Widerrede. Der Glaube hat erst eine Rolle gespielt, als ich älter geworden bin, wo ich gemerkt habe, da steckt mehr dahinter. Irgendwann habe ich mich bekehrt, also wirklich dafür entschieden, dass ich weiter Gas geben will und der Glaube mein ganzes Leben beeinflussen soll, statt nur die zwei Stunden am Freitag.

....

Gab es bei euch schon mal Überlegungen, einem anderen Jugendverband beizutreten?

Tobi: Die Royal Ranger wollte ich nie verlassen. Ich wollte z. B. nicht zu den Sankt Georg Pfadfindern, da ich nicht das Gefühl habe, dass da der Glaube eine Rolle spielt und im Zentrum der Arbeit steht. Ich habe schon öfters gehört, dass die Leute wie wir auf ein Zeltlager gehen, aber dann Alkohol trinken. Und das ist für mich einfach zu keiner Zeit eine Option gewesen.

Elias: Ich war lange Zeit noch in der städtischen Jugendarbeit tätig. Dort stehen die Kinder und die Beziehungsarbeit im Mittelpunkt. Aber das reicht mir nicht aus, mir fehlt dort dieses Fundament des Glaubens. Ich glaube, dass es viel mehr bewirken würde, wenn sie diesen Glauben hätten und das auch annehmen würden, was wir bei den Pfadfindern haben.

Wie beeinflusst der Glaube denn konkret euren Alltag und euer Handeln?

Elias: Das kann man auf zweierlei Weisen beantworten, einmal auf der individuellen Ebene, wie ich handele, und dann auf der Metaebene, wie mich Leute sehen, wie ich lebe und mich verhalte. Für mich ist es gar nicht mehr eine große Umstellung, sondern eine Herzenshaltung. Das ist nichts, wobei ich mich zurückhalten muss, sondern das verkörpert und lebt man. Die Bibel ist für uns eine wichtige Grundlage, in der steht, nach was wir leben sollen und was unser Auftrag ist. Wir planen im Alltag gewisse Zeiten ein, um zu lernen, zu hören und zu beten. Gebete sind für mich der Kontakt mit meinem Gott.

Tobi: Ich würde sagen, dass man sich dafür nicht Zeit einräumen muss, sondern dass es ein Lifestyle ist. Der Idealzustand ist, dass man das zu jeder Zeit verkörpert. Natürlich funktioniert es nicht immer, wir sind nicht perfekt. Wir versuchen in unserem Alltag aber so oft wie möglich an Gott zu denken und auch zu überlegen, wie er jetzt handeln würde.

Elias: Eine Beziehung zu Jesus zu haben, heißt auch, im Dienst für ihn unterwegs zu sein. Anzunehmen, dass man eine Begabung bekommen hat und im Auftrag von unserem Herrn diese Begabungen für etwas zu nutzen. Wenn du aktiv ein christliches Leben führst und in einer Gemeinde tätig bist, dann bist du an vielen Tagen die Woche mit Dingen beschäftigt, die die Kirche oder die Gemeinde so mit sich bringen. Aber das ist, wie wenn du sagst, ich bin Bodybuilder, ich habe einen Ernährungsplan und einen Fitnessplan, dann lebst du das auch und machst das aus deiner Überzeugung heraus. Diese Kirche hier ist zu unserem Leben geworden. Das ist nicht nur Freizeit für mich, sondern das ist einfach Teil meines Lebens und meiner Familie, in die ich mich investiere und einbringe.

....

Gibt es denn vielleicht auch Dinge, die ihr nicht so recht glauben könnt?

Erik: Für mich war es am Anfang enorm schwierig, dieses abstrakte Konstrukt von einem Gott glauben zu können. Für mich ist das erst durch die Rangerarbeit und durch das Leben in der Gemeinde etwas Fassbares geworden. Mit was ich manchmal noch Schwierigkeiten habe, ist damit, dass ich niemanden ausgrenzen möchte. Wenn es dann heißt: Schwule und Lesben müssen, auch wenn sie an Gott glauben, mit Einschränkungen in der Gemeinde rechnen, da sie die Grundsätze von der Gemeinde und der Bibel nicht leben, ist das für mich schwierig ...

Elias: Mir fällt am Glauben das Thema Vertrauen schwer. Im Glauben begeben wir uns auf einen Weg, dem wir vertrauen, da Gott uns lenken wird. In Momenten, in denen man Gott vertraut hat, aber alles gerade schiefläuft, muss man trotzdem das Vertrauen aufbringen können, dass diese Sache für etwas gut sein wird oder mich in eine neue Richtung lenkt.

Erik: Ja, das sehe ich auch so. Dir erzählt im Gottesdienst jeder Mensch, dass aus Mist immer Dünger wird, also alles Schlechte irgendwie was Gutes hat. Trotzdem kommst du jeden Abend nach Hause und hast Angst, dass deine Mutter mit ihrem Mann streitet. Dann solches Vertrauen aufzubringen, ist schwierig. Als mein Vater

gestorben ist, hat es mich enorm aufgefangen, darauf zu vertrauen: Der ist jetzt im Himmel und es ist noch nichts vorbei.

....

Erik, du hast eben das Thema schon angesprochen: Wie steht ihr zum Thema Homosexualität?

Elias: Das gesamte Thema Sexualität ist in der Kirche brisant. Aber es ist auch ein Thema, was bewusst nicht totgeschwiegen werden sollte. Jeder Mensch wird von Gott geliebt und angenommen. Es gibt laut der Bibel ein Idealbild und das lautet: Mann und Frau gehören zusammen. Ich glaube und lebe nach diesem Idealbild. Ich unterscheide aber nicht dazwischen, ob jemand schwul oder magersüchtig ist oder ob jemand Krebs hat. Für mich ist es das Gleiche, und zwar eine Krankheit. Ist einer schwul, dann ist die Frage: Akzeptiert derjenige diese Krankheit und will, dass er geheilt wird oder nicht? Ich glaube, wenn diese Person eine Beziehung mit Jesus startet, würde sie selbst feststellen, dass es anders sein kann. Ich sehe das in der Verantwortung von meinem Gott, dieser Person selbst zu sagen, dass sie krank ist, wenn Gott der Meinung ist, dass diese Person nicht nach seinem Idealbild lebt. Meine Aufgabe ist es, die Person in die Beziehung mit Gott zu führen.

Tobi: Jeder hat seinen eigenen Glauben und definiert, was gut und was schlecht ist. Wir dürfen das nicht bewerten. Gott wird am Schluss richten, ob die Person nach seinen Maßstäben gelebt hat. Das Einzige, was wir sagen können, ist, wie wir das in der Gemeinschaft ausleben wollen: Wir wollen keinen in der Leiterschaft

Ich unterscheide aber nicht dazwischen, ob jemand schwul oder magersüchtig ist oder ob jemand Krebs hat.

Dir erzählt im Gottesdienst jeder Mensch, dass aus Mist immer Dünger wird.

Wenn es einen Gott gibt, dann muss es auch den Teufel geben.

Das Paradies! Ein Ort [...], in dem ich aus den Fängen dieser Welt losgelöst bin. [...] keine Müllgebühren, [...] kein Einwohnermeldeamt, [...] kein WLAN bezahlen.

haben, der homosexuell ist, da das nicht ein Vorbild ist.

Wie stellt ihr euch Gott vor?

Erik: Also für mich ist Gott ein alter Mann, der sich um dich kümmert, der für dich da ist, der immer ein Ohr für dich hat und der dir hilft, wenn du Probleme hast.

Tobi: Ich kann ihn mir nicht vorstellen, weil irgendwie ist er ja überall, deswegen kann er ja keine Person sein. Ich stell ihn mir so vor wie jemanden, den ich ewig nicht mehr gesehen habe. Der sich dann extrem freut, dass man sich endlich mal wiedersieht. Mit dem man über Tausende von Dingen reden will. Jemand, zu dem man auch hingehen und den man anrufen kann, für Rat und Hilfe.

Elias: Gott ist für mich nicht ein Prinzip, sondern er ist der Grund. Für mich charakterisiert Gott im Prinzip alle Eigenschaften, die es gibt, sowohl die Guten wie Barmherzigkeit und Fürsorglichkeit, als auch die kritischen Dinge, wie richtend und fair.

Wie erklärt ihr euch, dass Gott auch schlechte Dinge auf dieser Welt zulässt, wenn er ja als allmächtig angesehen wird?

Tobi: Er hat jedem den freien Willen gegeben, Gutes, aber auch Schlechtes zu tun. Wenn er uns zwingen würde, nur Gutes zu tun, dann gäbe es ja nichts Schlechtes. Wenn wir nicht das Schlechte sehen, wissen wir gar nicht, was gut ist, und können das auch nicht entsprechend wertschätzen.

Elias: Es wäre nicht richtig, wenn wir für alles Schlechte auf dieser Welt eine Erklärung haben, weil dann wären wir Gott, und das sind wir nicht. Wir müssen manchmal einfach Dinge akzeptieren.

Erik: Wenn es einen Gott gibt, dann muss es auch den Teufel geben. Es muss immer Gut und Böse geben. Gott hat uns den freien Willen geschenkt, mit dem wir uns bewusst gegen Gott entscheiden können, um für den Teufel zu arbeiten. Der Teufel versucht, einen zur Sünde zu verführen und von Gott wieder wegzubekommen.

Apropos Teufel: Sprechen wir über das Jenseits! Welche Vorstellung habt ihr davon, was nach dem Tod kommt?

Elias: Das Paradies! Ein Ort, in dem ich sein kann, auf den ich schon immer gewartet habe, in dem ich aus den Fängen dieser Welt losgelöst bin. Ich habe nichts mehr zu leisten, nichts mehr zu tun. Ich muss mich an keine Müllgebühren halten und kein Einwohnermeldeamt. Ich muss kein WLAN bezahlen. Ich glaube, das wird wie hier auf der Erde – nur viel besser!

Erik: So eine alte römische Stadt, mit so einem riesigen Brunnen in der Mitte. Dort gibt es keine negativen Sachen. Vielleicht gibt es einen zugeschnittenen Himmel für jede Person. So einen abgetrennten Bereich. Ich hoff dann einfach, dass wir fliegen können.

Wie stellt ihr euch die Hölle vor und wer kommt da rein?

Elias: In der Hölle wirst du versklavt. Dort kommen alle rein, die sich gegen Jesus entschieden haben, auch die, die an einen anderen Gott glauben. Denn wir glauben, dass es einen Gott für alle gibt. Gott wird prüfen, ob man auch wirklich glaubt. Du musst Rechenschaft ablegen, und dann bringt es nichts, beispielsweise darüber zu lügen, ob du die Bibel wirklich gelesen hast. Er kennt die Wahrheit.

Tobi: Außerdem musst du die Bibel auch mit deinem Herzen lesen. Genauso auch mit dem Beten. Du musst es mit dem Herzen sprechen, denn es gibt viele Christen, die zwar ein christliches Leben vorspielen und regelmäßig in den Gottesdienst gehen und sich engagieren, aber das nur oberflächlich machen und nicht mit dem Herzen.

Erik: Die Hölle entspricht der Erde ohne das Gute. Ich glaube, du wirst dort mit der Sache genervt, die du am meisten hasst, z. B. Leute, die es hassen, wenn du mit den Fingernägeln an der Tafel kratzt, die haben das dann dauerhaft. Viel Spaß damit! *[lacht]*

Da wir die Ehre haben, mit einem frisch verheirateten Pfadfindermitglied zu sprechen, wäre es noch interessant zu wissen, wie der Glaube denn die Beziehung zueinander prägt.

Elias: Der Glaube ist der Grund für meine Beziehung. Ich hätte sie sonst auf andere Fundamente aufgebaut und wäre heute noch nicht verheiratet. Die Bibel leitet auch viel, was das Thema Ehe angeht, und gibt Tipps. Sie schenkt mir den Rahmen, diese Beziehung aufzubauen. Dazu gehört, eine Person ohne die sexuelle Ebene kennenzulernen. Mit der Ehe habe ich mir die Hintertür zugemacht, mich für diese Person entschieden, obwohl vielleicht noch was Besseres kommt.

Tobi: Ich bin zwar nicht in einer Beziehung, aber früher wollte ich, dass meine Freundin attraktiv ist und einen guten Charakter hat. Heute möchte ich, dass sie zusätzlich ein Glaubensleben hat. Ich möchte eine christliche Freundin haben. Jemanden innerhalb seines Glaubens zu suchen, ist so wie ein ehrliches *Tinder*-Profil. Denn du weißt genau, die Person glaubt das Gleiche und hat dadurch gleiche Charaktereigenschaften.

Erik: Ich sehe das anders. Meine Mutter und ihr aktueller Mann sind grundlegend unterschiedliche Menschen, auch wenn sie beide nach der Bibel leben. Nur weil du eine christliche Freundin hast, heißt das nicht, dass dann alles geschmeidig läuft! Ich erfahr es bei meiner Mutter und ihrem Mann. Sie haben sehr schnell geheiratet. Wer weiß, ob sie sich getrennt hätten, wenn sie länger gewartet hätten. Es kommt darauf an, mit was für einer Intention du die Bibel nimmst, um deine Beziehung zu führen. Also ich würde behaupten, die beiden haben geheiratet, um nicht sündig zu sein und endlich Sex haben zu dürfen, ohne sich dabei schlecht fühlen zu müssen. Das machen viele jüngere Menschen, die in Gemeinden sind, aber die Bibel nicht so sehr als Fundament nehmen. Meine Mutter und ihr Mann haben beide jetzt Schwierigkeiten, miteinander umzugehen. Das, was Elias in den drei Jahren gelernt hat, müssen die jetzt lernen, nachdem sie die Ehe eingegangen sind. Die Ehe schützt dich vor nichts, sie ist keine hundertprozentige Versicherung dafür, dass deine Beziehung nicht kaputtgeht. Im Korintherbrief steht drin, dass ein christlicher Mann sich nicht von seiner christlichen Frau trennen und sich

Die Hölle entspricht der Erde ohne das Gute.

Ich möchte eine christliche Freundin haben.

Die Ehe schützt dich vor nichts.

mit einer anderen Frau vermählen soll. Er soll sich mit seiner ersten Frau versöhnen, bis dass der Tod sie scheidet. Wir Menschen haben nicht das Recht dazu, die Ehe aufzulösen. Dadurch hat man nicht diesen Ausweg, sich einfach zu trennen. Ich glaube, meiner Mutter, aber auch ihrem Mann, würde es psychisch besser gehen, wenn sie sich getrennt hätten.

....

Gibt es irgendetwas, das noch nicht zur Sprache gekommen ist, ihr aber gerne noch zum Thema sagen möchtet?
Tobi: Vielleicht noch mal zu betonen, dass es nicht den Glauben mit bestimmten Richtlinien gibt, sondern dass jeder seinen individuellen Glauben hat.
Erik: Selbst wenn du glaubst, heißt es nicht, dass alles glatt läuft in deinem Leben. Es wird sogar viel mehr Zweifel geben, als wenn du nicht glauben würdest. Wenn du versuchst, biblisch zu leben, bedeutet das, trotz einer schlechten Woche darüberzustehen, nicht zum Alkohol zu greifen. Das ist schwierig, das gelingt auch mir nicht immer. Dann nervt es mich in dem Moment, gläubig zu sein, aber ich halte trotzdem durch, weil mich der Glaube in schwierigen Situationen tragen kann.

„Ohne meinen Glauben würde ich nicht mehr professionell Fußball spielen"

CHRISTIAN DERFLINGER (29), Profifußballer, Mitglied bei der christlichen Initiative *Fußball mit Vision*

Christian, wie bist du eigentlich zu deinem christlichen Glauben gekommen?

Lange Geschichte. Ich habe mit 17 Jahren, als ich bei Bayern München im Internat war, einen Mitspieler kennengelernt, der gläubiger Christ war. Mit ihm bin ich über den Glauben ins Gespräch gekommen. Denn ich habe damals schon auch an Gott geglaubt. Allerdings hatte das in meinem Leben noch keine Auswirkungen. Es war eher eine Art Hoffnung, dass Gott mir bei meinen Zielen hilft. Durch Lucas, so hieß der Mitspieler damals, habe ich mich intensiver mit dem Glauben und der Bibel beschäftigt und bin zu Sportlerbibelkreisen und Gottesdiensten mitgekommen. Ich habe die Bibel gelesen und dadurch das Evangelium richtig verstanden,

z. B. dass Jesus auf diese Erde gekommen ist, um auch für meine Schuld am Kreuz zu bezahlen und er meine einzige Hoffnung ist, weil ich nur durch ihn Vergebung meiner Schuld vor Gott haben kann.

....

Wie hat sich dein Glaube dann weiterentwickelt?

In jungen Jahren war mein Glaube sehr egoistisch und selbstzentriert. Rückblickend betrachtet wollte ich Gott benutzen, weil ich mir erhofft habe, mit seiner Hilfe erfolgreicher im Fußball zu sein oder im Leben mehr Glück zu erfahren. Es ging nicht um Gott, sondern um mich.

....

Und was bedeutet es jetzt für dich, Christ zu sein?

Das Geschenk, das Jesus mir und jedem Menschen macht, anzunehmen. Dass er mir und jedem, der an ihn glaubt, ewiges Leben anbietet. Im Alltag bedeutet es, Jesus nachzufolgen, ihn an das Steuer meines Lebens zu lassen. Er als mein Gott und Schöpfer weiß am besten, was richtig für mein Leben ist. Das Gebet spielt auch eine wesentliche Rolle. Durch Jesus habe ich Zugang zu Gott, und mit Gott kann ich alles besprechen, was mir am Herzen liegt.

....

Gibt es besondere christliche Praktiken, die du regelmäßig in deinem Alltag ausübst?

Ich bete und lese täglich in der Bibel. Ich treffe mich außerdem regelmäßig mit anderen Christen, um zusammen zu beten oder in der Bibel zu lesen. Der Gottesdienstbesuch ist mir auch sehr wichtig. Es gibt bei *Fußball mit Vision* [nähere

Informationen unter *https://fussballmitvision. de/*] immer donnerstagabends einen Online-Gottesdienst. Hier kommen viele gläubige oder interessierte Fußballer zusammen.

....

Was ist dir an deinem Glauben am wichtigsten?

Dass ich überzeugt bin, kein Zufallsprodukt zu sein. Gott hat mich erschaffen und einen Plan mit meinem Leben. Das Wichtigste ist mir, dass ich mich ihm öffne und ihn frage, was er mit meinem Leben vorhat, damit ich nicht das mache, bei dem ich selbst denke, das ist das Beste.

....

Wie genau sieht dein Kontakt zu Jesus aus?

Es gibt zwei zentrale Bausteine: das Gebet und das Wort Gottes. Ich glaube, jeder Christ hat schon oft erlebt, dass das Wort Gottes lebendig ist und sehr individuell in den Alltag sprechen kann. Denn in Psalm 25, Vers 12 heißt es: „Denjenigen, die Gott ernst nehmen, wird er den Weg zeigen, den sie gehen sollen." Gott sagt zu vielen Themen sehr ausführlich und direkt, was seinem Willen entspricht und was nicht. Es hilft mir, Orientierung zu haben. Was, sagt mein Schöpfer, ist gut für mich? Wo sollte ich die Finger von lassen, weil es mir nur schadet? Es ist in vielen Themen praktisch, auf Bibelstellen zu hören.

....

Du hattest Einsätze in der zweiten deutschen Fußball-Bundesliga und Österreichs ersten Liga. Wie viel Einfluss hat dein Glaube auf dein Leben als Profifußballer?

In Höhenzeiten hilft mir mein Glaube an Gott,

Es ging nicht um Gott, sondern um mich.

demütig zu bleiben, weil ich weiß, dass im Endeffekt alles Gnade ist. Jeden Atemzug, den ich machen kann, mache ich, weil Gott ihn mir schenkt, und nicht, weil ich es verdient hätte. In schweren Phasen, die es im Fußball ja auch immer wieder gibt, hat Gott mir Trost geschenkt. Ich hatte ein paar schwere und komplizierte Verletzungen, und da habe ich gemerkt, wie Jesus mir tagtäglich in der Reha geholfen hat, positiv zu bleiben, weiter hart zu arbeiten und zu vertrauen.

Welche Funktion hat der Glaube, auf deine Art Fußball zu spielen?

Ich bete vor dem Spiel. Ich möchte als Christ auf dem Platz ein gutes Zeugnis abgeben. Zum einen das Talent, das Gott mir geschenkt hat, zu nutzen. Das ist meine Verantwortung. Auf der anderen Seite ein fairer Sportsmann sein und nicht bewusst Verletzungen des Gegners in Kauf zu nehmen oder keinen Trash-Talk zu machen. Ich versuche, mich rauszuhalten und gegenüber meinen Gegenspielern respektvoll zu sein. Es gelingt nicht immer, weil Fußball von Emotionen lebt und ich auch als Christ mal ein Foul mache. *[lacht]* Manchmal ist es schwierig, sich unter Kontrolle zu haben. Aber ich glaube, Gott hat dafür Verständnis. Wenn ich merke, das war nicht korrekt, kann ich das Gott nach dem Spiel bringen. Ich weiß dann, er vergibt mir, und das nächste Mal versuche ich, es besser zu machen.

Inwieweit hat Gott Einfluss auf deine Handlungen im Spiel oder aufs Spielgeschehen?

Er kann es jederzeit, wenn er möchte. Er ist allwissend und weiß, wie jedes Spiel ausgeht.

Spannende Frage, inwieweit Gott bewusst jedes einzelne Spiel lenkt. Ich glaube, dass er darüber alle Macht hat. Ob er bewusst sagt, jetzt lasse ich die oder die gewinnen, *[lacht]* weiß ich nicht. Da ist meine Perspektive zu begrenzt.

Ist Gott also allmächtig?

Gott steht in seiner Souveränität über allem. Er leitet das große Ganze und das Leben von jedem Menschen, der ihm bewusst nachfolgt. Wenn Menschen sagen: „Ich will von Gott nichts wissen", dann wird er ihr Leben nicht leiten. Sie sind sich selbst überlassen. Man muss eine Entscheidung treffen. Warum lässt Gott Leid auf der Welt zu? Es ist so, dass viele Menschen sich gegen Gott entschieden haben. Das meiste Leid in dieser Welt ist von Menschen verursacht.

Noch mal zum Fußball: Was ist, wenn der Gegenspieler zum gleichen Gott betet?

Als Christ ist es nicht gut, für einen Sieg zu beten. Ich bete vor dem Spiel, dass ich mein Bestes geben kann und zur Ehre Gottes spiele. Ich lege das Ergebnis in Gottes Hand. Natürlich weiß er, dass ich gerne gewinnen würde. *[lacht]*

Jeden Atemzug, den ich machen kann, mache ich, weil Gott ihn mir schenkt, und nicht, weil ich es verdient hätte.

Ich bete vor dem Spiel.

Als Christ ist es nicht gut, für einen Sieg zu beten.

Gab es schon mal Momente, in denen du an deinem Glauben oder Gott gezweifelt hast?

Mit 18, als ich frisch zum Glauben an Jesus gekommen bin. Ich hatte eine langwierige Entzündung, und Gott hat mir gezeigt, wie egoistisch mein Glaube ist. Er hat mir für eine Zeit den Fußball genommen, um mir zu zeigen, er möchte das Wichtigste im Leben sein. Ich war enttäuscht und dachte: Gott, warum muss ich das durchmachen? Da habe ich manches hinterfragt und mich mehr mit der Bibel beschäftigt. Ich habe eingesehen, das sind Phasen, durch die Gott uns führt, um an unserem Herzen zu arbeiten. Auf lange Sicht ist es ein Segen für uns. Aus dieser Zeit bin ich gestärkt herausgegangen.

....

In einer Fußballmannschaft hast du immer ein ganzes Team um dich. Welche Erfahrungen hast du mit dem Umgang von Mitspielern mit Religiosität gemacht?

Sehr respektvoll, unabhängig davon, was man glaubt. Es gibt manche Spieler, die interessiert sind und nachfragen, und andere, die damit wenig anfangen können. Manche finden es komisch in der heutigen Zeit und fragen: „Du glaubst noch an Gott?" Ist ganz unterschiedlich.

....

Wie gehst du mit solchen Mitspielern um?

Genauso wie die respektieren sollten, dass ich an Jesus glaube, sollte man auch andere Meinungen respektieren. Ich finde es schade, weil ich weiß, was für ein herrliches Angebot Gott uns durch Jesus macht. Wir lernen am meisten, wenn man sich vor nichts verschließt.

Ist für dich das Christentum die einzig wahre Religion?

Ja, weil Jesus das in Johannes 14, Vers 6 selbst sagt: „Ich bin der Weg, die Wahrheit und das Leben. Niemand kommt zum Vater außer durch mich." Jesus sagt von sich, dass er der Sohn Gottes ist. Die Juden glauben das nicht, deswegen haben sie ihn gekreuzigt. Moslems hingegen sagen, dass Jesus zwar ein großer Prophet war, aber nicht der Sohn Gottes und nicht am Kreuz für die Schuld der Menschheit gestorben ist. Es kann nur eine Religion richtig sein. Ich bin davon überzeugt, dass Jesus die Wahrheit ist.

....

Wie bist du eigentlich zu der Projektinitiative *Fußball mit Vision* gekommen? In der geht es ja darum, Fußball mit dem christlichen Glauben zu verbinden.

Felix Uduokhai, Manuel Bühler, Lucas und ich haben uns durch die Sportlerbibelkreise kennengelernt. Irgendwann kamen wir auf die Idee, einen eigenen gemeinnützigen Verein zu gründen. Es ist unser Anliegen, Christen, die Fußballer sind, zu vernetzen, sodass man eine Gemeinschaft hat, bei der man voneinander lernen kann und jüngere Spieler von älteren Spielern im Sport unterstützt und betreut werden können. Der andere große Bereich ist ein Schulprojekt. Wir versuchen, Parallelen zwischen Fußballer- und Schülersein zu ziehen. Das Thema Leistungsdruck z. B. ist für Sportler ein großes Thema, aber auch für Schüler. Denn in dem Alter sucht man nach Identität. Wer bin ich eigentlich? Was macht mich aus? Und was ist der Sinn im Leben? Wir wollen Inspiration sein. Wir

Es kann nur eine Religion richtig sein.

möchten Menschen Jesus nahebringen. Für die Schule ist es etwas Besonderes, mit Bundesligaspielern wie z. B. Felix Uduokhai Live-Telefonate zu machen.

Was möchtest du Kindern in der Schule vermitteln?

Ich möchte ihnen einen Einblick geben in die Fußballwelt und ihre Fragen beantworten, die für sie gerade sehr interessant sind. Da geht es in erster Linie um Fußball, aber manchmal auch um Glauben. Was bedeutet eigentlich der christliche Glaube? Viele Kinder wissen das nicht. Im Religionsunterricht wird ihnen das zwar auch nahegebracht, aber unsere Seminare sind eine Abwechslung. Und bisschen spannender vielleicht. *[lacht]* Die Kinder sollen sehen, dass es auch noch junge Leute gibt, die an einen Gott, an Jesus glauben. Glaube ist nicht nur etwas für Leute über 60.

Wie kann man sich eure Online-Gottesdienste vorstellen?

Wir treffen uns in einer großen Runde mit Fußballer:innen aus Deutschland, Österreich und der Schweiz. Zu Corona-Zeiten waren wir zwischen 70 und 80, jetzt zwischen 30 und 40 Personen. Es gibt immer eine kurze Predigt und danach ein Lobpreis-Lied, das über *YouTube* eingespielt wird. Diese Zeit können wir nutzen, um uns auf Gott auszurichten. Nach der Predigt gibt es einen Austausch darüber: Was bedeutet das für unser Leben? Was haben wir gelernt? Wir beten in kleineren Gruppen auch für Nöte oder bestimmte Anliegen.

Wie handhabst du es, wenn nicht-christliche oder nicht-gläubige Personen zu euch kommen und nach Rat fragen? Nehmt ihr die trotzdem an?

Ja, auf jeden Fall. Es kommen zu den Gottesdiensten häufig Spieler, die sich das einfach mal anhören möchten. Sie wurden von anderen Spielern eingeladen, sind interessiert, aber noch nicht bekennende Christen. Wir freuen uns, wenn sie auf uns zukommen. Wir möchten dann hören, was sie beschäftigt und wo wir helfen können. Es kann auch nur sportlich sein. Am liebsten helfen wir aber ganzheitlich. Das Wesentliche ist der christliche Glaube, woraus sich für uns alles erklären lässt. Wenn wir aber merken, ein Spieler will darüber nicht reden, dann zwingen wir dem nichts auf. Wir möchten vor allem Zeugnis geben von dem, was wir mit Gott erlebt haben und damit unterstützend helfen.

Was wäre anders, wenn du deinen Glauben nicht hättest oder einen anderen Glauben?

Mein ganzes Leben wäre anders. *[lacht]* Ohne meinen Glauben würde ich nicht mehr professionell Fußball spielen. Ich hätte bei der einen oder anderen längeren Verletzung aufgegeben.

Gäbe es dann auch eine Änderung in der Wahrnehmung von anderen Personen?

Also ich wäre auf jeden Fall deutlich egoistischer. Beschämend, wie ich früher teilweise mit Menschen umgegangen bin: ohne Verständnis und mit Vorurteilen. Deswegen sind viele Freundschaften zerbrochen oder nicht in die Tiefe gegangen. Durch den Glauben habe ich

Glaube ist nicht nur etwas für Leute über 60.

Wir möchten vor allem Zeugnis geben von dem, was wir mit Gott erlebt haben.

Der Glaube an Jesus hat mich zu einem besseren Mitmenschen gemacht.

Es würde unserer Gesellschaft guttun, wenn man wieder mehr über Gott nachdenken würde.

gelernt, andere Menschen zu lieben und echte Freundschaften zu haben. Der Glaube an Jesus hat mich zu einem besseren Mitmenschen gemacht. Definitiv. Gott hat mir geholfen, demütiger zu denken.

....

Was würde am meisten fehlen?

Der Friede im Herzen, den mir Gott geschenkt hat. Bevor ich zum Glauben an Jesus gekommen bin, war ich fußballerisch sehr erfolgreich, aber total friedlos. Ich hatte ständig Angst, etwas zu verpassen. Jetzt weiß ich: Das Entscheidende, das wirklich Wichtige schenkt mir Jesus. In der Gesellschaft ist der Glaube insgesamt leider in den Hintergrund gerückt. Ich wünsche mir, dass mehr Menschen, gerade junge Menschen, vom Evangelium hören und ihm eine Chance geben. Es kann bereichernd sein, denn vieles in unserer Gesellschaft gründet im christlichen Glauben, z. B. die Menschenrechte, Sozialsysteme, Berechnung der Zeit oder Weihnachten und Ostern. Es lohnt sich, denn wenn es wirklich einen Gott gibt, ist die entscheidende Frage, ob man ihn kannte oder nicht. Falls es keinen Gott geben sollte, hat es zumindest nicht geschadet, sich damit zu beschäftigen. Auch als Allgemeinbildung. Es würde unserer Gesellschaft guttun, wenn man wieder mehr über Gott nachdenken würde.

„gespürt, wie mein Geist aus meinem Körper raus ist"

NATHALIE (19), Bibelschülerin

Wie bist du zu deinem Glauben und zur Bibelschule gekommen?

Ich bin ganz normal christlich aufgewachsen. Meine Eltern waren immer so. Wenn es für dich was ist, dann darfst du es annehmen. Wenn nicht, dann ist es deine eigene Entscheidung. Als kleines Kind habe ich Gott schon immer bewundert. Ich habe innerlich so eine Liebe zu ihm gespürt. Als ich kleiner war, konnte ich mir nicht vorstellen, dass es keinen Gott gibt. Die Welt ist so schön mit so vielen Einzelheiten. Wie kann es da keinen Gott geben? Immer, wenn ich gebetet habe, habe ich gemerkt, dass es mir richtig gut ging, und ich habe Gott überall in mein ganzes Leben miteinbezogen. Z. B. hat mir mal mein Bruder erzählt: „Ich finde meine Sonnenbrille nicht." Ich so: „Frag doch einfach Gott, wo die ist." Da habe ich gebetet und zehn Sekunden später sagte ich: „Hey, geh mal hoch in dein Zimmer an deinen Schreibtisch, linke Schublade, zweite von oben." Dann ist er hoch, dann war die da. Er kam runtergestürmt: „Woher wusstest du das?" Ich: „Gott hat es mir gesagt." Als ich eingeschult wurde, gab es ein Kind in meiner Klasse, das gemobbt wurde. Für mich war das immer so, dass ich mich gefragt habe: Was würde Jesus tun? Er würde zu der Person halten, sie beschützen und sie nicht ausschließen. Deshalb habe ich mich dazu entschieden, dieses Mädchen nicht zu mobben. Ich war dann ihre einzige Freundin – und wurde deswegen mitgemobbt. Trotzdem war ich immerzu behütet von Gott. Mir ging es besser, wenn ich zu Gott gerannt bin. Menschen haben durch Gottes Gnade die eigene Entscheidung, Dinge zu tun, und sie haben sich dazu entschieden, dieses Mädchen zu mobben. Als ich älter wurde, habe ich Alkohol getrunken und habe auch andere Sachen ausprobiert. Ich habe gemerkt, dass ich irgendwas darin gesucht habe, um glücklich zu sein. Und meine Freunde

Menschen haben durch Gottes Gnade die eigene Entscheidung, Dinge zu tun.

241

haben das unter anderem im Alkohol gesucht. Dann habe ich es auch ausprobiert. Es war dann wirklich ein Lifestyle für mich, wo ich dann mit 14 angefangen habe, fast jedes Wochenende zu trinken. Ich habe dann aber einfach schon währenddessen gemerkt, dass es nicht das Leben ist, was ich eigentlich will. Ich habe zu Gott gesagt: „Gott, wenn es dich gibt, verändere mein Leben! So, wie ich es gerade lebe, gefällt es mir nicht. Hilf mir da raus!" Da hat Gott mein Leben verändert. Ich habe einfach Frieden gespürt. Ich habe so viel Heilung erlebt. Ich habe ab da an keinen Alkohol mehr gebraucht, um glücklich zu sein. Wenn ich einmal am Wochenende nicht mit Freunden getrunken habe, habe ich mich manchmal allein betrunken. Mir ging es psychisch nicht so gut und ich habe auch eine Zeitlang unter Depressionen gelitten. Das war dann auch von null auf hundert weg, weil Gott mich da rausgeholt hat. Ich war gebrochen und ich habe Gott gebraucht, und das war die Entscheidung meines Lebens. Jeder sucht heutzutage Dinge, mit denen man sich füllen kann, sei es Mode, Aussehen, Style ... diese Menschen suchen viel. Ich habe auch gesucht und wurde nie satt. Dann habe ich angefangen, von Gott zu probieren, und wurde endlich satt. Und das war für mich ein Gamechanger, und ich war so: Okay krass, das Gefühl von Fülle kenne ich auf diese Art und Weise so nicht. Dann habe ich Gott gefragt, was für einen Plan er für mein Leben hat, weil ich glaube, dass er weiß, was gut für mich ist. Ich hatte zuerst eine Ausbildung als PTA angefangen, doch ich habe schnell gemerkt, dass das nicht das ist, was Gott für mich hat. Als ich

dann zur Holy Spirit Night, einem Jungendgottesdienst in Stuttgart gegangen bin, wurde dort ein Flyer für eine Bibelschule präsentiert, die sie dort anbieten. Ich habe eine Stimme in mir gespürt, die mir gesagt hat: „Nathalie, ich habe was für dich. Geh auf diese Bibelschule!" Jetzt mache ich die Bibelschule, weil Gott es mir ans Herz gelegt hat, und es ist die beste Entscheidung, die ich hätte in meinem Leben treffen können.

....

Wie beeinflusst dein Glaube denn deinen Alltag?

Es gibt die Dreieinigkeit: Gott, den Heiligen Geist und den Sohn. Ich glaube, dass der Heilige Geist in jedem leben kann, der es will. Bei mir ist der Heilige Geist sehr präsent. Der Heilige Geist spricht durch mich, wenn ich es zulasse. Z. B. wenn meine Freundinnen Hilfe brauchen, habe ich plötzlich ein Wort für sie und es kommt dann einfach vom Heiligen Geist, was ich normalerweise nicht von meinem menschlichen Verstand wissen kann. Das Beten ist für mich Kommunikation mit Gott. Z. B. stand im letzten Jugendgottesdienst ein Mädchen ganz hinten und ich habe gespürt, was sie gespürt hat. Ich bin auf sie zu und habe gefragt: „Hey, darf ich für dich beten?" Und sie so: „Ja klar." Ich habe dann gebetet und plötzlich in ihr Leben reingesprochen. Ich habe es einfach ausgesprochen: „Das und das hast du in deinem Leben erlebt und so ist die Beziehung zu deinen Eltern ..." Ich wusste das alles, sie ist in Tränen zusammengebrochen und hat gesagt: „Das konntest du nicht wissen, du kennst mich nicht, ich kenne dich nicht, ich kenne hier niemanden, ich bin zum

Das war für mich ein Gamechanger.

ersten Mal hier." Der Heilige Geist hat einfach durch mich gesprochen. Sie hat dadurch auch viel Heilung erfahren, und das ist das, was mein Leben beeinflusst, weil ich so vielen Menschen helfen möchte.

....

Wie stark orientierst du dich an den Worten von Gott und der Bibel?

Es gibt die Zehn Gebote und ich versuche, mich so gut, wie ich es kann, daran zu halten. Ich will es nicht nur machen, weil Gott es uns allen generell empfiehlt. Ich will hundert Prozent nach der Bibel leben, weil ich selber für mich gemerkt habe, dass es mir guttut. Gott sagt nicht, du musst so leben, sondern du kannst so leben, wenn du es selbst willst. Es ist ein Mindset, das ich auch verstehen musste, dass mein Gott ein gnädiger Gott ist und dass er mich nicht verurteilt, sondern mich einfach liebt. Er hat uns die Zehn Gebote gegeben, weil es eine Empfehlung für uns ist. Er möchte, dass es uns gut geht, weil er ein guter Gott ist. Jetzt haben wir als Mensch die freie Entscheidung, ob wir uns daran halten wollen oder nicht. Ob wir es tun oder nicht, Gott liebt jeden gleich, denn seine Liebe ist nicht zu beeinflussen.

....

Wie stellst du dir Gott denn vor?

Also ich glaube, dass Gott mein Vater ist, der mich liebt, der mich geschaffen hat, der mich wollte, der mich wertschätzt und der das Beste für mich will. Gott ist nicht nur Gott für mich, sondern er ist auch für mich mein bester Freund, mein bester Ratgeber, mein Heiler. Er ist der, der mich kennt, der mich liebt und der weiß, wer ich

Ich will hundert Prozent nach der Bibel leben.

bin und was ich brauche. Er ist das, wonach ich mein Leben richte, und Gott ist für mich ein Vorbild. Jesus bzw. Gott hat damals mit den Prostituierten abgehangen, mit den Alkoholikern, mit den Leuten, die niemand mochte, weil er jeden gleich liebt. Genauso will ich auch jedem anderen mit Liebe begegnen. Weil ich jeden mit seinen freien Entscheidungen akzeptieren will.

....

Gibt es irgendwas, was du dir von der Hingabe zu Gott erhoffst?

Dadurch, dass ich mich Gott so hingebe, glaube ich, dass er mir hilft, dass er mein Heil ist, dass er mir auch ein Wegweiser ist. Ich weiß, dass er mein Leben in die richtige Richtung führen wird. Ich habe oft gedacht, dass ich es besser weiß, und habe eigene Entscheidungen getroffen, die mir dann nicht gutgetan haben, die Gott aber wieder zum Gutem gewendet hat. Schließlich habe ich gelernt, Entscheidungen zu treffen, die Gott mir ans Herz legt.

....

Wir haben neulich einen Text gelesen, in dem der Autor behauptet, dass ein Gott, der als allwissender Gott seinen eigenen Sohn auf die Welt schickt, wohlwissend, dass er dort gefoltert und getötet wird, kein guter Gott sein kann. Dies erst recht nicht, wenn er durch den Tod seines Sohnes eine angebliche Erbsünde tilgen will, die allen Menschen auferlegt ist und die zwei Menschen begangen haben sollen, die es historisch gar nicht gegeben hat, nämlich Adam und Eva. Wenn er tatsächlich ein barmherziger Gott ist – so dieser Autor –, warum sagt er dann nicht einfach: „Schwamm drüber, ich

habe euch schon verziehen?" Ein solcher Gott – so sagt der Autor – ist der grausamste Gott, den man sich vorstellen kann. Wie kann man ihn nur verehren und anbeten? Was meinst du zu dieser Aussage?

Eine perfekte Aussage kann ich darüber nicht geben, aber ich versuche mein Bestes. Gott hat seinen eigenen Sohn zur Welt gebracht, um uns einfach auf Augenhöhe zu begegnen. Nicht nur Jesus ist auf die Welt gekommen, sondern mit ihm auch Gott. Und dann war auch die Frage: Warum nimmst du deinen Sohn und lässt ihn deine Drecksarbeit machen? Alles, was Jesus getan hat, hat er durch Gott getan. Jesus ist ans Kreuz gegangen, also hat Gott sich eigentlich freiwillig ans Kreuz genagelt. Es ist nicht Jesus gestorben, sondern Gott. Wenn Jesus geweint hat, hat Gott auch geweint. Er ist für uns am Kreuz gestorben, damit wir Menschen frei sein können von unserer Sünde. Sie sind nun mal eins, also eine Einigkeit. Ich check's nicht, wie kann Gott uns so sehr lieben? Es ist einfach nur ein Liebesbeweis, denn er ist für uns auf die Welt gekommen. Er hat sich demütigen lassen und sich in menschlicher Gestalt gezeigt, weil es für uns so besser zu verstehen ist. Wenn man jetzt z. B. zu Gott betet und sagt: „Ich habe dieses oder jenes Problem, aber das verstehst du nicht, weil du bist ja Gott", kann Gott sagen: „Ich bin auf die Welt gekommen für dich, um dich zu verstehen, um nachzuvollziehen, was du durchmachst und wie es ist, ein Mensch zu sein." Gott hat uns geschaffen und wir haben uns entschieden, ihn umzubringen. Gott ist allwissend! Er wusste, was passieren wird, und trotzdem hat er es für

uns getan – aus Liebe zu uns. Ich fasse es so zusammen: Gott kreierte seine Schöpfung, und seine Schöpfung hat sich dazu entschieden, ihn umzubringen. Am dritten Tage ist er dann wieder auferstanden.

....

Welche Vorstellung hast du davon, was nach dem Tod kommt?

Ich kenne die Geschichte nur von Erzählungen, aber es ist so: Gott hatte ganz viele Engel. Er hat den Engeln die freie Entscheidung gegeben, ob sie ihm nachfolgen wollen oder nicht. Es gab einen Engel, der gesagt hat: „Ich will mein eigener Gott sein." Es sind diesem Engel weitere gefolgt, und so sind der Teufel und die Dämonen entstanden. Somit gibt es zwei Welten: die Welt mit und die ohne Gott. Es ist unsere Entscheidung. Wollen wir Gott folgen, Jesus als seinen Sohn annehmen und mit ihm im Paradies sein? Wenn du sagst, dass du den Glauben auf diesen Grundsätzen für dich nicht annehmen kannst, dann glaube ich tatsächlich, dass man nicht in den Himmel kommt, doch wer in den Himmel kommt, weiß allein nur Gott! Gott weint viel um die, die fallen werden. Ich glaube, dass ich nach dem Leben in den Himmel kommen werde, da ich mich für Gott entscheide. Ich freue mich auch jetzt schon drauf.

....

Was geschieht mit den Personen, die an einen anderen Gott glauben?

Ich glaube, dass Gott jedem die Möglichkeit gibt, dass man ihn kennenlernen darf und erkennen kann, wer Gott ist. Wenn man sich nicht darauf einlassen will, dann ist das die eigene

Es ist nicht Jesus gestorben, sondern Gott.

Gott hat uns geschaffen und wir haben uns entschieden, ihn umzubringen.

Wenn man Gottes Sohn Jesus nicht annimmt, kommt man nicht zum Vater.

Da hat er meine Beine in die Hand genommen, er fing an zu beten und mein Bein wuchs innerhalb von Sekunden.

Ich hatte neulich eine Nahtoderfahrung.

Entscheidung. Ich glaube nicht, dass wenn man an einen anderen Gott glaubt, man gute Dinge davon erhalten kann. Man wird merken, dass es eigentlich einen nicht erfüllt und man eine Sehnsucht hat. Dass man ein Loch in sich fühlt, das nicht gefüllt werden kann, außer von Gott. Jeder hat was in sich, wo man irgendwie weiß: Das ist doch der wahre Gott. Bevor Menschen sterben, schreien sie nach Gott. Man hat Angst, man kriegt Panik und schreit nach ihm. Wenn Leute eine schwere Prüfung haben, wenn Leute krank sind, dann fangen sie an zu beten, weil es dann doch irgendwo die letzte Hoffnung ist. Gott macht mir klar, wer der wahre Gott ist. Wenn man Gottes Sohn Jesus nicht annimmt, kommt man nicht zum Vater.

·····································

Kannst du uns von Situationen erzählen, in denen du Gott erlebt hast, gemerkt hast, dass dein Gott der richtige ist?
Ich habe darunter gelitten, dass mein eines Bein kürzer war als das andere und hatte dadurch auch Hüftschmerzen. Ich war deshalb lange in der Physiotherapie. Einmal kam der Pastor Peter Wenz auf mich zu und hat gefragt, ob er für mich beten darf: „Gibt es irgendwas, was du hast?" Ich so: „Ja, ich habe Hüftschmerzen." Dann hat er gesagt: „Dann beten wir, dass dein anderes Bein länger wird." Ich daraufhin sarkastisch: „Genau ... mein Bein soll länger werden." Da hat er meine Beine in die Hand genommen, er fing an zu beten und mein Bein wuchs innerhalb von Sekunden. Es hat auch ein bisschen gekitzelt. Ich habe gespürt, dass sich da was bewegt hat, ohne dass man dabei daran gezogen

hat. Ich bin zur Physiotherapie und habe das diagnostizieren lassen und die haben gesagt: „Die sind jetzt gleich lang." Ich habe seitdem keine Hüftschmerzen mehr und ich kann normal laufen. Das war für mich das Erlebnis, bei dem ich dachte: Okay, Gott heilt immer noch! Also das ist ja ein Zeichen seiner Präsenz, und ich sage auch immer: Leid passiert auf der Welt aus dem Grund, weil Gottes Reich noch nicht ganz auf der Erde vollbracht ist. Ich glaube nicht, dass Gott will, dass Menschen leiden. Aber dadurch, dass Gott den Menschen die freie Entscheidung gegeben hat, passiert Leid auf der Erde.

·····································

Hattest du noch andere Erfahrungen dieser Art?
Ich hatte neulich eine Nahtoderfahrung. Alles fing an mit einer Angst, einer Panikattacke, die durch frühere Traumata ausgelöst wurde, als ich Gott noch nicht an mich rangelassen hatte. Ich trug also noch Angst in mir, die nicht von Gott war. Dadurch hatte ich quasi eine „Tür", die für den Teufel „offen" war. Leider findet der Teufel so seine Wege, in mein Leben zu kommen und mir Schaden zuzufügen. Die Panikattacke ist dann so ausgeartet, dass ich hyperventiliert habe und ohnmächtig wurde. Der Krankenwagen hat mich abgeholt, ich kam langsam wieder ein bisschen zu mir, und in dem Moment dachte ich: Gott, ich brauch dich jetzt! Mein ganzer Körper hat die ganze Zeit gezittert. Im Krankenwagen wurde ich überall angeschlossen, EKG und so. Meine Schwester fing an zu beten, dass Jesus mir begegnen soll. Plötzlich sind währenddessen die Geräte, an denen ich angeschlossen war, ausgefallen, sie haben keine Impulse etc. mehr

aufgenommen. Ich habe gespürt, wie mein Geist aus meinem Körper raus ist. Ich habe ein helles Licht gesehen. Es war so golden, es war so schön. Es hat sich nicht angefühlt wie auf der Erde. Ich habe kein Leid gespürt. Ich habe keinen Schmerz gespürt. Ich habe keinen Druck gespürt. Ich habe nur Frieden gespürt. Ich habe gespürt und gesehen, wie Jesus da war. Ich habe gesehen, wie über mir Schmetterlinge geflogen sind. Jesus hat mich angelächelt, mir zwei Schmetterlinge auf die Augen gelegt und dann bin ich wieder zu mir gekommen. Schmetterlinge bedeuten Unsterblichkeit. Gott war mir in dem Moment so unglaublich nahe. Ich habe noch gehört, wie er gelacht hat. Er hat sich gefreut, mich zu sehen und mir in so einem Moment sichtbar nahe zu sein. Denn er ist immer bei mir und ich bin nie allein.

....

Und jetzt gegen Ende unseres Gesprächs noch mal zu deiner Ausbildung zurück: Weißt du denn schon, was du nach der Bibelschule machen möchtest?

Weiß ich noch nicht ganz genau. Aber Visionen für mein Leben habe ich schon. Mein Wunsch ist es tatsächlich, in Südafrika zu missionieren, Leuten von Jesus zu erzählen und dort eine Schule zu gründen, in der Kinder Schulungen bekommen. Das Alter von null bis sechs ist so ein prägendes Alter, in dem ich auch Jesus weitergeben möchte. Einfach, weil es das ist, was mein Leben erfüllt.

Die Ewigkeit gleicht einem Rad,
das weder Anfang noch Ende hat.

Hildegard von Bingen (Benediktinerin und Universalgelehrte)

Wie viel weißt du über Religionen?

CHECK BEIM SILBENRÄTSEL!

AG – A – BAT – BEN – CHEN – DAN – FES – FEST – HALB – IN – IS – IS – KAR – KER – KREUZ – LORD – LY – MA – MA – MOND – MUS – MUS – MUS – NA – NA – NACH – NI – NI – NOS – ON – ON – PO – RA – RA – RA – RE – SAB – SHI – SIE – SI – TI – TI – TI – TA – TA – TÄT – THE – THE – TRI – THO – VA – VA – ZEI – ZIS – ZUC

1. Wichtiger Wochentag im Judentum

2. Wort für Wiedergeburt im Buddhismus

3. Haltung der Unentschiedenheit bzgl. der Existenz Gottes

4. Fastenmonat im Islam

5. Beeinflussung der Realität mit eigener Gedankenkraft

6. Heiliges Buch im Judentum

7. Geste zu Gebetsbeginn und -ende im Christentum

8. Symbol im Islam

9. Verneinung der Existenz einer Göttlichkeit

10. Wichtige hinduistische Gottheit

11. Christliche Annahme der Dreifaltigkeit Gottes

12. Glaube an mehrere Götter

13. Laut Bibel wurde die Welt in ___ Tagen erschaffen

14. Fest des Fastenbrechens

15. Erster Teil des Tanach

16. Zentraler Ort für Shiva-Anhänger

Auf Seite 284 kannst du die Lösung anschauen. Aber nicht schummeln!

Deutschland: Austrittsabsicht nach Alter; 2022

Quelle: Bertelsmann Stiftung (Hrsg.): Religionsmonitor
2023; Basis: Bevölkerung Deutschland ab 16 Jahren,
Kirchenmitglieder (N=1.623), gültige Fälle, gewichtet

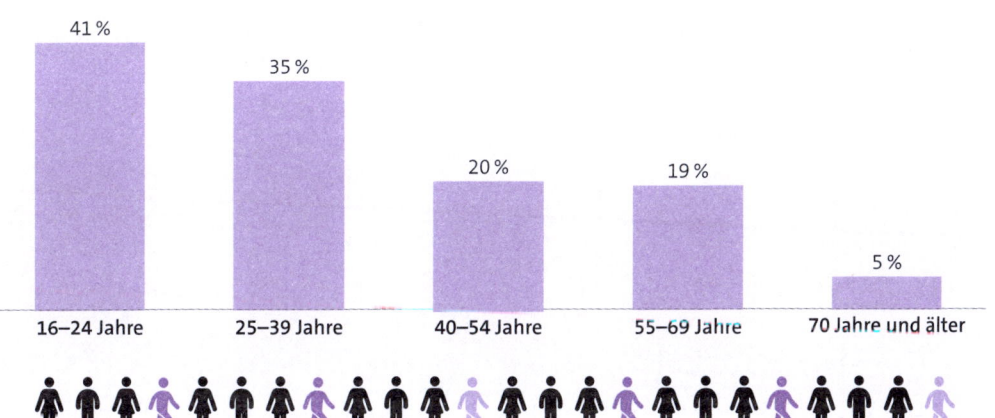

16–24 Jahre	25–39 Jahre	40–54 Jahre	55–69 Jahre	70 Jahre und älter
41 %	35 %	20 %	19 %	5 %

EHER OHNE MICH!

Zweifel, Skepsis und gottlos glücklich

„Jeder darf glauben, was er oder sie möchte, solange es niemandem wehtut"

NANTA (27), Krankenpflegerin, Agnostikerin

Wir führen dieses Gespräch vor allem deshalb mit dir, weil du Agnostikerin bist.
Ja, bin ich. Ich denke schon, es gibt irgendeine große Kraft, aber wer, wo, was? Keine Ahnung. Ich gehöre nicht zu einer Religion, ich glaube nur an irgendeine große Kraft.

Wie stellst du dir diese Kraft vor?
Ich stelle mir die Mutter Natur vor, die alles regiert. Wenn wir uns die Umwelt anschauen, dann sehen wir, was wir zurückzahlen müssen. Diese Kraft meine ich.

Viele Menschen sagen, dass die Religion oder der Glaube ihnen Halt geben. Wie ist es bei dir?
Wenn ich ein Problem habe, habe ich nichts, was mir Halt gibt. Wenn was schiefläuft, sagt man im Allgemeinen: „Gib dein Leben an Gott, vertrau auf ihn!" Aber da ich nicht mehr wirklich daran glaube, fehlt mir die Sicherheit schon ganz arg. Solche Sicherheit kann ich nicht durch Menschen oder mich selbst bekommen. Es ist halt eine riesige Kraft oder ein Vertrauen, das ich weggeschoben habe. Meine Mutter ist richtig gläubig – evangelisch. Sie hat innerhalb eines Monats ihre Schwester und eine weitere geliebte Person aus ihrer Familie verloren. Anstatt zusammenzubrechen, hat sie daran geglaubt, dass es passiert ist, weil es so sein muss. Es gibt auch einen Vers in der Bibel, der sagt, Gott traut dir nur zu, was du ertragen kannst. Dieses Vertrauen fehlt mir, weil ich nicht glaube.

Wie gehst du denn mit so einem Verlust, wie ihn deine Mutter erlebt hat, um?
Ich treffe mich mit Leuten, um mit denen zu reden. Und ich gehe in mich zurück und gucke, wie ich es selbst verarbeiten kann. Ich male, zeichne, bastle und lese gern. Damit nehme ich mir wirklich Zeit und Ruhe für mich allein.

Ich stelle mir die Mutter Natur vor, die alles regiert.

Gott traut dir nur zu, was du ertragen kannst.

Menschen, die an Gott glauben, haben in der Regel auch eine Vorstellung vom Sinn des Lebens. Welchen Sinn hat für dich das Leben?

[Pause] Gute Frage. Ich denke, ich nehme nicht alles zu ernst. Ich tue, was ich tun kann. Ich bin im Pflegeberuf tätig und ich habe mich entschieden, im Palliativbereich zu arbeiten, um Menschen in ihrem letzten Lebensabschnitt zu begleiten und es ihnen weniger schmerzhaft zu machen. Falls es einen Sinn geben würde, dann sähe ich meinen Sinn darin, dass ich nicht nur hier auf der Welt war, gegessen, getrunken und geschafft habe, sondern in meinem Leben auch ein paar Leute begleitet habe und ein Teil ihres Lebens war.

....

In der Palliativmedizin ist der Tod ein großes Thema. Welche Vorstellung hast du darüber, was nach dem Tod kommt?

Ich habe mal eine Weiterbildung gemacht, bei der ich eine Übung machen musste, wobei wir ein Bild aussuchen und begründen durften, wieso man dieses Bild gewählt hat. Ich habe ein Bild von einem Sonnenuntergang am Meer ausgesucht. Ich fand das schön, weil es sich wie zu Hause angefühlt hat. Für mich hat der Tod was Angenehmes, das Ende eines Kampfes. Du hast dein ganzes Leben, und jetzt ist es vorbei, jetzt ist Ruhe, es kommt was Warmes. Aber da ist auch der Untergang, das Leere. Ich weiß nicht, was passieren kann. Ich bin zwiespältig. Ich befinde mich zwischen: Okay, dann ist es halt fertig, das war schön. Und: Ja, ich habe schon ein paar Fehler gemacht, aber jetzt ist es halt vorbei. Dann bin ich wie Pulver.

Redest du denn viel mit deinen Patient:innen über den Tod?

Mit Patient:innen, die Palliativversorgung brauchen, eher weniger. Erst wenn sie selbst anfangen, darüber zu reden. Davor sind sie vielleicht noch nicht bereit, und es ist noch nicht die Zeit dafür.

....

Mich würde es auch interessieren, wie du den Umgang von Patient:innen mit dem Tod wahrnimmst. Welche Vorstellungen haben sie?

Die meisten haben Angst vor dem Unbekannten. Viele von ihnen sagen: „Ich muss noch das machen, ich habe das noch nicht gemacht", oder: „Ich habe noch jede Menge Konflikte, die ich lösen muss". Das Einzige, was ich tun kann, ist, sie ein bisschen zu beruhigen und zu sagen, dass jetzt nicht mehr die Zeit ist, Sachen abzuschließen, sondern langsam loszulassen.

....

Du hast vorher erwähnt, dass deine Mutter streng evangelisch ist. Wie religiös bist du aufgewachsen?

Bis ich neun Jahre alt war, waren wir gläubig, aber haben nicht praktiziert. Ab 15 wurde ich gläubiger als meine Familie. Und mit 17 oder 18 hat meine Mutter angefangen, sich intensiv mit Religion zu beschäftigen. Als ich in Deutschland ankam, habe ich Religion weggeschoben.

....

Wie kam es dazu?

Ich war schon von vornherein nicht ganz begeistert von ein paar Einstellungen der Kirche. So mit 13 habe ich gesehen, dass die Kirche ziemlich homophob ist, und das hat mich genervt.

Für mich hat der Tod was Angenehmes, das Ende eines Kampfes.

So mit 13 habe ich gesehen, dass die Kirche ziemlich homophob ist, und das hat mich genervt.

Auch Islamophobie und andere Phobien gab es. In der Bibel steht, dass das Wichtigste die Liebe ist. Aber das ist in der Religion gar nicht der Fall. Da habe ich angefangen, mich zu wehren. Diese patriarchalische Einstellung ist auch nicht mein Ding. Wirklich nicht. Das passt nicht zur heutigen Zeit. In Madagaskar haben sie vor drei, vier Jahren ein Gesetz gemacht, das besagt, dass man transsexuelle Menschen nicht mehr schlagen darf. Die Leute haben sich darüber sehr aufgeregt. Sie sind gläubig und sagen, dass sie die Leute mögen, aber regen sich trotzdem darüber auf, dass man die Menschen nicht schlagen darf. Es gibt jede Menge Punkte in der Religion, die mir gar nicht passen. Ich habe in Deutschland mehr Zeit gehabt nachzudenken, ohne den Druck der Familie.

....

Warst du denn gläubig, als du noch in Madagaskar gelebt hast?
Ich war immer noch gläubig, als ich hierherkam. Ich denke, ich bin sogar gläubig, aber ich mag Religion einfach nicht. Ich glaube ja an die Mutter Natur.

....

Was siehst du an Religionen positiv?
Das gibt denjenigen Menschen Halt und Hoffnung, welche es brauchen. Und sie geben eine Community für Leute, die keine sozialen Kontakte haben.

....

Du bist evangelisch aufgewachsen und siehst da viele Aspekte, womit du dich nicht identifizieren kannst. Kam für dich auch mal eine andere Religion infrage?

Ich habe mal an Buddhismus gedacht. Aber ich weiß nicht, ob ich es wirklich verstanden habe. Im Buddhismus bleiben die Emotionen gleichmäßig, keine Wut, keine Trauer. Das ist nicht machbar. Warum sollte ich mich von diesen Emotionen befreien? Ich habe mich aber nicht intensiv mit Buddhismus beschäftigt. Ich wollte schon, aber vielleicht war ich auch einfach zu faul. Vom Islam bekomme ich ab und zu was mit, aber ich höre, dass Muslime homophob sind. Solange es in Religionen so was gibt, will ich nicht dazugehören. Ich denke, vielleicht könnte Hinduismus passen. Ich habe gehört, dass es die einzige Religion ist, in der Frauen den gleichen Wert haben wie Männer. Aber ich habe mich noch nicht so tief damit beschäftigt.

....

Manche sagen ja, dass es eigentlich Zufall ist, mit welchem Glauben man aufwächst. Wie siehst du das?
Ja voll. Ich könnte irgendwo in einem anderen Land geboren sein. Dann wäre ich vielleicht eine Muslima. Das ist ein Thema, worüber ich öfter mit meiner Mutter diskutiere. Sie ist einfach in die Religion reingeboren worden, deswegen ist sie jetzt christlich. Sie könnte woanders leben, dann hätte sie eine andere Familie und ihr Gott wäre Allah. Ja, es ist ein Zufall. Aber das bedeutet nicht, dass es keinen Sinn ergibt.

....

Wie stellst du dir die größere Kraft vor, von der du anfangs sprachst?
Ich weiß es nicht. Unser Verstand ist zu begrenzt. Es kann nicht sein, dass diese Welt, in der wir leben, alles ist. Es gibt bestimmt irgendwas

Ich denke, ich bin sogar gläubig, aber ich mag Religion einfach nicht.

Ich könnte irgendwo in einem anderen Land geboren sein. Dann wäre ich vielleicht eine Muslima.

anderes. Was, weiß ich nicht. Aber wir sind nur Menschen. Wir sind ein Zufall, aber ein Zufall, der doch gerechnet ist. Wenn man einen Baum schneidet, da gibt es die Altersringe. Das kann nicht nur einfach so ein reiner Zufall sein. Es gibt irgendwas.

....

Du meintest, seitdem du in Deutschland bist, haben sich deine Ansichten verändert. Was genau meinst du damit?

Ich habe das Gefühl, hier kann man sich ein bisschen mehr als Person ausdrücken. Es gibt mehr Freiheiten. Wenn du im Sommer rausgehst, kannst du eine kurze Hose anziehen, ohne von irgendjemandem komisch angeschaut zu werden. Bei uns ist das nicht der Fall. Du musst schon aufpassen, was du anziehst. Du musst mitdenken, dass deine Mutter es nicht zu kurz findet und dass die ganze Nachbarschaft dich als Hure bezeichnen kann, wenn du zu knappe Klamotten trägst. Hier habe ich auch die Freiheit, über andere Sachen mehr nachzudenken. Die patriarchalische Einstellung, die in Madagaskar herrscht, ist dort völlig normal. Hier kommst du an und hast die Zeit und den Raum, zu hinterfragen. Hier sind die Einstellungen ein bisschen offener. Hier gibt es nicht nur heteronormative Beziehungen, sondern du kannst auch offen bi sein.

....

Hast du das Patriarchale als unterdrückend empfunden?

Ja! Ich wehre mich sehr gern gegen so was. Mit zehn Jahren wusste ich schon, dass meine Familie homophob ist. Ich habe einfach gesagt, dass ich Frauen mag, obwohl ich damals noch nicht wusste, dass ich bisexuell bin. Meine Familie dachte, dass ich es nicht ernst meinte, und hat es deswegen als Spaß verstanden. Aber wenn sie mir geglaubt hätten, hätte ich wirklich Probleme bekommen. Ich mochte diese Gesellschaftsregeln immer schon nicht.

....

Wie wird deine Familie damit umgehen, wenn du ihr sagst, dass du eine Beziehung mit einer Frau hast?

Ich habe es gesagt. Ich habe zu meiner Mutter gesagt, ich bin in einer polyamoren Beziehung. Da ich in Deutschland wohne, kann sie nichts machen. Sie kann nur für meine Seele beten, dass ich nicht in der Hölle lande. *[lacht]* Aber was sonst? Was kann sie denn tun? Jetzt ist es ihr wichtig, dass sie ein Enkelkind bekommt. Sie fängt nun an, ein bisschen offener zu sein. Ich denke, dass sie auch aufgegeben hat, bei mir noch irgendwas richtigstellen zu wollen. Sie weiß, wenn sie mich zwingt, was zu machen, dann wehre ich mich noch stärker dagegen. Wenn wir telefonieren, dann fragt sie: „Und? Wie geht es deinem Freund?" Dann sage ich: „Welchen meinst du?" Sie sagt: „Den Richtigen." Ich: „Ja, aber welchen von denen meinst du? Die sind alle richtig." *[alle lachen]* Sie dann: „Ach, nerv mich nicht, sag einfach, wie es ihm geht!" Ich wiederum: „Ja, aber welchem denn?" Dann sucht sie einen Namen aus und ich sage, wie es dieser Person geht. Sie hat keine andere Wahl mehr, außer mich so zu akzeptieren, wie ich halt bin.

....

Wie ist denn insgesamt die Beziehung zu deiner Familie, seitdem du so offen damit umgehst?

Mit zehn Jahren wusste ich schon, dass meine Familie homophob ist.

Ich denke nicht, dass die Kraft oder der Gott die Einstellung von Gut und Böse wie wir hat.

Es hat sich nicht viel verändert. Sie wissen schon seit jeher, dass ich stur bin. Aber wir sind unterschiedlicher Meinung. Mein Bruder meinte zu mir, er gehe fremd. Ich habe dann gesagt: „Öffne deine Beziehung und rede darüber mit deiner Verlobten, dann lügst du niemanden an." Er sagte: „Nee, das geht nicht. Das machen nur Tiere. Nur die sind polygam. Das ist doch kein Respekt. Ich meine, ich werde doch nicht zu meiner Verlobten sagen: ‚Ich schlafe mit anderen Frauen.'" Ich meinte dann: „Ich lüge meinen Partner wenigstens nicht an."

....

Denkst du, seine Haltung kommt aus der Religion?

Ja, vor allem aus der Religion. Aber er ist trotzdem irgendwie mir gegenüber offener geworden. Ich denke, das liegt auch daran, dass ich so bin, wie ich bin.

....

Du hast gesagt, es gibt eine größere Kraft. Was denkst du darüber?

Ich denke nicht, dass diese Kraft schlecht oder gut ist, sondern neutral. Ich glaube, das Schlechte und Gute kommt von uns. Ich denke nicht, dass Tiere wissen, was gut und was schlecht ist, das weiß nur der Mensch. Dieses Denken ist abhängig von der Herkunft, dem Alter und der Erziehung. Ich denke nicht, dass die Kraft oder der Gott die Einstellung von Gut und Böse wie wir hat.

....

Du hast aber eben von deinem Bruder erzählt, der seine Verlobte anlügt. Ist deiner Meinung nach lügen gut oder schlecht?

Ich finde es schlecht, aber für ihn hat es was Gutes. Das ist für ihn immer noch eine Art von Respekt oder Schutz seiner Verlobten. Das ist deswegen für ihn nicht so schlecht. Deshalb kann ich nicht sagen, was gut oder schlecht ist, weil jeder eine Definition von gut und schlecht hat.

....

Möchtest du abschließend etwas sagen, was noch nicht zur Rede kam?

Jeder darf glauben, was er oder sie möchte, solange es niemandem wehtut.

Man wird nie beweisen können, dass etwas nicht existiert. Aber es gibt viele Sachen, von denen wir nicht glauben, dass es sie gibt, obwohl wir das nicht beweisen können.

Richard Dawkins (Biologe und Autor)

„Wenn du scheiße bist, wird das Leben dich auch scheiße behandeln"

LIZ (16), Realschulabsolvent, transsexuell und mit früherer hinduistischer Phase

Es wäre spannend, wenn du etwas über deinen Glaubensweg erzählen würdest.

In bin in einer Familie aufgewachsen, in der Religionen sehr verbreitet sind bzw. es eine Vielfalt an Religionen gibt. Mein Dad ist muslimisch und meine Mum orthodox. Daher gab es bei uns viele Feiertage und Feste. Das Erste, was ich ausgelebt habe, war der Islam. Als Kind habe ich z. B. gefastet. Als ich mit sechs Jahren eingeschult wurde, hat diese Phase aufgehört. Ich war im Religionsunterricht und habe mir dort den christlichen Glauben angeeignet. Ich bin manchmal zur Kirche gegangen, mehr mit der Schule als mit den Eltern. Ich habe im Kinderchor und bei verschiedenen Theaterstücken, in denen es z. B. darum ging, wie Jesus zur Welt gekommen ist, mitgemacht. Also die meiste Zeit meiner Kindheit war ich christlich. Ich fand schon immer, dass Religion ein sehr interessantes Thema ist. Es ist sehr angenehm, zu wissen, dass es jemanden gibt, der darauf achtet, wie es uns geht, oder in irgendeiner Weise über uns wacht. Als ich älter geworden bin, habe ich allerdings angefangen zu hinterfragen: Macht das überhaupt Sinn? Wie funktioniert das eigentlich? Im Religionsunterricht wurde solches Fragen jedoch kritisch betrachtet. Mir wurde gesagt, ich soll das alles nicht hinterfragen, sondern akzeptieren. Aber so bin ich nicht. Meine beste Freundin hat mich dann an die Schwarze Magie herangeführt. Das war total cool für mich, um ein bisschen zu rebellieren. Ab der siebten Klasse habe ich richtig angefangen, mich für Religion zu interessieren. Ich stellte mir Fragen wie: Was ist eigentlich das Christentum? Was gehört dazu? Was gibt es alles für Weltreligionen? Zu dieser Zeit ging es mir überhaupt nicht gut, weil wir einen Krankheitsfall in der Familie hatten. Ich war verzweifelt, weil ich nicht wusste, wie

alles weitergehen und was ich tun sollte. Hab mich gefragt: Wie kann es eigentlich sein, dass ein Kind Krebs kriegt? Das macht für mich keinen Sinn. Wie kann es sein, dass irgendein Gott es zulässt, dass Kinder leiden? Dann find ich ihn gar nicht toll. Ich habe viel philosophiert und über die menschliche Existenz nachgedacht und bin auf den Hinduismus gestoßen.

....

Wie bist du auf den Hinduismus gestoßen?

Ich bin mit dem Bus gefahren und habe gezeichnet. Da saß ein Typ vor mir und hat mich angeschaut. Dann habe ich ihn angeschaut, er hat mir zugenickt und ich dann ihm. *[lacht]* Er ist dann zu mir gekommen und hat gesagt, es sei eine sehr coole Zeichnung. Wir sind ins Reden gekommen und ich habe ihm erzählt, was in meinem Leben so abgeht. Er meinte: „Weißt du eigentlich, was der Hinduismus ist?" Ich antwortete: „Nein, keine Ahnung, ist halt aus Indien und eine alte Religion." *[lacht]* Wir sind an derselben Station ausgestiegen, im Park rumgelaufen und haben stundenlang geredet. Es war ein komischer Zufall. Er meinte zu mir: „Willst du nicht mal zu einem Treffen in einem Tempel mitkommen?" Zwei Wochen später sind wir dann zu diesem Tempel gefahren. Es war sehr spirituell, man hat es an der Aura direkt gemerkt. Es hat nach Räucherstäbchen gerochen und viele Menschen mit vielen Klamotten und Dreadlocks waren da. Man hat direkt gemerkt, es ist etwas anderes als das, was man sonst aus religiösen Umfeldern kennt. Ich war begeistert. Einer erklärte mir, wie alles abläuft und woran man glaubt, wie z. B. Wiedergeburt und die verschiedenen Götter. Als

die eigentliche Feierstunde dann losging, haben wir alle miteinander gesungen. Ich konnte zwar kein Indisch, aber habe versucht, mitzusingen, und niemand hat es gejuckt, dass ich es nicht richtig konnte. *[lacht]* Es hat total Spaß gemacht. Ich war also in diesem Tempel drin, als da so eine Mum auf mich zukam. Sie fragte mich: „Kennst du dieses Gefühl, wenn du dich anders fühlst als die anderen Menschen? Dich keiner versteht und du dich allein fühlst?" Und natürlich kannte ich das. Ich habe mich bis in die Nacht mit ihr unterhalten. Sie hat mir Bücher und Malhefte mit Göttern gegeben. Aber ich durfte sie niemals auf den Boden legen, da sie sonst unrein bzw. befleckt werden. Sie gab mir auch noch mit, dass das Leben ein Geschenk sei und man darauf achten solle, wie man sich verhält. Dies wirke sich auf dein Karma aus und bestimme, was in deinem nächsten Leben passieren wird. Sie erklärte mir dann die verschiedenen Stufen der Wiedergeburt. Die Vorstellung von Wiedergeburt finde ich richtig toll. Das ist so der Weg, wie ich zum Hinduismus gekommen bin. Mittlerweile bin ich aber atheistisch.

....

Wie hast du denn den Hinduismus ausgelebt? Gab es Rituale oder Ähnliches?

Das einzige Strenge war, dass ich in der Phase vegetarisch wurde. Mir wurde gesagt, dass man vegetarisch leben sollte. Ich habe außerdem eine Kette bekommen, eine Art von Talisman. Die war ein Glücksbringer. Die fand ich cool, die habe ich getragen. Ich habe es nicht streng ausgelebt, es war eher die Idee von Karma, die ich so interessant fand. What goes around, comes back

Wie kann es sein, dass irgendein Gott es zulässt, dass Kinder leiden? Dann find ich ihn gar nicht toll.

Ich konnte zwar kein Indisch, aber habe versucht, mitzusingen, und niemand hat es gejuckt, dass ich es nicht richtig konnte.

What goes around, comes back around.

around. Also wenn du scheiße bist, wird das Leben dich auch scheiße behandeln. Also egal was du tust, es kommt irgendwie zurück, nicht nur im Negativen, sondern auch im Positiven. Das habe ich bis heute beibehalten. Ich finde, es ist ein befriedigendes Gefühl zu denken, dass es Karma gibt. Manchmal gibt es eben Menschen, die dich in deinem Leben verletzen, wo man denkt: „Alter, ich würde dir jetzt am liebsten weh tun." Aber ich denk mir dann immer, wenn du das tust, bekommst du es dreifach wieder zurück. Das hilft sehr, weil man dadurch Konflikten aus dem Weg geht. Ich habe mir aktuell das Knie verletzt und sitze vorrübergehend im Rollstuhl. Ich denke nun die ganze Zeit darüber nach, was ich gemacht habe, dass es passieren musste. Ich habe mitgenommen, dass es einen Grund geben muss, wieso es passiert ist, auch wenn ich nicht weiß wieso.

....

Hat sich dein hinduistisches Denken auf deinen Alltag ausgewirkt?

Ja total. Man sieht Dinge einfach komplett anders. Ich bin mit Kopfhörern über die Bahngleise gelaufen und habe die Bahn einfach nicht gesehen oder gehört. Die Bahn war knapp davor, mich umzufahren. Mich hat es nicht überrascht, dass die Bahn mich nicht getroffen hat. Ich bin dankbar, aber irgendwie war es mir auch gleichgültig, weil ich wusste, irgendetwas hat es jetzt ausgeglichen. Irgendwas muss davor gewesen sein, dass es mich jetzt beschützt hat. Die Kette, die ich anhatte, hatte plötzlich einen Sinn.

....

Hatte das hinduistische Denken auch einen

Einfluss auf deinen Umgang mit anderen Menschen?

Ja. Ich hatte damals nicht wirklich darauf geachtet, wie ich mit anderen Menschen umgehe. Es war mir einfach egal. Danach habe ich bemerkt, es gibt immer wieder Situationen, in denen man spürt, einer Person geht es nicht gut. Ich habe viel mehr Mitgefühl entwickelt und Hilfsbereitschaft gelernt. Man tut was für andere Menschen, ohne direkt etwas zurückzuverlangen, weil man es irgendwann irgendwie wieder zurückbekommt. Somit habe ich in der Zukunft mehr Vertrauen in andere Menschen.

....

Wie hast du dir die verschiedenen Götter vorgestellt? Gab es Kontakt zu ihnen?

Ich hatte zu den einzelnen Göttern keinen wirklichen Bezug, da ich die Idee von Göttern noch nie richtig verstanden habe. Ich bin eine eigene Person, ich kann mein Leben selbst am meisten beeinflussen und nicht Gott. Ich konnte sie mir aber irgendwie vorstellen. Ich kann mir nicht erklären, wie das Universum entstanden ist. Es ist diese unnennbare Sache. Deshalb find ich es schon cool, dem Namen zu geben. Ich verstehe, wenn du morgen eine Matheklausur hast, dass du den Mathegott anbetest, um eine gute Note zu bekommen. Ich verstehe, dass das ziemlich praktisch sein kann. Aber mir hat es nie etwas gebracht oder mich bereichert. Ich glaube, das ist eine Art Placebo-Effekt, wenn wir an Götter glauben. Wenn ich jetzt ganz viel an etwas denke, was passieren soll, und es passiert, dann ist es natürlich total krass, dass es passiert ist. Mein Gott kann mir aber nicht alles geben. Man

> Ich glaube, das ist eine Art Placebo-Effekt, wenn wir an Götter glauben.

sollte nur Sachen anstreben, die man sich auch selbst erfüllen kann, denn sonst wird man sehr schnell enttäuscht.

Du hast vorhin angedeutet, dass du nicht mehr nach dem Hinduismus lebst. Wie kam es denn dazu?

Ich habe mich für andere Sachen, andere Richtungen, andere Weltansichten interessiert. Ich konnte mich mit dem Hinduismus nicht zu hundert Prozent identifizieren. Es gibt immer in irgendeiner Weise Regeln oder Autoritäten, und das war für mich in der Religion ein Problem. Deswegen habe ich weitergeforscht, bin andere Wege gegangen. Ein faktisches Interesse ist da, aber keines daran, es auszuleben.

Welche Unterschiede siehst du jetzt im Gegensatz zu deiner hinduistischen Phase?

Ich merke, dass ich jetzt nicht mehr so spirituell oder abergläubig bin. Ich bin eher *[kurze Pause]* ziemlich pessimistisch, was die meisten Sachen angeht. Ich habe angefangen, mich mit Theorien wie der von Darwin auseinanderzusetzen. Sie bezieht sich auf Natur und Fakten. Für mich ist das viel wichtiger, denn was bringt es, an was zu glauben, was mich nicht glücklich macht oder enttäuscht? Natürlich kann ich daran glauben, dass ich jetzt einfach glücklich werde, aber werde ich dadurch wirklich glücklich? Oder stelle ich mir das nur vor? Was macht mich glücklich? Was ist überhaupt der Hintergrund von glücklich werden? Da denke ich an Stoffe im Gehirn, die ausgeschüttet werden, und nicht an Gott. Jetzt ist Politik mein Main-Ding. Die

beeinflusst mich jeden einzelnen Tag. Ich habe in der religiösen Phase eher an das Big Picture gedacht, also existenzielle Fragen. Mittlerweile sind es Fragen wie: Wieso kann es jetzt nicht so sein? Ich weiß, man kann es mit Religion nicht ändern, es ist immer noch ein Aberglaube. Ich kann niemals eine Person oder mehrere Personen mit demselben Glauben beeinflussen, aber ich kann Menschen beeinflussen in dem System, in dem sie leben.

Inwieweit hat der Hinduismus in deinem Leben jetzt noch eine Bedeutung für dich?

Ich glaube, es hat mir definitiv einen Einblick gegeben, wie viel Respekt man vor Religion haben sollte. Jetzt beeinflusst es mich nicht, außer das Karma. Das ist in mir drinnen geblieben. Auch wenn es wissenschaftlich keinen Sinn ergibt, irgendwie habe ich das Gefühl, dass es existiert.

Inwieweit gibt es einen Zusammenhang zwischen deiner Transsexualität und deinem Atheistischwerden?

Ich hatte schon immer Probleme mit meinem Geschlecht oder wie ich mich fühle. Wenn man sich dann mit Weltanschauungen auseinandersetzt, trifft man auf verschiedene Communitys, und da gehört die LGBTQ-Community dazu. Das war das erste Mal, dass ich mich verstanden gefühlt habe. Ich glaube, dass der Atheismus mir mehr Freiheit gegeben hat, zu sagen, dass es mir egal ist, wer oder wie ich bin. In bestimmten Religionen hast du Regeln oder Vorsätze, an die du dich halten musst. Und so ein Mensch, der das gut findet, bin ich eben nicht. Im Atheismus gibt

Ich habe im Atheismus mehr Akzeptanz als in anderen Religionen gefunden.

Für mich geht es insbesondere um Freiheit.

es keine Macht, die über einem steht und sagt, wie du sein musst. Im Endeffekt musst du keine Angst haben, dass du nicht akzeptiert wirst. Ich habe im Atheismus mehr Akzeptanz als in anderen Religionen gefunden.

....

Wenn du heute zurückblickst, was denkst du über den Hinduismus?

Es ist eine sehr, sehr interessante Religion. Ich glaube, dass sie vielen Menschen auf der Welt helfen und viel Freude bereiten kann. Ich finde es eine total schöne Vorstellung, dass man etwas hat, woran man sich festhalten kann und wo man so sein kann, wie man ist. Für mich persönlich ist es nichts, weil ich die Probleme in anderen Aspekten sehe und sich durch Religiosität meine Probleme nicht verändern bzw. verbessern können. Ich möchte nicht, dass irgendeine Schrift oder ein Gott mir vorschreiben, wie ich mich zu verhalten habe. Ich möchte meine eigenen Erfahrungen machen. Das Buch sagt, ich soll so sein, aber ich möchte gar nicht so sein, weil das einfach schlechter für mich wäre. Das war bei mir immer in den verschiedenen Religionen so. Ich bin aktuell atheistisch oder nihilistisch, weil ich keinen Sinn im Leben sehe, sondern eher eine Gleichgültigkeit verspüre. Das kann für viele Menschen negativ sein, aber für mich hat es in sich mehr Freiheit. Für mich geht es insbesondere um Freiheit. Religionen bringen viele negative Seiten mit sich, wie Kontrolle oder Beeinflussung, die ich einfach nicht möchte. Ich möchte ich selbst sein. Meine hinduistische Phase war eher eine Selbstfindungsphase, in der ich viel Wissen und einen anderen Blickwinkel erhalten habe. Jeder sollte sich Gedanken darüber machen, wer er ist, auf welchem Planeten man lebt und wie man die Erde sieht.

„Ich verstehe den Sinn des Menschenlebens nicht so richtig"

WARD (24), Fotograf syrischer Herkunft, Agnostiker

....

Ward, du bist Agnostiker. Nicht jede:r kann sich etwas unter diesem Begriff vorstellen. Was bedeutet er für dich?

Agnostiker ist für mich ein Mensch, der nicht an die Religionen glaubt, die gerade in der Welt existieren. Aber an irgendwas, was das Leben geschaffen hat. Dieses Irgendetwas kann ich jedoch nicht erkennen. Ich weiß nicht genau, was es ist. Aber für mich ist es kein Gott. Denn wir wissen noch gar nicht, wie der Anfang des Lebens entstanden ist. Ich kann erst an etwas glauben, wenn es bewiesen wird. Eine der mir bekannten Religionen ist das nicht. Für mich gibt es keine Macht, die die Welt kontrolliert. Um zu mehr Klarheit zu kommen, würde ich immer nach dem Anfang suchen und fragen: Wie hat alles angefangen?

Du warst vermutlich nicht schon immer Agnostiker. Kannst du mal beschreiben, wie du bezüglich religiöser Aspekte aufgewachsen bist?

Als Kind war die Kirche sehr nah an meiner Wohnung. Deswegen war ich regelmäßig dort. Über sieben oder acht Jahre hinweg war ich in der Kirche aktiv, bis ich 15 oder 16 war. Danach habe ich alles abgebrochen, weil ich mehr über Religionen gelernt habe. Irgendwann habe ich angefangen, mir Fragen zu stellen wie z. B.: Warum ist das und das überhaupt so? Oder: Wie ist das und das passiert? Weil ich von den Religionen darauf keine plausiblen Antworten bekommen habe und Geschichten von vielen religiösen Büchern einfach gar keinen Sinn machen, habe ich gedacht, wieso sollte ich daran glauben? Wenn die Geschichte der Bibel ein Film wäre, würde ich mir ihn auf keinen Fall anschauen, weil sie keinen Sinn macht. Die Geschichte ist sehr schwach. In der Bibel sind zwar nicht alle Geschichten sinnlos, aber das Bild vom Teufel ist z. B., dass er sehr klug und mächtig ist.

> Ich kann erst an etwas glauben, wenn es bewiesen wird.

Er kann vieles tun, was andere nicht können. Doch als er sich mit Jesus trifft, vergisst er, was er kann. Jesus musste nur ein paar Worte sagen, und dann war der Teufel besiegt! Wegen solcher Widersprüche hatte ich keinen Grund mehr, zur Kirche zu gehen.

....

Gab es noch weitere konkrete Auslöser, Situationen oder Personen, die dich dazu gebracht haben, die religiösen Inhalte deiner Kindheit zu hinterfragen?

Meine Mama ist immer noch religiös. Sie glaubt an Gott, aber mehr macht sie nicht. Mein Papa glaubt überhaupt nicht. Ich glaube, er hat auf jeden Fall eine Rolle in meiner Entwicklung gespielt, z. B. dahingehend, was ich als Kind gelesen oder gehört habe. Er hat mich ermutigt, über Sachen nachzudenken und die Gründe zu suchen, warum etwas in der Entwicklung der Welt überhaupt passiert ist. Er hat mich auch dazu gebracht, mich stets zu fragen: Macht das Sinn, was ich gerade lese oder höre? Meine Entwicklung war aber auch von den Erfahrungen anderer Menschen beeinflusst. Ich hatte fast keine Freunde, die gleich alt wie ich waren, sondern älter. Deswegen war Religion eines der Themen, worüber wir häufig gesprochen haben und über das wir immer noch sprechen. Dazu gab es viele unterschiedliche Meinungen unter den Freunden, und sie hatten auch unterschiedliche Hintergründe. Daraus konnte ich meine eigene Meinung bauen. Auch andere Menschen sollten von ihrer eigenen Erfahrung und vom Leben ausgehen, und nicht nur daran glauben, was sie gelesen haben.

Du hast eben von der Schwäche der biblischen Geschichte gesprochen. Bewertest du auch Geschichten von anderen Religionen als schwach?

Nicht alles, aber viel davon. Die Charaktere in ihren Geschichten gehen nur in eine Richtung, z. B. ist darin ein Mensch immer sehr gut und macht das ganze Leben nur gute Sachen. Meiner Meinung nach kann das nicht stimmen, weil Menschen komplex sind. Und wenn Menschen als schlecht gelten, sind sie das nur wegen der Zehn Gebote und ihrer Verstöße dagegen. Zehn Sachen, die man nicht machen durfte – so war das damals, als sie erlassen wurden. Aber in unserer heutigen Gesellschaft ist vieles anders, und viele dieser Regeln gehören nicht mehr in unsere Zeit.

....

Wie waren die Reaktionen deiner Familie, als du dich für einen anderen religiösen Weg entschieden hast?

Nichts. Keine überraschende Reaktion. Ich glaube, meine Mutter hat erwartet, dass ich von der Religion weggehen würde, vielleicht sogar drauf gewartet, wann das passieren würde. Ich glaube, sie hatte das schon früh klar im Kopf, dass mein Bruder und ich weg von der Religion sein würden. Es war für sie okay. Für meinen Papa war das auf jeden Fall eine positive Entscheidung.

....

Ein häufiges Argument, das gegen die Existenz einer einzigen wahren Religion verwendet wird, ist, dass Kinder häufig den Glauben ihrer Eltern übernehmen und die Religion daher von der familiären Abstammung abhängig ist. Was hältst du, der du dich für andere

Glaubensansichten als deine Eltern entschieden hast, von diesem Argument?

Dass Menschen andere Religionen entdecken und die Religion wechseln, passiert häufig. Aber es ist trotzdem kein Zeichen dafür, dass die eine oder andere Religion richtig ist. Es sind nur die Meinungen und Erfahrungen von den Menschen, die da eine Rolle spielen.

Viele Menschen glauben zwar nicht an einen oder mehrere Götter, aber z. B. an den Zufall, die Wunder der Natur oder das Gute in jedem Menschen etc. So einen Glauben könnte man vielleicht auch „religiös" nennen. Würdest du sagen, dass du in einer solchen Art und Weise noch religiös bist?

Nein, auch nicht. Ich finde die Ansätze oder die Ideen von der Menschlichkeit gut. Für mich stimmt aber eine Aussage wie: „In jedem Menschen ist was Gutes drin" eher nicht. Die Frage ist doch eigentlich: Mit wem macht dieser Mensch was Gutes? Wenn ich z. B. gut zu meiner Familie bin, jedoch schlecht zu einer anderen Gruppe, ist das für mich nichts Gutes. Gut und schlecht ist auch subjektiv. So eine Bewertung ist von Land zu Land und von Gesellschaft zu Gesellschaft sehr unterschiedlich.

Wie ist es aber mit dem Verbot zu töten z. B.?

Für mich ist es schlecht, andere zu töten. Aber es gibt Menschen, die andere töten. Das heißt, es gibt Menschen, die das gut finden. Es ist subjektiv je nach Menschen und Situation. Jeder Mensch sieht das aus seiner Perspektive und aus seiner Erfahrung. Ich finde viele Sachen schlecht, aber ich kann nicht davon ausgehen, dass alle Menschen die gleiche Meinung haben. Wenn das der Fall wäre, hätten wir viele Probleme nicht. Das Leben und die Haltung dazu ist für jeden Menschen anders. Es spielt eine Rolle, wie Menschen aufgewachsen sind und sozialisiert wurden.

Leute, die sich sicher sind, dass es einen Gott oder mehrere Götter gibt, ziehen aus diesem Glauben zumeist Lebensmut und Halt. Was gibt dir im Leben Kraft oder Hoffnung, vor allem wenn du die vielen Notstände in der Welt siehst?

Ein paar Menschen in meinem Leben geben mir die Motivation. Aber Hoffnungen habe ich nicht so richtig. Ich habe keine Hoffnung, dass sich was ändert oder sich was Neues ergibt. Dies betrifft z. B. die Lage in Syrien, die Umweltlage und die Meinungsfreiheit an vielen Orten.

Du sprichst gerade über internationale Probleme wie Krieg und Umwelt. Wie sieht es auf der persönlichen Ebene aus? Also z. B. hinsichtlich Krankheit oder persönlichem Leid?

In solchen Fällen sind es auch die Menschen in meinem Leben, die mich nach vorne bringen. Ich weiß nicht, ob das Hoffnung ist, aber die Motivation, besser zu werden, kommt die meiste Zeit nicht, weil ich für mich selbst Vorteile haben will, sondern für die anderen Menschen, die mir wichtig sind, für die Menschen, die ich liebe. Die Hoffnung, die ich habe, ist, dass mein Leben sich stabilisiert. Aber generell auf der Weltebene habe ich keine Hoffnung.

Für mich stimmt aber eine Aussage wie: „In jedem Menschen ist was Gutes drin" eher nicht.

Ich habe keine Hoffnung, dass sich was ändert.

Wie gehst du mit dem Gefühl um, an einer Situation, in die du persönlich geraten bist, nichts ändern zu können? Wo ziehst du deine Kraft her?

Ich kann mich an eine Situation erinnern, damals in Syrien während des Krieges. Ich war in einer gefährlichen Lage und konnte nichts beeinflussen. Genauer: Ich musste die ganze Zeit laufen, um weg von den Bomben zu bleiben. Ich kann mich daran erinnern, dass ich in dieser Situation Erinnerungen in mir gesucht habe, die gut sind. Ich habe versucht, die im Kopf zu behalten. Das hat mir geholfen. Ich weiß aber nicht genau, was ich in einer Situation machen würde, wo es mir über einen längeren Zeitraum hinweg schlecht geht. Ich glaube zwar, es ist eine gute Lösung, zu glauben, dass man mit Gott reden kann. Das kann ich aber nicht.

....

Eine der großen Fragen der Menschheit ist: Warum gibt es überhaupt Leid in der Welt? Und kann es einen barmherzigen Gott geben, der das Leid zulässt? Was ist deine Antwort darauf?

Ich glaube, das zu beantworten, wird einfacher, wenn man nicht an einen Gott glaubt, der alles lösen kann. Es gibt einfach immer schlechte Zeiten und gute Zeiten. Und wie man damit umgeht, lernt man mit der Zeit.

....

Welche weiteren Argumente gegen die Existenz eines Gottes verwendest du, wenn du mit gläubigen Menschen diskutierst?

Ich erwähne z. B. die Idee, dass die Menschen nach dem Bild Gottes geschaffen wurden. Also falls das der Fall ist, dann stimmt die Beschreibung von Gott in den Büchern nicht, weil er immer sehr gut und positiv beschrieben wird. Wir als Menschen sind aber das gerade nicht. Ich mag aber nicht so richtig darüber diskutieren, da die beiden Seiten sehr unterschiedlich sind. Beide Seiten gehen davon aus, dass es einen Gott gibt oder nicht gibt, obwohl beide keine konkreten Beweise, also keine Grundlage für ein Gespräch haben. Es sind im Endeffekt nur Meinungen.

....

Welche Nachteile hat die Existenz von Religionen in deinen Augen?

Viele. Es gibt aus religiösen Gründen sehr viele Kriege, Bürgerkriege und Kriege zwischen Ländern. Und es gibt deshalb geteilte Gesellschaften und komplizierte Beziehungen. Wenn man raus aus den Religionen käme und mit anderen Menschen nur als Menschen ohne feste religionsbezogene Definitionen umgehen würde, dann würden viele Probleme in unseren Gesellschaften nicht mehr existieren. Dann würde nichts mehr zwischen den Menschen im Weg stehen.

....

Gäbe es also weniger Kriege ohne Religion?

Ich glaube schon. Ohne Religion müssen Regierungen und Politiker was anderes suchen, um Menschen gegeneinander zu mobilisieren. Meiner Meinung nach hat die Religion das sehr einfach gemacht für sie. Es ist viel einfacher, zu kämpfen und zu töten, wenn für Gott oder für die sogenannte wahre Religion gekämpft wird.

....

Hat die Existenz von Religionen in deinen Augen dennoch vielleicht auch Vorteile?

Ein bisschen. Die Musik vielleicht. Viele

Ich glaube zwar, es ist eine gute Lösung, zu glauben, dass man mit Gott reden kann. Das kann ich aber nicht.

Ohne Religion müssen Regierungen und Politiker was anderes suchen, um Menschen gegeneinander zu mobilisieren.

267

Religionen haben eine Menge guter Musik hervorgebracht. Aber mehr nicht.

....

Viele Menschen finden ihren Lebenssinn in ihrer Religion. Was ist für dich der Sinn des Lebens bzw. gibt es für dich überhaupt einen Lebenssinn?

Nein. Es gibt keinen Sinn. Also nicht nur keinen von meinem Leben, sondern auch vom Leben der Menschen allgemein. Ich suche allerdings immer nach dem Sinn. Was ich sehe, ist, dass Wesen wie Tiere und Pflanzen, die auf der Erde leben, was Gutes für die anderen machen, nur die Menschen nicht. Sie machen nichts Gutes für andere, egal ob für Menschen, Tiere oder Pflanzen. Deswegen: Ich verstehe den Sinn des Menschenlebens nicht so richtig. Also, warum sind wir da? Und was machen wir hier? Wir machen nur das Gegenteil von Gutem und schaden der Erde. Wir machen nichts außer essen und trinken, ohne auf andere zu achten. Das reicht für mich, den Sinn des Menschenlebens nicht zu sehen.

> *Wir machen nichts außer essen und trinken, ohne auf andere zu achten. Das reicht für mich, den Sinn des Menschenlebens nicht zu sehen.*

Wenn du an den Tod denkst, welche Gefühle verbindest du damit?

Der Gedanke tut mir weh. Das schlimmste Gefühl ist dann bei mir immer, dass ich die Menschen, die ich liebe, vermissen würde und sie nicht mehr sehen kann. Aber in Bezug auf meinen eigenen Tod habe ich überhaupt keine Gefühle. An meinen Tod und was danach kommt, denke ich nicht viel. Ich habe gar kein Problem damit. Das sollte ja auch noch eine Weile dauern. Der Tod von anderen aber ist etwas, was für mich schwer ist.

....

Was ist, wenn nach deinem Tod das nicht eintrifft, was du an Annahmen darüber hast, z. B. wenn es doch einen Gott gibt?

Ich weiß nicht. Ich bin gerade zufrieden damit, was ich mache und wie ich lebe. Wenn es stimmen würde, dass es einen Gott gibt, bin ich aber auch bereit dafür.

> Religion ist das, was die Armen davon abhält, die Reichen umzubringen.

Napoleon Bonarparte
(General und Kaiser)

„Das Haus Gottes sollte offen sein für Menschen, egal woher sie kommen"

Raphael (26), Student und Dragqueen

Was machst du als Dragqueen vor allem?

Als Dragqueen entertaine ich Leute aus meiner Community. Also Menschen, die Spaß dran haben, bunte, fröhliche, glitzernde Männer geschminkt in High Heels beim Tanzen oder Singen zu sehen. Mittlerweile trete ich ein- bis zweimal pro Monat auf. Es ist ein Hobby, ich mach das halt nebenher, wie das Fotografieren auch. Ich studiere hauptsächlich Kommunikationsdesign. Insgesamt mache ich die Auftritte schon seit vier oder fünf Jahren. Als ich mich das erste Mal so gesehen habe, hatte ich Albträume deswegen. Ich bin halt schon der maskuline Typ. Wahrscheinlich habe ich auch Angst, dass andere Leute mich abstempeln als jemand, der ich nicht bin, oder sich über mich lustig machen. Dann habe ich angefangen, das mit mir zu verarbeiten und mich hinterfragt: Warum sehe ich das denn nicht als männlich an? Ich glaube aber auch nicht, dass ich immer dabeibleiben werde. Aber ich tue das gerade, weil ich das kann und Spaß daran gefunden habe.

Wie bist du dazu gekommen, Dragqueen sein zu wollen?

Das war kein Wollen. Es war so, dass mein Kumpel mich geschminkt hat und ich das einfach mal ausprobiert hab. Danach war ich so fertig und dachte mir: Ach, du Scheiße. Ich sehe ja aus wie meine Mutter – bloß mit mehr Make-up.

Du bist in Bayern aufgewachsen, wo relativ viele Menschen katholisch sind. Welche Rolle hat Religion in deiner Kindheit und Jugend gespielt?

Religion war immer ein Thema, das mit von der Partie war. Ich habe davor auch immer ein bisschen Respekt und Angst. Ich selbst bin nicht getauft. Meine Mutter wollte, dass ich das selbst entscheiden darf. Man wächst da irgendwie rein.

Man weiß, die Eltern machen das, also mache ich das auch. Man hinterfragt das nicht. Ich habe nur gesehen, es gibt Kirchen und da singen alle zusammen und machen Ausflüge. Da war ich selbst auch mal dabei, bei den katholischen Pfadfindern. Das war mega kreativ und schön. Aber der Beigeschmack, dass Religion immer im Hintergrund ist, war für mich – vor allem als nicht Getaufter – schwierig. Das hat mich meinen ganzen Lebensweg begleitet. Gestern hatte ich eine katholische Beerdigung. Da hat man Angst, weil du nicht weißt, wie die Menschen dort zu dir sind. Vor allem als jemand, der Drag macht und schwul ist. Ich will nicht versuchen müssen, jemanden zu überzeugen, dass ich richtig bin. Ein solches Gespräch versuche ich eher zu vermeiden.

Inwiefern hat dich deine Familie religiös geprägt?

Es war auf jeden Fall locker. Nach der zweiten Klasse habe ich Ethikunterricht genommen, weil ich das spannender fand als Reli. Die Themen, die da behandelt wurden, waren viel nahbarer. Da gab es so ein Ereignis, wo ich mit meiner Schule in der Kirche war. Meine Mutter musste mich danach abholen, weil ich in der Kirche umgefallen bin. Das hat was bei mir ausgelöst. Es war für mich damals eine super lange Zeremonie und ich musste lange stehen. Ich hatte irgendwie das Gefühl: Puh, mich erdrückt gerade alles und ich bin hier fehl am Platz, ich bin nicht richtig. Dass ich schwul bin, wusste ich zu dem Zeitpunkt schon. Aber ich wusste nicht, dass ich anders bin.

Wann hast du dich zum ersten Mal so richtig mit deiner Religion auseinandergesetzt?

Das war eher ein längerer Prozess. Ich habe Religion auch bewundert. Ich habe Kunstgeschichte studiert, da habe ich das Thema Kirche extrem viel behandeln müssen und dachte mir dann auch manchmal in Vorlesungen: Wann kommen wir mal wieder weg von diesem Kirchlichen? Aber eigentlich ist es cool, denn das ist Wissen.

Gab es eine Person in deinem Umfeld, an der du dich orientiert hast in Fragen deiner religiösen Haltung?

Ich habe eher mein eigenes Ding durchgezogen. Wenn, dann würde ich noch meine Mutter als Bezugsperson nennen. Und ich fand meine Ethiklehrer richtig toll. Da habe ich viel gelernt. Bei ihnen habe ich mich wohl und verstanden gefühlt. Bei Religionslehrer:innen hatte ich dagegen immer das Gefühl, die haben einen leichten Knacks – so frech es klingt.

Welche Ansichten zu Religion hast du heute?

Ehrlich gesagt mache ich mir nicht bewusst einen Kopf darüber, denn ich lerne immer dazu. Ich möchte nicht festgefahren sein. Ich komme gerne in die Kommunikation, die Interaktion und den Diskurs. Ich möchte auch niemandem auf den Schlips treten und die Person einschränken oder eines Besseren belehren. Religion ist wichtig. Das ist etwas, was für viele Menschen heutzutage immer noch wichtig sein darf und zum Leben dazugehört. Das ist nicht etwas, das man einfach so von heute auf morgen aufgibt. Egal wie viel schiefgelaufen ist und wie sehr

Ich will nicht versuchen müssen, jemanden zu überzeugen, dass ich richtig bin.

Bei Religionslehrer:innen hatte ich [...] immer das Gefühl, die haben einen leichten Knacks.

wir wissen, dass nicht alles optimal und gut war. Ich glaube auch, dass Religion Menschen auffängt. Das ist nicht nur Tradition, sondern es ist was Spirituelles. Wenn jemand anderes mir allerdings Religion aufzwingen würde, dann würde ich mich fühlen, als würden mir Ketten auferlegt.

Viele Menschen sagen, dass Queersein nicht mit Christsein oder Religion vereinbar ist. Was würdest du solchen Menschen sagen?

Religion ist doch keine Ausrede dafür, andere Menschen auszuschließen.

Das stimmt auf gar keinen Fall. Es geht immer um das Verständnis der Menschen selbst. Religion ist doch keine Ausrede dafür, andere Menschen auszuschließen. Das ist ja der Grundsatz von Religion: keine Menschen auszuschließen, sondern ein Miteinander zu finden. Da muss ich wirklich sagen: Verzeihung, wenn du Religion als deinen Sündenbock nimmst, um zu sagen, Homosexualität ist nicht mit meiner Religion vereinbar, dann ist das Problem eher bei dir und du schiebst es auf deine Religion. Das ist nicht der Sinn einer Religion. Damit machst du deinen eigenen Glauben kaputt. Eine meiner Prämissen im Leben ist: Es gibt keine Schuld, weder bei anderen Menschen, noch bei mir. Warum sollte Homosexualität eine Schuld sein? Wenn wir das auch kommunizieren, dann gehen vielleicht auch andere Menschen mit, die dieses Wissen nicht haben.

Wie lief dein Outing vor dem Hintergrund deiner religiösen Haltung ab?

Auf jeden Fall wusste ich, dass Religion zu dieser Zeit und in diesem Umfeld ein Problem damit hat. Ich habe es aber nicht immer so gesehen, als wäre Religion schuld daran. Du entwickelst dich und findest heraus, dass du ein Mann bist, der Interesse an Männern hat. Das hat bei mir sehr früh angefangen. Dann habe ich mich darüber erkundigt und mich schlau gemacht. Irgendwann kommt das dann schon mal unter Gleichaltrigen auf und wird ins Lächerliche gezogen. Leider bin ich so aufgewachsen. Deswegen hatte ich Unsicherheiten und Ängste. Bis 16, 17 habe ich mich nicht geoutet. Danach vor meinen engsten Freunden und später war's mir egal. Sobald ich weg war von diesem alten Umfeld, habe ich mich endlich losgelassen gefühlt. Meine Mutter hatte damit nie ein Problem. Irgendwann, Jahre später, kam von ihr so eine Aussage: „Du wirst auch nicht dein Leben lang schwul sein, sondern dich irgendwann mal in eine Frau verlieben und Kinder kriegen." Das hat mich tief berührt. Hab's aber auch nicht an mich rangelassen und hab sofort gesagt, das wird nicht passieren. Ich lass es zu, wenn es passiert. Aber da denke ich jetzt noch nicht drüber nach. Ich lebe hier und jetzt. Mit dem Outing hatte ich keine Probleme, aber ich habe mich auch wirklich vorsichtig verhalten. Ich finde, diesbezüglich hat Kirche immer noch einen großen Einfluss auf Menschen heutzutage. Aber nicht nur Kirche oder Religion im Allgemeinen, sondern unser gesamtes System. Diskriminierung beginnt schon dann, wenn ich mich „outen" muss. Letztendlich sollte doch gelten: Lieb doch einfach, wen du willst!

Diskriminierung beginnt schon dann, wenn ich mich „outen" muss. Letztendlich sollte doch gelten: Lieb doch einfach, wen du willst!

Wie haben Leute darauf reagiert, als du angefangen hast, als Dragqueen aufzutreten?

Rapha LaRue

Wenn jede Person mal genau in sich hineinfühlt, dann werden alle etwas finden, was sie ausmacht, und feststellen, dass sie vielleicht in einer anderen Thematik eine Minderheit sind.

Es waren wirklich wenig Stimmen, die da irgendwas Negatives gesagt haben. Außerdem ist es mein Hobby und es hat niemanden zu interessieren. Wenn du etwas machst, was niemand anderen verletzt, dann darfst du machen, was du willst. Und Dragqueen zu sein verletzt niemanden. Ich leb mich darin ein Stück weit aus. Aber es gibt halt noch viel mehr, was mich ausmacht.

Manche Leute – vielleicht auch gerade religiöse – bringen ihre Ablehnung gegenüber Homosexualität oder Dragqueens öffentlich zum Ausdruck. Wurdest du damit schon mal konfrontiert?

Wenn, dann nur durch Blicke oder Zurufe aus dem Auto. Das find ich peinlich. Die fühlen sich mächtig, wenn die als Gruppe unterwegs sind. Deswegen habe ich auch immer jemanden dabei, wenn ich das mache, denn ich möchte keine Angst vor Übergriffen haben. Von Freunden aus der Szene habe ich mitbekommen, dass ihnen auch schon mal grundlos eine Flasche hinterhergeschmissen wurde. Es werden auch Leute verprügelt. Ich bin zwar auch schon öffentlich als Dragqueen bei Tageslicht über Plätze gelaufen, aber Angst habe ich trotzdem.

Viele Religionen sind heute noch feindlich gegenüber queeren Personen. Was ist deiner Meinung nach der Grund dafür?

Ich habe das Gefühl, es gibt ein Jahrzehnt, wo das mehr akzeptiert wird, und dann gibt es wieder ein Jahrzehnt, wo jemand sagt: „Das geht gar nicht und das ist gegen die Natur." Und dann laufen alle mit und sagen: „Ja stimmt, der hat voll recht." Dann muss man wieder langsam Schritt für Schritt dagegen arbeiten. Es wird immer Menschen geben, die queer sind. Wenn jede Person mal genau in sich hineinfühlt, dann werden alle etwas finden, was sie ausmacht, und feststellen, dass sie vielleicht in einer anderen Thematik eine Minderheit sind. Und eigentlich stimmen all solche Argumente halt nicht, von wegen es wäre gegen die Natur. In der nichtmenschlichen Natur finden sich unzählbare Beispiele für breitgefächerte Geschlechtsidentitäten und sexuelle Vorlieben untereinander.

Was, glaubst du, würde sich ändern, wenn Religionen akzeptierender wären gegenüber Leuten, die nicht heteronormativen Vorgaben folgen?

Vieles wäre viel einfacher für Menschen, die wie ich sind. Die Frage ist halt: Ist es noch eine religiöse Frage oder ist es schon politisch? Die Politik entscheidet letztendlich darüber, ob wir als Schwule z. B. Kinder adoptieren dürfen oder nicht. Ziemlich sicher würde hier und heute niemand mehr auf den Scheiterhaufen kommen – im Gegensatz zu manch anderen Ländern. Definitiv würde da Lebensqualität für jemanden zurückkommen, der sich sonst sein ganzes Leben lang verstecken müsste und nicht mal was dafürkann.

Was würde sich an deiner persönlichen religiösen Haltung ändern, wenn Religionen offener wären für Akzeptanz?

Ich habe mit dem Thema Kirchenbeitritt abgeschlossen, weil mich das Thema nicht mehr interessiert. Ich möchte mein Leben jetzt genießen, und dafür muss ich nicht in die Kirche gehen. Ich sage aber auch niemals nie. Wer weiß, vielleicht bin ich 40 und realisiere auf einmal: Das ist genau das Richtige für mich, ich brauche das jetzt gerade. Es kann auch irgendwas in deinem Leben passieren, und plötzlich stehst du da und das Religiöse ist das Einzige, was dir Schutz bietet. Und dann interessiert mich das auf einmal sehr und ich überlege mir, Priester zu werden. Aber das kann keiner sagen. Ich halte es einfach nur für möglich.

··

Welche Normen und Werte sind für dich gegenwärtig in deinem Leben wichtig? Wurden auch welche durch Religion geprägt?

Auf jeden Fall. Aber ich habe mir immer die Positiven rausgesucht. Also Nächstenliebe z. B. Und auch diese Ruhe und Ehrlichkeit, an etwas zu glauben, ist schon richtig schön. Ich stand jetzt bei einer Beerdigung in der Kirche und durfte einfach da sein, wofür ich sehr dankbar war. Das Haus Gottes sollte offen sein für Menschen, egal woher sie kommen. Warum sollte ich da ausgeschlossen sein? Und ich habe mir dann gesagt: Hey, ich darf hier sein, ich brauche keine Angst haben vor dem Haus Gottes.

··

Glaubst du, dass mit Christ:innen nach dem Tod was anderes passiert als mit Andersgläubigen?

Wenn solche Aussagen kommen, kriegt man schon wieder das Gefühl, man wird ausgestoßen. Wir glauben an etwas und sind deshalb was Besseres – so fühlt sich das ein bisschen an. Das ist genau das, was mich an dem Ganzen stört.

Eigentlich müssten wir uns alle auf Augenhöhe entgegenkommen. Und ich darf auch in den Himmel. Vielleicht einen anderen Himmel, in meinen Himmel. Für mich hat es aber nicht die Verknüpfung: Nur in der Religion werden mir meine Sünden vergeben. Ich weiß, dass ich ein guter Mensch bin und Gutes auch anderen Menschen geben kann. Und solange ich das tue und falls es ein Leben danach gibt, komme ich auch in den Himmel.

··

Glaubst du also nicht, dass das, was mit den Menschen nach dem Tod passiert, unabhängig ist von dem Leben, was die Person hier gelebt hat?

Ich weiß nicht, wie das Leben danach aussehen würde. Wir geben unser Bestes, aber was hat das für Auswirkungen auf andere Menschen und deren Ansichten? Du willst allen Menschen was Gutes tun und bewirkst manchmal das Gegenteil. Deswegen kann ich persönlich Gut und Böse nicht so leicht bewerten. Für mich ist etwas Böses, anderen Menschen zu schaden. Wenn wir hingegen auch Minderheiten und Randgruppen Gehör schenken und mit ihnen zusammenarbeiten, wenn wir uns das aneignen, dann können wir das einbauen in unser Bild, das wir vom Verständnis der Welt haben. Und so dürfen sich auch Dinge und Strukturen verändern. Wir brauchen Veränderung. Vor 30 Jahren sah das Leben einfach noch anders aus. Verglichen damit geht es uns heute auf unserem kulturellen deutschen Gebiet ja sehr, sehr gut. Diese Veränderung nehme ich dankbar an. Ich bin deshalb sehr froh, dass ich hier sein darf. Das

Ich weiß, dass ich ein guter Mensch bin und Gutes auch anderen Menschen geben kann. Und solange ich das tue und falls es ein Leben danach gibt, komme ich auch in den Himmel.

Leben danach stelle ich dementsprechend auch gar nicht mehr so infrage.

....

Was, glaubst du, ist der Sinn des Lebens? Also warum sind wir hier?

Ich habe meinen Sinn noch nicht ganz rausgefunden. Ich kann jetzt wissenschaftlich da rangehen und sagen, es gibt kein Leben danach, aber das finde ich langweilig. Es gibt Menschen, die uns viel zu kurz hier auf der Welt begleiten und wieder verlassen. Da frage ich mich manchmal: Muss man immer einen Grund suchen, warum ausgerechnet sie jetzt nicht mehr hier sind? Also ist es dann der Sinn des Lebens, zu sagen: Diese Menschen haben es jetzt nicht verdient, hier weiter unter uns Menschen zu sein? Daran glaube ich nämlich z. B. nicht mehr. Oft hast du auch keinen Einfluss auf dein Leben, und davor habe ich größten Respekt. Deswegen bin ich dankbar, dass es mir gut geht und ich mein Leben gerade leben darf. Es ist zu weit ausgeholt, Dinge zu versuchen zu erklären, die eigentlich nicht zu erklären sind. Der Sinn des Lebens für uns als Gesamtheit ist natürlich das Überleben und auch in gewisser Weise, sich fortzupflanzen.

Und was wir draus machen aus dem Leben, vor allem, welchen Sinn wir unserem Leben selbst zuweisen.

....

Was würdest du dir von religiösen Menschen im Umgang mit Menschen wünschen, die von ihren Wertevorstellungen abweichen?

Dass sie nicht voreingenommen sind und andere Menschen in Schubladen stecken, sondern dass die offen sind und zuhören. Dass beide Parteien erklären, wie sie sich fühlen, statt in Streit zu kommen. Ich würde mir auch wünschen, dass man sagt: „Hey, ich versteh dich, aber ich hab eine andere Meinung." Das ist ja voll in Ordnung. Wenn Menschen andere Menschen bewusst versuchen einzuschüchtern und sagen: „Wir sind durch unseren Glauben etwas Besseres", dann würde ich sagen: „Das seid ihr nicht. Nur weil ihr etwas habt, was euch zusammen in der Gruppe hält, seid ihr deswegen nicht besser. Ihr müsst ständig reflektieren und überlegen, was könnt ihr tun und wen könnt ihr unterstützen. Und wo ist es auch mal angebracht, nicht zu unterstützen und zu sagen, davon wende ich mich bewusst ab."

Es ist zu weit ausgeholt, Dinge zu versuchen zu erklären, die eigentlich nicht zu erklären sind.

„Ich habe das Gefühl, dass unser Leben auf diesem Planeten keinen höheren Sinn hat"

LAURA (21) und **MARIUS** (24), Atheist:innen

Wir haben gehört, dass ihr euch als Atheisten versteht. Was versteht ihr darunter?

Laura: Tatsächlich hatte ich 'ne ganze Weile gar nicht richtig einen Begriff für meine Religion. Das zeigte sich z. B., als ich das erste Mal angeben musste, was meine Konfession ist, und ich konfessionslos eingegeben habe. Später habe ich mir das von meiner Mama erklären lassen. Sie hat damals zu mir gesagt, dass atheistische Menschen eben an keine Göttlichkeit glauben. Das finde ich eine ganz gute Definition.

Marius: Bei mir ist es ähnlich. Ich glaube tatsächlich an gar nichts. Ich finde manche Konzepte besser als andere, aber ganz grundlegend glaube ich an absolut gar nichts.

War das schon immer so oder seid ihr religiös aufgewachsen?

Laura: Mein Papa ist noch getauft, aber ist ausgetreten, und meine Mama ist nicht getauft. Meine Oma, glaube ich, auch nicht. Deswegen war Religion gar kein Thema in unserer Familie. Ich denke aber: Hätten mein Bruder und ich das gerne gewollt, wäre es bestimmt auch kein Problem gewesen. Aber wir sind nicht religiös aufgewachsen. Ich war in der Schule auch immer im Ethikunterricht, also nicht im Religionsunterricht.

Marius: Ich würde schon sagen, dass ich religiös aufgewachsen bin. Mein Vater ist relativ gläubig, und wir sind auch an Weihnachten immer in die Kirche gegangen. Ich habe diesen ganzen Kirchenprozess durchgemacht, mit Kommunion und so. Aber ich habe damals nie wirklich daran geglaubt. Ich habe es halt gemacht, weil es in meiner Familie so ein Ding war und ich nicht das Gefühl hatte, dazu mir selber schon eine Meinung bilden zu dürfen. Ich habe darüber früher als Kind nicht nachgedacht, weil es mir relativ egal war. Erst als ich mit der Ausbildung

> Ich glaube tatsächlich an gar nichts.

fertig war und gesehen habe, dass ich auch noch extrem viel Geld dafür zahle, obwohl ich nicht daran glaube, bin ich aus der Kirche ausgetreten.

....

Angenommen eure Familie wäre streng gläubig: Meint ihr, das hätte eure Einstellung beeinflusst?

Laura: Also es ist natürlich schwierig, sich das vorzustellen, aber vermutlich hätte mich das auf jeden Fall beeinflusst. Angenommen da wäre irgendwas vorgegeben gewesen, hätte ich wahrscheinlich am Anfang – so wie du, Marius, es jetzt gerade erzählt hast – auch mitgemacht. Aber in meiner persönlichen Entwicklung hätte ich mich sicher irgendwann entschieden, dass ich eben nicht dran glaube.

Marius: Also wären meine Eltern jetzt noch religiöser gewesen ... Ich glaube, selbst dann würde ich an nichts glauben. Denn ich war ja auch immer im Religionsunterricht, im katholischen, und habe ja theoretisch diese ganzen Informationen bekommen, aber ich konnte damit halt nie was anfangen. Ich fand das Konzept dahinter irgendwie immer komisch. Ich habe nicht das Gefühl gehabt, dass ich einen Glauben in meinem Leben brauch.

....

Gibt es etwas anderes, woran ihr glaubt? Also irgendwas, wovon ihr überzeugt seid oder worauf ihr in eurem Leben vertraut.

Marius: Ich bin ein bisschen nihilistisch geprägt. Ich habe das Gefühl, dass unser Leben auf diesem Planeten keinen höheren Sinn hat. Und dass der Sinn in unserem Leben nur darin besteht, uns selber einen Sinn zu geben, mit dem, was wir

tun und wie wir es tun. Deswegen glaube ich an nichts. Was der persönliche Sinn ist, das kann ja differieren von Persönlichkeit zu Persönlichkeit. Mir ist aufgefallen, dass mein Sinn gegeben ist, wenn ich das Gefühl habe, glücklich zu sein. Das löst in mir so viele Emotionen aus, dass es schon meine Existenz quasi begründet, weswegen ich nicht das Gefühl habe, dass ich einen weiteren Sinn brauche. Also für mich ist der Sinn einfach, Glücklichkeit zu empfinden.

Laura: Da kann ich mitgehen. Ich mache mir tatsächlich wenige Gedanken darüber. Wie du gerade gesagt hast: Solange man für sich selber einen Sinn sieht in dem, was man tut, reicht es vollkommen aus. Ich hatte auch schon Unterhaltungen darüber mit Menschen, die eher im Blick haben, sie müssten möglichst viel verändern oder erreichen und es müssten sich am Ende ganz viele Leute an sie erinnern, wenn sie sterben. Das finde ich gar nicht. Also ähnlich wie du gerade gesagt hast, geht es für mich darum, selber glücklich zu sein, Gutes zu tun, Menschen um mich rum positiv zu beeinflussen. Mir reichen die Menschen um mich rum. Ich muss nicht die ganze Welt positiv beeinflussen.

....

Wenn du sagst, du möchtest Gutes tun, denkst du bzw. denkt ihr, dass es sich nach dem Tod auszahlt? Oder was glaubt ihr, was passiert, wenn wir sterben?

Marius: Auch da denke ich mir: Der Tod ist wie die Zeit vor der Geburt nicht existent. Wir können uns ja auch nicht an den Zeitpunkt vor unserer Geburt erinnern. Und genauso stelle ich mir das nach dem Tod vor, dass da eben nichts

Ich habe nicht das Gefühl gehabt, dass ich einen Glauben in meinem Leben brauch.

Also für mich ist der Sinn einfach, Glücklichkeit zu empfinden.

Solange man für sich selber einen Sinn sieht in dem, was man tut, reicht es vollkommen aus.

ist. Aber das ist für mich keine traurige Ansicht, sondern es hat sogar was ganz Schönes, dass man eben nur eine gewisse Zeitspanne hat, in der man empfinden und denken kann. Und die muss man sinnvoll nutzen. Genau das macht das Leben wertvoll.

Laura: Ja, ich glaube auch nicht, dass es ein Leben nach dem Tod gibt. Und wenn man das nicht glaubt, kann sich ja auch nichts auszahlen von dem, was man Gutes tut während seinem Leben.

....

Welche Dinge sprechen denn eurer Meinung nach gegen die Existenz von Gott oder von Göttern?

Marius: Fehlende Evidenz. *[lacht]*

Laura: Wissenschaft. *[lacht]* Ich habe keine guten Gründe dafür, warum Göttlichkeit existieren sollte. Die ganze Existenz der Menschheit zu erklären, ist sowieso schon komplex genug. Dann davon auszugehen, dass es auch noch eine höhere Macht gibt, die das alles ins Leben gerufen haben soll ... Und auch die Frage, wie diese Göttlichkeit entstanden ist ... Das macht für mich noch weniger Sinn, als wenn ich davon ausgehe, dass die Welt irgendwann aufgeploppt ist.

Marius: In den meisten Religionen wird sich an vielen Stellen widersprochen. Allein schon der Fakt, dass man sich an irgendeinem Punkt in seinem Leben für die richtige Religion entscheiden muss, ist eigenartig. Die Muslime z. B. fasten im Ramadan. Das gibt es im christlichen Glauben nicht. Wenn ich das jetzt im christlichen Glauben nicht mache, sich aber herausstellt, dass der muslimische Glaube – in Anführungszeichen – der richtige ist, hätte ich mich ja für den falschen

entschieden und würde nicht, sagen wir mal, die Ewigkeit finden. Irgendwie finde ich es Quatsch, dass man sich an einem Punkt für eine davon entscheiden müsste und hoffen muss, dass es auch noch die Richtige ist.

Laura: Eigentlich macht das gar keinen Sinn, dass die sich gegenseitig überhaupt widersprechen.

Marius: Theoretisch müssten alle wenigstens ein bisschen ähnlich sein.

....

Wie funktioniert denn eine Gesellschaft für euch ohne Gott? Wer gibt einem Halt? Wer gibt einem Trost oder eine ethische Richtschnur, wenn das nicht von der Religion ausgeht?

Laura: Ethische Richtschnüre gibt es auch ohne Religionen, so Dinge wie Moral und Wertevorstellungen. Wo die herkommen, hat vermutlich aber auch viel mit Religion zu tun – denke ich jetzt, wo ich darüber nachdenke. Ansonsten: so Sachen wie Gesetze und andere Regelungen.

Marius: Ich würde ein bisschen widersprechen, weil ich denke, dass Moral oder Werte auch in Gesellschaften, wo keine Religion ist, vermittelt werden können. Wenn man nach den großen Philosophen geht, geht man davon aus, dass jeder schon eine integrierte Moralvorstellung hat, einfach deshalb, weil man selbst weiß, wie man behandelt werden möchte. Weil wir denken und existieren und wissen, was uns guttut, und wir daraus auch eben auf andere schließen können. Ich kann ja nur Glücklichkeit empfinden, wenn ich von anderen auch so wertgeschätzt werde, dass ich das überhaupt empfinden kann. Wenn ich schlecht zu anderen

Ethische Richtschnüre gibt es auch ohne Religionen, so Dinge wie Moral und Wertevorstellungen.

Menschen wäre und die daraufhin schlecht zu mir wären, wäre ich automatisch nicht mehr glücklich, dann hätte ich also keinen Sinn mehr im Leben. Deswegen glaube ich nicht, dass man Religion braucht, um Werte zu haben. Ich erkenne aber den Wert von Religion definitiv an. Ich verstehe, dass sie für viele Teile der Bevölkerung für Stabilität sorgt. Ich glaube aber, wenn jeder seinen Sinn im Leben darin sehen würde, einfach zu existieren und das Beste aus seinem Leben zu machen, dass dies den Leuten auch so viel Halt geben könnte, dass es keine Religion braucht unbedingt. Aber ich verstehe den Sinn, die beruhigende Wirkung dahinter, zu wissen, dass es einen Sinn hat, Gutes zu tun. Und dass man nicht allein ist ... Ich kann mir vorstellen, dass sich das gut anfühlt für einige.

Laura: Richtig problematisch werden Religionen halt, wenn Menschen sich deswegen anfangen zu bekriegen, was ja passiert und passiert ist und vermutlich immer passieren wird. Das kann ja auch nicht Sinn von Religion sein. Das ist tatsächlich auch ein Grund, warum ich früher oder später nicht mehr geglaubt hätte, auch wenn ich vielleicht so erzogen worden wäre. Wieso können Menschen sich bekriegen aufgrund ihrer Religion und damit eigentlich ihrer Religion widersprechen?

....

Würdet ihr denn alles in allem sagen, dass Religion eher was Schlechtes ist, etwas, was Leid auf die Welt bringt, indem man sich bekriegt und darüber streitet, was die richtige Religion ist? Oder seht ihr durchaus auch gute Seiten an Religionen?

Marius: Ich finde es schwer, das aufzuwiegen. Es gibt immer Menschen, die die Dinge missbrauchen, um ihre eigenen Zwecke durchzusetzen. Religion ist leider oft eine Begründung dafür, seine eigenen Werte durchzusetzen. Ich weiß jedoch nicht, ob die Welt ohne Glauben eine bessere wäre. Denn dann würde auch ganz vielen Menschen Hoffnung fehlen. Insgesamt denke ich schon, dass Religionen für sehr viel Leid sorgen, aber auch für mindestens genauso viel Gutes.

Laura: Ja, es kommt immer darauf an, wie man den Glauben auslegt und wie man ihn auch selber lebt und umsetzt. Und natürlich möchte ich auch überhaupt nicht absprechen, wie viel Positives das Menschen bringen kann. Meine beste Freundin z. B., mit der habe ich mich viel drüber unterhalten. Die ist sehr religiös aufgewachsen und ist es auch immer noch. Aber die versucht überhaupt nicht, mich von irgendwas zu überzeugen. Und das finde ich einen guten Ansatz. Jeder kann machen, was er will, solange man das niemand anderem aufzwingen möchte.

Marius: Das unterschreibe ich.

....

Und wie erklärt ihr euch den Ursprung des Seins, wenn dieser nicht in der Begründung durch Gott liegt?

Marius: Urknall. Man weiß mittlerweile schon sehr viel über das Weltall und auch, dass das Weltall expandiert und immer schneller expandiert, je weiter es weg von dem Ursprung der Explosion ist. Allein das ist für mich schon ein Hinweis darauf, dass es irgendwann mal diesen Urknall gab. Es wird nie davon gesprochen,

Deswegen glaube ich nicht, dass man Religion braucht, um Werte zu haben.

Problematisch werden Religionen halt, wenn Menschen sich deswegen anfangen zu bekriegen.

Jeder kann machen, was er will, solange man das niemand anderem aufzwingen möchte.

Evolution klingt für mich sehr logisch.

glaube ich, dass dieser Urknall von Gott ausgelöst worden ist, sondern angenommen, Gott hat halt die Welt geschaffen. Es wird angenommen, es existiert bereits alles und es dehnt sich nicht weiter aus. Aber vielleicht bin ich da auch noch nicht so tief drin in der Thematik und weiß nicht genug darüber …

Laura: Evolution klingt für mich sehr logisch und zumindest nachvollziehbarer als Dinge, für die man keinen Beweis hat.

....

Was, wenn es doch ein Gott geben würde?
Marius: Wäre doof. *[lacht]*
Laura: Doof für dich oder doof für uns?
Marius: Naja, ich weiß nicht, ob es reicht, ein guter Mensch zu sein, oder ob es verpflichtend ist, wirklich auch an Gott zu glauben, um in den Himmel zu kommen. So wie ich das verstehe, muss man ja zumindest das Konzept ein bisschen verinnerlicht haben, damit man auch wirklich in den Himmel kommt oder bei schweren Verfehlungen in die Hölle oder was auch immer. Dadurch, dass ich nicht das Gefühl habe, dass ich – in Anführungszeichen gesprochen – gesündigt habe, mache ich mir da keine Sorgen.
Laura: Wenn es dann doch so ist, ist es halt so. Und dann würde ich mir auch nicht denken: Hättest du mal dran geglaubt! Denn tu ich halt nicht. Wäre ja auch nicht ehrlich.

....

Gottesgläubige zweifeln ja zumeist immer mal wieder an ihrem Glauben. Inwieweit habt ihr denn schon mal an eurer Einstellung gezweifelt?
Marius: Mir ist es zumindest aufgefallen, wenn

Wenn ich mal wirklich ganz schlechte Tage hatte, hätte ich mir gewünscht, ich hätte irgendwas, in was ich mich fallen lassen könnte.

ich mal wirklich ganz schlechte Tage hatte, hätte ich mir gewünscht, ich hätte irgendwas, in was ich mich fallen lassen könnte und mir sagen könnte: Hey, das muss gerade so sein. Irgendjemand ist da oben, der auf dich aufpasst oder sonst irgendwas. Ich glaube, das hätte an manchen Punkten mein Leben ein bisschen leichter gestaltet.

Laura: Wenn viele Zufälle passierten und daraus entstand was sehr Wichtiges, dachte ich mir schon manchmal: Krass irgendwie, wenn es wirklich nichts Höheres gibt und das wirklich Zufall war! Aber jetzt nicht so, dass ich wirklich ernsthaft überlegt habe, mein Denken und mich komplett noch zu verändern.

....

Du hast gerade gesagt, dass es Momente gibt, wo du auch ein bisschen neidisch auf die Menschen bist, die an Gott glauben. Habe ich das richtig verstanden?
Marius: Ich würde nicht sagen, dass es Neid ist, aber ich kann mir vorstellen, dass es im Leben in manchen Situationen dadurch leichter ist.

....

Kannst du dir vielleicht eine Situation vorstellen, wo das so ist?
Marius: Ich habe einen weiblichen Familienangehörigen, dem es nicht so gut geht, und ich würde mir manchmal wünschen, dass es einen Sinn dahinter gibt, dass sie erkrankt ist, und dass es irgendwie eine höhere Macht gibt, die schon weiß, was sie da tut, über diese Person wacht und nach ihr schaut. Das würde mich beruhigen.
Laura: Also ich bin in der sehr privilegierten Situation, dass ich noch nie was richtig Schlimmes

verarbeiten musste. Ich kann mir schon gut vorstellen, dass gerade wenn so was passiert, also Unfälle oder andere schlimme Schicksalsschläge, es viel Halt geben kann, wenn man es schafft, darin Sinn zu sehen.

....

Wie gehen andere denn damit um, wenn sie erfahren, dass ihr eine atheistische Einstellung habt – wie Leute, die auch nicht an einen Gott glauben, aber auch Menschen, die sehr gläubig sind?

Marius: In meiner Bubble habe ich den Eindruck, mehr atheistische als gläubige Menschen zu kennen. Ich habe noch nie das Problem gehabt, dass mein Atheismus irgendwie schlecht aufgestoßen ist.

Laura: Ja, hatte ich auch noch nicht. Ich würde auch sagen, dass es ein bisschen an unserer Bubble liegt und auch daran, dass viele Leute nicht viel darüber reden. Ich könnte mir vorstellen, dass, wenn man gläubig oder religiös ist, es eher negative Kommentare gibt. Und vielleicht reden sie deswegen nicht so viel darüber, weil die eben schon negative Reaktionen bekommen haben. Ich habe, wie gesagt, mit meiner besten Freundin immer mal wieder Unterhaltungen über Religiöses, aber gar nicht wertend, sondern total spannend.

Ich habe noch nie das Problem gehabt, dass mein Atheismus irgendwie schlecht aufgestoßen ist.

Lösungen

LÖSUNG DES SELBSTTESTS „DER ULTIMATIVE CHECK"

Addiere deine Punkte aus den Antworten. Und jetzt lies dein Ergebnis:

13–26: Dich mit religiösen Fragen zu beschäftigen, ist für dich Zeitverschwendung. Generell fragst du dich, wie man an etwas glauben kann, was noch nie bewiesen wurde. Falls es doch eine Hölle geben sollte, nimmst du die nach deinem Ableben in Kauf.

27–40: Religion ist für dich Multiple Choice mit der Möglichkeit von Mehrfachnennungen – was genau du willst und glaubst, weißt du selber nicht. Deswegen schmückst du dich allenfalls mit ihr wie mit den neuesten Trends. Was kommt als Nächstes?

41–52: Im Himmel hat schon jemand ein Handtuch auf deinem Platz ausgebreitet. Die einen sehen dich als rechte Hand Gottes, die anderen denken, du bist merkwürdig – aber die kommen ja eh in die Hölle.

Dieser Check kommt dir irgendwie blöde vor? Echt jetzt? Na gut: Du hast völlig recht! Er ist ziemlich hirnrissig und bringt einem nicht mehr an Selbsterkenntnissen als vergleichbare Tests, die wir aus Illustrierten kennen und die Fragen verfolgen wie „Wie gut kann ich mich durchsetzen?", „Wie sexy bin ich?" o. Ä. Aber Spaß hat's trotzdem hoffentlich gemacht, oder?

LÖSUNG DES SUDOKUS

LÖSUNG SILBENRÄTSEL

1. Sabbat
2. Reinkarnation
3. Agnostizismus
4. Ramadan
5. Manifestation
6. Tanach
7. Kreuzzeichen
8. Halbmond
9. Atheismus
10. Lord Shiva
11. Trinität
12. Polytheismus
13. Sieben
14. Zuckerfest
15. Thora
16. Varanasi

Gibt's überall,
wo es Bücher gibt,
und direkt bei uns:
shop.hirnkost.de

Kurt Möller | Projektgruppe Sexware 2.0

HYPERSEXED AND OVERPORNED?
Erfahrungen zwischen Lust & Leid

32,- €, 300 Seiten, gebunden
ISBN 978-3-98857-027-7

Sex-Selfies als Social-Media-Trend, frauenfeindliche Rap- und Partysongs zum Mitgrölen, Sexshops in Innenstädten mit Masturbationsgerätschaften in der Auslage, Sexting und Dick-Pics-Versendung per Smartphone, digitale Darstellungen von sexualisierter Gewalt und Missbrauch von Kindern, Cybermobbing und -grooming, Herabwürdigung und sexuelle Ausbeutung per Dating-Apps und Unmengen von kinderleicht zugänglichen Pornoangeboten im Internet … Alles Anzeichen für eine bedenkliche Hypersexualisierung und Pornographisierung unserer Gesellschaft? Insbesondere für eine Überformung des Aufwachsens von Kindern und Jugendlichen mit sexindustriell vorgefertigten Skripts? Oder nicht auch ebenso sehr Anlässe für notwendige Auseinandersetzungen über die Chancen und Grenzen sexuellen Eigensinns, vielleicht sogar in Teilen Impulse für emanzipatorische Sexualität und mehr sexuelle Vielfalt?

Dieses Buch sucht Antworten. Im Schwerpunkt nicht aus wissenschaftlicher Außenperspektive, sondern aus der authentischen Innensicht von unmittelbar Beteiligten an derartigen Prozessen: von Leuten, die ihr Brot im Sexgeschäft verdienen, von Personen, die den Pornomarkt als Konsument:innen erleben, von Menschen, die Lust, aber auch Leid dabei erfahren, und von solchen, die mit all dem klarzukommen scheinen und sich zu helfen wissen.

Kurt Möller | Projektgruppe #Jugend #Macht #Politik

NUR DÄMLICH, LUSTLOS UND EXTREM?

Wie Jugend Politik macht

28,- €, 386 Seiten, gebunden
ISBN 978-3-948675-93-6

„Wir sind die letzte Generation, die was verändern kann." Amira, 16 Jahre alt.

Es ist die junge Generation, die mit den Folgen der politischen Entscheidungen, die jetzt getroffen werden, umgehen muss. Und anders als oft vermutet gibt es viele, die sich ein Mitspracherecht wünschen, eine Möglichkeit, Einfluss zu nehmen und viele, die sich engagieren. In „Nur dämlich, lustlos und extrem? Wie Jugend Politik macht" kommen mehr als dreißig junge Menschen in Interviews zu Wort und erzählen von ihren Erfahrungen und den unterschiedlichen Arten, sich politisch zu engagieren. Darunter u. a. „Internetclown" Sebastian (24) alias ElHotzo, Sticker-Verteilerin Laura (23), Medizinstudentin Säli (22), die sich gegen antimuslimischen Rassismus einsetzt, und Fridays-for-Future-Aktivist Kolja (17).

MEHR BEI HIRNKOST

Léa Bordier | Collectif

LIEBER KÖRPER

Graphic Novel

Deutsch von Tünde Malomvölgyi
28,- €, 128 Seiten, gebunden
ISBN 978-3-98857-039-0

Über Jahre hinweg hat Léa Bordier über 70 Frauen und non-binäre Personen aus allen Phasen des Lebens auf ihrem YouTube-Channel interviewt. In diesem Band finden sich zwölf dieser kraftvollen und emotionalen Geschichten grafisch zum Leben erweckt durch zwölf weibliche und non-binäre Künstler*innen. Diese Graphic Novel ist eine Reise in das Leben dieser zwölf Personen und ihrer Beziehung zu ihren Körpern – geschrieben in ihren eigenen Worten. Das macht »Lieber Körper« zu einem wichtigen und optisch berückenden Werk zur aktuellen Bewegung der Body Positivity!

Gibt's überall, wo es Bücher gibt, und direkt bei uns: shop.hirnkost.de